放眼全球
世界社会主义研究报告（2011—2017）

徐觉哉 / 著

GLOBAL VISION
A REPORT OF THE STUDY ON WORLD SOCIALISM
2011-2017

上海社会科学院出版社
SHANGHAI ACADEMY OF SOCIAL SCIENCES PRESS

上海社会科学院院庆60周年
暨信息研究所所庆40周年系列丛书

编审委员会

顾　问

张道根　于信汇

名誉主编

王世伟

主　编

王　振

副主编

党齐民　丁波涛

委　员（以姓氏笔画为序）

王兴全　李　农　高子平　轩传树　沈结合
俞　平　唐　涛　惠志斌　殷皓洁

总　序

　　上海社会科学院信息研究所的历史可以溯源到1959年建立的学术情报研究室，1978年10月正式成立学术情报研究所，1992年12月更名为信息研究所。建所以来，信息研究所的研究方向与研究重点一直伴随着时代的变化与信息科学的发展步伐而不断调整，目前已发展成为从事重大战略信息和社科学术信息汇集、分析的专业研究所，现有在编人员45人，设有6个研究室、1个编辑部和3个院属研究中心，承建"丝路信息网""长江经济网"两大专业数据库和"联合国公共行政网（亚太地区）"，承办"全球城市信息化论坛"和"一带一路上海论坛"。

　　成立至今的40年时间里，信息研究所始终紧跟时代步伐；坚持以马克思主义为指导，坚持理论联系实际，以专业的学术情报研究资政建言、服务社会，取得了丰硕的研究成果，为上海社会科学院的智库建设和学科发展作出了积极的贡献。

　　建所40年是信息研究所发展的一个里程碑，也是一个新起点。未来信息研究所将以习近平新时代中国特色社会主义思想为指导，紧紧围绕党和国家的重大战略布局，优化学科配置和人才队伍，努力建设以重大战略情报信息研究为重点，以专业大数据库建设为依托，以各类论坛、智库报告为载体的新型情报信息研究体系。

　　值此上海社会科学院建院60周年暨信息研究所建所40周年之际，我们策划了这套院庆暨所庆系列丛书。丛书共8册，内容涵盖科技创新、城市信息化、科学社会主义、国外社会科学等领域，既有信息研究所的传统优势学科，也有近年来新的学科增长点。我们希望以这种形式，总结并展示信息研究所40年的发展历程及最新成就。期待这套丛书能成为本所与社会各界分享研究成果的纽带,也能激励本所员工不忘初心,继续前行,为实现信息研究所的发展目标而不懈努力。

王　振（上海社会科学院副院长、信息研究所所长）

2018年6月

序

据高放教授的考证,年刊(year-book)一词起源于1720年。最早出版而且长期连续不断的年刊是英国于1758年创刊的《每年实录》(Annual Register)和法国于1881年创办的《通史年刊》(Annuaire Historique Universel)。第一本从日文翻译成简体中文出版、名为年鉴的书是1909年7月由奉天图书馆出版的《新译世界统计年鉴》。第一本由中国人自己编译、名为年鉴的书是1913年由上海神州编译社发行、由该社年鉴编辑部编译的《世界年鉴》,书中简要介绍了世界各国各种概况。之后,1914年又有上海商务印书馆出版、由中华基督教教会责专人编写的《中华基督教会年鉴》。1924—1928年商务印书馆又出版了阮湘主编的《中国年鉴》。上海申报年鉴出版社出版有《申报年鉴》,上海生活书店编辑出版有《世界知识年鉴》(1936—1937)。上海可以说是我国出版年鉴的发源地。

从2012年起,由上海社会科学院中国马克思主义研究所和上海社会科学院国外社会主义研究中心编辑、上海人民出版社出版的《世界社会主义研究年鉴》加入了年鉴的行列,可谓是世界社会主义学科国内第一本开创性年鉴。该《年鉴》主要选取本年度国内外世界社会主义研究中具有权威性、前沿性和代表性的研究论文,试图对当今世界范围内的社会主义思潮、理论、运动与制度作多视角、深层次的观察和思考,反映世界社会主义研究领域的最新研究动态。在此基础上,每年出一份年度报告,主要围绕社会主义经典文献解读、当代资本主义纵横、世界左翼运动现状、社会主义新论、社会主义思潮和流派、政党变革与创新、社会主义思想史新探、中国特色社会主义道路探析、社会主义在中国的早期传播、历史档案解密等方面内容,综述国内外学者的最新研究成果,力图为决策层和学术界提供具有理论价值和实践意义的最新学术信息。

回首历史,冷战结束后西方世界曾一片欢腾,以为人类的历史已终结为资本主义的一统天下。现在看来,这些预言家们高兴得太早了。苏东剧变只是某种社会主义模式的破产,虽然令人唏嘘不已,但是人类追求社会主义理想的步伐并没有停顿。当今世界,随着全球化的加速发展,一方面人类社会的关联度在加深,不同文明之间相互借鉴补充,在求同存异中谋求发展;另一方面各种社会政治思潮相互激荡,新的社会运动风起云涌。资本主义在危机中求生存、在调适中求发展;社会主义在跌宕起伏中锐意改革、在艰难求索中大胆创新、在改革开放中奋力抵进。展望当今世界发展的大势,越来越多的迹象表明,世界社会主义运动正在努力克服20世纪80年代末90年代初那场危机带来的困难,正从低谷逐步向上攀升。社会主义将在扬弃原苏联社会主义模式的基础上,以各种更符合社会主义本质,更符合时代精神,更具有民族特色的实现形式存在和发展,展示出她坚韧的生命力。

恩格斯曾说:"社会主义自从成为科学以来,就要求人们把它当作科学对待,就是说,要求人们去研究它。"研究社会主义的重要性,正如邓小平所指出的:"问题是什么是社会主义,如何建设社会主义,我们的经验教训有许多条,最重要的一条就是要搞清楚这个问题。"近年来,中国共产党人不断开拓着中国特色社会主义发展的新空间,这就要求用更广阔的世界眼光,不仅要研究世界各国共产党和工人党发展的规律,也要研究世界其他各类政党兴衰成败的发展规律;不仅要研究中国的社会主义实践,也需要研究世界其他国家的现代化进程;不仅要研究各民族发展的特殊道路,也需要从更广阔的角度去认识和把握人类社会发展的一般规律。作为专业学者,必须开展对世界社会主义理论与实践的全方位跟踪研究,既要观察当代世界社会主义运动和思潮的新特点和新趋势,也要把握社会主义道路在各国的新探索和新进展;既要关注世界左翼力量的新崛起和新内涵,也要总结各国社会主义政党的新变革和新创造。只有认识和把握了时代的实质与主题、当代资本主义新变化的历史性走势、当代资本主义与社会主义之间的分歧与互动,才能对世界社会主义运动的发展趋势作出前瞻性的分析、评估和展望,实事求是地制定本国社会主义发展的战略策略。

本书汇集了2011—2017年度世界社会主义研究报告和国际资讯,集中反映和展示了这段时间学界研究的前沿问题、双方争论的观点以及最新发现的文档，以此打开一扇解读社会主义经典文本、了解资本主义发展现状、把握全球左翼运动进展态势、探索社会主义实践路径、预测政党政治变异风向、解答社会主义思想史之问的综合窗口，承担起记录发展、评估自我、研判趋势、汇聚思想、展望未来的学术使命。

目　录

2011—2012年度世界社会主义研究报告 1
　一、马克思主义的回归 1
　二、资本主义在危机中求生存找出路 5
　三、世界左翼运动风起云涌 9
　四、对社会主义认知出现重大变化 16
　五、社会民主主义以重释基本价值回应挑战 22
　六、苏东剧变20年后的反思 27
　七、各国共产党和工人党的变革与创新 33
　八、社会主义思想史若干问题新探 38
　九、国外关于"中国模式"的争论 45

2013年度世界社会主义研究报告 48
　一、科学社会主义经典文献的深度解读 49
　二、资本主义或成明日黄花 54
　三、世界左翼运动发展态势和斗争方式探索 57
　四、深化对社会主义前沿问题的研究 61
　五、各国政党的变革与创新 68
　六、社会主义思想史新探 74
　七、社会主义在中国早期传播资料的新发现 81
　八、寻求解读中国道路的理论框架 83
　九、解密的文献档案披露历史真实内幕 87

2014年度世界社会主义研究报告 ... 95
- 一、科学社会主义经典文献的深度解读 ... 96
- 二、为21世纪"资本主义危机病"诊断 ... 100
- 三、警惕民主正在成为国家解构和破坏的力量 ... 103
- 四、世界左翼力量现状分析 ... 106
- 五、深化对社会主义前沿问题的研究 ... 108
- 六、俄罗斯掀起重评斯大林和"斯大林模式"的热潮 ... 114
- 七、关注各派社会主义思潮的最新动态 ... 117
- 八、世界政党政治的基本走向 ... 120
- 九、社会主义思想史新探 ... 123
- 十、中国特色社会主义道路学理辩解 ... 131
- 十一、社会主义在中国早期传播史上的一幕 ... 133
- 十二、解密的文献档案披露历史真实内幕 ... 136

2015年度世界社会主义研究报告 ... 143
- 一、用科学态度解读社会主义经典文献 ... 144
- 二、全球化时代资本主义深层问题的探析 ... 148
- 三、第二次世界大战70年后的回眸 ... 151
- 四、对世界左翼运动现状的考察 ... 155
- 五、深化对社会主义前沿问题的研究 ... 157
- 六、多样性社会主义思潮的比较鉴别 ... 162
- 七、政治现代化路径选择中的各国政党 ... 165
- 八、社会主义思想史新探 ... 167
- 九、走出一条适合中国国情的发展之路 ... 175
- 十、社会主义在中国早期传播史上的一页 ... 177
- 十一、基于解密档案的历史真实 ... 180

2016年度世界社会主义研究报告 ... 186
- 一、社会主义经典文献解读 ... 188
- 二、全球地缘政治格局纵论 ... 192

三、对世界左翼运动现状的考察 ... 196
四、深化对社会主义前沿问题的研究 ... 198
五、社会主义多元思潮的理论建树及其交锋 ... 204
六、各国政党的自我调适和转型发展 ... 208
七、社会主义思想史新探 ... 212
八、对中国特色社会主义道路的破解 ... 219
九、社会主义在中国的早期传播 ... 224
十、基于解密档案的历史真实 ... 226

2017年度世界社会主义研究报告 ... 233
一、在特定的历史场景中解读经典文本 ... 236
二、资本主义面临的困境及其自我调适 ... 239
三、全球左翼运动态势 ... 242
四、国内外学界纪念十月革命100周年有感 ... 246
五、对社会主义内涵的独特阐释与实践路径的重新探索 ... 252
六、在世界各地游荡的左翼激进思潮 ... 256
七、全球政党政治发生的变异及其遭遇的挑战 ... 263
八、解答社会主义思想史之问 ... 267
九、中国特色社会主义进入了新时代 ... 276
十、社会主义传播史上留下的印迹 ... 279
十一、解密的文献档案还原历史真相 ... 283

附录：
国际资讯（2013） ... 290
国际资讯（2014） ... 328
国际资讯（2015） ... 363
国际资讯（2016） ... 404
国际资讯（2017） ... 446

2011—2012年度世界社会主义研究报告

世纪之交的那场经济危机,已经严重冲击了新自由主义,引起了世界对资本主义命运的关切,推动了21世纪社会主义思潮与运动的进展。而2008年全球金融经济危机的凶猛袭来,更催促人们观察与思考:资本主义在这次危机中会作出怎样的修补和调整?大规模的公民抗议浪潮在西方会走到怎样的程度?世界左翼运动是否会有更大的发展?社会主义思潮是否会再度活跃?马克思主义幽灵是否会被更多的人再次召回?世界各国的政界和学界特别是社会主义组织、团体和政党,都从不同的视角进行了广泛而深入的研究和探讨,这就极大地提升了本研究报告的分量。现综合笔者掌握的各国学者的研究成果和资料,分9个方面报告如下。

一、马克思主义的回归

柏林墙倒塌后,无论是保守派还是革新派、自由主义者还是社会民主主义者,几乎一致宣布马克思主义的谢幕。自2008年以来,肆虐的金融经济危机和撕裂资本主义社会的深层矛盾,重新广泛地激发了来自不同政治与文化背景的学者和经济学家对马克思关于资本主义内在不稳定性分析的浓厚兴趣。许多报纸、杂志和广播电视台专门介绍马克思对"资本"的分析和他观察1857年的恐慌,即有史以来第一场国际金融危机时为《纽约论坛报》撰写的文章。对马克思的重新发现和马克思主义在这次金融经济危机中的再次走红,主要基于马克思的理论对于当前经济危机的解释力,人们也把这种现象称为"马克思的复兴"或"马克思主义的回归"。

2012年7月4日,英国《卫报》发表该报专栏作家A.杰弗里斯(Stuart

Jeffries)题为《为什么马克思主义再次兴起?》(Why Marxism is on the Rise Again)的文章。该文指出,在全球资本主义陷入危机之时,人们重新对马克思和马克思思想产生兴趣,尤其是西方的年轻一代。这是因为马克思主义为他们提供了分析资本主义及其危机的工具,所以马克思现在属于主流,成为西方一种替代性的选择。《泰晤士报》报道,资本主义在这次金融危机中摔得"灰头土脸",反倒是倡导共产主义的马克思重新引起世人的重视,而他批判资本主义的《资本论》也再度走俏。许多在这次金融经济危机中遭受损失的投资人,也想从《资本论》中找到资本主义失败的根源。在英语国家,关于马克思思想的研讨会和大学课程重新流行起来,《资本论》又一次畅销世界各大图书市场,日本则推出了该书的漫画版。在拉美,活跃在政治领域的人士也展现出了对马克思的新热情。

但此次金融经济危机能否真的能让马克思主义复兴?还是存在着分歧。瑞士银行资深经济顾问G.马格努斯(George Magnus)和英国《金融时报》专栏作家S.布里坦(Samuel Brittan)给出了不同的答案。G.马格努斯在澳大利亚《悉尼先驱晨报》撰文《马克思能挽救资本主义吗?》指出,在金融危机和接下来的经济萧条中,马克思的幽灵已经从坟墓中复活,这位深思远虑的哲学家对资本主义的分析虽有很多错误,但今天的全球经济却在某些方面和他预见的情况有不可思议的相似性。比如马克思在《资本论》中写道,公司对利润和生产率的追逐将自然导致它们需要越来越少的工人,从而创造出穷人和失业者的"工业后备军","财富在一极积聚的同时,苦难也在积聚"。他认为,马克思描述的这一过程在整个发达世界都有体现。两天后,S.布里坦则在英国《金融时报》网站发表《提防华尔街错误的马克思主义时刻》一文,认为马克思对资本主义基本矛盾的分析虽是正确的,但解决手段却是错误的,因为财富再分配的理由关乎道德。如果资本主义唯一的错误之处在于使群众购买力不足,那么解决办法肯定是M.弗里德曼(Milton Friedman)所设想的用直升机撒钱。就此而言,我们不太需要一场政治变革,而是需要一场思想变革,也就是说要抛弃对于预算平衡的迷恋。

德国社会民主党著名理论家T.迈尔(Thomas Meyer)对于这一问题提供了很好的答案。2012年4月,他在德国《新社会》发表的《我们需要复兴马克思吗?》一文中认为,尽管我们并不认识马克思本人,但根据其理论和他对资本主义的批判来看,可以认为马克思直到今天仍是我们时代的"诊断家"。在他看来,马克思对资本主义的批判给我们留下的遗产,包括启发式地分析了危机产生的主要原因,解释了私有制的历史发展过程,阐明了以资本为导向的市场运作逻辑,并运用对政治、社会和文化具有决定性影响的生产关系因素来说明目前需要解决的难题。日本神奈川大学的教授场昭弘在《经济学人》周刊发表的《马克思确实指出了当今自由主义经济的弊端》一文中指出,在1872年出版的《资本论》第2版后记中,马克思曾针对当时的德国人把黑格尔当作一条"死狗"看待的情况,公开承认自己是这位大思想家的学生。今天,马克思虽也被作为一条"死狗",但问题在于,他真的是"死狗"吗?

其实,最近10年对马克思思想的研究在全球范围内迎来了新一轮的热潮,无论是在欧洲大陆、英伦三岛、北美大陆,还是亚非拉等新兴国家和地区,关于马克思的话语在大学讲坛、学术沙龙、进步期刊和大型国际会议上几乎都可见闻。德国学界借助于MEGA 2的丰富资料,对《资本论》形成史的文本研究取得了积极的进展,不仅发现了不同版本中马克思对自己价值学说的修订,同时在《马克思恩格斯年鉴》等德文杂志上就"马恩关系""资本一般等"进行了深入的探讨。在法国,21世纪以来"回到马克思"的呼声几乎充斥着各大左翼的报纸和杂志,法文版马克思生平介绍书籍也成了全民皆看的畅销书。但法国学界面对不同文本所呈现的不同的马克思形象,他们开始担心自己到底需要的是"哪一个马克思",从倾向上看,似乎要远离L.阿尔都塞(Louis Althusser)的思想遗产,而像法兰克福学派那样接受青年马克思的形象。在意大利,学者们正致力于将席卷欧洲的"马克思的复兴"扩展为"马克思主义的复兴",批判性解读意大利马克思主义思想先驱A.葛兰西、A.拉布里奥拉、L.科莱蒂、G.德拉-沃尔佩等人的著述,同时重新拾起1990年中断的、将德文版《马克思恩格斯著作选》翻译成50卷意大利文版的工作。英语世界的学者们似乎并没有欧洲大陆的同行们那样执着于马克思文本的研究,而是把目光更多地投向了自己生活的现时代,如J.福斯特对当今生态、C.亚瑟对资本主义生产方式、D.哈维对资本和帝国、克林考斯和E.伍德等对马克思革命观、I.梅萨罗斯等对意识形态与社会结构、K.安德森对非西方国家马克思主义思潮等问题的关注,并撰写了不少有关马克思思想评介的专著或宣传性小册子。俄国马克思思想研究界正走出苏联时代的"辩证唯物主义"加"历史唯物主义"

的体系,而逐渐步入"后苏联时代的批判学派"。在这一过程中,学者们更多地致力于恢复自己往日的文本学优势,对MEGA版作出更多的学术贡献。近年来,日本学界借助于参与MEGA 2国际学术合作团队的契机,培养了一批精通多国语言的研究专家,着力对《1844年经济学哲学手稿》《德意志意识形态》等文本的文献学考察,从中找到文本成因和马克思思想前后发展的轨迹。

值得一提的是,伴随着马克思主义的复兴,学术界恢复出版了《马克思恩格斯全集》历史考证版第2版。在计划出版的114卷当中,目前已出版了58卷(1998年恢复该项目之后出版了18卷)。该项目原封不动地出版了马克思的许多未完成作品,而没有像以往那样加以编辑。由于采取了这一重要的编辑方针,加上许多笔记是首次出版,这就使马克思文本在许多方面显现出与以往迥然不同的面貌。因此,对马克思著作的各种现有解读重新成了讨论的话题。可以看出,各国学界的种种努力,似乎都是为了一个21世纪的使命:回归本真的马克思,以期找到诊治现代资本主义病症的药方。

在众多的出版物中,需要我们关注的有两本。一本是著名马克思主义历史学家E.霍布斯鲍姆(Eric Hobsbawm)的《如何改变世界:关于马克思和马克思主义的思考》(How to Change the World: Reflections on Marx and Marxism, 2011);另一本是英国当代马克思主义学者T.伊格尔顿(Terry Eagleton)的《马克思为什么是对的》(Why Marx Was Right, 2011)。在前一本书中,E.霍布斯鲍姆对马克思和恩格斯的著作进行了研究和分析,纵论了1883年马克思去世后马克思主义近130年的发展历程。书中指出,马克思是个赤手空拳的预言家,却激励了重大的变革,他的贡献是不可否认的。在这个动荡不已的时代,仍有许多理由去继续研读马克思的著作和思想,因为马克思是挥之不去的幽灵,他在书的最后一段写道:"取代资本主义在我看来仍然是可信的。"在后一本书中,T.伊格尔顿直面马克思主义的各种质疑和否定,依然坚信马克思是对的。他的批判几乎涉及了所有之前150年中反对马克思理论的观点,包括:(1)马克思过时了;(2)阶级已经消灭,阶级斗争的理论过时了;(3)马克思主义是历史宿命论、经济决定论、乌托邦;(4)忽视人性之恶;(5)作为唯物主义者,马克思不重视精神、道德;(6)迷信暴力革命,排斥民主;(7)宣扬建立无产阶级专政,消灭个人自由;(8)马克思主义一旦付诸实践,必然带来暴政;(9)马克思主义已经被其他激进运动如女权主义、环保主义等所超越;(10)马克思对当今的反资本主义运动影响甚微等。在书中，T.伊格尔顿雄辩了马克思主义的 ABC，采用尽可能通俗但并不因此粗陋的方式来展开壁垒分明的论战，逐条批驳了各种对马克思的诬陷和曲解，为马克思所有理论在思想上的统治地位以及他对资本主义批判的各方面作了辩护，这种论战本身的启发性和当代意义是显而易见的。他在书中用形象的比喻告诉人们：马克思主义者就像拿着手术刀的医生，只有有病的人才想找医生，病好了就赶紧摆脱；医生深知这一点，但还是尽心竭力救治病人；资本主义的病情不会被永远治愈，新的全球政治经济危机又开始召唤马克思大夫的幽灵了，这是马克思主义生命力、创造力和感召力之所在。

二、资本主义在危机中求生存找出路

突如其来的全球金融危机，给处于全盛时期的资本主义带来了沉重的打击。当前世界经济危机的具体原因是什么？它是西方国家金融制度的问题，还是当代资本主义的深层危机？它对资本主义制度的走向将产生何种影响？围绕这些问题，国际学术界都在作深刻的反思和探索，为我们重新审视资本主义和展望后资本主义提供了一种新的视角。

2012年1月，第42届世界经济论坛（World Economic Forum，WEF）在瑞士东部小镇达沃斯举行。在全球经济举步维艰之际，本届论坛在"大转型：塑造新模式"的主题下开幕。这一主题表明，世界经济论坛充分认识到目前全球各领域存在着深层的结构性问题，进行全面深入的变革已不可回避。在被称为"全球资本家俱乐部"的达沃斯论坛中，第一场活动就是关于"资本主义的大辩论"，会议审视了未来的资本主义生存环境，聚焦了"重塑资本主义"的议题。达沃斯论坛掌门人K.施瓦布（Klaus Schwab）在解释今年论坛主题时表示："确定今年的主题，是因为我们处于一个深刻变化的时代，迫切需要用新的思维方式来取代旧有的商业思维，我们需要摆脱单纯的危机应急管理，取而代之以新的模式。"他还说："资本主义的运行模式已经不能适应今天的世界"；"试图用过去的方式解决现在面临的问题，只会让我们走进死胡同。"

"资本主义哪里出了毛病？"一时间成了世界各大主流媒体关注的焦点。英国《金融时报》新年伊始就陆续推出"危机中的资本主义"系列文章。该系列的开篇文章由哈佛大学教授 L. 萨默斯（Lawrence Summers）撰写，他在文章中称，人们不断地对资本主义提出严肃的质疑，不仅因为经济周期引发的失业率急剧上升，更是由于收入最高的1%人口占有的财富占国民总收入的比重已大幅上升、社会流动性急剧下降等不公平因素。这些问题是真实存在的，如果不加以重视，问题不可能自我纠正。西班牙《起义报》刊载的比利时作家 M. 范德皮特《资本主义危机》一文指出，全球资本主义正深陷经济、社会、政治、生态、地缘政治五大危机之中：资本主义的资本积累模式正危在旦夕；巨大的社会财富以极端不平等的方式被分配了，而这种不平等还在加剧；民众对现存政治结构的信任正在消逝；对利润无休止的追逐完全忽视了全球生态系统，威胁到人类自身的生存，资本主义已进入不可持续的发展状态；南方国家逐渐赶了上来，世界力量平衡发生了转变。

过去半个多世纪以来，资本主义被奉为"神话"：它等同于自由、民主，所有人都能在这一制度下致富。但一场席卷全球的金融经济危机正在打破这一"神话"，在最富裕的美国和西欧，相当一部分人都在"为吃饭问题发愁"；在被称为"世界最大民主国家"的印度，最富有的100名印度人拥有的资产相当于印度 GDP 的1/4。西班牙《第三信息》网站一篇题为《资本主义的12个神话》的文章专门对这种资本主义的"神话"作了批驳。该文指出，此前资本主义被各种似是而非的思想和言论宣传成了神话，比如"在资本主义社会中，所有人通过努力都能够致富"的神话，它试图让所有的民众都为了一个遥远的梦想而拼命工作，但事实上，除了一批人例外，资本主义的多数成功都是那些拥有权力和影响力的人肆无忌惮地操纵的结果。另外，"资本主义等同于自由和民主"这样的神话，则是试图让人相信真正的自由只有在资本主义社会中才能获得。但政治经济政策永远由小部分人制定，市场也是被这些人所控制，真正的自由只有富有且有权的人才能享受。文章认为，在西方政党选举的基础上，民众无法选择制度，只能选择政党，这就让资本主义制度可以雷打不动。这篇文章还对"资本主义会为所有人平均分配财富和福利""资本主义尽管不完美但没有替代者""资本主义危机只是暂时的"等12种"神话"作了深入剖析。

不少左翼经济学家认为，2008年引发的金融经济危机之根源系新自由主义导致的居民收入不平等和信贷的急剧扩张。美国佩斯大学经济学教授 A. 克里曼（Andrew Kliman）在《资本主义生产的失败：大衰退的根本原因》（*The Failure of Capitalist Production: Underlying Causes of the Great Recession*, 2011）一书中并不赞同这一解释。他认为，导致经济衰退的是利润率下降的趋势，即马克思笔下资本主义最重要的运动规律。通过分析美国的官方资料，他认为"二战"后美国的利润率就已经下降，这使投资和经济增长放缓，债务问题恶化，政府不顾一切地试图通过累积的债务来解决这些问题，最终导致了"大衰退"。在他看来，马克思的危机理论正可以解释此次经济危机，越是关注利润率的变化，就越能理解和分析经济危机的期限和深度。

新加坡国立大学东亚研究所所长郑永年教授认为，西方难以挣脱危机并使新危机不断发生的根本原因，在于西方今天所面临的两大不可调和的结构性矛盾，即金融资本主义和实体经济之间的矛盾，以及民主与资本主义的矛盾。首先，昔日的金融资本主义是和实体经济（制造业等）联系在一起并为后者服务的，金融就是要为实体经济融资，但今天的金融资本主义不再是为实体经济融资，而是更多地为自身"融资"，用钱来套取更多的钱。如今的许多投资银行家是没有国家概念、没有道德底线，也无所谓社会责任的人。金融资本主义已经是不需要传统意义上的"勤劳和努力"等美德了，它的"美德"是"机会主义"。其次，资本主义和民主政治一直被视为一对孪生体，它们互为关联、互为保护。民主被视为是保护资本主义的最好政体，同时资本主义也被视为是民主政治的经济基础。不过，大众民主很快产生出对资本不利的因素。在大众民主下，因为政权的基础不再局限于财富，而是选民的选票，政府很快向民众倾斜。当政权基于选票之上的时候，政治人物必须把选票作为优先的考量。在这样的情况下，社会福利不但不能减少，而且不得不继续扩张。在经济体不能创造庞大的财富来支撑福利和公共开支，而国家又无法增加税收的时候，西方政府就走上了借债度日的赤字财政，向人民借钱、向国外借钱、向未来借钱，从而成为欧美等国家债务危机的根源。

面对着这场制度性的危机，引来世界经济学家、金融家、政治家评论如潮，西方舆论纷纷提出用各种模式来修补"漏洞"，并作出对资本主义之后的展望。美国斯坦福大学高级研究员F.福山（Francis Fukuyama）和美国全球发展中心主席N.伯索尔（Nancy Birdsall）在美国《外交》杂志联合撰文《后"华盛顿共识"——危机之后的发展》（*The Post-Washington Consensus: Development*

After the Crisis），指出本次世界经济危机凸显了资本主义制度内在的不稳定性，美国式资本主义已经从神坛上跌落下来。他们认为，如果说这场全球金融危机让一些发展模式受到审判的话，那就是自由市场或新自由主义模式，这种模式强调小政府、取消管制、私有制和低税收。因此，美国版本的资本主义即使没有完全丧失信誉，最起码也不再占据主导地位，世界已进入后"华盛顿共识"的时代，进入多管制的时代，一向高举新自由主义大旗的美国政府需要对市场伸出"看得见的手"。欧元太平洋资本总裁P.施夫（Peter Schiff）指出，美国救市行动代表着这个国家迈向社会主义最大的步伐，标志着美国曾经引以为豪的自由市场的终结。德意志银行前高官R.依伦伯格（Roger Ehrenberg）评论说，美国政府对这次金融危机的历史性反应将我们置于一个几代人也没有看清的一个位置：我们已经正式地跨越了从资本主义到社会主义的红线。美国诺特丹大学教授P.戈斯培（Phil Gasper）的《另一种替代性的未来是可能的吗？》(*Is an Alternative Possible? Phil Gasper Reviews What Marx Had to Say about the Transition from Capitalism to Socialism*)一文，也畅谈了马克思所说的资本主义向社会主义即后资本主义社会过渡的可能性问题。

对于资本主义的未来，国际著名左翼学者S.阿明（Samir Amin）在美国《每月评论》(*Monthly Review*)杂志刊发的《历史资本主义的轨迹与马克思主义在三大洲的使命》("The Trajectory of Historical Capitalism and Marxism's Tricontinental Vocation")一文中认为，历史资本主义的长期发展进程由过渡期、成熟期和衰落期三个阶段构成。自19世纪末进入衰落期以来，先后出现两次长期的结构性危机。在应对20世纪70年代后第二波长期性危机的过程中，资本主义体系转型为"泛垄断资本主义"。当代西方的各种马克思主义流派和"后"话语学派忽视了这种决定性转型。当前，反对集体帝国主义统治的外围地区人民觉醒的第二波浪潮已经开启，真正有效的马克思主义必须在亚非拉三大洲承载起具有决定意义的历史使命。中联部肖枫在《我看社会主义与资本主义关系的新趋势》一文中，承认当前总体形势仍然是资强社弱，社会主义运动仍处于低潮的形势没有改变，但社会主义的处境与10年前相比，已有很大改变。他指出，在新的历史条件下，既要坚信社会主义必然"取代"资本主义，但同时又必须认识其"取代方式"的多样性，不能认为只有通过"阶级决战"，通过"打碎"和"推翻"旧制度这一种"取代方式"。在和平与发展已成为时代主题的历史条件下,有可能"在批判改良中一点一点"地扬弃、否定资本主义的因素,而逐渐增加和积累社会主义的因素,从而客观上推动人类社会逐渐接近更理想的社会。在他看来,承认资本主义被取代和被否定在方式上的多样性,可以使社会主义实现的前景变得更加宽广和光明,可以明显增强人们对社会主义的信念和底气,加快人类社会前进的步伐。

三、世界左翼运动风起云涌

世界左翼运动的发展情况,分六大板块描述。

(一)为捍卫苏联历史而战,构成了苏联地区社会主义运动的重要内容

苏联地区的社会主义运动近况如何?这是大家所关心的问题。据俄罗斯联邦共产党中央委员会书记、历史学副博士德·格·诺维科夫的专题报告称,目前构成苏维埃社会主义共和国联盟的各个共和国境内,都有共产主义组织的活动,这些政党的工作环境不同,其活动所取得的成果也不尽相同,但都在努力奋进。俄罗斯联邦共产党与苏联解体后出现的所有共产党都有密切合作,由"共产党联盟—苏联共产党"来协调各个党的活动,参加该联盟的有17个党,这些党有各个共和国的共产党,包括南奥塞梯和阿布哈兹,但是没有塔吉克斯坦的共产党和纳戈尔诺-卡拉巴赫的共产党。在2011年5月14日,"共产党联盟—苏联共产党"召开了委员会全会。

对苏联时期的评价是俄罗斯当今政治斗争中的一个重要组成部分。2011年,企图强迫社会接受"去斯大林化"的行为还在继续。在"完善公民社会与人权委员会"的网页上,出现了一份《关于制定〈有关永久保持对极权制度牺牲者的纪念及民族和解〉的全国性国家公益性计划的建议》,呼吁"通过承认极权制度时代人民的悲剧,实现俄罗斯社会意识的现代化",还呼吁"结束1917年挑起的内战",计划包括大规模地为"极权主义牺牲者"竖立纪念碑等一系列活动,认为对俄罗斯的认同应该以"我们的国家不是列宁、斯大林的国家"为基础,并埋葬列宁的遗体。俄共中央委员会主席久加诺夫针对该组织主席费奥多托夫宣布的"去斯大林化"的决定,向俄罗斯联邦总统梅德韦杰夫发出了公开的抗议信。此后,俄共又组织千百万电视观众参加了《俄罗斯历史名人》电视节目的投票,结果列宁和斯大林都被俄罗斯公民选入俄最著名

的历史活动家之列。公民对苏联历史及其领袖作出的评价,意味着苏联人民对社会主义记忆的不可磨灭,意味着20世纪90年代强加的很多反共产主义神话的破产。

(二)欧美激进左翼反资本主义斗争风潮迭起

在西半球,自欧洲主权债务危机爆发以来,我们看到的是欧洲许多国家社会风潮迭起,对政府和社会形成强烈的冲击,作为危机风暴眼的希腊迅即成为欧洲激进左翼反资本主义斗争的主战场。2011年6月,希腊数千"愤怒者"响应来自facebook的号召,占领了位于雅典议会大厦外的宪法广场,并封锁了希腊与欧盟、国际货币基金组织进行援助谈判的地点——希腊财政部大楼入口,抗议者还在财政部大楼上挂出了巨幅海报,号召人们进行全国大罢工。希腊的"广场运动"持续了数个星期,并蔓延至全国许多城市和乡镇。希共批评了在这场群众性自发运动中提出的"左翼离开广场""政党离开广场""工会离开广场"等口号,对运动的民主性和斗争目标的错置提出质疑,并指出"广场运动"将工会、政党和左翼排除在运动之外,这种做法本身就表明了运动的非民主性。在希共看来,"广场运动"不可能解决工人中的各种问题,因为它不是起源和扎根于工厂和产业中的反资本家阶级的运动,它没有持续发展的牢固基础。希共认为,阶级斗争真正的战场在工厂,工人只有在那里才能日复一日地同大企业主进行不妥协的斗争,并取得最终胜利。在西方左翼对"占领"运动的一片称颂声中,希共的这些分析和思考为我们深入认识这场运动提供了一个崭新的视角。另外,葡萄牙也爆发了有史以来最大规模的、近300万人参加的全国大罢工。西班牙2011年发生的"5·15运动"以及欧洲许多国家出现的"占领运动",引人注目地打出反体制旗号,要求变革现行政治制度。这是近几十年来所没有的新情况,也引起欧洲许多有识之士的强烈警醒和反思。

随后不久,一家总部设在温哥华、以对资本主义犀利批评而知名的《广告克星》杂志在其网站上发出号召,称华尔街是美国的金融罪恶之都,呼吁美国民众冲进曼哈顿,搭帐篷建厨房,占领华尔街。于是,自2011年9月17日开始,一场"占领华尔街"的运动逐步发展成规模庞大的具有鲜明左翼色彩的反资本主义运动,一些社会主义运动的组织、无政府主义者、工会、学生等纷纷加入,他们声称自己是代表99%的美国人民来抗议1%的金融寡头及代表金融寡头利益的美国政坛。抗议者提出对财富重新分配的主张,要求增加对富人和公司的税收、结束公司高层管理人员的高福利、支持工会组织、增强对医疗保险和社会保障制度的保护。美国主流媒体及华尔街的富豪们一开始是淡化、丑化该运动,希望它能自生自灭。但是面临日益扩大的规模,美国警方随后不得不采取强硬手段镇压,与抗议群众频频发生流血冲突。占领运动进行仅两周,纽约警方就抓捕了近千名抗议者。进入2012年,占领运动继续保持高涨状态,1月28日深夜,美国东西两地示威者与警方发生激烈冲突。在美国西部城市奥克兰,示威者甚至冲进市政厅,并焚烧了美国国旗。

"占领华尔街"运动的爆发与美国长期实行新自由主义政策有必然的联系。新自由主义盛行的结果是资本寡头权力的大扩张,其中最受益的是居于统治地位的华尔街金融寡头,他们不断抛出所谓的"金融创新",为资本主义金融危机的发生埋下了定时炸弹。同时,近20多年来,经济全球化为资本的自由流动扫清了制度障碍,在追求更高利润的驱动下,欧美跨国资本集团加速把实体经济和资金迁往和流向低成本的发展中国家,导致欧美产业空心化和成千上万的就业岗位流失;而全球人员的自由流动又使世界1/5的移民流向欧美,导致外来人口大量抢夺本国居民的"饭碗",处于弱势的劳方利益不断受到挤压和侵蚀,造成欧美多数国家以前相对平稳的劳资关系被打破,导致社会风潮频发。这从一个侧面暴露并揭示了欧美国家长期积聚的制度、体制与发展模式中的深层次危机。因此,欧美国家抗议者虽打出"反体制"旗号,但其所追求的主要是经济福利目标,宗旨是要解决民生问题,并不打算全面挑战现行社会制度,也没有形成稳固的强大的政治社会组织,从而发起一场针对现行制度的政治革命。从总体趋势上判断,欧美社会风潮更多地是为了对统治者进行敲打,近期爆发社会革命的可能性很小。

(三)拉美民众主义社会运动进入新高潮

自2000年以来,拉美形成左翼执政浪潮,包括巴西劳工党的L.卢拉、委内瑞拉"第五共和国运动"的H.查韦斯、厄瓜多尔"1月21日爱国社团"的L.古铁雷斯和社会主义党—广泛阵线的R.科雷亚、智利社会党的M.巴切莱特、阿根廷正义党的N.基什内尔及其夫人克里斯蒂娜、乌拉圭左翼进步联盟—广泛阵线主席T.巴斯克斯、尼加拉瓜桑地诺领导人D.奥尔特加和玻利维亚争取社会主义运动领导人E.莫拉莱斯等,拉美左派赢得了多国总统选举。左派执政后,委内瑞拉提出"21世纪社会主义",玻利维亚提出"社群社会主义",巴西提出"劳工社会主义",智利、乌拉圭遵循社会民主主义。其中,委内瑞拉的"21世纪社会主义"公开宣称反帝国主义、反资本主义、反美是拉美激进的民众主义左翼的旗帜,它主要是玻利瓦尔主义、马克思主义和卡斯特罗主义的结合,推行一系列反对新自由主义的社会政策,在国内进行普惠底层民众的民众主义社会改革,其一系列"社会主义计划"有明显的民族主义和民粹主义的特点。这种混杂了多种意识形态传统的"21世纪社会主义"是直接诉诸底层民众的草根意识形态,有很大的动员性。

拉美左翼政党和组织的协调机构"圣保罗论坛"(Foro de São Paulo,FSP)成立已经22周年了。1990年该论坛成立时,拉美只有古巴一个国家由左派党(即古巴共产党)执政,而如今拉美已有10多个国家由左派掌权。"圣保罗论坛"的成立和发展对拉美左派的崛起起了重要的推动作用,使拉美的政治格局发生了重大变化,如今它的影响越来越大,已成为拉美地区和世界最重要的左翼政党和组织的论坛,一年一度的年会也成了拉美和世界左翼政党的重要聚会。该论坛的战略目标和成员党的基本政治共识,在于寻求替代新自由主义的方案,而制订什么样的战略计划以及如何加以实施,则成了"圣保罗论坛"历次会议的主题。

近年来,拉美民众主义社会运动进入新高潮,其标志是H.查韦斯在他发起的左翼党第一次国际会议上倡导建立的"第五国际",试图确立"21世纪社会主义"组织形式和领导核心。H.查韦斯表示,团结世界各国进步力量、左翼政党和团体的时刻已经到来,前4个国际已经夭折,现在需要成立新的"第五国际"。该国际将确定新的社会主义模式,作为对苏联"现实社会主义"、社会民主主义和"第三条道路"失败教训的回答。"第五国际"试图继续第四国际的国际工人运动路线,将全世界的社会主义者在反帝斗争中联合起来,为从资本主义向社会主义过渡准备条件而发挥重要作用。该倡议曾得到拉美多数左翼政党的支持,但没有在世界范围的左翼政党中取得普遍共识。这一新的社会主义组织能否成形,能走多远,值得我们关注。

(四)解剖阿拉伯世界政治动荡的历史和现实根源

2011年阿拉伯地区一连串的政治动乱,一起引爆一起,蔓延至整个阿拉伯世界。这次动乱的导火线始于突尼斯一个穷乡僻壤小镇上一位贫穷菜贩在绝望中的死亡。在不到3个月的时间里,烈火蔓延至埃及、巴林、也门、利比亚、阿曼、约旦、叙利亚等国。英国《新左翼评论》主编P.安德森（Perry Anderson）从多重视角独特地解剖了阿拉伯世界政治动荡这一复杂问题，全面论述了阿拉伯世界一系列相互引爆的政治动荡的历史和现实根源，并精辟分析和阐述了未来的发展趋势以及左翼应该采取的政治议程。

在他看来，有两个特征造成中东和北非长期游离于当代政治格局之外。第一个特征是，在过去的一个世纪，西方帝国对该地区长期控制的时间之久、程度之深，是独一无二的。"一战"前，从摩洛哥至埃及，整个北非都在法国、意大利和英国的殖民统治之下，海湾地区也是英国的保护领地，亚丁湾是英属殖民地印度的前哨。"一战"后，整个奥斯曼土耳其帝国落入英、法之手，伊拉克、叙利亚、黎巴嫩、巴勒斯坦和外约旦地区也落入欧洲列强之手。后来，阿拉伯世界大部分地区正式进入殖民统治时期。在美索不达米亚及地中海东部成为殖民地之前，撒哈拉以南非洲地区、东南亚和南亚次大陆早就是欧洲殖民地，更不用说拉丁美洲了。然而，与任何这些地区不同的是，在后殖民时期帝国主义不间断的一系列战争和干预一直伴随着这个地区的去殖民化进程。另外，由于该地区石油储备量巨大，这对西方能源密集型经济至关重要，因此世界上没有其他地区像该地区那样如此吸引西方列强的长期关注。

阿拉伯地区的第二个显著特征是，自从去殖民化发展以来，当地各种独裁统治不仅持续时间长，而且程度深。在过去的30年中，"自由之家"所倡导的民主制度在拉丁美洲、撒哈拉以南非洲以及东南亚国家广泛传播，在中东和北非类似的政体并没有出现。在这里，形形色色的暴君长期掌权，并不为时间和环境的改变而有什么变化。这一时期的政权都打着共和国的名义，实际上一个比一个独裁、专制，大多数王朝不比君主帝国好多少，而且这一地区的统治者在位时间之长是其他国家所无法比拟的：O.卡扎菲在位41年，H.阿萨德父子40年，A.萨利赫32年，M.穆巴拉克29年，B.阿里23年。还有就是该地区两大文化纽带——语言和宗教——使得这次动乱一起接着一起，形成级联效应。这就是阿拉伯起义最终爆发的背景。

P.安德森指出，到目前为止，更深层的社会根源和这次动乱的政治目标之间存在较大脱节，这正部分反映出这次革命是以偶发事件为主。在大城市里，涌向街头游行示威的人群并非穷人，工人持续的大规模罢工仍然没有出现，也很少有农民参加。这便是几十年来警察压制的结果，致使无产阶级的各种组织被消灭，但是这种脱节也是意识形态退化的结果。在这里，几十年来，阿拉伯民族主义和社会主义不被信任，激进的忏悔主义被阉割，只剩下褪色的伊斯兰教义被奉为万能。他认为，在这种专政造成的环境中，起义的词汇只能集中于政治意义上的专政及其倒台。

（五）世界工会运动在新的社会经济环境中的适应与转型

2011年4月，第16届世界工会代表大会（16th World Trade Union Congress）在希腊雅典召开。这次会议是在一个特定的背景下召开的：（1）资本主义制度的危机和针对工人的斗争不断升级，导致数以百万计的工人陷入大规模的失业、苦难、贫穷和移民之中；（2）帝国主义运用军事手段干预别国的侵略不断扩大。在这些反劳工政策面前，许多国家的工人阶级进行了抵制和反抗，组织了大罢工，参与了重要的事件和各种形式的活动。这次大会的主题是"为当前的需要而斗争，反对资本主义的野蛮行为，争取建立一个没有剥削的世界"。大会评估了世界工会联合会过去的工作，并对"反对资本主义的野蛮行为、争取社会正义和建立一个没有剥削的世界"的未来斗争进行了规划。世界工会联合会总书记G.马瑞克斯坦承，目前的工人运动已经大大萎缩，要使世界工会联合会进一步发展壮大，必须保持其战斗力，而"不罢工的工会只是一种装饰品"。他指出，目前世界工会运动尤其在欧美遇到了"机会主义、官僚主义和阶级合作主义"的阻挠，而克服这一障碍对于世界工会运动的团结和进步是至关重要的。

研究欧洲工会运动的知名学者B.埃宾豪斯（Bernhard Ebbinghaus）十分关注工会在新的社会经济环境中的适应与转型。在他看来，从20世纪80年代以来，"去工会化"成为欧洲社会的一个显著现象，即加入工会的劳动者占全部劳动者的比例几乎在所有欧洲国家都在减少，其中的重要原因是社会经济环境的改变，比如私人企业增加、白领和非常规就业增多、社会观念从集体主义向个体主义转变等。同时，在新自由主义改革的导向下，工资集体协商的集中程度降低、就业保护制度削弱，工会的作用也因此受到影响。随着社会环境的改变，在福利制度中，工会的作用也从"二战"后福利制度的积极推动者转变成福利制度现状的维护者。但是，一些有关法团主义的研究者对工会在新环境下的作用提出了不同的看法。他们认为，尽管很多欧洲国家经历了放松管制等制度改革，但是法团主义并没有完全瓦解；相反，通过对原有结构的保留和改善，增强了法团主义体制的特征，使工会、雇主及国家之间呈现新的连接方式。例如，北欧的福利改革，尽管有关劳动关系的集体协商从全国转移到产业层面，但是宏观的协商环境强化了部门之间的协调，国家帮助包容性社团发挥作为各自领域内的政治代表的作用，帮助工会面对变化的环境保持活力。

（六）"世界社会论坛"和"国际左翼论坛"共议资本主义制度的替代方案

"世界社会论坛"是由反对经济全球化的各国社会民间组织发起，全世界社会民间组织、知识分子和社会团体代表参加的大型年会。自2001年1月成立以来，每当全球商界领袖和高级政治精英人物齐聚瑞士度假胜地达沃斯之际，"世界社会论坛"都会同期举行。这一运动反对新自由主义、反对当今由资本所控制的主流世界及各种形式的扩张主义，以建立更有益于人类的世界。由于该论坛的开放性、平民化，故被称为"穷人的联合国""21世纪的第一国际"。2012年1月，第12届世界社会论坛（12th Session of the World Social Forum）在巴西的阿雷格里港、卡诺阿斯、圣莱奥波尔多和新汉堡4座城市同时举行。来自拉美各国和世界各地的工会组织、农民组织、印第安人组织、环保主义者、土著领袖、人权活动家、学生运动、"愤怒者"运动等社会运动组织人士4万多人参加了本届论坛，中心议题是"资本主义危机，社会和环境正义"，论坛还组织了讲座、研讨会、音乐会等上千场活动。寻找资本主义制度的替代方案是历届论坛的主要任务，在全球经济危机的背景下，探讨解决危机的新办法也成为本届论坛的关注焦点。越来越多的人相信，资本主义制度不可能应对全球性的危机，必须推翻资本主义制度，捍卫99%劳苦大众的权益，抗议1%的人转嫁危机。与会者的共同心声是："我们需要重塑世界。"

过了2个月，一年一度的"国际左翼论坛"又在位于美国纽约曼哈顿下城的佩斯大学举行。在中亚北非地区动荡、资本主义金融危机影响显著、以占领华尔街运动为代表的群众运动此起彼伏的社会历史背景下，2012年左翼论坛确定的主题是"占领制度：对抗全球资本主义"。围绕这一主题，论坛设立了400多个专题讨论会场，1 400多人作了专题发言，议题包括选举、就业、贫困、网络、占领运动、经济危机、社会变迁、工人运动、政党建设、左翼复兴、地区政治、国际关系、气候变化、生态主义、女权主义、马克思主义、资本主义、社会主义、无政府主义、殖民主义、新自由主义等理论和实践问题，来自美国和世界各地的左翼知识分子、左翼运动的组织者和积极分子，共同分享观点、策略、经验与梦想。论坛为坚持公民自由原则的人、环境保护主义者、无政府主义者、社会主义者、共产主义者、工会主义者、为争取黑人和拉丁美洲人自由而斗争者、女权主义者、反战积极分子、失业的学生，以及为反对失业、丧失抵押品赎回权、住房短缺和学校状况恶化而斗争的人们提供了聚会、交流的场所，同时也展示和证明了各种左翼力量的存在和发展。

从总体上看，世界左翼运动从20世纪下半叶起逐步走低，苏东剧变后则彻底边缘化，长期陷入发展低谷。这次资本主义金融危机，激发了欧洲多国发生工人抗议运动，但是由于社会主义政党并无意进行有组织、有意识的引导，这些运动只能作为孤立的事件昙花一现。其根本原因在于，"二战"后尤其是20世纪70年代以后的西方资本主义国家已经完成了现代化的社会转型，社会结构已经改变，发达国家工人阶级的绝对数量已经降至30%左右，中产阶级取代产业工人阶级成为人口的多数，左翼政党依靠的社会基础狭窄化。另外，现代化的进程使经济社会成果普惠于西方大众，工人阶级的绝对生活水平提高，福利国家制度的建立使工人阶级享有普遍的社会保障，导致其阶级意识淡化。同时，资本主义的消费主义意识形态的蔓延，瓦解了西方工人阶级的革命诉求，从而造成左翼政党动员社会主义变革的基础持续弱化。

四、对社会主义认知出现重大变化

华中师范大学聂运磷在考察和分析当代世界社会主义运动的基础上，撰写了《论当代世界社会主义运动的重大变化及其转型》一文，提出了当代世界社会主义运动9个方面发生的重要变化，其中涉及运动的发展目标、指导思想、战略和策略、发展阶段、领导力量和依靠力量、社会基础、两制关系等基本方面。同时，该文认为，社会主义运动目标的深化、革命斗争策略的转换、议会斗争地位和作用的提升、共产党组织形态的新发展、社会基础的扩大、对两制关系的新认识等因素，已经使世界社会主义运动实现了新的转型：它已经从过去由一个国际中心领导、走唯一革命道路、建设统一社会主义模式的世界社会主义运动，转变成为由各国共产党独立自主领导、走符合本国国情的革命发展道路、建设具有本国特色社会主义的世界社会主义运动。转型的主要特征是：它已经从处在资本主义体制之外的运动，转变成为处在资本主义体制之内的运动；从通过无产阶级革命推翻资本主义的运动，转变成通过和平民主方式对资本主义实行革命性变革的运动；从先进社会阶层参加的为多数人谋利益的运动，发展成为多数人参加的为多数人谋利益的运动。

近年来，越南和古巴这两个社会主义国家的改革有了明显的推进，主要反映在指导思想和意识形态上有了明显的突破。2011年1月召开的越共"十一大"，对一些重要的理论观点又作了改动，把原来草案中"以主要生产资料公有制为基础"去掉，代之以"与之相适应的先进的生产关系"，并且新纲领把社会主义目标定义为"民富、国强、民主、公平、文明"的社会，即把"民主"提前。此外，修改后的纲领还淡化了传统社会主义特征中所强调的"公有制""按劳分配"的基本特征，删除了被认为不适合越南当前现实生活的"压迫""剥削"和"不公"那些具有浓厚意识形态色彩的字眼，这就进一步明确了越南社会主义的特征和方向，并确定了越南下一阶段的革新方向。然而，这些修改是否还能保证越南社会主义的正确方向，越共内部也存在不同意见，有评论认为"十一大"在理论上有重大突破，也有人认为这是一次倒退，还有评论称之为"大胆的社会主义""可控的社会主义"等。3个月后，古共第一书记劳尔·卡斯特罗在古共六大的中心报告中，也提出了经济和社会模式的"更新"，为古巴未来的经济变革确定了方向。

哈萨克斯坦总统N.A.纳扎尔巴耶夫（Nursultan Abishevich Nazarbayev）在2012年5月举行的第5届阿斯纳塔经济论坛上，发表了人类文明良性发展五原则。他指出，为使世界不断进步，必须为21世纪的国际秩序制定一些各国必须遵守的基本原则，而人类文明的良性发展可以通过五个原则来保证：(1)进化而非革命。他认为，21世纪全球秩序的顺利更替只能通过演进来实现。"阿拉伯之春"已经表明，革命只能阻碍社会发展，使经济和社会关系倒退，令国际关系复杂化。在他看来，只有科学和技术领域可以进行革命，但政治实践和社会生活领域的革命，尤其是在不具备经济基础的条件下推行革命有害无益。因此，他认为改革是21世纪唯一可以选择的道路；(2)公正、平等与协商。各国需要在平等的基础上公正地发展全球经济、货币体系和货币政策；(3)全球包容和互信。宗教之间和族际之间、国家之间的关系应相互包容，无论它的地缘政治分量、影响、历史经验、发展水平、经济和社会状况如何。没有包容，就不可能有全球互信；(4)全球透明。全球化的世界应该是个透明的国家联合体,不应有任何有辱国家尊严的双重标准,国际事务应有最大限度的开放性和透明度;(5)建设性的多极化。面对种种威胁与挑战,唯一的选择是打造建设性的多极化,这是一种平衡的地缘政治制衡体。在这一体系中,各个强大的一体化集团应和平共处,紧密协作。这可以看作是他对社会主义运动历史经验的总结。

在众多的学术研究成果中,有三篇重要论文引起了笔者的注意。

一是国内著名学者奚广庆的《新兴经济体崛起的世界历史内涵和意义》。该文认为,新兴经济体的崛起是当代世界大发展、大变革、大调整的一个最显著的标志,是"资产阶级时代"世界发展逻辑的历史延伸和必然结果,成为资本主义经济社会形态自然史过程的一个有机构成部分,把"资产阶级时代"推进到了一个新的历史层级。因此,我们既不能因循18世纪—19世纪新兴资本家阶级反对君主贵族统治时代的变革思维和斗争方式,也不能够固守20世纪那种激进、暴力、剧烈、刻板、你死我活的革命思维和斗争方式,来看待这个改变世界、创造历史的发展进程。该文指出,这一历史转变,在资本主义制度的历史框架和西方主导的世界经济体系之内,愈来愈采取渐进、和平、民主、改良的路径和方式来演化和推进。新兴经济体的崛起与发达国家体制内进行的变革和扬弃是互相联系、互相影响的历史进程,是对资本主义社会进行积极扬弃的新的历史形式,成为孕育未来人类社会发展更高社会形态的胎胞。我们应当科学准确地认识新兴经济体的世界历史内涵,充分估量这个重大国际性变革的世界历史意义。

二是西方著名左翼理论家、《帝国》作者之一的M.哈特(Michael Hardt)的《共有财产和公社的形式:替代性社会构想》("The Common and the Forms of the Commune: Alternative Social Imaginaries")。该文指出,我们现在几乎面对两种选择:要么是资本主义,要么是社会主义;要么实行财产私有,要么推行财产公有。其原因在于私有化是疗治国家控制之痼疾的唯一法宝,而施行国家控制或公有化则是疗救资本弊病的不二法门。因此,有必要对另一种新的可能性进行探索,即既非资本主义型的财产私有,亦非社会主义型的财产公有,而是共产主义型的财产共有。在作者看来,非物质的或生物政治生产(包括观念、信息、图像、知识、符号、语言、社会关系、情感等)正在逐渐成为当下资本主义主导性的生产方式。在生物政治生产中,为了实现生产率的最大化,私有财产试图突破资本主义的掌控而成为共有财产；与此同时，这一新的生产方式也在不断生产出新的社会关系和社会主体，这一系列的新事物为实现共产主义提供了新的契机，当下的任务就是要将其整合起来。

三是法国经济学家I.裘斯华的《思索社会主义成为可能》(Penser le socialisme Comme un Possible)一文，这是对法国著名学者T.安德烈阿尼(Tony Andréani)的"联合社会主义"思想及其实现可能所作的介绍。该文指出，社会主义似乎是人类社会发展的一个美好前景，但其全面实现却是一个长期过程，而T.安德烈阿尼正是在这种彷徨与质疑的时刻发表了他的大作《社会主义将来到》(Le Socialisme Est(a)venir)。该书作者深切了解实现这种制度存在的困难，但他并没有放弃对社会转变前景的希望，更为重要的是，他总结了社会主义的不同模式，倡导建立"联合社会主义"，并提出了当前社会主义发展需要"重建公共部门"与"创立社会化部门"，尤其要发展合作社、联合经济等重要建议。

美国《科学与社会》(Science & Society)杂志每隔10年就组织一次世界范围内关于社会主义理论和未来构想的交流和研讨。鉴于世界政治经济形势和讨论本身的进展，2012年关于社会主义的讨论会上提出了一个包括五个方面内容的框架：(1)社会主义的内涵，包括：为什么要实行社会主义，其理论基础和历史依据是什么？社会主义的本质特征是什么，这些特征如何体现其相对资本主义和其他阶级社会的决定性超越？如何实现社会主义制度的建立？社会主义者应当具备哪些基本素质？(2)社会主义社会的运行机制，包括：社会主义社会将如何进行复杂的选择，来调和高度多样化的个人需求和个人利益，以及平衡市场和中央计划之间的关系？其生产、分配和消费将呈现什么样的特征？(3)社会主义社会中的组织制度建设，包括：社会主义社会该如何去解决历史遗留的问题？又应该建立什么样的激励机制来超越资本主义意识中的利己主义的局限性？个体—社会关系的本质是什么？(4)社会主义社会发展的基本特征，包括：社会主义的发展是否具有阶段性？作为社会演变的客观表现，不同的发展阶段如何与建设社会主义社会所必需的"愿望"和"意识"相协调？生产力的发展在社会主义社会演变和社会主义理论中应起着什么样的作用？随着社会主义社会的发展，民主和国家将如何演变？(5)社会主义社会的规划与发展前景，包括：社会规划将在社会主义社会发展中发挥什么样的作用？社会主义社会经济增长的前景如何，与资本主义的增长有何区别？社会主义社会能够激发真正的企业家精神和创造性的繁荣吗？它又如何在其核心的发展进程中超越遗留的性别歧视、脑体劳动的分离、非功能性的社会分层等的不平等和压迫？来自世界各地诸多的经济学者、心理学者及社会学者对这些问题进行了广泛的讨论，并提出了不少前卫的观点。

在近些年理论推进的过程中，美国马克思主义学者对实现社会主义的可能性问题做出了发人深省的思考和回答，可以说以下三种方式大致代表着关于这一问题的理解路数。

（1）以 P. 罗默（Paul M. Romer）为代表的分析的马克思主义者。在他看来，资本主义经济的发展和社会福利政策的推行带来社会矛盾的沉寂以及阶级结构变化，使得传统马克思主义在20世纪晚期对社会主义的证明上失去了合法意义。因此，只有进入政治哲学的推理方式中，从"公平""正义""道德"的维度来批判资本主义的不合正义以及社会主义的正当合意，对社会主义之可能性的信念才可能从根本上树立起来。

（2）以 D. 哈维（David Harvey）等马克思主义者之见，总体性能够穿越那些看似最毋庸置疑事实的"直观性"，从而把被说成是"历史终极"的资本主义注释为通向未来社会主义的一个节点。正因如此，后现代主义、新自由主义等政治思潮无不通过"反总体性"来反对马克思主义和社会主义；20世纪90年代以来的资本主义则力图借助于普遍的资本逻辑制造的现实总体来消解社会主义的可能性。所以，D. 哈维等人强调，要在种种反社会主义之理论和现实力量抢夺总体性制高点的场境中，以总体性的辩证法来考量资本逻辑的内在关系，进而论证资本主义社会静态表象背后折射出来的社会主义的"合理性"与"必然性"。

（3）F. 詹姆逊（Frederic Jameson）等马克思主义理论家提出的联盟政治的社会主义政治策略，使社会主义之可能性的论证更向前推进。在他看来，其一，各种运动自身由于缺乏一种社会阶级的原动力量，因而对资本主义而言并不具有根本的颠覆性，这使不同运动在资本主义对岸联手建立一种社会主义的阶级同盟成为必要；其二，各种运动自身也不具有统一的、明确的最终政治目标，不同群体都在为各自眼前的解放而抗争，这恰好使散落在世界各个角落的社会力量重新统一在社会主义旗帜之下成为可能；其三，由于经济危机导致的失业比例增高、工资收入减少等因素,使新社会运动再度高涨,并使这些运动自觉地与社会阶级以及社会主义合法性问题粘连起来,由此使阶级同盟和社会主义的整合具有了经验上的佐证。这说明,后现代文化的政治可能性将转入一种联盟政治,进而形成一种联合对抗全球资本主义的社会力量。

那些新马克思主义知识左翼A.巴迪乌、S.齐泽克等人提出的新社会主义战略和理论,也是值得我们关注的。法国政治理论家A.巴迪乌和斯洛文尼亚哲学家S.齐泽克都是列宁和毛泽东的信徒。A.巴迪乌早年深受毛泽东和中国"文化大革命"的影响,沿袭法国关于"人的解放"的思想传统,为在新的时代条件下重新思考解放政治提供了可能性。他将西方多元主义左翼、社会民间组织视为资本主义的帮凶,嘲笑西方主流批判左翼不及痛痒的"文化批判"。金融危机爆发以后,A.巴迪乌在《新左派评论》撰文提出"共产主义的假设";后来又在法国《世界报》发表文章再次呼吁共产主义。他认为,"共产主义"一词被贬低和侮辱了。"但是现在,'共产主义'一词的消失只是便宜了既有秩序的支持者,也就是当前危机大片中的演员们。我们要重新提倡共产主义,并使它更为明晰……共产主义用最激进的方式打破了传统观念,提出了社会中每个人的自由发展是所有人自由发展的条件。"他要求以列宁的著作为依托,在政治中重新激活思想问题,反对我们这个时代对于安全的病态的迷恋。他号召人们,在"无党派的政治"的基本原则下,探索一种后列宁主义的新的马克思主义激进方式,运用毛泽东那种让人民群众直接跨越官僚和知识分子进行造反运动的方式,在人民群众自己的革命实践中生成革命的理论。

S.齐泽克是20世纪90年代末以来最为耀眼的国际学术明星之一。他奉A.巴迪乌为自己的精神导师,熟读毛泽东的《实践论》和《矛盾论》,并且不断地"回到列宁"。他将精神分析、主体性、意识形态和大众文化相结合,形成了极为独特的学术思想和激进的政治立场。S.齐泽克高度赞同A.巴迪乌的"共产主义假设",指出从柏拉图经中世纪千年起义再到雅各宾主义、列宁主义和毛泽东思想均起作用的"4种基本概念",即严格的平等主义正义、训诫的恐怖、政治自愿主义和相信人民。他认为,这个"矩阵"并没有被任何后现代、后工业的什么动力所"超越"。他坚决批判资本主义的"民主"意识形态,倡导一种列宁式的革命战略,即从列宁对自由主义的批判、对党性原则的强调以及在行动中对革命潜能的激发那里汲取营养。S.齐泽克的这一社会主义新战略区别于西方知识左派主流的战略,它坚决拒绝当下"批判理论"那种时髦的、无害的、在体制内小打小闹的"文化研究",并称这些为学界"真正的堕落",旗帜鲜明地为当代世界左翼政治的发展指点路径和方向。

五、社会民主主义以重释基本价值回应挑战

近年来,国内理论界关于社会民主主义或民主社会主义的争论,颇引人关注。实际上,不少辩论方对其内涵及其实质还处于一知半解的状态,因而很难使讨论进一步深入。好在重庆出版社于2012年1月出版了由T.迈尔(Thomas Meyer)等编辑,殷叙彝、张世鹏等编译的《民主社会主义理论概念》一书。该书系联邦德国1986年出版的《社会主义词典》(Lexikon des Sozialismus)的中文选译本,原词典由T.迈尔(Thomas Meyer)、K-H.克莱尔(Karl-Heinz Klär)等从事社会主义理论和历史研究的德国社会民主党学者编辑,约请各国专家和一些社会(民主)党领导人撰写了总计650个词条。该书节选其中有关意识形态范畴的166个词条,这些词条结合历史的发展,对民主社会主义理论的重要概念作出了精辟论述,从民主社会主义角度对各种社会主义流派和一些重要的哲学、社会科学理论作出了精当评价。此外,本书编译者还特地约请T.迈尔专门为本书撰写了五个新词条,即"民主社会主义与社会民主主义""社会民主主义与自由至上民主主义""第三条道路""公民社会"和"资本主义的类型",以便反映新时期民主社会主义理论的发展和创新。该书堪称研究民主社会主义的第一手权威资料。北京大学张光明教授认为,民主社会主义既不是魔鬼也不是天使,在民主社会主义的问题上,不论"魔鬼说"和"天使说"两者看上去怎样截然对立,围绕它们的争论怎样紧张激烈,这两种说法放到事实与逻辑的天平上都是经不住衡量的。一个最基本的问题仍然在于,究竟什么是民主社会主义。该书的出版为我们了解民主社会主义提供了一个客观的参照。

国际理论界关注的恰恰是在当前西欧错综复杂的政治形势下,社会民主主义作为中左翼的核心力量,如何回应全球化和市场经济发展所带来的各种问题及其挑战,并提出战略应对。目前,欧洲民众日益关切政治生活中的移民、身份认同和文化问题,中右翼、极右翼和极左翼政党极力在这些问题上

争取自己的话语权,并做出政策回应;而社会民主党在这方面却出现失语状况,并为此付出惨重代价。为此,德国艾伯特基金会、英国政策网络(Policy Network)和荷兰贝克曼基金会2011年3月在柏林召开国际研讨会,以"社会民主主义面临的文化挑战"为主题,邀请各方专家发表自己的意见。专家们的观点大致可以分为三类:一是有人主张社会民主党(简称社民党)应该在全球化、移民问题和个人原子化日益突出的时代,对自身的意识形态叙事和基本价值立场进行反思。中左翼目前在社会文化问题上的立场与多数选民不一致,及时修正战略和意识形态尤为必要;二是社民党应把文化多样性与社会民主主义的核心目标恰当地结合起来,这对于欧洲社会和经济的发展都将是一个有力的推动。为了使多样化的选民更好地生活在同一个社会中,社民党未来的政策议程应包括务实的和解性整合措施和身份政治内容;三是社民党必须探寻有创造力的新方式来增强人们的共同纽带和共同生活,与其在文化多样性问题上纠缠不清,不如多关注民众中普遍存在的社会经济担忧和不安全感,并为之寻求有效的解决办法。

2011年11月,加拿大政治活动家S.格宛斯(Stephen Gowans)在"今日的马列主义"网站(mltoday.com)刊登了《社会民主主义、苏联社会主义与社会中99%的非精英阶层》一文,指出社会民主主义在全球范围已完全失败,其原因有三:(1)以抛弃党的基本原则的方式来获取支持率;(2)不敢与资本展开斗争;(3)失去了对媒体的主导权。该文认为,苏联存在的意义正在于它逆着资本的方向走,跳出了资本的控制而控制资本,而社会民主主义是在资本允许和限制下发展"社会主义"。因此,社会民主主义如要重新崛起,就必须确立起与资本主义相对立的意识形态,否则任何改良计划都是空谈。

从2012年3月起,艾伯特基金会和《社会欧洲杂志》(Social Europe Journal)邀请欧洲各国有一定声望的党内外思想家,发起了一场围绕社会民主主义基本价值问题的讨论。这次讨论有着深刻的背景:第一,在过去几年里,欧洲的政治模式一直处在危机之中,尤其在金融危机之后,大多数欧洲保守党政府不仅无法解决国内基本的政治和经济问题,而且他们的政策正在破坏欧洲一体化这个"二战"后最大的成果,威胁到了欧盟大多数成员国的凝聚力。第二,社会民主党人明白新自由主义意识形态已经崩溃,但他们目前无法提供完整的替代方案。他们所面临的挑战在于如何重新定义社会民主主义,为大众提出一个更为稳定的和公正的未来社会图景。第三，社会民主党的"全民党"理念使其在身份认同上陷入了困境，尤其在金融危机之后，欧洲社会陷入了更大的分裂，社会民主党人必须应对这种分裂，在此基础上需对基本价值进行再强调和重释，构建新的"全民党"。第四，近10年来，社会民主党缺乏对基本价值进行新的解释和界定，在战略策略上仅重视民调和选票，逐渐成为一个无灵魂的政治活动机构，在政治实践上逐渐趋于平庸，失去了自己的鲜明特点。第五，由于缺乏对新的基本价值的强调、解释和界定，社会民主党在政治实践中逐渐脱离基层党员和民众，既无法反映广大公民的意见，也无法将基本价值理念贯彻到实践中去。同时，传统的价值理念和实践仍有很大影响，致使社会民主党无法紧跟时代的步伐。

正是在此背景下，艾伯特基金会和《社会欧洲杂志》邀请国际知名度较高的思想家围绕"基本价值问题"展开讨论。他们围绕什么是社会民主党的基本价值、它们在民族国家间有何不同、各个民族国家的社会民主党如何处理基本价值问题、什么样的基本价值需要得到全欧洲范围的普遍认同、如何在确立基本价值的前提下进行政治实践等问题展开讨论。值得注意的是，通过这次讨论，可以看出欧洲社会民主党和社会民主主义未来理论和实践的三个走向：(1)社会民主党必须在新的历史背景下重新强调和阐释基本价值；(2)社会民主党要成为真正以价值导向型为主的政党，就要求不仅在全欧洲范围内形成一致的欧洲社会民主主义的基本价值，还要与本国实际相结合；(3)社会民主党的基本价值必须运用于实际，不能成为"纸上谈兵"。这次讨论在一定程度上反映了欧洲社会民主党理论和实践的未来走向。同时，艾伯特基金会主编的《国际政策分析》(International Policy Analysis)杂志发表了一份由德国社民党基本价值委员会副主席T.迈尔(Thomas Meyer)等人起草的《德国社会民主党作为一个全民党的未来》(The Future of the SPD as a Catch-all Party)的意见书。面对欧洲主要的全民党出现的颓势，该意见书认为，要想恢复其规模和影响力，今天的德国社民党需要一个更具自身特色的纲领性定位，需要更积极地争取政治替代方案和进行党自身的变革，扩大年轻一代的政治参与。同时，党需要一个立足其基本价值之上的可靠战略来获取政权。

2012年4月，英国中左翼智库"政策网络"(Policy Network)和荷兰工党智库贝克曼基金会(Wiardi Beckman Stichting)联合发布由"政策网络"智库负责人O.克拉姆（Olaf Cramme）、英国首相政策规划办公室前负责人P.戴尔蒙德（Patrick Diamond）和欧盟委员会主席J.M.巴罗佐前经济顾问R.里德尔（Roger Liddle）起草的意见书《新时期的中左翼方案：应对选举与治理挑战》（*A Centre-Left Project for New Times: Confronting the Challenges of Eelectability and Governance*）。该意见书从社会民主主义的执政理念、时代困境和公众的态度与偏好等几个方面，集中探讨了西欧社会民主主义所面临的选举和治理挑战及其应对策略等问题，并主张采取有效的修正主义战略来复兴欧洲社会民主主义。该意见书指出，社会民主党人必须意识到这一信任危机和失语状态的严重性，并在复兴社会民主主义的过程中考虑四个相互关联的战略问题，即（1）有关治理理念。它涉及社会民主主义在目前这个高度复杂和失去了意识形态确定性的世界中究竟代表什么；（2）有关政策挑战。它涉及社会民主党人在经济、社会和政治性质的重大转变面前，如何定义核心的问题、中左翼如何设置自己的政治议程；（3）有关制度和结构的限制。它涉及如何克服在治理方面的限制、如何重新唤起对民主和政治的信任；（4）有关公众态度和偏好。它涉及社会民主党人如何把握正在变化的欧洲社会的基本价值和道德规范，以及这些价值能在多大程度上与进步的愿望相匹配等。该意见书认为，上述4个问题相当于凳子的4条腿，其目的在于诠释新时期社会民主主义的学说及其意识形态。有效的修正主义（effective revisionism）必须以构成政治活动和承诺之基础的价值观念为始点，必须态度鲜明、勇敢地直面时代挑战，具备跨越障碍、实现有效治理的能力，并立足人民的希望和愿望之上。

　　欧洲政策研究网还不断邀请欧美知名学者回顾和反思社会民主主义经典理论，渴望从"前辈"那里找到振兴社会民主主义的药方。其中，知名工党历史学家G.拉迪斯（Giles Radice）、《探索》杂志总编S.戴维森（Sally Davison）、法国历史学家A.贝尔古尼昂（Alain Bergounioux）分别评析了A.克罗斯兰、A.葛兰西和L.勃鲁姆三人留下的理论遗产，并试图从三人的历史理论中获取摆脱困境的答案。G.拉迪斯在《A.克罗斯兰和社会主义的未来》（简称《社会主义的未来》）一文中指出，《社会主义的未来》中的一个关键论题是"目的"和"手段"的关系。A.克罗斯兰认为"目的"可以被定义为基本价值和期望，"手段"可以被描述为在实践中实现价值、期望的政策和方法。相对于"目的"来说，人们直面的是"手段"，"手段"是可以被公开修正的，修正主义者的任务就在于仔细观察时代所带来的条件变化，为"手段"的讨论留下余地。同时，A.克罗斯兰认为，现代社会主义的特征并非公有制，而在于推进福利和社会平等，但他并不追求不可持续和不符合现实的结果平等，而致力于去除实现平等的障碍。G.拉迪斯强调，今天，《社会主义的未来》仍值得一读，它的形式、权威性和思维逻辑等都值得我们重新检视。S.戴维森在《A.葛兰西为社会民主主义带来了什么？》一文中认为，A.葛兰西为社会民主党人摆脱目前的困境提供了最佳答案，因为当时他面对这些问题时，坚持将抵抗（resistance）置于新社会的核心，同时他的霸权概念也为创造政治变化的条件提供了思维模式。她认为，A.葛兰西理论的特殊性就在于探索所有政治、经济和文化因素中相互作用的复杂领域，这对今天的左翼包括社会民主党人来说仍十分重要。A.贝尔古尼昂在《为了全人类》一文中指出，L.勃鲁姆认为民主是社会主义者首要和永恒的资源，社会民主党应该永远使自身的政治选择具有道德内涵，寻求正确的行为方式。资本主义目前的危机需要社会民主党人具有全新的思维模式，社会民主主义需要加强对市场缺陷和局限性的道德批判，在这方面，《为了全人类》一书仍不可思议地与我们所处的时代具有极为密切的相关性，它始终在提醒我们不要忘记我们的真实目标。

　　自20世纪90年代中期T.布莱尔担任英国工党党魁以来，其领导下的"新工党"凭借第三条道路给工党带来了长达10年的繁荣期。2010年选举失败后，工党就开始对自身的政治理念进行再思考，尤其是在E.米利班德出任工党党魁之后，党内外的专家学者进一步对工党的竞选失利进行反思，对工党既往的政策进行剖析，力图从中汲取经验教训，为日后重新上台执政奠定基础。在这一背景下，"新工党"的支持者和布莱尔主义者提出了"革新新工党"的口号，并于2011年9月推出了《紫皮书——工党革新的未来》(The Purple Book: A Progressive Future for Labour)一书。该书是工党内"布莱尔主义者"的论文集，汇聚了目前最有影响和威望的政治家对教育制度、幼儿保护、福利国家、废除高税率政策等问题的意见，内容涉及恢复大众对工党的信任感，改变工党的权力模式，增强工党的责任感，改革国家、市场、政治制度和公共机构等。"紫色"代表着英国政治领域的中间地带，是选民中的大多数，因而也是能否赢得大选的决定性因素。他们试图通过真实的修正主义回归原则，将工党拉回到价值观和社会理念的讨论中，使方法能在上述两者的规制下现实化。这就是

《紫皮书》的首要目的。正如编者R.菲尔波特（Robert Philpot）所说："《紫皮书》代表了我们谱写的有关工党修正主义和自身复新的新篇章。"3个月后，G.库克（Graeme Cooke）等英国左翼学者又抛出了一项有关工党未来政策走向的研究报告——《黑色工党》，其建议要点是将财政紧缩政策和社会公正相结合，以此应对经济危机并恢复工党在社会大众中的影响力。

但党内的保守主义力量随即发起了以"蓝色工党"为名的讨论，发起人M.格拉斯曼（Maurice Glasman）在工党的一次会议上提出了新的政治观，即用"互惠（reciprocity）、互助（mutuality）和团结（solidarity）"取代"二战"后工党中央集权式的管理模式，力图融合地方主义、传统社会主义理论和经济的国家干预主义，以赢回传统的工人阶级选民，恢复工党在各阶级尤其是在传统工人阶级中的影响。以后，"蓝色工党"逐渐发展成为牛津大学和伦敦城市大学的专题研讨会，并对工党内外产生了巨大影响。有关"蓝色工党"讨论的重要出版物有M.格拉斯曼、M.斯蒂尔斯和J.卢瑟福主编的《工党传统和政治悖论》(The Labour Tradition and the Politics of Paradox) 和R.戴维斯（Rowenna Davis）所著的《蓝色中的纷争》(Tangled up in Blue) 等。他们已形成了自己的团体，提出了鲜明的口号，创建了理论构架，并在米利班德兄弟的支持下不断发展，甚至成为工党区别于新工党的政治转型的起点和理论基础。这一思潮在党内外产生了重要影响，被E.米利班德视为对抗保守党的理论基础，同时也极大地冲击了"新工党"的理念和布莱尔主义者，很大程度上反映了工党未来的理论和实践走向。

总之，欧洲社会民主党近几年政治上的表现不尽如人意，它要确立其在欧洲政治中的主导地位，眼前面临着三大挑战：一是缺少体现新的激进主义身份特征的政治纲领；二是缺少新的社会平衡政策体系；三是缺少稳定的政治联盟。只有面对现实，迎接挑战，才有机会重新上台执政。

六、苏东剧变20年后的反思

20多年前，在广袤的欧亚大陆爆发了一场地缘政治灾难，一个经过三次革命（1905年革命、1917年二月革命和十月革命）的锻炼和两次战争（国内战争和卫国战争）的考验，拥有90多年党史、70多年国史、2.8亿人口的社会主大国，在既无外敌入侵，又无内部人民揭竿造反的情况下，顷刻间坍塌解体。苏联国旗从克里姆林宫顶上降下，俄罗斯帝国山河破碎，失去了数百万平方千米的土地以及近半数的人口，几乎彻底改变了世界历史的进程，这令许多人百思不得其解。尽管如此，国内外政界和学界近些年还是在不断地研究和分析导致这一事件的经过及其原因，以便总结历史的经验教训。以下公布的文献资料，为我们进一步研究提供了重要的参考和线索。

（1）1991年11月，刚卸任的英国原首相M.撒切尔赴美参加美国石油学会（API）在休斯敦召开的一次专业会议。在约45分钟的公开演讲中，她围绕"我们是怎样瓦解苏联的？"这一主题，惊爆了不少内幕消息。根据她的陈述，当时他们的宗旨在于削弱苏联经济，主要的手段是将其拖进军备竞赛。当时，苏联政府遵守苏联和其北约对手军备均等的原则，结果苏联装备花费占去了预算的15%，而北约是5%左右，这自然使苏联紧缩了在大众消费品上的投入，从而引发居民大规模的不满。他们使用的方法之一就是"泄露"并夸大北约拥有的武器数量，以诱使苏联加大军备投入。同时，他们还利用苏联宪法"允许任何一个加盟共和国只要有意即可迅速脱离苏联"的漏洞，为实施未来的政策留下了可能。最后，他们还推举叶利钦作为"人民阵线"的领袖，进而推选其进入俄罗斯联邦最高苏维埃，接下来成为俄罗斯领导人，与苏联领导人戈尔巴乔夫对抗。M.撒切尔的演讲可谓是开诚布公、毫不掩饰，从中可以看出她在苏联瓦解过程中起到了关键性的作用。

（2）苏联时期曾担任苏联经济体制改革委员会主任、总统顾问的Ю.Н.巴赫莫夫，与戈尔巴乔夫和叶利钦一起工作过，目睹了苏联解体的幕后活动，经历了许多重大事件。作为历史见证人，他讲述的史实有助于我们了解苏联解体真相。在他看来，对苏联解体产生决定性作用的是苏共二十八大，这次大会使党内产生分裂。一派赞同肯定苏共的纲领；另一派的首领则是当时负责苏共意识形态的雅科夫列夫，他在这个大会上对苏共展开激烈的抨击，认为应该解散苏共。Ю.Н.巴赫莫夫认为，雅科夫列夫作为亲美派，实际上早已被美国人所收买，所以他在那届代表大会上表现得尤为"积极"，而率领反对苏共的人正是苏共自己的最高领导人——戈尔巴乔夫当时假装支持苏共，支持苏联的统一，但是实际上全是谎言，他当时已是苏共的敌人。"现在一切已真相大白，当时所有的一切都是美国操纵的，所有这一切不仅仅是叶利钦干的，还有戈尔巴乔夫,他们都是受美国人指使。"在戈尔巴乔夫被捕之前,他和叶利钦其实都去过华盛顿。尽管美国知道叶利钦是个酗酒者,但他们需要一个听话的人,酗酒者一般很听话。他当时已经从美国人那里领了摧毁苏联的任务,然后把两个共和国总统克拉夫丘克和舒什凯维奇秘密召集到别洛韦日官邸,请他们把自己的共和国从苏联分离出去,并在那里做出决定让苏联解体。所以,在Ю.Н.巴赫莫夫看来,最后摧毁苏联起关键性作用的,不是美国,而是叶利钦。

(3)俄罗斯《共青团真理报》发表N.克拉斯尼科夫题为《中情局用经济绊倒苏联——西方特工插手摧毁苏联》的记者调查,证明"华盛顿之手"在一定程度上把苏联推进了解体深渊。美国中情局原特工P.施威茨认为,苏联的主要掘墓人不是戈尔巴乔夫、R.里根或者老布什,而是美国总统顾问团,其中一位重要人物是中央情报局局长W.凯西。正是他让R.里根政府确信,苏联已经不像美国以前认为的那样强大了,只要开始进行大规模破坏苏联的秘密行动,苏联就会瓦解。在W.凯西的建议下,R.里根在1982—1983年签署了三道针对莫斯科采取破坏行动的命令:第一道是32号令,旨在通过秘密扶持东欧地区的反共组织,削弱苏联在该地区的影响;第二道是66号令,明确美国要通过打击苏联的基础部门(采掘业、能源业和农业)破坏其经济;第三道是75号令,让专门的国家机构集中力量,从基础上改变苏联制度。W.凯西制定的对苏战略很快得以实施,美国同时在多个战线上发起了进攻。可见,苏联解体是以美国为首的西方特工部门打的一场大战役,并且获得了全胜。克格勃退役中将N.列昂诺夫认为,西方非常想摧毁苏联,可是大量"脏活、累活"都是我们自己干的。国人先是醉心于戈尔巴乔夫,之后又盲从叶利钦,把他们两人鼓吹成伟人和"改革的缔造者"。美国人还直接支持了雅科夫列夫、谢瓦尔德纳泽等"幕后实权派"。

(4)美国《福布斯》双周刊网站刊载L.本科题为《苏联解体20年:美女杀死野兽》一文,披露了美国哥伦比亚广播公司《60分钟》栏目制片人G.克赖尔(George Crile)撰写过一部电影《C.威尔逊的战争》(*Charlie Wilson's War*),揭秘了美国艳妇策划瓦解苏联的内幕。片中女主角的真实原型就是传奇女人J.K.赫林(Joanne King Herring),她与两个伙伴为苏联解体做出了与R.里根、M.撒切尔和教皇J.保罗二世等人同样巨大的贡献。为了帮助阿富汗人抵御苏联人，J.K.赫林成功招募了得克萨斯民主党国会议员C.威尔逊，以及美国中央情报局负责阿富汗策略的特工G.阿夫拉卡托斯。她用通天的手法为C.威尔逊牵线搭桥，C.威尔逊用他的三寸不烂之舌，说服国会支持中央情报局帮助阿富汗政权的行动，并顺利筹集了10多亿美元，G.阿夫拉卡托斯负责武器运输，武装阿富汗自由战士，组建基地等。他们购买的"毒刺"导弹专门针对苏联轰炸机，击落的飞机造成苏军四五十亿美元的损失。阿富汗游击队最终将50万苏军的斗志拖垮了，苏联大伤元气，美国赢得了冷战。

（5）俄罗斯《独立报》刊登了苏联最后一位元帅、苏联国防部长Д.Т.亚佐夫（Дмитрий Тимофеевич Язов）的访谈。这是又一份极其重要的内幕材料。亚佐夫认为，苏联解体并非时代的必然，而是内外因共同作用的结果，除了美国等外部因素的推动外，雅科夫列夫以及戈尔巴乔夫等人的"变节"也是重要的内部"推手"。根据他所掌握的资讯，曾在美国学习的雅科夫列夫和苏联克格勃将军卡鲁京就是在美国被招募的。当克格勃内部调查雅科夫列夫时，戈尔巴乔夫说："不许动雅科夫列夫！"因为戈尔巴乔夫本人当时也已经被"做过工作了"，而其与M.撒切尔夫人进行的那次著名的单独会晤具有决定性的意义。伦敦会晤后，他就去找时任苏联驻加拿大大使雅科夫列夫，而后戈尔巴乔夫发生了巨大的变化。

（6）俄罗斯《独立报》曾刊登该报政治专栏执行编辑对俄共中央顾问委员会主席、苏共中央政治局候补委员、中央书记处书记、苏联最高苏维埃主席阿纳托利·伊万诺维奇·卢基扬诺夫的采访，原文标题为《卢基扬诺夫：这曾是拯救苏联的绝望一搏》。文中透露了英国前首相M.撒切尔在"别洛韦日森林"事件前两周就近乎详细地描绘了苏联的真实崩溃，卢基扬诺夫对此并不感到惊奇。在这些事件发生的几个月前，铁娘子与卢基扬诺夫在克里姆林宫谈话时，已经显示出对当时两位领导人戈尔巴乔夫和叶利钦的惊人洞察。同时，卢基扬诺夫也认定"8·19"事件是挽救苏联的一场"兵谏"。他指出，如果这是一个阴谋，那么哪有阴谋家们一起前去会见他们要合谋除掉的人？如果这是一场叛乱，那么就意味着改变了整个国家制度，但是苏联最高苏维埃、政府和其他所有一切都被保留了，有见过旨在保卫现行制度的政变吗？

（7）俄罗斯战略文化基金会网站刊载苏联共产党中央政治局委员、苏共莫斯科市委第一书记尤里·普罗科菲耶夫的《苏联解体20周年：谁之罪？怎么办?》一文。该文认为,导致苏联解体的罪魁祸首有三类人:一是苏联党政精英,他们无力应对时代挑战,一些人甚至走上背叛道路;二是以美国为首的外部势力,他们从自身政治和经济利益出发,目的是要摧毁苏联;三是包括知识分子在内的人们,他们不清楚社会政治体制更替会造成何种后果,没有奋起捍卫国家免于分裂。同时,该文指出,面对支离破碎的昔日帝国版图,俄罗斯只剩下一条出路,那便是联合一部分昔日的苏联加盟共和国、如今的新独立国家组成关税同盟、统一经济区,最终形成欧亚联盟。

从以上材料可以看出,导致苏联剧变和解体的原因是错综复杂的,其中既有外因,又有内因;既有经济上的原因,又有思想、文化、民族方面的原因;既有历史遗留矛盾的远因,又有现实路线政策错误的近因;既有体制上的弊端,又有领袖们的个人品质和变节,其中有的属于一般性原因,有的是决定性原因。正是诸多因素的综合作用,总的合力才导致最终剧变。在苏共亡党、苏联解体中起决定作用的是内因和近因,也就是在1985年3月戈尔巴乔夫担任总书记以后那一段时间出了大问题,"问题出在苏联共产党党内"。中共中央党校赵曜教授在《苏联剧变和解体的根本原因是内部出了问题——苏共亡党、苏联解体20年后的思考》一文中,进一步从经济体制改革、政治体制改革、意识形态领域改革、党的自身改革、民族关系改革五个方面,具体说明苏共亡党、苏联解体的原因所在,为我们解读苏联这一段历史提供了分析思路。

20世纪80年代末90年代初的东欧剧变,使所有的中东欧国家开始社会转轨,即从苏联模式的社会主义制度向西欧政党政治和市场经济转变。在东欧转型20周年的纪念热潮中,任教于波兰科兹明斯基大学的G.W.科沃德科(Grzegorz W. Kolodko)和J.托姆克维奇(Jacek Tomkiewicz)等学者汇聚华沙,回顾了东欧国家从中央计划体制向改革后的市场经济转变过程,探讨了转型20年来东欧国家所取得的成就、遇到的问题,并进一步论述了一系列与机构改革和建立市场经济体制相关的问题。论文集《转型20年:成就、问题与展望》(*20 Years of Transformation: Achievements, Problems and Perspectives*,2011)便是这场讨论的成果。由北京大学出版社出版的《从"东欧"到"新欧洲"——20年转轨再回首》一书,系中国政法大学金雁对东欧各国政治经济文化各方面现状的观察与评论:上篇是"新欧洲之旅"后的感想;中篇涉及三方面的内容,即对波兰历史一个长时段的回顾、谈南斯拉夫民族问题、乌克兰问题；下篇是关于东欧知识分子精神追求和思考方面的内容，主要探讨了当初一些模仿苏联模式的东欧国家如东德、波兰、捷克、匈牙利、乌克兰等为什么纷纷转轨，转轨过程中遇到了哪些问题？又是如何解决这些问题的？转轨后这些国家的经济是前进了还是倒退了？生活水平是降低了还是提高了等问题。

对中东欧剧变分析的另一篇力作，系北京大学孔寒冰撰写的《文明归属的摇摆与集体的"政治漂移"——中东欧20年的政治转轨：类型·特征·影响因素》一文。他在对中东欧国家实地考察的基础上，对这些国家社会转轨的过程、其内在的关联以及对外部世界的影响作了重点论述。该文指出，身上背负着的浓厚的西方文明和对以苏联为载体的东方文明的本能排斥，是剧变后中东欧国家政治转轨的根本缘由。由于内部政治文化、经济发展条件不同和国际环境等方面的差别，尤其是民族分离主义影响的强弱不同，中东欧国家政治转轨也呈现出不同的类型，大体上可以分为自由民主式和民族分裂式两种。经过20多年的发展，不论哪种模式转轨的国家，都建立起了多党议会民主制的政治框架。从那时起，中东欧国家一直在做的就是洗刷自己身上的苏联痕迹，重新穿上西欧的外套，这成了那些国家社会发展的主旋律。不过，中东欧国家毕竟远离西欧40多年，而实践苏联模式的社会主义也有40多年，无论"接上"前者还是"断掉"后者其实都不是很容易的事情。总之，在这类政治转型的国家中，民族主义超越了其他各种"主义"，成为主要的政治思潮。从现在的情况看，它们政治社会发展的变数和不确定性仍然存在，因为文明归属上的东西摇摆和政治漂移在中东欧是一种常态，所以再来一次集体的或单独的朝另外一个方向的"政治飘移"的可能性仍然存在。目前的政治转轨并非中东欧国家社会发展的最高境界。

苏联这颗20世纪人类社会的巨星在经历了74年后的没落，它的奥秘究竟何在？这是众多历史研究者都在悉心探求的重要课题。中国人民大学高放在《苏联兴亡通鉴：10条主要历史经验》一文中，把自己60年跟踪探索研究苏联的感悟简至10个要点，并认为这是从苏联兴亡中引以为鉴的核心价值所在，需要引起我们高度关注：(1) 现代政治是政党政治，任何国家要实现社会主义必须要有社会主义政党的领导；(2) 现代政党政治难以一党孤军作战，独占鳌头，需要多党合作增强实力；(3) 政党必须争取群众支持、依靠群众力量才能打天下、坐天下；(4) 政党的奋斗目标是掌握政权，实现党的纲领。社会主义政党只有掌握政权才能逐步实现社会主义;(5)党执掌全国政权后进入从资本主义到社会主义的过渡时期,首先要依靠先进的工农国家政权,大力增加生产力总量,大力提高民众文化水平,大力逐步全面改造旧社会,不能急于消灭私有制、消灭阶级;(6)共产党成为全国唯一执政党后,要保有长期持续执政的能力关键在于充分发扬党内民主,充分调动全体党员和基层党组织的积极性、主动性和创造性,防止党的领导人决策失误和作风败坏,一旦出现问题也能及时改正;(7)要使社会主义国家真正成为劳动人民掌权的民主共和国,列宁还确立或者准备确立一系列政治制度,主要有分权制、任期制与选举制;(8)要坚持民族平等团结、互助合作的原则,反对民族压迫和民族歧视,才能促进国家兴旺发达,长治久安;(9)不发达国家首先探索社会主义之路,筚路蓝缕,异常艰辛,必须经常总结实践经验,及时调整政策,改革体制,才能不断增强社会主义活力;(10)不发达国家首先走上社会主义道路,不能闭关自守,抱残守缺,理应对外开放,善于与发达国家和平共处,尽可能汲取发达国家的各种现代文明成果,又必须抵制资本主义腐朽污秽的侵袭。这十条主要的历史经验值得社会主义各国引以为戒。

七、各国共产党和工人党的变革与创新

当今世界各类政党空前活跃,政党政治成为当代社会十分引人注目的政治现象。从2008年至今,西方各国共产党试图摆脱苏东剧变以来受到重创的低迷状态,重新开始活跃,其中最为抢眼的是由共产党和工人党人创办的两个国际会议,其中一个是由比利时工人党主办的"国际共产主义者研讨会";另一个是希腊等共产党承办的"共产党和工人党国际会议"。这是世界各国共产党和工人党加强联系、交流思想观点和工作经验,促进世界社会主义运动发展的一个重要平台。

自1992年以来,由比利时工人党主办的"国际共产主义者研讨会"每年在布鲁塞尔举办一次,其宗旨是捍卫马列主义和无产阶级国际主义、反对修正主义,并发展成了世界社会主义运动的一项重要活动。到目前为止,已经有来自世界各大洲约150个马克思主义政党和组织参会。2011年5月举办的第20届国际共产主义者研讨会的主题是"加强共产主义政党在资本主义体制性

危机加剧背景下的作用",会议对不断深化的资本主义制度性危机作了深刻剖析,认为它既给资本主义各国共产党带来了机遇,也带来了挑战,并发布了8项声援世界人民和共产党人斗争的声明。在此基础上,研讨会通过了一个《总结论》的纲领性文件,提出了如何加强共产党力量的一系列策略。2012年5月召开的第21届国际共产主义者研讨会的主题为"共产主义者的紧迫任务与他们争取社会主义斗争之间的关系",会议不仅得到了来自世界各大洲马克思主义工人政党的支持,而且对当前复杂严峻的国际形势做出了回应,认为资本主义的全面危机为左翼政党开辟了通往社会主义的道路,并对世界各国共产党和工人党面临的紧迫任务和应采取的行动给予了及时的指导,会议还通过了由40个共产党和工人党签名的《最终结论》和其他4项专题性决议。

希腊共产党是有90多年历史的老牌马克思主义政党,多年来致力于国际共产主义运动的复兴,自1998年起,总共举办了7次"共产党和工人党国际会议",以后又先后在葡萄牙里斯本、白俄罗斯明斯克、巴西圣保罗、印度新德里和南非德茨瓦尼召开。该党还与比利时、西班牙、委内瑞拉共产党,共同创刊了《国际共产主义者评论》杂志,为意识形态的重建和各国共产党的理论交流提供了一个窗口。

2011年12月,举世瞩目的"第13届共产党和工人党国际会议"又回到了诞生地,来自61个国家的78个共产党和工人党的100多名代表会聚希腊雅典,围绕着"社会主义才是未来"这一主题,重点讨论了苏联解体的原因与教训、当前经济危机的性质、经济危机条件下垄断资本对工人阶级的进攻,以及由此产生的资本主义国家福利制度走向衰落等重大问题。会议认为,尽管2011年各国工人运动取得了巨大进步,但是运动本身却存在着自己的弱点和不足,如运动的方向不明确、组织分散和缺乏有力的领导、没有成熟的斗争策略等。因此,与会代表认为,在当前的形势下,第一,要明确工人阶级和共产党人的任务是什么。是要维持资本的专政,还是要建立工人的专政?第二,要制定一种基于多党制选举基础的斗争战略,即建立广泛的联盟,在动员群众的基础上争取选举斗争的胜利,在左翼力量进入政府的条件下有效地使用国家权力。第三,要考虑运用一切可能的斗争形式,不应沉溺于议会斗争和各州地盘的占领,要克服"议会主义",将议会内的斗争与议会外的斗争结合起来,同时也要清楚地表明不会放弃人民武装对抗反革命暴力的权利。第四,在维护和发展科学社会主义、击退当代的反共浪潮、对抗资产阶级意识形态以及战胜放弃阶级斗争的机会主义潮流时,要强调开展意识形态斗争的重要意义,并要求从意识形态的角度说明阶级解放与社会解放的一致性,促进社会主义替代资本主义的斗争。第五,为了提高世界范围内工人和共产主义领导者的潜能,组建一个政治联盟是必须而迫切的,但各党之间的团结和联合行动并不意味着政治的同一化或者人为地去构建共产主义运动,而是意味着聚集和交流不同的社会变革经验,并向着共同目标的努力。第六,扩大和增强反帝国际阵线,应包括那些在争取国家独立和民族自决、追求和平、保护生态环境和自然资源、支持维护工人社会权益、反对帝国主义战争和反对法西斯主义的个人和政治力量。

在世界范围的共产党和工人党内部,也不是铁板一块,而是存在着不同的见解。2011年2月,美国共产党政治理论刊物《政治事务》刊登了该党主席S.韦伯(Sam Webb)的署名文章《21世纪的社会主义政党应该是什么样的?》。该文全面阐述了美国共产党在21世纪的形态、理论与立场的29项特征,指明了该党在下一阶段乃至整个21世纪的主要奋斗目标和任务。S.韦伯在重读马克思主义经典后,从一种新的角度和立场来分析以往的理论、方法、实践、历史与未来。在他看来,"我们的理论结构——马克思列宁主义过于教条与刻板;我们的分析充斥着过多的不可靠的猜想;我们的方法论过于片面;我们的组织结构过于集中;我们的政治策略过于偏离政治现实。"因为文章发表在该党召开"二十九大"后不久,因而具有重要的理论和实践意义。该文一经刊发,引发了美共党内外激烈的辩论。在这些辩论中最引人注目的是希共中央委员会国际关系部对S.韦伯的驳斥,认为他的很多提法都是机会主义的翻版。希共作为国际共产党和工人党大会的发起者以及世界工会联合会的总部所在地,自2000年以来一直是世界社会主义运动中较为活跃的力量,希共的观点也代表了"激进派"劳工政党和组织的基本看法,因此希共与S.韦伯之间的辩论折射出当前世界社会主义运动阵营内部在一些重大原则问题上的分歧。但是,这种分歧并非阵营内部不同力量之间的根本对立,更多的是不同资本主义国家的共产党根据本国的劳资关系现状和政治现实所制定的战略策略之间的差异。从另外一个角度看,为了避免让步和改良浇灭希腊劳工斗争的星星之火,希共近两年一直都在各个场合批判机会主义,因此,希共对S.韦伯诸多观点的反驳与其说是写给美共党员看的，毋宁说是写给希共党员和希腊劳工看的。希共为了表明其鲜明的立场，以希共的视角裁剪了S.韦伯文章中的部分内容来解读。

另外一种情况是，由于对兄弟党缺乏进一步的了解，往往会产生一些误读的现象，例如印共（马）对中国道路的指责。据2012年4月8日《印度时报》报道称，在印度共产党（马克思主义）第20届党代会举行的第4天，探索印度社会主义模式的辩论进入白热化，代表之间就印度马克思主义者应该遵循哪种模式，即中国模式还是拉丁美洲模式产生了严重分歧。印度主流媒体纷纷以"印共（马）将抛弃曾经热烈追随的中国模式"为题，声称该党正在发生一场"结构性转变"。党的政治局委员亚秋里在会上提交了"关于一些思想认识问题"的议案，指出了中国社会主义模式的缺点，分析了拉丁美洲、朝鲜、古巴和越南模式，并得出结论认为，印共必须从这些国家的经验中"正确地吸取教训"，根据印度的"具体情况"制定出路线图。参加讨论的多数代表对中国经济增长模式持批评态度，认为中国模式"更注重培养亿万富翁"，而轻视解决贫富之间的差距，都显示中国"偏离了社会主义道路"。来自印度北部的一些代表建议印共（马）效仿拉丁美洲的左翼政府，而不是学中国，但喀拉拉邦和西孟加拉邦的代表明确支持中国模式里好的元素，并建议在印度模式中采纳。

随着现代社会日益多元化和复杂化，阶级、阶层和利益群体日益分化，政党赖以存在的基础也随之发生了变化，因而政党的功能作用开始"泛化"，成为社会利益聚集、综合和表达的桥梁，政党把阶级利益、民族利益和社会利益等融合起来，沟通与协调不同利益，从而来实现自己的目标。现代政党政治的实践日益表明，利益整合已成为政党的主要功能之一。这方面明显的例子是巴西共产党。在苏东剧变以后，该党深刻反思和总结了20世纪世界社会主义运动的经验教训，重新审视了巴西国内的现实，对党的战略和策略进行了重大调整，明确提出了"建设具有巴西特色的新型社会主义"理论，并对巴西走向社会主义发展道路的一系列基本问题进行了新的思考和探索。在党的性质上，巴共顺应当代政党变革与转型的趋势，提出要转变党的工作方式和方法，更广泛地深入基层、深入群众，扩大党的社会影响力，以致在2004年4月"关于党的问题"的全国会议上，提出把党建设成为一个马列主义的"现代群众性共产党"。同时，巴共还明确提出，从资本主义向社会主义过渡是一个很长的历史时期,其中包括从资本主义向社会主义过渡的预备性阶段、完全社会主义化阶段、全面建设社会主义并逐步向共产主义过渡三个主要阶段,而目前巴西正处于向社会主义过渡的"预备性阶段"。因此,现阶段对资本主义不能实行完全的"没收""剥夺"以及"完全社会主义化",与建设社会主义的最初要求相适应的激进措施也将是局部的。这就从根本上推动了巴西社会主义运动的发展,同时对世界社会主义运动发展也具有积极的借鉴意义。

当前拥有近11万党员的葡萄牙共产党,是与中国共产党同龄的有着光荣斗争历史的老党,是葡萄牙的第三大党、西欧共产党中仅次于法共的第二大党。1974年"四月革命"之前,处于地下状态的葡共为结束法西斯独裁统治,建立民主政权,进行了长达半个世纪的艰苦斗争。"四月革命"后,获得合法地位的葡共积极探索走向社会主义的现实道路,认为建设社会主义没有固定的模式。葡共强调,"党在21世纪初的基本目标是建立包括政治民主、经济民主、社会民主和文化民主在内的'先进民主'",其基本内容包括5个方面:(1)建设一个人民当家作主的自由政体,人民广泛参与的民主的代议制现代国家,"在民主法治的基础上对国家机器进行改造,使其为国家和人民的利益和需求提供充分服务",实现政治民主;(2)促进建立在富有活力的现代化混合型经济基础上的、服务于国家和人民的经济发展,不断提高人民的生活水平和生活质量,实现充分就业,公正、公平地分享社会财富,维护国家的经济独立,实现经济民主;(3)为人民提供更好生活条件的社会政策,消除严重的社会不平等和不公正现象,消灭严重的社会弊端,确保人民的生活水平以及物质和文化福利,随着生产力的发展而相应地得到改善和提高;(4)保证人民普遍参与文化自由创造和享有文化成果的文化政策,保证人民能够真正行使文化权利,为个人以及社会文化的全面发展创造条件;(5)与各国人民和平共处、友好合作的对外政策,实现独立自主和领土完整。葡共认为,通过和平民主道路实现"先进民主"的目标,将为葡萄牙实现具有特殊性和独创性的社会主义创造有利的条件。

摩尔多瓦社会主义运动是世界社会主义运动的重要组成部分。摩尔多瓦共产党人党于2001年在议会选举中获得多数,从而成为苏东剧变以来第一个通过合法手段上台执政的共产党。尽管在2009年7月初的选举中,其他4个政党结成选举联盟,获得半数以上议席,从摩共手中夺取了政权,但摩共在长达8年执政的经验与教训,对世界各国共产党的理论与实践仍具有重要的启示意义。加拿大蒙特利尔世界和平与安全研究中心T.图多罗尤(Theodor Tudoroiu)在《共产主义与过渡政治学研究》2011年第2期刊文《21世纪的共产主义：摩尔多瓦的经验》(Communism for the Twenty-first Century: The Moldovan Experiment),对摩共为什么没有演变成真正的社会民主党；为什么能上台执政；为什么能长久掌握住政权；作为一支重要的政治力量,其未来会怎样四个问题作了深刻分析。该文认为,根本的原因在于摩共的组织紧密、富有凝聚力且纪律严明；拥有一个强有力的领导层和一个能够获得尊重的最高领袖；在大部分领域内采取了一种实用主义的方法；使用集权制度,从自己的利益出发来开发国家资源,削弱对手的力量；对意识形态和地缘政治作了重新定位,并获得了内部和外部的支持等。

八、社会主义思想史若干问题新探

社会主义思想史所涉及的若干重要事件、思潮及其人物,需要根据历史的真实加以澄清,有的需要作多方位的审视和探索,然后才能做出正确的评价。同时,面对新的现实,也应该开启思想研究的现实维度,因为每一种思想史研究都是一种特殊的现实研究。可以这样说,历史是现实的镜子,思想史的维度也是另一种现实的维度。

（一）对乌托邦社会主义者P.勒鲁的"重新发现"

20世纪80年代,共产主义实践在苏联和东欧遭遇的失败,使"二战"以后在法国知识分子当中颇有影响力的马克思主义在法国遭到广泛的质疑,法国思想界进入了所谓的"后马克思主义时代"。马克思主义在法国的失势不仅促使一些左翼知识分子向自由民主政治回归,而且促使另一些左翼知识分子去向"乌托邦社会主义"寻找灵感。北京大学倪玉珍的《法国学界对乌托邦社会主义者勒鲁的"重新发现"》一文,重点关注了勒鲁思想研究者以下三种"问题意识"：

（1）一部分学者关心的是如何在马克思主义退场之后的法国社会,寻求"对资本主义的限制"。他们认为,面对"资本主义带来的灾害和不安",人们有必要重新研究P.勒鲁的社会主义学说,以便寻求解决目前社会困局之道。

因为P.勒鲁看到了一个"自由主义的、个人主义的、竞争的、以生产为本位的"社会并不足以让人们生活得幸福，为了使社会不至于陷入严重的贫富分化和阶级对抗，他提出有必要兼顾"社会"与"个人"，兼顾"贫穷者、被遗弃者"与"社会竞争中的佼佼者"。

（2）有的学者着重从"民主与乌托邦"的关系出发考察P.勒鲁的思想，认为他对圣西门派那种有极权主义倾向的乌托邦思想作了很好的批判和超越。

（3）有的学者认为有必要考察P.勒鲁社会主义学说的宗教根基，他的独特贡献就在于他"开辟了一条有宗教维度的政治解放之路"。在他们看来，P.勒鲁在社会主义中重新引入了"无限"的概念，这使得人类得以在历史的劳作中保持与不可见之物的关联，不陷入"人类能掌控一切"的幻觉，倾听生命中的神秘，从而保持了自由。这使得他的社会主义学说远离了与"狭隘的理性主义"的致命结盟。

（二）对"新'真正的'社会主义"的评析

19世纪40年代德国出现了以K.格律恩、F.泽米西等为代表的一种错误思潮，马克思、恩格斯曾冠之以"真正的"社会主义，以讥讽其错误及自鸣得意。它在社会历史观上的根本错误包括：

（1）典型的历史唯心主义，充满了关于概念能够创造世界和毁灭世界这一哲学信念，经常把文献的历史和现实的历史当作意义相同的东西混淆起来；

（2）鼓吹抽象的人性观和抽象的人道主义、道德至上论，从来没有看到现实存在着的、活动的人，除了爱与友情之外，不知道还有什么其他的"人的关系"，主张靠"爱"来实现人类的解放，而不主张用经济上改革生产的办法来实现无产阶级的解放；

（3）政治独立论，把政治看作是一种具有自身独立发展的范围，认识不到政治与物质生产的相关性和根本上的派生性。

无独有偶。20世纪70年代以英美后马克思主义为理论基础的左翼理论中，也滋生了一种"新'真正的'社会主义"（New True Socialism，NTS）思潮。华南师范大学关锋、刘卓红为我们提供了对这一思潮的分析框架。他们指出，"新'真正的'社会主义"思潮，一是以反对本质主义、经济决定论为名拒斥唯物史观，主张政治与经济不具有相关性，社会主义不是经济发展的产物；二是认为不存在建基于共同物质利益基础上的阶级利益，工人阶级根本完成不了马克思所寄望的革命角色；三是主张"确当的社会主义目标一定是超越阶级的全人类目标，而不再是狭隘的、根据阶级利益而界定的物质目标"。很明显，它和"真正的"社会主义在根本错误方面具有本质上的一致性，而所谓"新"，除时间意义外，还具有理论上的复杂性、精致性、时髦性，以及内容上增添了许多新套路，如以"激进民主"替换"爱"来通达社会主义等。该文认为，其实质以后结构主义反对唯物史观的决定论，主张政治本体论，拒斥阶级、阶级政治，代之以话语政治、以多元激进民主的话语政治重构社会主义策略。这种忽视社会经济关系、社会制度根本变革和阶级斗争力量的民主策略，注定是一种无根的话语政治和保守的激进民主。

（三）区分无政府主义与经典马克思主义的异同

英国《国际社会主义》(International Socialism Journal)杂志刊载的英国学者P.布莱克利奇（Paul Blackledge）题为《马克思主义和无政府主义》的文章，通过考察无政府主义者和马克思主义者之间早期争论中反政治性观点的根源，辨析了无政府主义和经典马克思主义之间在历史上的共性和分歧，澄清了无政府主义者对马克思主义在斗争形式和目标上的误解，指出马克思主义超越了无政府主义的理论局限性，并走出了一条正确的实践道路。

该文指出，正是因为马克思主义者和无政府主义者有着不同的目标，所以他们以不同的方式为自己的目标而奋斗。无政府主义者往往设想政府之外的自然的（非历史的）社会和谐，而马克思主义者的社会主义则被设想为以历史上新的社会关系的产生为基础的社会的完全民主化；无政府主义者试图通过直接行动获得自由，而马克思主义者则在工人阶级中为社会主义而斗争，在反资产阶级的活动中以工人阶级为取向。如果说直接行动除了一个松散的联邦组织结构外没有要求任何东西，那么为反国家的民主社会而斗争则需要民主的、中央集权的斗争组织，这个组织通过集中资源使胜利的机会最大化。具体来说，作者认为无政府主义的合理内核——它期望运动能够免受"中央集权"政治的有害影响——实际上被其反政治性的立场削弱了。同时，这一弱点因为无政府主义者对他们所谓的马克思主义"中央集权制"的批评而得以加强。可见，这一说法是对经典马克思主义的重大误解，不仅掩盖了马克思主义作为工人阶级自我解放理论的本质，而且模糊了这一理论为超越无政府主义在实践上的局限性所指明的道路。

(四)重新评析 J.饶勒斯的社会主义思想

J.饶勒斯(Jean Jaurès,1859—1914)是法国社会党的创始人和第二国际主要领导人之一,国际社会主义运动著名的活动家和思想家。尽管法国共产党、社会党在思想政治立场和对 J.饶勒斯的评价上存在分歧,但两党都十分尊崇他,把他看作杰出的先辈。国内著名学者李兴耕选编了《J.饶勒斯文选》,其中收录了 J.饶勒斯在各个时期的主要代表作,为研究他的思想和活动提供了不少文献资料;之后,他又发表了《J.饶勒斯的社会主义思想评析》一文。

该文指出,J.饶勒斯的社会主义思想十分复杂,在他身上汇集了好几种思潮,其中包括激进的自由主义、法国的空想社会主义、马克思主义以及对法国社会主义政党实行联合和统一的渴望等,他的思想就是这些思潮的综合和折中。作者认为,J.饶勒斯的社会主义思想虽然受到马克思主义的一定影响,但又不同于科学社会主义,属于非马克思主义的渐进社会主义流派。从哲学观点来说,他倾向于唯心主义;从对社会主义的理解来说,他带有折中主义和空想社会主义的色彩;从政治策略来说,他主张通过和平、渐进、改良的方法实现社会主义,属于社会改良主义。但是,如果仅仅把他的社会主义思想简单归结为唯心主义、折中主义、改良主义或修正主义,也是不全面的。我们不应忽视其社会主义思想中的积极因素,如他对社会主义的真诚信念,对资本主义剥削和压迫制度的强烈谴责,对形形色色反动势力的猛烈抨击,对无产阶级事业的献身精神,反对帝国主义战争、保卫世界和平的坚定立场,对殖民地国家民族解放运动的热情支持,等等。J.饶勒斯珍惜法国的共和制和民主制,强调法国社会主义政党要充分考虑法国的实际情况,这是无可厚非的。问题在于他片面夸大了法国议会制和共和制的作用,把议会斗争绝对化,模糊了议会制在当时仍是资产阶级统治工具的性质,以致陷入合法主义和改良主义的歧途。

(五)关于列宁主义的最新研究及其评价

冷战期间,西方曾经流行过以列宁的生平著作、列宁主义理论以及列宁与自己的思想先驱、同时代思想家及其理论继承人之间的关系为研究对象的"列宁学"。冷战后,列宁主义研究在西方一度沉寂。近10年来,这一研究似有"复兴"的迹象,不少左翼学者开始"重读""反思"列宁主义,甚至主张"回到"列宁。但是,重读什么、反思什么,以及回到怎样的列宁?他们之间存在着很大的争议。

上海社会科学院轩传树等综述了西方左翼学者对列宁主义的三点评价:(1)长期以来,列宁主义的思想来自何处,一直成为西方学者关注的首要问题。冷战时期,他们习惯性地把德国社会民主党及其理论家K.考茨基,以及俄国民粹派涅恰也夫和特卡乔夫的思想视为列宁主义的思想来源,以制造列宁主义内部的理论矛盾,制造列宁主义同马克思主义之间的种种对立。21世纪以来,西方学者尤其是左翼学者在这个问题上有所转变,争论的焦点主要集中于"列宁主义是来自K.考茨基,还是马克思主义?"(2)列宁主义的理论实质是什么?冷战时期,西方"列宁学"专家把《怎么办?》视为列宁主义的历史起点,以此断定列宁主义从本质上说是一种极权主义理论,甚至将之视为斯大林主义的"原罪"。近年来,一些西方左翼学者提出了不同的看法,但时有争论,焦点还在于"列宁主义是极权主义理论还是人类解放思想?"(3)西方"列宁学"习惯把列宁主义基本原理描述成落后的农民俄国的产物,说它最多也只适用于过去封建的东方国家和今天贫穷的第三世界。当今的西方左翼学者却越来越多地认为,列宁不仅为变革当今世界提供了一种方法和态度,更为重要的是,他的策略思想仍然值得借鉴,并以此来回答"列宁主义的精神遗产是方法态度还是策略原则?"总之,他们的笔下,列宁不再是冷战时期"西方列宁学"描述的那种独裁形象,也不同于苏联教科书宣扬的那种神圣形象,而呈现了"另一个列宁"。通过对列宁主义的探讨,社会主义运动史上一些重要的概念重新进入了人们的视野,这一现象的本身就具有重大的意义。

近年来国内外一些别有用心的人在对列宁的评价上出现了一些不实之词,有人说列宁是"德国间谍",有人认为十月革命是一场政变,还有人指责列宁是最大的修正主义者,试图通过给革命导师脸上抹黑,来搞乱人们的思想和认识,以达到他们不可告人的目的。针对这些错误的言论,中央党校赵曜给予了正确的评析和严厉的驳斥。他主要围绕列宁是"德国间谍"还是伟大的无产阶级革命家;十月革命是一场政变还是伟大的社会主义革命;列宁究竟是最大的修正主义者还是最坚定的和创造性的马克思主义者三大问题而展开,用历史的事实作了澄清。事实证明,列宁在人类历史上的功绩绝不是一些歪曲历史事实的荒谬言论所能否定的。

(六)还E.伯恩施坦"修正主义"以历史的公正

社会主义思想史上的"修正主义"问题,一直为人们所关注。当社会主在俄国和其他一些国家遭到挫折、整个社会主义思想出现危机之时,俄罗斯科学院著名元老级院士 Т.И.奥伊泽尔曼(Т.И.Ойзерман)写成《为修正主义辩护》(Оправдание Ревизионизма, 2005)一书,想以此就马克思主义的基本问题,在当前的世界范围内进行一场严肃的科学讨论。上海社会科学院杨伟民在《还"修正主义"以历史的公正——俄罗斯科学院 Т.И.奥伊泽尔曼院士提出为修正主义辩护》一文中,围绕马克思主义最初的教条化过程、列宁的"教条主义"和"修正主义"、苏联马克思主义教条化日趋盛行、还 E.伯恩施坦"修正主义"以历史公正等几个方面,对该书作了详细的介绍。

Т.И.奥伊泽尔曼因从事马克思主义哲学史、西欧哲学史方面的研究而著称,并于1981年当选为苏联科学院院士。自苏联解体之后,当代俄罗斯马克思主义研究阵营内部,实质上发生了剧烈的演变和分化。以 Т.И.奥伊泽尔曼为代表的"反思的马克思主义学派",对苏联的马克思主义研究进行了全方位的批判,对与正统马克思主义长期对立的意识形态——E.伯恩施坦修正主义的合理性进行了充分的肯定,为受到攻击、指责和误解的伯恩施坦主义正名。在该书中,他论证了马克思主义在苏联的教条化过程,提出了"还 E.伯恩施坦主义以历史的公正"等重要观点,认为对马克思主义的修正,包括重新审视马克思主义原理,甚至否定其中的一些过时观点,都不是为了推翻马克思主义,而是克服它与其他社会科学理论的对立,克服它思想意识上的孤立主义,从而在俄罗斯思想理论界引起了巨大的反响。

(七)《R.卢森堡书信集》英文版的出版,为了解 R.卢森堡内心世界打开了一扇窗户

2011年是第二国际时期著名马克思主义理论家 R.卢森堡诞辰140周年。为此,法国马克思主义哲学家 M.罗伊(Michael Löwy)在《国际视点》网络杂志发表《点燃行动的火花——R.卢森堡思想中的实践哲学》("The Spark Ignites in the Action: The Philosophy of Praxis in the Thought of Rosa Luxemburg")一文,回顾了 R.卢森堡思想的发展历程,并紧扣"实践哲学"这一主题,对她的社会主义思想进行阐发,以表纪念。该文认为,R.卢森堡关于理论与实践的统一、无产阶级的民主自由、无产阶级在革命实践中自我教育和自我解放等思想,在社会主义思想史上,闪耀着永恒的光芒,对于今天和未来的社会主义实践,有着重要的启发意义。

与此同时，英国《新左派评论》（*New Left Review*）旗下的出版机构 Verso 也出版了经德国 G.阿德勒（Georg Adler）、美国 P.胡迪斯（Peter Hudis）和德国 A.拉施扎（Annelies Laschitza）编辑的《R.卢森堡书信集》英文版。它是国际上正在编撰的 14 卷《R.卢森堡全集》中的第 1 卷，其中收集了 R.卢森堡的大量信件，有不少是以前未被翻译成英文的。虽然这些信件并未刻画出 R.卢森堡完整的一生，而且大多数私人信件从未有过对外公开的计划，但这些信件却是了解 R.卢森堡内心世界的一扇窗户。曾出版过《R.卢森堡的本质》（*The Essential Rosa Luxemburg*）一书的美国伯林顿佛蒙特州立大学副教授 H.斯科特（Helen Scott），在《国际社会主义评论》发表了为本书所写的书评。她在通读此书的基础上，根据信件的时间顺序回顾了 R.卢森堡革命的一生，纠正了前人对 R.卢森堡的一些误解，并在新的文本基础上，提炼了 R.卢森堡一些新的、有价值的理论观点。

（八）重新解析"M.吉拉斯事件"

"M.吉拉斯事件"是国际共运史上又一个值得重视的研究课题。南斯拉夫副总统 M.吉拉斯（Milovan Djilas）是 20 世纪历史上一个备受争议的"特殊"人物，他与 J.铁托在南斯拉夫改革道路上的分歧代表了改革苏联模式的两种思路，即是通过激进的民主方式彻底摆脱苏联模式，还是进行有限改革以适应现实需要。北京大学项佐涛的《M.吉拉斯的政治思想演变研究》一书，选取 M.吉拉斯作为个案研究的对象，那些来自铁托档案馆的、通常带有铁托亲手批示的文件帮助作者对其政治思想演变的轨迹及动因做出详尽分析。书中把苏联模式在苏东国家的实践划分为确立期、弊端暴露和改革期、改革中止或失败期、僵化期、危机和崩溃期，对应着这 5 个时期，是 M.吉拉斯政治思想演变的斯大林主义者（憧憬苏联式的社会主义）、铁托主义者（批判与改革苏联模式）、吉拉斯主义（超越南斯拉夫改革的限度）、提出"新阶级"论（批判"共产主义体系"）和苏联模式的"异端"（追求"民主的社会主义"）五个阶段，展示了苏东国家 M.吉拉斯式知识分子的心理历程和观察苏东国家社会主义实践的另一个独特维度，为更好地总结苏联模式的利弊，更好地认识苏东国家的干部官僚化现象提供了一个新视角。该书指出，M.吉拉斯倡导的通过加速南共联盟"消亡"的方式来摒弃苏联模式的主张有其严重缺陷，而 J.铁托有限改革苏联模式的做法也为后来南斯拉夫政治危机埋下了隐患。现有社会主义国家的改革应该超越两者的思路，既要摆脱苏联模式，又要避免激进措施导致的失序。

九、国外关于"中国模式"的争论

进入21世纪以来，西方学者针对中国特色社会主义的讨论不断升温，尽管他们有着社会、文化背景上的差异，但是从一个侧面说明，改革开放30多年来中国经济社会发展所取得的成就，使中国不可避免地成为世界各方关注的焦点；而"中国模式"和"北京共识"的提出，更是聚焦了他们对中国问题的思考与讨论。在国外的这些研讨中，提出的诸如关于中国模式是否客观存在、中国特色社会主义的性质和走向、中国经济发展的根源和动力、中国模式的发展证伪了"历史终结论"、中国模式的研讨重点逐渐转向政治层面、中国模式成功应对国际金融经济危机的原因、如何理解中国模式的国际意义，等等，都是值得关注的论点。

针对种种否认中国模式客观存在的议论，新加坡学者郑永年在《联合早报》上发表《为什么要提"中国模式"?》一文，声称"西方很多人并不承认中国模式的存在"，而在他看来，这些人大都看到中国发展所包含的种种问题和制约因素，不认为中国已经形成一种可称之为"模式"的东西，也不相信中国的发展模式可以持续，也有一些人是在意识形态上敌视中国，他们希望中国解体和崩溃。在这些人看来，中国根本不配产生一种模式。但他认为，"理性而言，中国模式是客观存在的，就像是盖房子，房子盖好了，肯定有个模式。问题在于如何看待和评价这所房子"，是用科学的客观的方法，还是用"审美"的方法？

关于中国特色社会主义的性质及其走向问题，西方学界也发生了一场争论。其中的一些左翼学者从经典马克思主义出发，即从生产资料所有制、阶级分化等方面来"定性"中国特色社会主义，他们看到了私有经济的不断增多和贫富差距的不断扩大，对中国这条道路的性质和走向越来越持怀疑的态度；而另一些学者则从中国的改革中看到了中国市场形成过程与资本主义发展过程之间存在的本质差别，认为"中国的改革更侧重于通过打破壁垒和消除壁垒来强化竞争而不是通过私有化"，所以他们认为，现在再问姓"社"姓"资"的问题已经没多大意义，而要用一种开放性的思维来对待中国的实践，从进步性和替代性上来认识中国特色社会主义的性质和未来的发展方向。

为此，长期研究中国问题的左翼学者A.德里克提出了一种"后社会主义"

的观点。在他看来,用社会主义和资本主义的传统划分来理解中国当前的实践是不适当的,不能用一种"元理论"来"指定"中国社会主义的发展路径,中国也大可不必拘泥于一种"概念上的牢笼"。他主张的"后社会主义",并不是在经典马克思主义的意义上作为资本主义历史发展的更高阶段,而是在社会主义的意义上对资本主义进行回应并试图超越资本主义发展过程中的一些缺陷。从这种认识出发,A.德里克认为,中国特色社会主义具有一种内在的超越资本主义的视界,并具有寻求避免回到资本主义的特质。中国特色社会主义的价值,不是在于它目前在全球经济中的重要性,而是在于它正努力为资本主义世界体系提供一种替代经验。所以重要的是,要从中国是否能走出一条超越资本主义的替代性道路来评价中国特色社会主义。古巴哈瓦那大学国际经济研究中心J.D.巴斯克斯(Julio Diaz Vazquez)在《中国:另一种社会主义模式?》一文中指出,改革开放以来,中国虽在经济、社会和政治上都有了大的飞跃,但仍然保持了社会主义性质;鉴于其独特的历史文化根源,只要中国政府不屈服于寡头的利益,市场经济虽有可能呈现资本主义的形式和特点,但决不会是资本主义性质的;以社会主义价值观为基础,中国正在酝酿一个新的社会经济模式。到目前为止,这一模式的各个方面虽没有最终形成,但不管怎样,21世纪上半叶世界将见证一个新的社会主义模式在中国诞生。

关于中国的民主化问题,新加坡学者郑永年发表了高见。他在《中国的民主化及其限度》一文中指出,民主化必须推进,但民主化是有限度的,泛民主化并不可取,它是后发展中国家的通病和难以发展有效民主的一个主要根源。同时,他认为不能把"非民主政体"解读成为"专制政体",把人类政治史简单地归纳为"民主"和"专制"这样具有高度意识形态和道德判断的概念来解释。在他看来,中国如果要实现民主,首先就必须给民主划定一个边界,而不能出现泛民主化现象。今天的中国需要民主,而民主必须是渐进的,问题不是要不要民主,而是如何实现民主的问题。

关于中国的现状,美国著名学者沈大伟在美国《华盛顿季刊》2011年冬季号刊文,就"如何应对一个'自相矛盾'的中国",归纳了中国思想界提出的本土论、现实主义论、大国论、亚洲优先论、全球南南关系论、选择性多边主义论、全球主义论七种论调。他认为,中国在世界舞台上展现出的新姿态是其国内激烈辩论的产物,从最左端的孤立主义倾向到全面参与全球治理与国际机构的最右端的思想，中国国内眼下看似态度统一，但其实依然是一个内部矛盾突出的崛起中大国，具有一系列相互矛盾的国际属性。理解这些相互矛盾的属性，有助于预测北京将如何在世界舞台上展示其越来越具矛盾性和多面性的举动。此外，上述思想流派同样对政策具有整体性影响。

关于中国的未来，国际学界也充满着争论。2011年6月17日，H.基辛格（Henry Kissinger）、N.弗格森（Niall Ferguson）、李稻葵（David Daokui Li）和F.扎卡利亚（Fareed Zakaria）4位全球政治、经济、传媒、历史领域的重量级人物齐聚加拿大多伦多的罗伊汤姆森大厅，进行了一场题为"21世纪将属于中国"的世纪大辩论。作为反方的H.基辛格认为，中国存在经济、人口、环境等问题，导致中国很难在21世纪主导世界。他指出，问题不在于21世纪是否属于中国，而在于能否让中国在21世纪接受一个更加普遍的观念。F.扎卡利亚也反对21世纪将属于中国，认为中国进入了一个新的时代，但并没有做好主导世界的准备。辩论正方李稻葵用"能量""复兴""影响"三个词做了开场白，希望听众能对中国得出这样的结论："能量充足的变革""伟大的文明复兴"和"积极的国际影响"。持同样态度的还有N.弗格森，他通过"历史上的大多数世纪都是属于中国的"，表达了对21世纪的中国充满期望，指出美国和欧洲正在逐渐衰弱，这也是为什么21世纪将属于中国的一个主要原因。这场辩论不仅从宏观上对中国的未来作了分析，在一些具体问题上也有涉及，为分析中国现状和未来发展趋势提供了多角度的观点。《舌战中国：21世纪属于中国吗？》（Does the 21st Century Belong to China?: The Munk Debate on China, 2011）一书便是这场辩论的文字版。

值得关注的是，美国思想家F.福山近期的表态。他在主编的一本新书《出乎意料》中，预测了未来世界可能发生的七大"战略意外"，其中有一项是："人们将许多不平等现象归咎于美国式的资本主义，全世界对这些不平等现象的不满，可能会将人们的注意力更多地转向像中国这样的社会主义模式，从而结束美国的霸权地位。""软实力"概念的提出者、美国学者约瑟夫·奈也曾对记者说："中国的经济增长不仅让发展中国家获益巨大，中国特殊的发展模式和道路也被一些国家视为可效仿的榜样……更重要的是将来，中国倡导的政治价值观、社会发展模式和对外政策做法，会进一步在世界公众中产生共鸣和影响力。"这是西方有识之士可贵的远见，历史的发展也必将证实这一点。

2013年度世界社会主义研究报告

　　进入21世纪已经10多个年头了,和平与发展仍然是我们这个时代的主题。信息化、全球化的变革,把人类世界推进到大发展、大变革、大调整的阶段,人们仍然生活在一个发展很不平衡、充满社会动荡、到处很不安宁的世界。20世纪80年代末90年代初,欧美资本主义国家刚从苏东集团的瓦解中服用了"兴奋剂",踏入21世纪门槛后却面临一场经济金融危机的冲击,就持续时间之长、辐射范围之广,仅次于20世纪30年代的大萧条,从而使一个沉寂已久的左翼运动再次在欧美各国兴起,此起彼伏的示威游行、大罢工和新的占领运动震撼了整个世界。而新兴市场国家的出现和区域一体化组织的形成和发展,深刻地改变着世界的格局,标志着"后殖民主义"时代走向终结,世界社会主义运动在低潮中逐步回升、在回升中局部复兴,目前正处于回升中积蓄力量、探索创新、谋求发展、走向复兴的阶段。可以预见,社会主义在西方主导的世界经济体系中进行的科技创新、体制改革、社会建设、精神文化发展与价值观探索,是同资本主义开展的历史性博弈,而世界多极化、经济全球化、文化多样化、社会信息化又将使这种博弈更加广阔、更加深刻、更加激烈。

　　从总体上看,世界社会主义包括实行社会主义制度的国家、争取社会主义的运动以及社会主义意识形态和价值观念等,正朝着积极的、前进的方向变化。它正处于社会主义和共产主义政党、独立的社会主义学者对于理论和实践的积极探索中,在社会主义国家的改革创新中再次显现出活力。但也应该看到,在西方资本特别是那些跨国大鳄主导的世界经济体系里,社会主义如何同跨国资本进行周旋,开展复杂竞争,维护自身权益,增强实力;如何抵御思想文化帝国主义的渗透与扩张,建设精神文化家园,锻造软实力;如何同霸权主义、新干涉主义进行有力斗争,维护和创造有利于保障国家安全和发展的国际环境等，都是面临的巨大挑战和严峻考验。本年度报告将在科学社会主义经典文献的深度解读、资本主义或成明日黄花、世界左翼运动发展态势和斗争方式探索、深化对社会主义前沿问题的研究、各国政党的变革与创新、社会主义思想史新探、社会主义在中国早期传播资料的新发现、寻求解读中国道路的理论框架、解密的文献档案披露历史真实内幕九个方面，综合各国学者的研究成果，报告如下。

一、科学社会主义经典文献的深度解读

在马克思的思想构成中，共产主义无疑是非常重要的一个部分，离开对马克思的共产主义思想的思考，对马克思思想的理解很难说得上全面、深刻。然而，过去人们研究马克思共产主义思想时有一个重要路径，就是通过后来的共产主义实践运动来理解马克思的共产主义思想，或者把以马克思主义为旗号的共产主义运动看作马克思共产主义思想的原始文本，这种做法一定程度上会忽视马克思共产主义思想的"原生形态"。北京大学李彬彬提出需重新思考"巴黎手稿"对共产主义的七条论证。她指出，在马克思建立共产主义理论的过程中，"巴黎手稿"构成了重要的一环，马克思在手稿中详细、全面地探讨了共产主义运动的种种形式及其实践效果。在其中的第三笔记本中，马克思对共产主义细致入微的论证展开的语境正是私有财产关系，涵盖了"粗陋的""政治的"和"积极的"共产主义类型，提出了共产主义是历史之谜的解答、感性的解放和真正的无神论，并且说明了理解共产主义需要辩证法，共产主义运动是一个漫长的历史过程。该文认为，在对共产主义内容的讨论中，不难发现粗陋的共产主义和政治的共产主义是马克思极力反对的，因为它们都没能理解私有财产的积极意义，最终也没能摆脱被它奴役的命运。同时，需要引起我们注意的是，"巴黎手稿"中的"共产主义"并不是指代一种理想的社会制度，而是达到那种制度所要经历的运动，即扬弃私有财产的积极运动。马克思明确指出，在这种运动中，人和自然、人和人的矛盾不断得到解决，历史的秘密逐渐被揭开；这个过程是人的感性不断获得解放，自我意识不断得到确证从而确立起"无神论"的信念的过程。他还指出，要想理解扬弃私有财产的共产主义是人性在更高基础上的充实与发展，就只能借助于黑格尔的辩证

法；然而黑格尔辩证法在理论上描绘的康庄大道在现实的历史过程中却要经历一个漫长的过程。

近现代人类社会从何而来，又走向何方？这一命题曾绞尽了多少思想家的脑汁，并引起了他们彼此之间激烈的争论，思想史留下了他们探索的足迹和精彩的片断。其中，有的是对"社会形态"概念和内涵的分析界定；有的是对社会基本矛盾运动及其规律的揭示；有的是对社会形态自然演进和依次更迭轨迹的总体描述；有的是对个别民族历史发展形式和顺序及其跨越现象的设想和洞见。上海社会科学院徐觉哉的《社会形态演进规律之探索——思想史片断的梳理》一文，试图通过对第一个确立了社会哲学的伟大原理、人类社会历史犹如地壳的形态依次更迭、不存在土地私有制是了解东方天国一把真正的钥匙、英国入侵印度充当了历史的不自觉工具、人类历史发展的三形态图式、社会基本矛盾运动及其规律的揭示、把经济的社会形态发展理解为自然史的过程和经济的社会形态演进的一般进程、每个民族不必通过社会发展的一切逻辑环节、社会主义也需要能使社会生产力发展的资产阶级、历史哲学理论的最大长处就在于它是超历史的、"跨越资本主义制度卡夫丁峡"的设想、较低的社会形式不能产生出未来的社会主义社会、俄国历史还没有磨好将用它烤社会主义馅饼的面粉、历史发展的一般规律不排斥变更通常的发展形式和顺序等思想史片段的梳理，揭示人类社会形态演进的基本规律。作者指出，在这纷繁杂乱的混沌世界中，马克思主义经典作家为我们梳理出了一条清晰的理路：当他们从逻辑上去反映世界历史过程的统一性和普遍性时，没有由此排除各个民族在历史上所表现出来的特殊性，并把它们置于世界历史当中来加以考察；当他们具体考察一个特定民族的独立发展道路时，也没有由此排除人类社会发展的普遍规律对一个民族发展所起的制约作用。这就为各国探索不同时代社会发展的特殊规律、确立符合本国国情的社会发展道路奠定了方法论基础。

在对社会形态演进规律的研究中，学界关注的重点是马克思晚年对东方社会发展道路的探索，试图通过对他的"人类学笔记"中对农村公社的再研究和《历史学笔记》中对世界历史的再研究进行深度挖掘，从而给现实中的社会主义以现实的指导。南京大学姚顺良在《马克思晚年东方社会发展道路新思想的实质——"人类学笔记"和〈历史学笔记〉再研究》一文中，对马克思晚年的新思想作了重要阐述。该文指出,这些思想既不是如国内外一些学者所说的是将唯物史观的社会形态演进理论当作纯粹的"西方社会理论"加以抛弃,从所谓"单线论"转向"多线论";也不是仅仅一般地确认社会形态演进的统一性和多样性,局限于指认一个民族在发展过程中基于某些历史条件可以跨越某个特定的社会发展阶段。文章认为,这些新思想实质上是马克思对唯物史观原有的"世界历史"理论的重大突破,而所谓跨越"卡夫丁峡谷"的东方社会发展道路设想,正是以这一突破为理论支撑的。只有从这一视角出发,才能对马克思晚年思想与唯物史观的关系做出准确的评价,并对他同恩格斯在跨越"卡夫丁峡谷"问题上的观点差异做出合理的解释,当然这并不意味着两人的观点是根本对立的。

另外一个需要讨论的问题,即是如何厘清共产主义(社会主义)与人本主义(人道主义)的关系,这是理解经典马克思主义复杂内涵及其思想演变的重要维度。从马克思、恩格斯所撰写的著述看,他们既阐释和论证过共产主义的"人学"内涵,也深刻批判过将共产主义"人本主义化"的思路和做法。表面看来这似乎是矛盾的。过去的马克思主义哲学史也把前者看作是出现在马克思、恩格斯思想"不成熟时"的《1844年经济学哲学手稿》中,而把后者看作是他们抛弃了先前的观点,转而在《德意志意识形态》等著作中开展了对人本主义的清算。由于过去的研究多从原理的角度进行抽象的论证和推导,以至于关于这一维度的讨论至今仍莫衷一是。北京大学聂锦芳的《马克思、恩格斯是在什么意义上拒斥人类之"爱"的?——以〈德意志意识形态〉对"真正的社会主义"的批判为例》一文,试图回到具体文本的特定语境和思路中进行分析,讨论马克思主义与人本主义关系的文本学视角。该文认为,当时马克思、恩格斯反对H.克利盖,质疑他所谓的人类之爱,是因为共产主义运动初期,在社会差别巨大、阶级关系空前对立,而无产阶级革命意识不强、组织程度不高的情形下,超阶级的"爱"的呼唤不仅于事无补,反而会削弱革命,因此必须加以反对和拒斥。但这绝不表明共产主义革命始终倡导和鼓吹仇恨、敌视,根本不讲爱意与和谐;更不表明共产主义理论是"斗争哲学",与人类源远流长的人道主义、自由主义、人本思想、共同进步等思想是彻底决裂的、根本异质的。该文指出,如果我们把这里的论述与此前的《1844年经济学哲学手稿》,此后的《哲学的贫困》《1857—1858年经济学手稿》等从人的角度对共产主义的阐释和论证结合起来理解,把这些观点或论断放在他们当时思想的整体系统中,客观地予以梳理和理解,进而准确地概括和估量其含义、地位及界域,那么共产主义与人道主义之间复杂而非单一的关系就会展示得更加完整、全面和深刻。

国家学说是科学社会主义的重要组成部分,但在社会主义不同发展阶段国家性质的理解上,学界意见一度相当纷呈。有人以马克思主义创始人说过社会主义社会不存在阶级和国家为由,来否定社会主义国家还要谈阶级和阶级斗争,还要建立人民民主专政;有人以列宁说的共产主义社会第一阶段国家还没有完全消亡为由,认为只有到了高级阶段国家才会消亡;有人以马克思提到的未来"共产主义社会的国家制度"为由,得出未来社会仍然存在国家的结论。针对种种误解,苏州大学石镇平引经据典地对马克思的国家学说进行了梳理和论证。他指出,这些问题实际上是由长期以来混淆共产主义第一阶段(即社会主义)与过渡时期的关系造成的。马克思所说的共产主义,包括共产主义第一阶段(即列宁所说的社会主义)在内,都是无阶级、无国家的;马克思所说的无产阶级专政的国家只存在于从资本主义向共产主义第一阶段之间的过渡时期,而不存在于社会主义(即共产主义第一阶段)。在这个问题上列宁同马克思恩格斯是完全一致的。在落后国家向共产主义第一阶段迂回过渡的时期,还不具备实行无产阶级专政的条件,只能首先建立工农民主专政或人民民主专政。在我国现阶段,之所以仍然实行人民民主专政,是因为我们今天所说的初级阶段的社会主义不同于马克思所说的共产主义第一阶段。这些结论都符合马克思国家学说的理论逻辑。

因此,作者认为,首先在马克思、恩格斯那里,共产主义第一阶段是不存在阶级和国家的;相反,在他们看来,仍然存在阶级和国家的社会就不是他们所说的共产主义第一阶段。那种以我们今天已经是社会主义国家为借口,来否定现阶段的阶级和阶级斗争、取消人民民主专政的说法,实际上是站不住脚的。其次,以为只有到了高级阶段国家才会消亡,也是一种误解。实际上,列宁讲的国家消亡包括:过渡时期无产阶级专政的国家,它仍然具有政治职能和阶级压迫性质,属于"政治国家";共产主义社会第一阶段还没有完全消亡的国家,它已经不具有政治职能和阶级压迫性质,已经属于"非政治国家"或半国家;只有到了共产主义社会高级阶段,国家才会完全消亡。从这里根本得不出列宁认为在共产主义社会第一阶段仍然有国家的结论。再次,得出在马克思看来未来社会仍然有国家制度的结论,也是不对的。实际上马克思不过是借"国家"这个话题,提出未来社会"有哪些同现在的国家职能相类似的社会职能保留下来"的问题。在马克思看来,在未来社会,作为政治压迫工具的国家消亡之后,原先由国家行使的某些社会管理职能还要保留下来,但这已经不是本来意义上的国家。因此,这里也得不出未来社会仍然存在国家的结论。

在对马克思著作的解读中,国际著名马克思主义研究学者D.麦克莱伦(David Mclellan)认为其中蕴含着两种不同的文化传统,一是来源于启蒙运动,强调科学、理性与进步;二是浪漫主义元素,生发于德国剧作家J.席勒与法国启蒙思想家J.卢梭,这一元素强调对资本主义进行文化批评,而同时对资本主义及前资本主义制度保持着某种兴趣及一定程度的热情。在他看来,目前西方对马克思主义学说的研究,主要集中在经济帝国主义及全球经济危机的成因上。从更大范畴看,马克思主义在西方有两大争议:一是唯物史观,认为经济基础在社会结构中的优先重要性是存在争议的,有一种趋向强调政治与文化元素在社会演进过程中的重要意义;二是对于阶级以及由此衍生的阶级斗争是否真是社会的基础,而不是性别、种族等具有同样重要作用的因素,也一直存在争论。最近,对于试图将马克思学说与环保、生态等社会关注热点挂钩的学术趋向也引发很大争议。这些新的关注点,在此前马克思主义学说传统中是没有出现过的。但他表示,马克思的学说对当今世界的重要性在于他对资本主义的剖析。目前西方发生的经济危机,更证明马克思在其著作中对资本主义制度的解析,尤其是关于信用及虚拟资本产生的阐述,比以往任何时候都更切合实际。对于未来的发展,学界一直高度关注社会主义与资本主义是在一个相当长的历史阶段中平行发展,还是一个必将取代另一个的问题。D.麦克莱伦表示,这两种制度还将平行发展几十年,但最终社会主义必将取代资本主义。因为历史地、长远地看,资本主义的本质是破坏性的。故此,马克思在《共产党宣言》中就说过,对社会的选择要在社会主义还是野蛮蒙昧主义之间做出。

俄罗斯《独立报》(*Независимая Газета*)也发表俄罗斯科学院社会学研究所研究员亚历山大·韦贝尔(Александр Вебер)的署名文章《多重性的马克思:资本主义、社会主义和社会预见》(*Неоднозначный Маркс Капитализм*,

Социализм и Общественное Предвидение），对全球经济危机下的资本主义命运和马克思留下的遗产重新作了思考。在他看来，如果从当代现实来看，马克思的观点至少在下列几方面是正确的：（1）马克思解释剥削现象的努力理应受到极大的尊敬，他十分准确地描述了那个时代可怕的经济状况，并对资本主义成为无法无天的地狱表示不满；（2）马克思把革命理解为历史自然发展的结果。他不同于M.巴枯宁，不准备也不呼吁革命，"彻底摧毁"和"剥夺与重新分配"不是马克思的思想。他给出的是完全相反的劝告，认为最好还是搞更为和平的、更为人道的斗争方式，将斗争与民主制度的发展、与工人阶级本身的发展水平联系起来。他认为可以通过立法解决问题，坚决反对所谓兵营式共产主义；（3）马克思对人类个体的看法、对人与自然关系的阐述、对人类进化的预言，表明人类社会已从关注单纯的经济增长转向可持续发展。那么，为什么在他去世130年之后对他的学说仍有争议？并尝试给他的遗产以及名誉蒙上阴影？作者认为，这与对马克思某些结论的武断性理解有关，它们其实只适用于有限的时间与空间，而且某些假设的前提被混淆为经过逻辑证实的结论。所以，马克思的某些观点，现今不仅丝毫没有失去其自身价值，而且是我们时代亟须的精神财富及应当奉为圭臬的理论指导。

二、资本主义或成明日黄花

以2008年9月14日雷曼兄弟破产为标志，全球金融危机爆发。这场危机是在自由市场经济条件下不受监管的金融业为追求高额利润而产生的全球性金融危机。为了应付金融危机所带来的困境，包括西方在内的许多国家都采取了国家干预的方法。这种国家干预在很大程度上是以政府援助的形式进行的，这使某些濒临破产的银行或公司被政府接管。中央编译局朱艳圣对西方发达国家的"国家资本主义"发展状况进行了梳理，指出无论是率先工业化的英国还是后继的美、德、日等国，国家干预几乎成为推动经济发展的必要手段，并随着市场经济本身无法解决的市场失灵的暴露，政府干预有逐渐增强的趋势。因此，无论是在资本主义兴起和资本主义国家建立过程中，还是在应付金融危机的过程中，国家的力量从来就是与资本主义紧密结合在一起的。进入21世纪之后，国家资本主义的含义又有了新的发展，西方许多国家通过国家救助计划来解决经济上的困境。

尽管如此，2013年还是出现了资本主义世界一个重要的转折，正如德国《世界报》年初刊文指出的那样，今年西方发达国家的经济总量将首次降至世界经济总量的一半。德国《文学和社会的批评》杂志为此推出题为《西方黄金时代已去》的文章，表示西方世界在全球格局中位置的升降是一个标志性的历史性事件，这是两三百年来从未有过的大变局，许多西方国家陷入了"集体性的哀伤"。

2013年5月，三位美国政治学者在《政治泡沫：金融危机与美国民主的失败》一书中提出，每个经济危机的背后都深藏着一个由僵化的意识形态、迟钝而低效的政府机构及特殊利益要求综合所致的"政治泡沫"：政治偏见会助长不利于经济稳定的市场行为，而这种由信仰、制度及利益构成的偏见会不断增大市场的风险。事实上，不论放眼欧洲还是美国，人们看到的是政界和公民在彼此埋怨世界秩序的崩坏：在罗马，一个声名狼藉的老头将一个自豪、富裕但管理不善的国家绑架了数月；在雅典，过去的错误正在报复国家管理者；在法国，第五共和国陷入自我阻滞之中，而原本应替代君王统治的总统也不清楚接下来该怎么办；在荷兰，欧洲的支持率跌到了有史以来的最低点；在英国，不仅与苏格兰的团结受到威胁，而且欧盟成员国的地位也岌岌可危，联合王国可能不久后便会形单影只。而最大的丑闻便是为了不给B.奥巴马医改法案出资并推迟实施这一法案，美国众议院内的共和党人不惜让政府关门大吉，它导致了公共生活的瘫痪，表明民主所需的基本共识已然终结。德国《世界报》网站刊登了历史学家M.施蒂默尔（Michael Stürmer）题为《西方就这样成为过时货》(*So ist der Westen ein Auslaufmodell*)的署名文章，认为现在的情况足以证明1990年就宣布民主和市场经济获胜为时太早，人们现在回忆起F.福山宣布的"历史的终结"时，心中有的只是嘲讽，而这一论调曾信者如云，并在政界为人们所乐于使用。该文还指出，自冷战结束后，西方就缺少了组织原则和整理房间的动力，这种病迟早会侵袭所有的超级大国，它被历史学家诊断为"帝国过度扩张"；同时，这正说明现在西方的民主都在枯萎，已成为"过时货"。

然而，对"历史终结论"有所醒悟的F.福山，最近也对美国政府关门如此另类的做法发表了评论。他在美国《华盛顿邮报》发表题为《为什么我们还在为B.奥巴马的医改方案而战？因为美国的制度就是为僵局而设计的》一文,指出政府的瘫痪是政党的两极化以及权力的极度分散导致的结果,但也表明了美国政治中一些恒久不变的真理,即美国备受推崇的制衡制度可以被看成是一种"否决政体",它使得代表少数人立场的各种政治派别可以阻止多数派的行动,并阻止政府采取任何行动,因为这个制度就是为了授权给少数人阻止多数人而设计的。从历史上看,过去一个半世纪以来美国宪法的制衡作用一直在允许少数派阻碍主要的社会立法法案,最明显的例子就是内战结束100年而且通过了第13条和第14条修正案后,占少数的南部各州依然能够阻止给予非洲裔美国人全面的公民权利和政治权利的联邦法案,所以目前的僵局很可能持续多年时间。他不愧为资深的国际政治学家,至少在这一问题上是清醒的,评论也是到位的。最近,美国以及其他发达资本主义国家的政治争论还被另外两个问题所困扰,即经济不平等的加剧以及政府如何进行干预。人们知道,"公平""正义"是西方社会的基本理念,资本主义国家也通过其法律或政治制度凸显和维护这个理念及其原则。但在西方世界陷入经济危机之后,资本主义社会已经无力维护公平正义。哈佛大学教授B.韦斯特恩(Bruce Western)和华盛顿大学教授J.罗森菲尔德(Jake Rosenfeld)指出,"不平等"一词已经成为美国当今的政治词汇和B.奥巴马时代甚至目前整个西方世界的"主旋律"。由此,引出了关于"涓滴"理论的争论。在当今的西方,左翼的关注点放在增加政府税收与开支上,主要是为了扭转日益严重的社会分化,而右翼的关注点则放在减少税收与开支上,主要是为了确保经济活力。而"涓滴"理论强调政府应对商人与富人阶层减税并提供经济优待政策,这样可以在整体上改善经济并最终使贫困阶层生活得到改善,强调1%的人获得成功,也将使99%的人受益。有分析人士指出,这套理论将面临严密的推敲,实际上当前日益扩大的不平等已转变为有关美国经济政策的争论,而如何解决财政赤字问题的党派之争在很大程度上就是阶级斗争。但在资本流动性越来越强的世界,阶级斗争的武器也在发生变化,一些富人拒绝增税而选择移民,同时带走急需的工作岗位和投资。

这就产生了一个永远解不开的"世纪难题":如何在维持资本主义活力的同时,设想出各种预防和纠正措施,以应对永恒相伴的各种邪恶。美国《时代》(Time)周刊资深记者M.舒曼(Michael Schuman)在题为《马克思的复仇：阶级斗争如何塑造世界》("Marx's Revenge: How Class Struggle is Shaping the World")一文中认为，马克思不仅诊断出资本主义的缺陷，而且诊断出这些缺陷导致的后果，因此他对资本主义的犀利批判——这套制度天生不公，有自我毁灭的倾向——无法被轻易摒弃。尽管目前西方社会的阶级斗争已经有所发展，但还没有表现出马克思笔下的革命。巴黎大学的马克思主义学者J.朗西埃(Jacques Rancièr)认为："抗议者不是像马克思所预言的那样打算取代资本主义，而只是想改革它……阶级冲突今天带来的是修补现有体系的呼吁，即通过重新分配财富使这个体系在长远看来更可行，也更有持续性。"他指出："任何国家的工党或社会党对当前经济体系进行大幅度调整重组的可能性很小，更不用说彻底变革这种体系了。"但如果决策者找不到新的办法确保经济机会的公平，后果必然是马克思所预言的那样：阶级斗争或将卷土重来，全世界的工人可能真的团结起来，通过阶级斗争维护自身的利益，从而实现"马克思的复仇"，资本主义或成明日黄花。

阿根廷新闻社也发表了题为《21世纪的革命刚刚开始：希腊、西班牙、土耳其、巴西与埃及是全球资本主义制度危机的一部分》的文章。该文认为，从伦敦到斯德哥尔摩、从马德里到伊斯坦布尔、从开罗到里约热内卢，愤怒的年轻人之所以抗议，是因为资本主义制度拒绝了他们享有体面生活的权利，为获得"更好"生活的唯一"希望"就是加入帮派或黑手党。所以，他们面临的选择是：要么成为21世纪的革命主角，要么注定过上苦难的生活。该文指出，世界资本主义体系深刻的经济危机导致"无处不在的起义"，但21世纪的革命才刚刚开始，这些愤怒的年轻工人阶级迟早会明白，解决他们这些重大问题的唯一现实出路是将代表资产阶级利益的人赶下台。我们将拭目以待。

三、世界左翼运动发展态势和斗争方式探索

在经历了苏东剧变和资本主义金融危机以后，人们最关心的是怎样认识当前世界左翼运动和社会主义运动的现状及其趋势与走向。中央党校赵曜教授通过对20世纪世界社会主义的基本特征、21世纪初的世界社会主义现状、21世纪世界社会主义的趋势和走向等的分析，为我们全景式地展示了金融危

机后世界形势和格局的深刻变化。他指出,新兴市场国家的出现、区域一体化组织的形成和发展、20国集团的确立,将深刻地改变世界格局和国际经济形势,标志着"后殖民主义"时代走向终结,世界权力加速向新兴国家转移。

他对21世纪世界社会主义的趋势和走势作了如下预测:(1)随着社会主义实践的不断发展,人们对社会主义形成了更加客观和实际的新理念,主要是加深了对社会主义的探索性和开拓性、长期性和曲折性、世界性和民族性、一元性和多样性、规定性和开放性之间关系的认识。(2)作为世界社会主义中坚力量的共产党执政国家,目前有党员9 300万,其中中国8 500万、朝鲜400万、越南300万、古巴100万、老挝10多万。被称为"一大四小"的社会主义国家,"四小"的越南、老挝、朝鲜、古巴都站稳了阵脚,通过改革和革新巩固和发展了社会主义,而引人瞩目的是"一大"中国的崛起,这就使社会主义有可能再造辉煌。(3)发展中国家是21世纪社会主义最有希望的地区,现时有"三南一北"四大亮点。"三南"即南亚的印度,到目前为止,28邦中的22个都有毛派武装,是当前世界社会主义运动中实力最强大的一支武装力量;南美即拉美,那里古巴是社会主义的旗帜,H.查韦斯开拓"21世纪社会主义"道路,左翼力量在13个国家通过选举执政,其人口和面积分别占拉美的70%和80%,极大地壮大了拉美地区的左翼力量,形势一片大好;南非,是非洲最发达的国家,成立于1921年的南非共产党现有党员13万人,在当今非洲各国共产党中力量最强,是世界社会主义运动中一支重要力量,在国内和非国大有很大的影响力。"一北"就是俄罗斯,这个列宁主义故乡有着深厚的社会主义传统,苏联时代的一些社会福利制度和措施都完好地保持下来。普京提出建立"欧亚联盟"的宏伟目标,给俄罗斯人带来了民族复兴的梦想和豪情,激发了俄罗斯重整旗鼓、再造辉煌的强国梦,指日可待的复兴或将伴随着社会主义的复兴。(4)这次金融危机对欧美发达资本主义国家的打击就持续时间之长、辐射范围之广,仅次于20世纪30年代的大萧条。危机爆发5年后,除德国经济稍好、美国经济有些反弹外,其余国家经济仍在衰退,从而使一个沉寂已久的左翼运动再次在欧美各国兴起,此起彼伏的示威游行和大罢工震撼了整个世界,推动了欧洲发达国家社会主义的历史进程。可见,当前世界社会主义的现状是在低潮中逐步回升、在回升中局部复兴,目前正处在回升中积蓄力量、谋求发展、走向复兴的阶段,这是合乎规律的大势所趋和历史必然。

随着世界左翼运动的蓬勃发展，近年来国内外有学者再次强调"国际主义"的原则，主张中国共产党应"更多地帮助和支持"各国共产党，并要"建立广泛的国际统一战线"；还有论者撰文《世界社会主义的未来取决于国际无产阶级的有效联合行动》《国际共产主义运动的重新统一：问题与前景》等，认为随着资本主义陷入不可自拔的制度性危机，客观上复兴国际共产主义运动的时机已经到来，并对重新统一所面临的国际形势、统一的必要性紧迫性及意义、统一面临的困难、统一战线的范围与加入新国际的标准、目前国际共产主义运动松散统一的态势、统一战线对我国的意义、对我国参与国际共产主义统一战线可能形式的设想等问题，作了概要性阐述，突出强调"全世界无产者联合起来"的传统口号。可见，建立新的"共产国际"已逐渐成为党际讨论的焦点。

那么，应该如何看待当今的世界社会主义运动？这实际上关乎中国的战略策略和前途命运。中联部肖枫认为，这意味着向世人提出了一个严肃的理论和实践问题，即世界社会主义的未来取决于什么？他认为，社会主义未来如何发展、中国应如何对待当今世界社会主义运动，这需要贯彻落实邓小平关于社会主义发展要靠"成功实证"的重要思想，进而提出了"世界社会主义的未来不取决于'国际联合'而要靠'成功实证'"的重要论断。从这一基本观点出发，他提出了四点看法：(1) 从思想理论上抛弃所谓"国际共运"的旧观念，不再简单机械地沿用"国际主义"和"全世界无产者联合起来"之类的传统观念和口号去思考问题；(2) 认为当今世界社会主义运动的突出特点是"独立自主"和"民族特色"，因此平等、交流、借鉴是必要和有益的，而追求"联合""统一""一致"既无必要也不可能，且不利于社会主义"多样性"发展和"民族特色"的发挥；(3) 认为如何对待当今世界社会主义运动的问题不是一个独立和孤立的问题，它要服务于国家基本战略和总体外交大局的需要；(4) 要以开放的态度、包容的精神支持世界社会主义运动的"多样性"发展，中国决不扛旗、决不当头，也决不谋求向世界推广自己的发展模式。

2011—2012年反抗资本主义的社会运动在很多国家和地区此起彼伏，而左翼的革命力量却遭受了空前的边缘化。其中，除了不可控的环境和其他因素之外，一个重要原因在于左翼错误地理解了所信奉的列宁主义原则，导致它们的政治和组织形式的僵化，因而无法把握很多面临的机遇。为此，近期西方学者发表了一系列的文章,如 S. 哈迪(Simon Hardy)的《被遗忘的布尔什维克遗产》("The Forgotten Legacies of Bolshevism")、S. 布鲁德沃斯(Sandra Bloodworth)的《列宁反对"列宁主义"》("Lenin vs 'Leninism'")、P. 勒布朗(Paul LeBlanc)的《占领运动之后的列宁主义》("Leninism in the Wake of Occupy")、A. 卡里尼克斯(Alex Callinicos)的《列宁主义是否已经终结?》("Is Leninism Finished?")、L. 库伯(Luke Cooper)的《超越列宁主义?》("Beyond Leninism?")等,对占领运动后的列宁主义作了进一步的探讨,尤其是经典马克思主义传统中的组织问题重新进入左翼政治的视野。在他们看来,列宁和布尔什维克的历史实践仍然是今天创建革命性组织的基本参照,但需要澄清布尔什维克被掩盖的真实历史,还原被历史所遗忘的列宁的真实形象,并揭示列宁的理论和政治实践与斯大林化的列宁主义的根本区别。同时,今天的革命组织和激进运动不能在"列宁主义"的标签下深陷宗派性的异端思维中而无法自拔,在其政治和组织实践中不应当恪守诸如列宁主义、民主集中制、布尔什维克等为左翼所神圣化的一系列所谓正统,而应当适应多元性、政治差异和民主这一人类根本的政治现实。只有这样,激进左翼才能展开有效的斗争,以摆脱数十年来的衰落、边缘化和政治混乱的历史困境。

另外,当前西方国家工人阶级的分化,也严重地影响了工人队伍的团结及其阶级意识的形成,从而阻碍了左翼运动的有组织发展。中国社会科学院吴金平对西方工人阶级分化状况、原因、实质及解决思路和办法作了马克思主义的分析。他认为,造成分化的原因:首先在于经济全球化既使西方国家工人阶级在劳资斗争中提升妥协程度,又造成发达国家工人阶级与发展中国家工人阶级之间围绕工作机会的竞争进一步加剧,这将严重削弱全球范围内工人阶级反对资本家阶级的力量;其次,当代西方国家工人阶级的内涵和外延都发生了很大变化,已不同于过去那种一无所有的定位,而趋向于知识化、脑力化、白领化,造成内部阶层结构复杂化、多层次化和分散化的特点,工人阶级内部出现了一次巨大的重构。由于各层次工人劳动条件、生活方式等方面的差异,构成了现时代工人阶级愈益分化的客观物质基础,并引起其政治态度、价值观等方面的多元化态势,导致彼此利益之间的冲突;再次,市场竞争将一切人抛入对私人钱财的角逐中,迫使人人为自己的利益着想而很少去关注社会整体乃至人类的根本利益与未来,感受不到与自身所处的共同体休戚与共的命运纽带的牵连,使人难以获得"社会人"的属性;最后,资本主义私有制是造成工人阶级内部不团结现象的症结所在,因而它是导致工人阶级分化的根基。他指出,工人阶级的分化不仅限制了工人组织起来以有效地争取和维护自身眼前的权益,而且妨碍其采取集体行动或发起工人运动,以最终实现工人阶级的彻底解放,因而需要引起左翼运动的严重关切。

原苏东地区在最近20多年的社会转型中出现了哪些值得关注的特点?这是谈到世界左翼运动时绕不开的话题。中国社会科学院刘淑春考察了俄共对后苏联时期经济、政治和社会阶层的分析。在俄共产党人看来,资本主义制度已重返俄罗斯,这是一个自上而下、非自然的倒退进程,导致社会发生两极分化,劳资对立成为社会的主要矛盾。俄罗斯的统治阶级由寡头、新生的资产阶级和上层官僚集团构成,掌握着国家基本的生产资料和实权,而占人口大多数的雇佣劳动者阶级和受压制的小业主是被统治阶级,受失业威胁且看不到前途。所谓"中产阶级",这是统治阶级为维护稳定制造的"神话"。"当代无产阶级"由体力和脑力雇佣劳动者构成,作为一个整体,阶级意识薄弱。因此,团结各劳动群体,增强当代无产阶级的阶级意识,是共产党人的当务之急。北京大学孔寒冰对中东欧地区社会转型的特点提出了自己的分析意见。在他看来,"去苏联模式化"已成为这一地区社会发展的主旋律,共产党一党执政变成了多党的议会民主制,过度集中的计划经济为自由的市场经济所取代,"返回欧洲"成为大多数国家的目标。所以,这一地区社会转型并非开启了一个崭新的阶段,而是带有很强的"回归"特点,这种"回归"的程度又与这些国家的西方"基因"成正比。

四、深化对社会主义前沿问题的研究

近年来我国理论界对科学社会主义前沿问题的研究,集中体现在中央党校严书翰发表的《近年来我国理论界对科学社会主义前沿问题的研究》一文中。该文认为,广义的科学社会主义主要由三大部分内容构成,即马克思与恩格斯创立的科学社会主义、列宁主义对科学社会主义的贡献和中国共产党人对科学社会主义的发展。文章从这三个部分中遴选出15个前沿问题进行了评析,并对高校基础理论教材《科学社会主义概论》作了归纳点评,充分反映了近年来我国理论界在这些前沿问题的研究上取得的显著成果。这15个前沿问题分别为：科学社会主义研究对象，科学社会主义的逻辑起点，科学社会主义的基本范畴，科学社会主义的核心，未来社会的发展阶段、基本特征及研究方法，恩格斯晚年思想，关于十月革命，关于新经济政策，关于苏联模式的评价和苏东剧变的总结，毛泽东的新民主主义理论，二十世纪五六十年代毛泽东对中国社会主义建设道路的探索，"毛泽东艰辛探索"的理论成果与中国特色社会主义理论的关系，中国特色社会主义理论基本内容的概括，中国特色社会主义理论的指导地位，中国特色社会主义理论的学科研究方向，这些研究从不同角度丰富和拓展了科学社会主义学科的建设。该文还指出，近年来马克思恩格斯研究未来社会的科学方法受到了我国理论界的普遍重视，即依据社会历史发展的客观规律预见研究未来社会的走向；在批判资本主义旧世界中阐发未来新世界的一般特征；反对把关于未来社会的预见当作一成不变的教条；在不断总结社会实践发展的基础上修正自己对未来社会的认识。这些研究方法具有重要的当代价值。

其中，对当代世界社会主义发展趋势的研究成了学界重要的关注点。中央党校胡振良认为，当代世界社会主义的发展是一种全方位、复杂化的状态，体现出一系列新的趋势和特点，借用F.席勒的一个句式"社会主义死了，社会主义还活着"。他指出，通过"大浪淘沙"，社会主义观念在更新、政策在变化、组织在调整、流派在嬗变，社会主义运动经历着历史的选择，销声匿迹的只是那些失去其必然性的观念、理论、政策、模式和组织，而代表人类未来的社会主义价值、理论、运动则在生活中继续弘扬，在低潮中继续孕育，在挫折中不断奋起。虽然就总体而言，世界社会主义远没有整体突破，新时代世界社会主义也面临着诸多难题，但社会主义仍然在生活中以一种必然性体现其旺盛的生命力。他在《社会主义是多元的逻辑发展和多样化的现实存在》一文中，全面论述了"历史没有终结"，社会主义有新的发展；发展丰富多彩，社会主义不是一种模式；"两制"关系对立统一，社会主义辩证发展；民族性与社会主义的全球化发展；生态文明与社会主义"生态化"发展；信息化与社会主义的"与时俱进"；现代文明与社会主义从传统到现代的发展；中国特色社会主义与当代世界社会主义的新发展；生活化与"社会主义在生活中"发展九个方面的问题。该文认为，21世纪前后10年"历史没有终结"，当代世界社会主义经历着新的发展。从整体上看，它不是一种模式而是多种模式，不是单一发展而是多元发展，是一种辩证的发展、一种全球化的发展、一种生态化的发展、一种生活化的发展、一种与时俱进的发展、一种现代文明的发展，而中国特色社会主义发展是一种学习、借鉴和超越，是世界社会主义发展的一个亮点和重要的生长点。

关于社会主义的未来以及一个平等社会正常运转的可能性问题，最近西班牙《起义报》(Rebelión)也发表了两篇相关的文章。一篇专门推介《传播乌托邦——资本主义终结？新的剥削方式、新的斗争思想》(Fin del Capitalismo? Nuevas Formas de Explotación, Nuevas Ideas Para la Lucha. Sembrando Utopía)一书。该书收录了来自古巴、委内瑞拉、阿根廷、西班牙、哥斯达黎加、墨西哥、美国的10位作者撰写的14篇文章。这些文章的主线是围绕资本主义当前形势提出问题，深入思考革命斗争的新思想，同时对社会主义迄今为止的发展进行批判性分析，并回答了社会主义革命的5个方面问题，即可能在一国建成社会主义吗、如何从微观层面发动全球斗争、需要先锋吗、现在谁是革命的主体、当前的斗争形式有哪些等。该文认为，资本主义制度已经无法为人类重大历史问题提供解决方案，因此需要提出变革的途径。虽然现在正在经历一个困难时期，但相信可以超越一个只追求个人或企业利润的社会，社会主义仍是可以期待的。这个乌托邦能够成熟、开花、结果，现在的问题是如何使其成型，如何播种并使其发芽。另一篇是《社会主义是一个需要几代人才能完成的长期进程》，专门介绍阿根廷左翼经济学家、布宜诺斯艾利斯大学教授C.卡茨(Claudio Katz)日前在"21世纪社会主义"组织在西班牙巴伦西亚大学举办的夏季论坛上的演讲。他指出，苏联解体后很多人要求左翼放弃使用"社会主义"，这是个严重的错误，就像不能因为小布什入侵伊拉克侮辱了"民主"就放弃"民主"这个词一样，苏联经验最终可能会成为人类实现经济和社会平等这一历史过程中的一个先例。同时应该看到，鉴于新自由主义已经声名狼藉以及大众主观意识需求的出现，社会主义如今再次出现了高潮。现在有一种常见的批评是声称社会主义只是一种纯粹的道德原则，应当局限于闲谈或咖啡馆中，因为它在经济竞赛中败给了资本主义。在C.卡茨看来，美国在经济上打败了苏联，然而多年后当进行更深入的反思成为可能时，人们会发现两者并没有可比性，因为他并不认为苏联和东欧国家由于经济原因而崩溃，"核心原因是政治等级，领导和官僚阶层实际上怀有'漂洋过海'和变成资本主义者的野心"。

　　C.卡茨认为,社会主义从一开始就表达了解放受压迫者这一千年诉求,并要为实现公正、平等的社会而奋斗,但它是一个需要几代人花费上百年时间才能完成的长期进程。他还阐述了社会主义未来发展的5种模式:(1)中国的社会主义模式是进行抵抗的劳动者的模式,这是一种以能与社会主义相容的方式,在公有经济中引入类似列宁"新经济政策"的市场经济;(2)设置过渡阶段,直到最终实现社会主义,在中间阶段可以实施社会民主主义的资本主义,在边缘国家实施发展主义的资本主义,由国家对经济进行强力干预,为过渡阶段积蓄力量,但国家干预并不能确保建成社会主义;(3)强调恢复20世纪的战略,包括C.格瓦拉的焦点理论、俄国人的苏维埃以及毛泽东主义的游击队等,但这些理论没有考虑到历史的新发展,有时表现出适应能力较差的问题;(4)由特定的"自治"方案组成,通过合作社等倡议,可以展望未来社会的场景,但要求进行政治斗争和获取"核心权力",而不是凭空建设社会主义;(5)在符合条件的地方开始向社会主义过渡,首先要通过选举战入主政府,同时在工厂或合作社中建设人民权力,但不应像苏联那样仅建设国有领域,而应扩大公共领域,同时由于无法通过命令划定市场的范围,所以必须逐步减少市场因素。

　　随着新兴中产阶级的兴起,对21世纪全球阶级发展前景的评估和展望成了国内外学界的热门话题,而新兴中产阶级都被自由主义评论家们乐观地认为是未来10年经济消费和政治民主的保障。为此,英国《新左翼评论》(New Left Review)刊载剑桥大学社会学教授G.瑟伯恩（Göran Therborn）的《21世纪的阶级》("Class in the 21st Century")一文,在回应上述观点的同时,作者对目前全球阶级状况作了概述,并对阶级运动的发展前景提出了自己的看法。在他看来,20世纪可能是民族国家内各阶级走向平等的时代,同时也是全球范围内各国之间最不平等的时代;然而21世纪正在经历一个历史性的转折,尽管富国与穷国之间的差距还在拉大,但跨国间的不平等总体上正在下降,而与此同时民族国家内部的不平等正在加剧。这一现象导致的结果便是阶级的回归,它再次成为人类之间不平等的决定性因素。他认为,21世纪的阶级和阶级冲突将会以两种新的形态发展,一是有可能以中产阶级的希望和怨恨为驱动;二是将在工人和各种平民阶级而不是无产阶级中找到基础,而且可能看到4种阶级运动的前景:(1)全球中产阶级的消费主义;(2)中产阶级的政治反叛;(3)以东亚为中心的产业工人阶级斗争可能会催生新的社会妥协;(4)平民阶级多样化的运动。他指出,在21世纪的社会特征中,阶级仍将是至关重要的,但谁将在斗争中烙上自己的印记,是中产阶级还是平民大众?现在还不清楚。在一个工人阶级和社会主义的现代性都被宣称为陈腐的世界中,中产阶级社会已成为替代性的未来的象征,但从目前的情况看,随着资本主义扩张和不平等的加剧,将会使工人阶级在21世纪的政治议程中占有一席之地。孰是孰非,我们将拭目以待。

但是,也有人以第二次世界大战后西方资本主义国家工人阶级结构的新变化和工人运动相对来说不太活跃为由,质疑工人阶级的革命性及其主体资格,认为如果资本主义的"掘墓人"因为无能而不动手,好比是给衰老着的资本主义服了一剂永葆青春的药。这种观点一度在西方学者尤其是西方马克思主义学者那里被不断提出,还一度被他们用来作为"改造"马克思主义理论或宣扬马克思主义理论过时的佐证。中国社会科学院刘志明试图从马克思主义理论的本来意义来阐释工人阶级的革命性及其源泉,证明工人阶级现在仍然具有革命性,仍然是社会主义革命无可否认的主体力量。他指出,"二战"之后西方国家工人阶级虽然福利有所提高、生活水平有所改善,但是它们受剥削、受压迫的阶级地位仍然没有从根本上得到改变,收入的两极分化使西方国家贫富差距的鸿沟日益扩大,而且工人阶级相对和绝对的贫困地位决定了它不可能丧失自己不同于资产阶级的阶级意识。因此,以工人生活水平的提高和福利国家的再分配为由,否定马克思主义关于工人阶级的贫困化理论是经不起推敲的,他们仍然归属于剩余价值生产整个链条上的"总体工人"范畴,不管他们有没有意识到,也不管他们愿意不愿意承认。这一论证,对于捍卫马克思主义关于无产阶级历史使命的学说,具有重要意义。

对修正主义如何评价,始终是马克思主义发展史和社会主义理论中难以回避的争论问题。2005年,俄罗斯科学院院士 Т.И.奥伊泽尔曼(Т.И.Ойзерман,1914—)完成了《为修正主义辩护》(*Оправдание Ревизионизма*,2005)一书。在该书中,他论证了马克思主义在苏联的教条化过程,提出了"还 E.伯恩施坦主义以历史的公正"等重要观点,从而在俄罗斯思想理论界引起了巨大的反响和争论。去年3月,俄罗斯《哲学问题》杂志社曾为该书组织了一次研讨会,第一次对马克思主义修正史进行了严肃的学术研究,并将研讨会的纪要刊发于当年7月号的《哲学问题》杂志。参加本次研讨会的学者都是俄罗斯学界的高层人物,他们就如何看待马克思主义这一名称、马克思主义与马克思本人的思想是否等同、一门科学理论在发展过程中需不需要修正、如何区分科学领域修正与意识形态领域修正的关系等问题发表了重要的意见,对我们研究这一重大问题给予了重要启示。

这里,首先一个问题是如何界定"修正"的概念。在他们看来,修正应看成是开展科学批评、反对教条主义、审视学术原理的一种形式,即体现出一定学术传统范围内的开放性和创造性立场。事实上,一个科学理论的发展的确不能没有修正。这就产生了一个问题,即修正的边界在哪里?修正在何种情况下是指理论的开发和创新?又在何种情况下超出了这一边界?E.伯恩施坦论及了渐进性,谈到了采用议会斗争方式的必要性,而非立即引领无产阶级进入街垒战。我们能称此为修正马克思主义吗?从这个意义上说,修正主义不是虚无缥缈的空谈,而是对马克思思想进行具体历史的、与资本主义当前或未来变化相适应的重新解释。因此,这种修正不是否定整个学说,而是对马克思那些脱离当代实际而成为教条的原理进行调整。

另一个是关于科学转化为意识形态的问题。他们指出,马克思的理念被认为是一门科学,然而马克思的思想现在成了一种意识形态,成了政治行动纲领的依据。科学领域的修正如同修改,而意识形态领域的机制校正和思想转换无法与科学领域等同。因此,如果我们把马克思主义作为一种意识形态来考量,那么马克思主义的论点将会被奉为教规式的经典,所有审视的试图都会被认为是攻击信仰的符号而不可接受。在他们看来,马克思主义对真理不具有垄断性,用K.波普尔的话说,"没有一种理论是终极的",所以永远不要试图炮制终极真理。只要这种修正目的在于增加马克思主义的解放激情,保持建立真正人与人自由平等社会的愿望不变。从这一意义而言,学者们认为Т.И.奥伊泽尔曼提出"为修正主义辩护"的目标不是驳斥马克思主义,而是为一门新兴学说进行的特有辩护。

关于"美国有没有社会主义"的讨论已经持续了一个多世纪,这关涉在不同时代、不同地区如何认识、继承和发展科学社会主义的重要问题。100多年以前,德国著名社会学家W.桑巴特曾为此撰写过一本《为什么美国没有社会主义》的专著。最近,山东大学武彬、刘玉安又发表文章,试图用详细的数据和分析，对这一经典问题做出回答。他们指出，由于一系列特殊的社会历史条件，社会主义运动在美国没有生下根。一是它拥有比欧洲更丰富的自然资源和充足的资本，使得美国的经济发展扶摇直上；二是由于美国经济的这块蛋糕做得特别大，使得美国工人群众可以从中分得相对较低份额；三是美国工人在国家政治生活中具有相对较高的政治地位；四是特殊的政党政治生态，使得美国政坛上始终是两党轮流坐庄，包括曾经出现过的社会主义政党在内的第三党从来都没有获得过成功。因此，"社会主义"在美国一直是一个贬义的、异己的、反动的甚至是可怕的字眼。"F.罗斯福新政"就曾经被攻击为"偷偷摸摸的社会主义"，F.罗斯福本人也曾被指责为"斯大林分子"。文章认为，20世纪80年代的"R.里根革命"虽然对国家干预主义有所冲击，但2007年金融危机事实上宣告了R.里根革命的破产。B.奥巴马政府执政以来，虽然推行了一些有利于社会下层的改革，但这些改革与社会主义几乎毫无关联。无论是F.罗斯福还是B.奥巴马，他们奉行的都不是社会主义，而是自由主义。

  对此，中国人民大学奚广庆提出了不同的看法。他指出，所谓"美国没有社会主义"的观点，是违背历史规律和美国现代历史发展实际的误断。在他看来，"武文"所说的都是事实，但问题在于事实背后的历史必然性是什么？他认为，世界历史的发展充分证明，批判和变革资本主义的社会主义观念和运动是资本主义经济的社会形态发展的自然史过程的有机构成部分。在资本主义成为世界体系的时代，社会主义更不可阻挡地成为世界性思潮和运动。资本主义的美国不会也不可能例外。由于地区、国度和社会发展阶段的不同，由于各国社会历史条件和文化传统的不同，社会主义观念和运动会形成不同的特点，但是绝对不会特殊到没有社会主义的地步。而"武文"完全忽视了现代世界历史发展的一个基本逻辑：哪里有资本主义社会形态，哪里就有批判和反对资本主义的社会思潮和历史运动，即社会主义的发生和发展。仔细研究"武文"提出的4个原因，其实证明的只是美国资本主义经济政治发展不同于欧洲的特点，说明的是美国比欧洲各国发展更快的原因，没有一条是证明美国没有社会主义的因素。按照历史逻辑看，从这些原因里绝对无法推导出美国必定没有社会主义的结论，而只能够证明资本主义发展到最发达状态的美国，其社会主义思潮和运动会形成自己显著的特点和国家特色，它可能是以一种缓慢变革、点滴改良的方式一点一点地发生着，是一场漫长而安静的"革命"。

所以，足见"武文"犯了一个基本逻辑错误，即把美国没有西欧式的社会主义，理解为美国没有社会主义。事实反复告诉人们，一些人面对社会主义运动遭受挫折或者改变了形态，就对社会主义的前途产生动摇、失去信心，认为社会主义彻底失败了，这正在于他们忽视了科学社会主义关于资本主义社会基本矛盾及其必然引起社会主义运动的基本原理。

五、各国政党的变革与创新

随着现实社会主义国家新一轮改革实践的不断深化，"什么是社会主义""如何建设社会主义"的历史命题已成为社会主义国家亟待解答与创新的时代工程。2010—2012年，越南、古巴、老挝和朝鲜四国执政党先后召开了党的代表大会，总结和反思本国社会主义建设的历史经验与教训，制定了符合本国国情的中长期发展战略与规划。中国社会科学院潘金娥等对上述四国执政党在党的思想理论建设、执政党队伍建设以及本国经济和政治改革等方面进行的新探索作了较详细的介绍。在理论创新方面，可以说各国党都在努力建构具有本国特色的话语体系。虽然由于意见分歧最终未能写进越共"十一大"党纲和政治报告，但"胡志明时代的发展主说"的提法已在越南理论界酝酿多时，并在新纲领中对胡志明思想的根源、地位和作用作了补充；朝鲜劳动党致力于突破对马克思主义的教条式理解，一方面认为"马列主义无法为现实的革命提供现成的答案"，不能教条式地服从马列主义，另一方面在反思传统马列主义的同时又批判了与马列主义竞争的伪社会主义派别，并力图树立包括主体思想和先军思想在内的"金日成—金正日主义"；古共以马克思列宁主义、马蒂主义和F.卡斯特罗思想为指导思想，强调马克思主义是古巴官方意识形态重要的精神内核，而马蒂主义和F.卡斯特罗思想既是古巴马克思主义本土化的逻辑延续与创新，也体现了古巴民族精神的传承与升华；老挝人民革命党尽管还没有明确提出本国的思想体系，仍然强调以马克思列宁主义为指导，但老挝学者越来越注重对凯山·丰威汉思想的研究，尤其是他关于党建的思想和关于过渡时期经济建设的理论得到普遍的重视。

另外，我们也注意到这些国家的执政党在党的最终目标及其变革和创新上有新的提法。越共"十一大"通过的《越南社会主义过渡时期国家建设纲领》将越南社会主义的特征定义为:"民富、国强、民主、公平、文明的社会;由人民当家作主;有以现代生产力和与之相适应的进步的生产关系为基础的高度发达的经济;有具有浓郁的民族特色的先进文化;人们生活温饱、自由、幸福,并具备了全面发展的条件;全体越南各民族平等、团结、互相尊重、互相帮助、共同发展;建立了在共产党领导下的属于人民、来自人民和为了人民的社会主义法权国家;与世界各国建立了友好与合作关系。"其中,值得关注的是,修订后的纲领把"主要生产资料以公有制为主体"从越南社会主义的特征中去掉,而代之以"现代生产力和与之相适应的进步的生产关系"。朝鲜劳动党在第三次代表会议通过的党章中,对劳动党的定义由"伟大领袖金日成同志创建的主体型的马克思列宁主义革命政党"改为"伟大领袖金日成同志的政党",党的最终目标也由"实现全社会的主体思想化和建设共产主义社会"改为"实现全社会的主体思想化和人民大众的绝对自主",删除了"共产主义"字眼。从古巴的情况看,尽管古巴领导人已经意识到现有模式的缺陷,但对产权和政治权利的放开问题仍有所保留,因此,虽然模式"更新"将有助于古巴减少贫困,但无法彻底改变古巴"有平等,无增长"的发展困境,它将成为古巴历史上持续时间较长的改革与调整期。目前,老挝人民革命党对组织机构提出了新的改革思路,即实现执政党领导程序法制化;根据本国国情循序渐进地走老挝特色的改革之路;明确党政的职能设置和分工,让党既能发挥领导作用,又避免与国家其他机关作用重合等。上述可以看出,国外社会主义执政党都在根据自己的国情或大胆或谨慎地进行着不同程度的改革,值得进一步研究和观察。

其中,令人瞩目的中共十八届三中全会的召开,被视为2013年中国和世界的重要事件之一。三中全会在过去中国30多年的改革中地位特殊:1978年的三中全会拉开了中国改革开放的帷幕;1993年的三中全会确定了社会主义市场经济体制的方针,奠定了中国成为世界第二经济强国的基础;2013年的三中全会正好是在改革进入深水区、已不能"摸着石头过河"的情况下的一次再起航。此次全会有很多新的构想和线路图,即要紧紧围绕使市场在资源配置中起决定性作用深化经济体制改革,坚持和完善基本经济制度,加快完善现代市场体系、宏观调控体系、开放型经济体系,加快转变经济发展方式,加快建设创新型国家,推动经济更有效率、更加公平、更可持续发展;紧紧围绕坚持党的领导、人民当家作主、依法治国有机统一深化政治体制改革，加快推进社会主义民主政治制度化、规范化、程序化，建设社会主义法治国家，发展更加广泛、更加充分、更加健全的人民民主；紧紧围绕建设社会主义核心价值体系、社会主义文化强国深化文化体制改革，加快完善文化管理体制和文化生产经营机制，建立健全现代公共文化服务体系、现代文化市场体系，推动社会主义文化大发展大繁荣；紧紧围绕更好保障和改善民生、促进社会公平正义深化社会体制改革，改革收入分配制度，促进共同富裕，推进社会领域制度创新，推进基本公共服务均等化，加快形成科学有效的社会治理体制，确保社会既充满活力又和谐有序；紧紧围绕建设美丽中国深化生态文明体制改革，加快建立生态文明制度，健全国土空间开发、资源节约利用、生态环境保护的体制机制，推动形成人与自然和谐发展现代化建设新格局；紧紧围绕提高科学执政、民主执政、依法执政水平深化党的建设制度改革，加强民主集中制建设，完善党的领导体制和执政方式，保持党的先进性和纯洁性，为改革开放和社会主义现代化建设提供坚强政治保证。这些大政方针将决定中国未来10年的发展走向，进而把中国建成富强、民主、文明、和谐的社会主义现代化国家，实现中华民族伟大复兴的中国梦。

近年来，俄共抓住金融危机创造的历史机遇，宣传自己的反危机主张，并加强自身建设，进而在最近的杜马选举中支持率倍增，基本摆脱了21世纪以来的颓势。今年2月，俄共在重建20周年之际举行了"十五大"。中国社会科学院刘淑春对这次会议作了全面的观察与思考。她指出，近些年来俄共采取积极措施，加快了党的现代化建设，不仅注重发展青年党员，更注重党的领导层的年轻化；在俄共"十五大"筹备和举行过程中，又展示了其开放性和现代化的一面，从而打破了多年来被媒体塑造的封闭和刻板形象；本次会议的政治报告中，认定俄罗斯执政者推行的是反人民的、反社会主义的、破坏性的方针，并首次阐述了"21世纪社会主义"的内涵和要素，表达了全党对俄罗斯重新迈向社会主义道路的整体构想。

中东欧国家转型20多年来，在政党格局、意识形态及其政策主张上发生了哪些变化？这是人们所关心的问题。北京大学项佐涛从政党格局、政党的意识形态和政策主张、党际党内关系、政党政治的发展趋势等方面，考察了中东欧政党政治的"欧洲化"程度。他指出，转轨20多年来，中东欧国家已经形成了以中左翼、中右翼政党为主体的竞争性政党政治；以中左翼政党"右倾"为前提的中左翼、中右翼政党在意识形态方面的接近；主流政党从阶级的政党向全民党的转变等多元化态势。然而，由于政治文化、经济发展水平、历史遗产等的不同，中东欧政党政治表现出了一些独特的地方，例如民粹主义政党、民族主义政党、欧洲怀疑主义政党、农民党力量强大，而绿党等单一议题的政党力量式微等，并且随着各国在入盟后对"本土特色"的日益强调，中东欧政党政治的自身特征趋向明显。

在世界政党政治格局中，很重要的一个部分就是各国的社会民主党，笔者每年都在观察它们的变革动向。2013年是德国的大选年，对于德国社会民主党而言，面临着其在选举政治中的又一个周期性角逐。在当前欧洲经济低迷、民众社会价值观碎片化和欧洲社会民主党普遍处于颓势的背景下，即将面临选举考验的德国社会民主党将何去何从？为此，该党主席S.加布里埃尔（Sigmar Gabriel）和价值委员会主席J.尼达-卢米林（Julian Nida-Rümelin）在《新社会/法兰克福期刊》（Neue Gesellschaft/Frankfurter Hefte）发表艾伯特基金会年会的主旨文章《价值导向和政治观：作为全民党的德国社会民主党》（Wertorientierung und Politik: Die SPD als Wertepartei）一文，重申了价值观对于德国社会民主党和德国政治、经济、社会的重要性，并结合新形势，在自由、公正、团结等经典价值观之外，又提出了一个新的价值理念——未来，同时还强调了德国社会民主党未来的政治任务是构建新的统一政治观。2013年年初，该党又发布2013年竞选宣言精简版，从中我们可以看出该党将依然坚持传统的核心价值观，并以此为宗旨，对驯化金融资本主义、推动经济发展、促进社会平等、保障劳动者的权益等问题，提出了宏观的设想。英国工党也在为其重新上台而努力。该党党首E.米利班德出席了费边社2012年年会，并在这次会议上首次提出了"民族一体"（One Nation）的执政理念，以及在这一理念之下工党应推行的政策。他认为，这一理念的基本内涵或首要诉求是，确保用精诚合作的方法，帮助我们重建国家，使每个人都能参与其中，扮演自己的角色，并拥有归属感。这一理念有太多的方式去描绘它："人人出力""同甘共苦""责无旁贷""尽己所能"等，而且每一天都能看到这一理念在我们国家起作用。他强调，工党将不同于现任政府、"新工党"和老工党，当前要以消除既得利益为己任，并以最广大人民的利益为基础重塑英国经济体；要在全社会中坚持培养责任感，包括社会上层群体，构建一个团结而不是分裂的新英国；要致力于促进合理的权力分配，最终实现社会共同繁荣。

在社会民主主义价值观中，追求平等和公正是始终的政治诉求，但正如社会民主主义本身是一个变化的概念一样，社会民主党人的平等观也是随着时代的发展而改变的。中央编译局林德山对欧洲社会民主党三次转型中平等观演进的特征作了梳理。在他看来，早期社会民主党人的平等观主要追求政治平等和社会平等，强调资本主义经济制度是社会不平等的根源，在实现社会平等的路径选择上并存了两种变革观，即彻底的社会变革观和渐进的社会改良观。"二战"后欧洲社会民主党人的平等观起了变化，经济民主和社会民主成了最主要的平等诉求，从重点关注生产的社会化转向了重点关注收入和财富的再分配，从注重阶级斗争向注重劳资关系平衡转变，以建立和发展高水平的福利国家作为促进社会平等的主要事务。20世纪80年代后社会民主党人的平等观又起了变化，在价值观中更为强调个人责任与集体责任的平衡，承认有差别的平等，将包容性和排斥性纳入平等的观念，提出建立社会投资型国家。从中可以看出，其内在的变化逻辑及其所表达的政治诉求，从一个侧面表示了欧洲社会民主党三次历史转型的脉络，即从一个带有典型阶级特征的工人阶级政党转变为一个体现资本主义主流价值观的进步主义政党。

2013年2月，英国《经济学家》周刊发表了《下一个超级模范》《北欧国家可能是世界上管理最好的国家》《北极光》《越来越少》等一组文章，专门介绍瑞典、丹麦、挪威和芬兰等北欧国家近年来的改革及其成功的最新秘诀。该组文章值得关注的理论信息有：（1）北欧人为前进的左派提供了一些经验，证明可以把竞争型资本主义与一个大型政府相结合，以及如何改革公共部门，使国家变得更有效率、反应更灵。北欧国家可能成为继英国和新加坡之后各国改革者的行为榜样；（2）北欧之所以能成为世界上管理最好的地区，既有赖于政府的透明、务实和坚定，实行了左右政治的混合，也与其独特的地理与历史相关。北欧人在让大政府和个人主义两者和谐相处方面没有问题，他们认为国家的主要工作是推进个人自治和社会灵活性，这种思维的特点是"国家个人主义"；（3）20世纪瑞典为它在资本主义和社会主义之间开创了一条"中间道路"而备感自豪，但因为它们触及了大政府遭遇的各种局限，已经悄然重塑其资本主义模式。在这一过程中，"左"倾的趋势已经扭转，与其说北欧国家在将国家扩展进入市场，不如说它们在将市场扩展进入国家；（4）北欧近年来勇于尝试新理念，允许私营企业与国有企业共同参与公共合同的竞争，并在保持高福利国家的同时，有效地控制了公共开支。他们把注意力放在了结果而非空洞的理论上。以上这些有益的探索和经验值得我们重视。

在社会民主党的阵营中，墨西哥革命制度党和新加坡人民行动党的近期变化引人刮目相看。我们知道，去年墨西哥革命制度党在失去执政地位12年后，重新在选举中战胜执政的国家行动党，获得墨西哥总统和议会选举的胜利，其中原因大家都在猜测。中央编译局高新军通过对墨西哥的实地考察，认为国家行动党失败的原因在于，其执政期间墨西哥腐败泛滥，贫富差距加大，经济发展速度下降；而革命制度党之所以能重新夺回执政地位，是由于该党在实行党内民主、进行组织建设、与过去错误划清界限以及重新走近群众等方面进行了改革。他指出，对墨西哥来说，实行多党轮替是一种进步，但要是指望通过这种制度来解决贫富差距、腐败、贩毒、社会治安、失业、经济发展这样的问题是不可能的，因为这是良政所要解决的问题。因此，不能简单地在民主与良政、专制与劣政之间画等号，政党轮替并不一定带来良政，还需要创造其他条件来使这一制度发挥积极的效果。湘潭大学熊辉和胡柳娟的《为人民福祉而行动——值得借鉴的新加坡人民行动党的执政经验》一文告诉我们，新加坡自独立以来所取得的举世瞩目的成就与其执政党——人民行动党的努力紧密相连。具体而言，人民行动党以统筹经济社会联动发展为执政理念；推行民主与权威相结合的执政方式；大力倡导"精英治国"战略，扩充执政的人才基础；实施从严治党，严厉打击腐败行为，以塑造良好执政形象；积极奉行互利友好的外交战略，优化国际政治环境。新加坡执政党卓有成效的执政经验值得学习和借鉴。

最后，我们要分析的是在西方文化传统基础上产生的多党民主制度的现状。这一制度已经实行了几百年，其弊端有制度设计上的先天缺陷，也有后天萧规曹随、墨守成规之不足。在多元、多样、多变的时代，世界政党政治发生了深刻变化，多党民主陷入了制度性困境。中联部柴尚金的《西方多党民主是如何陷入制度困境的？》一文，从选票绑架了政党，选举成为民主的唯一形式；只论党派不问是非，议会政府效率低下；钱权交易大行其道，政党政治异化为金钱政治；党派之争导致政治极化，政党恶斗引发社会分裂；寡头政治盛行，精英民主与草根民主对立；利益整合与调节功能弱化，政党短视行为突出；西方民主移植"南橘北枳"，多党民主引发社会动荡七个方面，就西方多党民主制度存在的弊端以及如何陷入制度困境等问题进行了探讨。该文指出，多党民主陷入制度性困境的根本原因，在于这种民主只重视程序民主，将民主等同于选举和多党竞争，并将选举神圣化、简单化；同时，民主的实现形式由于国情不同应富有多样性，而现实中不少国家却盲目照搬西方政治体制，这样就会水土不服，不仅导致经济停滞、民生凋敝、社会动荡，而且扼杀了人民对未来的憧憬。

六、社会主义思想史新探

思想史研究所要解决的问题是"为什么"，而不是"应该"，那些从"应该"出发的研究实际上不是研究，而是一种意识形态主张，这不是学术，而是一种宣传。"研究"本属于科学探寻，因此，研究的第一要求就是尊重历史、尊重事实，并把问题放到思想史的维度上加以考察和判断。这种研究不能说已经取得了完全的成功，然而继续走下去或许能为我们重新认识世界社会主义运动中的组织、事件、人物和思潮提供新的素材。

（一）世界社会主义500年纵横谈

从1516年英国人T.莫尔出版《乌托邦》一书算起，世界社会主义即将走过500年的历程。从2013年5月6日起，北京卫视、北京电视台新闻频道播出50集大型电视系列片《正道沧桑——社会主义500年》，这表明中国已提前开始纪念这一日子。该片以500年来社会主义发展的历史脉络为叙述骨架，通过丰富的历史事实、系统的思想脉络、鲜为人知的文献资料、珍贵的历史镜头和精到的专家解读，向电视观众展示了社会主义在发展进程中的探索和实践，对重大的历史事件和历史任务作了生动而准确的诠释，揭示了社会主义从空想到科学、从理论到实践、从一国到多国、从单一模式到多元模式的演进过程，展望了社会主义的必然趋势和美好未来。

中国人民大学高放随即发表《世界社会主义500年纵横谈——从北京卫视播放〈正道沧桑〉电视政论片引出的话题》一文，划分并阐述了500年来世界社会主义走过的四大历史阶段及其主要特点。该文指出，从1516年《乌托邦》的发表到1848年《共产党宣言》的出版,这是社会主义从空想到科学的发展阶段,历经330多年;从1847年创立共产主义者同盟到1917年建立第一个社会主义国家苏俄,这是社会主义运动从理论转变为实践的发展阶段,历经70年;从1917年十月革命胜利后第一个社会主义国家的创立到1991年苏联东欧发生剧变,这是社会主义制度从一国到多国的演变阶段,历经70多年;从1978年中国的改革开放,随后波及世界五大洲,这是社会主义革新从地区拓展到全球的阶段,历经35年。文章以社会主义500年来的纵深发展及其向世界五大洲的横广拓展,总揽了世界社会主义的全局态势,而电视系列片又集观赏性、思想性于一体,形成了一部展示社会主义500年波澜壮阔历程的视听大辞典,一部弘扬主旋律、传达正能量的电视片,这对于全社会学习中国特色社会主义理论,加强道路自信、理论自信和制度自信具有重大的理论学习价值。

（二）对E.伯恩施坦"修正主义公式"出笼的历史背景作思想史考察

"目的是微不足道的,运动就是一切",这个著名的修正主义公式出自E.伯恩施坦《崩溃论和殖民政策》一文。该公式的提出意味着E.伯恩施坦正式公开了他的修正意图,并转向修正主义,但这一公式出笼的思想史背景以往很少有过详尽的考察。上海社会科学院来庆立的《E.伯恩施坦与E.巴克斯关于资本主义的若干争论——"修正主义公式"出笼的思想史考察》一文,试图厘清提出这一公式的来龙去脉。该文指出,根据现有文献资料显示,这场争论有过三次交锋:(1)"资本主义文明邪恶论" VS "资本主义文明先进论"。E.伯恩施坦和E.巴克斯的争论始于对资本主义文明的整体认识。E.伯恩施坦认为,资本主义文明是先进文明,是人类历史发展的集大成阶段,社会主义者的任务就是要支持任何承担文明发展民族的解放斗争;而E.巴克斯则针锋相对地指出资本主义文明具有诸多缺陷甚至是邪恶,社会主义者的任务就是要在任何地域反对、消灭资本主义文明。(2)"资本主义崩溃论" VS "资本主义长寿论"。对资本主义文明的不同看法,衍生出了对于资本主义文明发展阶段的认识问题。持"资本主义长寿论"的E.伯恩施坦认为,"资本主义崩溃论"需要根据现实进行修正。作为先进文明的资本主义,对于殖民地来说这一发展阶段是不可跨越的;而E.巴克斯却不断地为"资本主义崩溃论"辩护,认为资本主义最后的避难所就是全球性的市场扩张,殖民地人民可以给予资本主义以最后一击,使自身免遭"邪恶的资本主义文明的诅咒"。(3)"社会主义速胜论"VS"社会主义长入论"。交锋深入到实践层面,就涉及如何实现最终目的的问题。E.巴克斯认为,社会民主党的基本政策就是在国内外运用理论的力量和革命的手段,发动群众加速资本主义的崩溃,以此进入社会主义;而E.伯恩施坦则认为,社会民主党的基本政策就是要正视历史和现实,从而修正理论,并在各方面推进文明整体的进步,从而和平长入社会主义。正是在两人的三场交锋中,E.伯恩施坦最终提出了自己的修正主义公式。

同时,在E.伯恩施坦和E.巴克斯的争论中,我们似乎可以看到日后社会主义运动中产生的所有重大理论分歧:革命与改良孰是孰非;资本主义在先进工业国是否会迅速崩溃;落后的殖民地能否跨越资本主义文明的发展阶段;民族意识和国际主义之间是怎样一种关系;等等。两人的争论循序渐进,由理论层面深入实践层面,虽然始于殖民地问题而引发的对资本主义的认识问题,但最终归结到实现社会主义的道路问题,而且给以后的社会主义者留下了一道难题,即以"崩溃论"为基础的"社会主义意识形态"能否成为党的现实政策的依据?历史规律是否需要在经济条件变化的情况下加以修正和重新认识?

(三)俄罗斯学界关于普列汉诺夫"政治遗嘱"真伪的争论

普列汉诺夫在俄国革命史上是个有争议的人物。1999年11月30日,俄罗斯《独立报》发表了由普列汉诺夫的侄子谢·格·普列汉诺夫保存的"政治遗嘱"《格·瓦·普列汉诺夫最后的想法》,证明普列汉诺夫早在73年前就已预见到苏联解体,他对资本主义、社会主义、布尔什维克和俄国未来的看法及预言更是震惊了世界。遗嘱发表后,普列汉诺夫的亲属、研究者和收藏者就真伪问题各执一词,争议的焦点与疑点围绕:(1)为什么"遗嘱"由普列汉诺夫的侄子而不是妻子保管?(2)记录遗嘱的重要当事人能否几十年守口如瓶?(3)身患喉结核的普列汉诺夫口授近3万字的遗嘱可能吗?(4)内容符合普列汉诺夫的思想和时代吗?由此,关于"政治遗嘱"的真伪在俄罗斯引起强烈争议。中国社会科学院欧阳向英发文,除对"政治遗嘱"内容作简要介绍外,重点介绍了国外学者尤其是俄罗斯学者的几次论战与交锋,对坚持和反对"遗嘱为真"的双方观点作了详细的辨析。

正方认定普列汉诺夫"政治遗嘱"的理由是:(1)所涉内容与1917年普列汉诺夫的文章、讲话的主题一致;(2)使用了普列汉诺夫常用的术语和用语;(3)谈到了一些只有普列汉诺夫本人才清楚的事实;(4)捷依奇关于笔录"遗嘱"经过的回忆真实可信,与他的日记在时间上吻合。更为重要的是,他们认为,分析的深度及其马克思主义基础是证明"遗嘱"的作者是普列汉诺夫的最有分量的论据,"遗嘱中体现的分析水平之高简直无人可以伪造"。而反方却认为,"遗嘱"中所表述的思想是西欧社会民主主义者在思考20世纪社会主义改造前景时得出的结论。事实证明,普列汉诺夫已没有足够的时间和信息来思考俄国和欧洲在第一次世界大战最后几年开始的社会演变的新过程,他也不可能对社会主义运动做出新的解释,没有思考过向民主变革过渡的新机制、利用混合型经济形式、国家资本主义和国家社会主义、反殖民主义运动、与议会制传统决裂等问题,而且"遗嘱"在题目、结构和用词上处处可以看出现代人编造的痕迹。该文基本断定"遗嘱为伪"的结论,因为那些证明"遗嘱为真"的论述往往在打"擦边球",难以让人信服,但却又提醒读者注意普列汉诺夫"政治遗嘱"真中有假、假中有真的特点,不能完全忽略其研究的价值。

(四)对列宁"既是教条主义者也是修正主义者"的驳斥

随着苏联的解体,社会主义奠基人列宁再次受到关注。在一些人看来,早期马克思、恩格斯认为社会主义革命的时机已经成熟,无产阶级应该以暴力夺取政权,但到了19世纪70年代以后,他们对自己1848年前后的观点作了反思与修改,肯定了通过选举取得议会多数从而获得政权的可能性。而列宁则一生坚持马克思的早期观点,在这一点上是教条主义者;同时列宁无视或曲解他们的晚年思想,因而又是修正主义者。中国人民大学安启念对上述两种观点给予纠错。他指出,马克思关于越过资本主义"卡夫丁峡谷"的思想是列宁主义和20世纪波澜壮阔社会主义运动的理论源头,因此需要从更大的范围、更深的层次加以考察。他认为,马克思晚年针对俄国民粹派的提问,提出俄罗斯可以有条件地跨越资本主义制度的"卡夫丁峡谷",这不仅对俄罗斯而且对所有落后国家都有指导意义。列宁把马克思的思想创造性地运用于俄罗斯,在发达资本主义国家以外的广大地区掀起了波澜壮阔的社会主义运动,列宁主义由此诞生。俄罗斯的落后与东方色彩,资本主义早期阶段的野蛮和残酷,使得列宁选择了马克思关于社会主义道路的早期思想,强调阶级斗争、暴力革命以及无产阶级专政的重要。列宁提出的许多政策和制度,与马克思关于社会主义的设想不完全一致,但它们符合俄罗斯的实际,是马克思的相关思想与俄罗斯实际的结合,这是列宁对唯物辩证法的成功运用。从中可以看出,他不像第二国际理论家们从理论出发来看待无产阶级革命斗争的现实,而是从革命斗争的实际需要出发来看待马克思主义的理论;他不像第二国际理论家们不懂得或者不会运用辩证法,恪守马克思的概念、词句,而是运用活生生的辩证法,更多地强调具体问题具体分析,强调概念和理论的灵活性。实践证明,列宁是一切从实际出发的辩证法大师。

(五)历史已经印证了托洛茨基的两个重要预见

国际著名历史学家I.多伊彻的《先知三部曲》最近由中央编译出版社再版发行,该书是研究托洛茨基的经典著作,具有重要的史料价值。由书名中的"先知"而联想到托洛茨基在思想史上有两个重要的预见,即民主革命和社会主义革命毕其功于一役和从"集中制"到"个人独裁"。中央编译局郑异凡对其作了思想史的解读,他指出:

第一,"不断革命论"是托洛茨基同A.帕尔乌斯一起提出来的。1905年革命失败以后,托洛茨基撰写了一系列文章,如《总结与展望》《无产阶级与俄国革命》《我们的意见分歧》等,论证他的不断革命理论。他的主张有3个重点:(1)俄国革命是民主革命,但必须由无产阶级来领导;(2)无产阶级一旦取得政权,必须立即向社会主义革命转变,这就必然要侵犯资产阶级所有制,从而也同广大农民发生敌对冲突;(3)俄国无产阶级必须得到西方先进国家胜利的无产阶级的支援,才能保持政权,坚持下去。1917年以前,列宁的观点与托洛茨基不同,列宁主张革命分两步走,即先进行民主革命,以便为资本主义的发展扫清道路,为无产阶级革命创造必要的物质前提;同时发展民主,为无产阶级的革命斗争创造自由活动的空间。不过列宁是现实的政治家,回国后立刻觉察到俄国的现时是夺取政权的大好时机,立即改变一贯坚持的方针,提出向社会主义革命的转变。这样,从提出《四月提纲》起,列宁的实际主张已经与托洛茨基的历来主张完全一致了。1917年的俄国革命基本上是按托洛茨基的不断革命理论和列宁的立即向社会主义革命过渡的思路发展的,8个月后由托洛茨基具体组织的十月武装起义取得了胜利。资产阶级民主革命没有能够完成的民主革命任务,只好由无产阶级革命顺便去解决了。托洛茨基后来说,他是经过战斗走向列宁的。这是他的谦虚之词,实际情况至少应当说是两人不谋而合,殊途同归。这显然也是后来两人合作的思想基础,只是过去的史书避开不提而已。

第二,从"集中制"到"个人独裁"。在俄国社会民主工党第二次代表大会前后,针对手工业作风、小组习气严重,列宁提出在党内实行"集中制"的主张。"集中制"遭到普列汉诺夫、R.卢森堡等人的强烈反对,托洛茨基也是激烈的反对者之一。1904年他写了一本小册子《我们的政治任务》,说明高度集中制必然导致的后果:这就是"首先是党组织(秘密会议)以自身取代全党;而后是中央委员会以自己取代党组织;最后是一个独裁者以自己取代中央委员会"。这是一句相当具有"先知"水平的预言,借用I.多伊彻的话说,它"对于未来而言……是一面准确的镜子,不过镜子里照出的俄国M.罗伯斯庇尔与其说是列宁,倒不如说是他的继承者"。I.多伊彻说这是"托洛茨基具有第6感官,即历史的直觉",实际上应当说这是托洛茨基的历史理论修养使他能够先知地感觉到历史逻辑的发展结果。不幸而言中,20世纪30年代的苏联完全印证了他的预见!

(六)苏联20世纪30年代"大批判"的真相与联共(布)政党文化的形成

政党文化是一个政党在其社会政治实践中所形成的理论观念、思想准则、思维方式和行为规范等一系列关乎其政略方针、制度设计、文化方针政策以及党员队伍素质等各个精神观念层面的东西。中国社会科学院马龙闪对联共(布)政党文化的形成作了详细的分析和探讨,并认为这一过程同二十世纪二三十年代之交斯大林放弃新经济政策的"大转变"以及为此而在思想文化领域所进行的一连串大批判直接相关,从而使联共(布)政党文化发生了深刻变化:在政治上,确立了对斯大林的个人崇拜和"阶级斗争尖锐化"理论;在哲学上,在整个意识形态领域和各个思想理论阵地展开"全线进攻",大搞形而上学,把斗争绝对化,奉行"斗争哲学";在文化上,抛弃列宁-布哈林的思想文化路线,禁绝流派竞争,建立"大一统"组织和单一创作方法,进行专横的行政干涉,挥舞棍棒,乱贴阶级和政治标签,复活"拉普"幽灵,执行没有"拉普"的拉普路线。他认为,《联共(布)党史简明教程》出版后,斯大林的意识形态以体系化、模式化的形态得到了广泛而深入的传播,实际上成了推行斯大林个人崇拜的百科全书,成了斯大林理论和方法论的基础和斯大林体制模式的集大成者,使联共(布)的政党文化达到系统化和理论化,最终不仅在苏联国内而且很快远播国外,对国际共产主义运动和各社会主义国家产生了严重后果。

（七）对世界共产党指导思想的由来和演变作详细的历史考证

自1847年建立世界上第一个共产党起，世界共产党在近百年时间内指导思想有过多次演变。中国人民大学高放在《世界共产党指导思想的由来和演变》一文中，对这一问题作了详细的历史考证。据他考察，共产党指导思想最初是马克思、恩格斯在《共产主义者同盟章程》第1条规定中表述的："同盟的目的：推翻资产阶级政权，建立无产阶级统治，消灭旧的以阶级对抗为基础的资产阶级社会和建立没有阶级、没有私有制的新社会。"在以后的近百年历史中，各国共产党都没有明文规定以马克思主义或马列主义作为党的行动指南。把"马克思列宁主义"明文规定作为党的指导思想，起源于1939年苏共第十八次代表大会通过的新党章，名义上确立以马列主义理论作为党的工作指南，实际上是以斯大林主义理论作为党的指南。"二战"后走上社会主义道路的东欧8国，从20世纪50年代起也大都把马列主义作为指导思想写进党章。

中共建立以来，从1921年"一大"到1928年"六大"所通过的六个党章，均未规定以马列主义理论作为行动指南，实际上中共到20世纪30年代一直以共产国际的有关指示作为行动指南的。1945年七大和1969年九大至1992年十四大，都是提出以马列主义和毛泽东思想为指导，其间对马列主义和毛泽东思想的理解发生过很大的变化。1982年9月，邓小平在中共十二大开幕词中第一次提出："把马克思主义的普遍真理同我国的具体实际结合起来，走自己的道路，建设有中国特色的社会主义，这就是我们总结长期历史经验得出的基本结论。"这表明我国自1978年实行改革开放以来，实际上已经以邓小平提出的"建设有中国特色的社会主义"的思想作为自己行动的指南，它包括邓小平理论、"三个代表"重要思想和科学发展观。该文认为，今后随着中国特色社会主义的实际成就越大，其理论成果自然也会更加丰硕，然而对党的指导思想的表述不但不会越来越长，而且还会越来越简明。

（八）如何评价中苏论战及其"九评"

20世纪60年代国际共运大论战中，中共发表了批判苏共"修正主义"的九篇文章，史称"九评"。今天应如何看待这九篇文章和当年的那场论战？为此，中联部肖枫接受了专访，他认为，经过20多年的实践检验，邓小平在中苏论战和"九评"问题上的基本思想和观点是非常明确的,即中苏论战实际包括两个不同性质的问题:一个是党和国家关系上反对"老子党"和"指挥棒"的问题;一个是意识形态上的争论什么是马克思主义、什么是修正主义的问题。邓小平认为,中苏关系恶化"真正的实质问题是不平等,中国人感到受屈辱",所以在前一问题上我们反对"老子党"是对的;在后一问题即意识形态争论的问题上,我们党的真正错误在于"根据中国自己的经验和实践来论断和评价国际共运的是非,因此有些东西不符合唯物主义和辩证法的原则","双方都讲了许多空话","我们也不认为自己当时说的都是对的"。这就为我们从总体上把握大论战和"九评"问题提供了基本的思想依据。

肖枫指出,所谓不能肯定"九评"是就整体而言的,并不是说"九评"所有观点一无是处。"九评"批判苏联大党大国沙文主义,强调在各国共产党和各社会主义国家关系上要坚持独立自主、完全平等,反对"老子党"和"指挥棒",这些仍有积极意义;"九评"批判赫鲁晓夫完全否定社会主义社会存在阶级斗争,批判他取消无产阶级专政,强调要防止帝国主义搞"和平演变"等观点,也应当得到肯定。但问题在于,当时论战总的指导思想是"左"的,是站在社会主义必须坚持"以阶级斗争为纲"的立场去批判"修正主义"的,所以即使是正确的观点也不能同我们今天的认识相提并论。我们决不能因"九评"的某些观点仍然正确,而妨碍我们从总体上否定"九评"。

七、社会主义在中国早期传播资料的新发现

近年来,对社会主义在中国早期传播史的研究,可以说已经取得了很大的成绩,但今年又有新的发现和突破,尤其是在科学社会主义方面。

从中国人知道马克思、恩格斯的名字到马克思主义的广泛传播,以及俄国1917年十月革命胜利后列宁主义的广泛传播,并被民主革命者尝试用来作为改造中国社会的思想武器,进而到以毛泽东思想为主要代表的中国式马克思主义学说的形成,再到现代中国的马克思主义的进一步发展和丰富,这期间已走过了百余年历程。马克思主义的传播也经历了一个从著作片断的译介、单篇著作的翻译出版到文集、选集以及全集的翻译出版;从零星观点、个别理论观点的传播到系统理论学说的研究,并在理解的基础上用自己的语言加以叙

述、发挥和进行理论创造的过程。中央党校胡为雄的《马克思主义著作在中国的百年翻译与传播》一文,为我们展示了传播经历的几个不同历史时期及其特点;该文还较详细地介绍了各个历史时期出版的书目清单,并说明马克思主义的传播过程也是同中国共产主义运动相结合的过程。

中国政法大学张秀琴重点对马克思"意识形态"概念传入中国的时间作了具体的考证。她最后的结论定格在1919年,起源于当时的中国留日学者陈溥贤(和李大钊等人)对河上肇介绍唯物史观的相关著作的节译。沿用日文译法,它最初在中文语境被表述为"观念",20世纪20年代中后期又被表述为"观念形态"。而第一个将"ideologie"直接翻译成中文"意识形态"一词的则是中国人成仿吾(1927年)。这样,马克思的意识形态概念就以"译介体"的形式引入中文语境,二十世纪二三十年代以"教材体"的形式进行了中文语境中的概念界定(瞿秋白)和系统理论阐释(李达)。她认为,这反映的是中国人对马克思意识形态概念的早期理解,也正是在这一过程中,开启了马克思意识形态概念的中国化阐释模式。

在中国近现代史上,最早具有马克思主义信仰的一批知识分子中,张申府不仅是赫赫有名的政治活动家,而且是独树一帜的学者,为马克思主义在中国的早期传播及其中国化作出了自己的贡献,可惜的是学界对他研究的成果不多。北华航天工业学院刘霞的《最先提出中、西、马"三流合一"的思想——张申府对马克思主义"中国化"问题的有益探索》一文,深入挖掘了张申府有关这方面的早期思想材料。有资料显示,面对抗战时期亡国灭种的民族危机,张申府作为新启蒙运动的发起人之一,提出了"科学中国化"问题,促进了"中国化"思潮的产生和深入;当毛泽东发出了"马克思主义中国化"的号召后,张申府又积极响应,对"中国化"问题进行广泛的论证与宣扬。二十世纪二三十年代,正是中国、西方、马克思主义三种文化、三大哲学流派激烈碰撞、论战不断、互不相容的时期。面对着中、西、马三大文化哲学流派的纷争,张申府另辟蹊径,最先提出了中、西、马"三流合一"的主张。他认为,西方现代最先进思想的代表是马克思主义,中国传统文化精华的代表是孔子,西方科学发展最新成就的代表是罗素,因此应该博采众长,吸收人类文化的优秀成果,"辩证综合"地建设中国新文化,为马克思主义的"中国化"开辟了新的路径。鉴于当时的历史背景和思想状况,张申府的思想虽然不可避免地带有一定的局限性，但其中许多思想无疑具有重要的参考价值。

在传播马克思主义的过程中，我党非常重视开展形式多样的纪念马恩列的活动，主要通过翻译、出版著作，发布决议或宣言，发表社论或文章，召开纪念大会或晚会，成立研究机构或党校，放映电影或刊登广告，加入红军或设立节目等形式，开展了一系列活动。南开大学林绪武重视传播史上这个往往被忽略的领域，并作了系统的梳理和研究。他认为，这些纪念活动之所以值得关注，因为这是一种政治仪式，也是一种政治象征，具有独特的政治功能，其背后客观地体现了中共的政治和社会诉求：借助于纪念马恩列，传播马克思列宁主义，扩大社会影响，建立群众基础；寻求共识，缓和国共两党关系，促进双方合作；加强党的建设，统一党内思想，推进马克思主义的中国化；等等；体现了重要的历史意义和价值。

在社会主义各流派的早期传播中，基督教社会主义对于中国的影响也是不可忽视的。这股思潮产生于19世纪中期的西方，约于20世纪初西学东渐，但直到十月革命后马克思主义的广泛传播、社会主义在中国获取某种话语权之后，基督教社会主义才引起部分知识分子的关注，并借之作为化解基督教和社会主义的冲突、应对共产主义挑战的理论资源。香港中文大学杨卫华的《将社会主义置于基督教的规范之下——20世纪上半期基督教社会主义在华传播及其影响》一文认为，社会主义在中国的早期传播中，沈嗣庄、张仕章等人试图通过对基督教社会主义的提倡及其中国化，将社会主义置于基督教的规范之下，从而为基督教救国提供一种可能路径。事实证明，基督教社会主义在基督教内部赢得了部分在华传教士和中国信徒较为广泛的认同，并切实影响了部分信徒的思想取向，但其仅仅停留在思想层面而未进入实践，故其现实效应并不显著。

八、寻求解读中国道路的理论框架

中国改革开放以来，西方学界对中国特色社会主义进行了较为深入的研究，出版了大量学术成果，在海外中国学研究界产生了较大影响，已经形成了海外"中国社会主义研究"这一重要研究领域和学科，而中国特色社会主义性质等问题是该领域研究的重点，吸引了众多学者深入研讨，都在寻求解读中国新的理论框架。中国人民大学路克利的《中国走出了传统的教条式社会主义模式——当代西方学界关于中国社会主义的代表性观点述评》一文，为我们展示了"中国特色新自由主义论""实用民本主义论""邓氏现实主义论""中国第三条道路论"等代表性论点，它们一方面对中国经济发展成就给予了高度的肯定；另一方面又认为中国的理论和实践已经与传统社会主义大相径庭。

美国左翼学者D.哈维在专著《新自由主义简史》中，较为系统地提出了"中国特色新自由主义论"（Neoliberalism with Chinese Characteristics）。他认为，改革开放标志着中国转向新自由主义，中国特色新自由主义是资本主义在中国的地理扩张和"空间修复"（spatial fix），实质上是"中国特色资本主义"。在他看来，新自由主义化的过程就是"创造性破坏"的过程，"不仅改造了先前的经济制度和权力结构（甚至挑战了国家主权的传统形式），而且改变了劳动分工、社会关系、福利政策、技术条件、地产制度、再生产活动、生活和思维方式、心理活动等"，但他把改革开放给中国带来的巨大变化归因于中国实行了"新自由主义"未免失之偏颇。

哈佛学者裴宜理提出了"实用民本主义论"（pragmatic populism）。她认为，民本主义源自中国传统文化，是"中国古代政治思想中的核心因素，孔孟的天命思想表明满足老百姓的生活需求是政治的一个条件。不是皇家血统，而是皇帝自己使老百姓过上好生活的能力为他赢得统治的合法性和正当性"，中共推行的也正是这种实用民本主义，以务实的姿态改善民生。她指出，中国取得巨大成功的秘诀已不再依赖意识形态的合法性，而是一直在着力解决棘手的社会问题，"在我们当前生活的后冷战时代，实用民本主义确实是一种意识形态的替代物"。她甚至认为，邓小平的实用民本主义并不是孤例，近年来中共强调的"权为民所用，利为民所谋，情为民所系"以及"立党为公，执政为民"理念都是突出民生问题的体现。可以说，裴宜理的"实用民本主义论"较为客观地分析了中共的这一执政理念。

哈佛R.麦克法夸尔教授把基于"实践是检验真理的唯一标准"的邓氏改革计划称为"邓氏现实主义论"。这种理论萎缩了把国家和社会凝聚在一起的意识形态黏合剂，而提出了一些新的理论，如邓小平理论、江泽民的"三个代表"、胡锦涛的"和谐社会"等。在他看来，尽管这不是对国家和社会的总体分析,而仅仅是一些政策描述,但却是一种现实主义,强调务实的精神。然而,这种"邓氏现实主义论"却是国家资本主义和私人资本主义相结合的"市场列宁主义",而否认当代中国的社会主义性质:"中国特色的社会主义在新加坡,中国特色的资本主义在香港,中国特色的民主在台湾地区,中国特色的13亿人民在大陆",并认为它正从儒家思想库中寻找灵感。实际上,R.麦克法夸尔认为邓小平找到了人类社会发展的普遍规律,改革开放使中国融入了世界发展的大道,中国借鉴和吸收了资本主义的发展模式,不再盲目排外。

英国经济学家P.诺兰认为中国没有采用美国的新自由主义模式,也反对回到"计划经济模式",而是提出了处理国家和市场关系的"中国第三条道路论"。在他看来,中国的第三条道路不是抽象的一套干预市场的规则,而是具体的哲学,是把刺激和控制市场的方式与统治者、官僚和民众的复杂道德体系综合起来的东西,强调孔子和A.斯密的结合,即把伦理和经济分析统一起来。他认为,A.斯密非常关注伦理和对幸福的追求而拒斥贪婪,这和孔子对伦理国家的认同有共同之处。他还强调,中国自古以来一直是伦理国家在引导着市场,并分析了这种传统伦理对中国模式的影响,与某些西方学者关于"中国伦理不适合现代发展"的论调形成强烈反差,具有一定的独到性。此外,还有陈佩华(Anita Chen)、黄亚生等学者论述了"中国特色资本主义",而G.怀特(Gordon White)、齐慕实(Timothy Cheek)等则把中国的社会主义制度称为"国家社会主义"等,不一而足。

上述几位学者分析中国道路的框架有所不同,却都高度认可中国经济发展取得的成就,对中国道路和中国模式也有中肯的评价,看到中国已经走出了传统的教条式社会主义模式,但仍然纠结着"姓资姓社"的争论。在这一点上,国际著名左翼学者和社会活动家、第三世界论坛负责人S.阿明(Samir Amin)多次就这一问题发表过明确的看法。他在《中国在走一条独特的道路》一文中,试图澄清中国自1950年到2012年所走的独创性道路的各个阶段的性质,并指出任何民族不能够跨越必要的发展阶段,因此中国在考虑其可能的社会主义未来之前必须经历资本主义的发展。中国不是自1980年以后,而是自1950年以后就走了一条独特的道路,虽然这条道路历经了许多不同的发展阶段。该文认为,中国已经走出了一条符合其自身需要的、连贯的、独立自主的道路,这当然不是资本主义,但是中国道路不是资本主义的这一事实并不意味着它"是"社会主义的，实行国家资本主义制度是不可避免的，这只是意味着它可以在通向社会主义的漫长道路上前进，并仍旧面临着脱离这条道路、最终完全重返资本主义的危险。另一个讨论得比较多的问题，就是中国模式何以复制及其流行。美国《大西洋》(The Atlantic)月刊网站刊登美国外交学会研究员J.柯兰齐克(Joshua Kurlantzick)题为《为什么"中国模式"不会消失》("Why the 'China Model' isn't Going Away")一文，专门探讨和回答了中国模式得以流行的根本原因。该文指出，在中国模式中，北京政府保持着对经济的高度控制，但它没有重新回到社会主义；相反，北京已经制定了一种混合形式的资本主义，它在一定程度上开放了本国经济，但也确保政府控制战略行业，精选商界获胜者，通过动用国有资金决定投资，并推动银行业支持国家龙头企业。事实上，尽管在二十世纪八九十年代，中国对许多国有企业实行了私有化，但中央政府仍控制着大约120家公司。在中国的42家最大的公司中，只有3家是私人拥有。据中国经济问题专家C.沃尔特的研究，在政府最重视的39个经济部门当中，国有企业控制着所有资产的85%左右。该文认为，尽管中国的经济增长模式曾经被认为是威权政治和资本主义经济的一种尴尬的、不可持续的混合物，但最近几年却表现出了令人印象深刻的适应能力，而且正是威权资本主义的发展模式，产生了一个可以替代"华盛顿共识"的样板，从而使"北京共识"吸引了众多的追随者。

美国加州大学圣迭戈分校国际关系与太平洋研究学院经济学教授B.诺顿(Barry Naughton)提出了不同的看法。他在美国《当代中国》(Journal of Contemporary China)杂志刊登《中国特色体制：能否成为其他国家的学习模式》("China's Distinctive System: Can it be a Model for Others？")一文指出，"北京共识"的概念并不能准确地描述中国所发生的事情，也不代表中国的经济学家与决策者之间的某种共识。文中提出了中国经济成功的"六大猜想"，认为中国发展模式迄今为止最显著的特征在于产业体系是一种"混合经济"模式，具有竞争性的部门主要由私人企业主导，但国有制在非竞争性的部门发挥着主导作用，加上中国拥有一个伴随着市场经济而不断向前演进的威权主义政治体制和一个异常强大而无处不在的监控体系，它使得该制度能够在存在腐败与谋取个人利益动机的情况下继续运转。但是，该文同时指出，虽然其中每一个猜想都可以提供重要的经验，但中国体制的独有特征以及政府与企业构建关系的方式,却无法被其他国家所轻易仿效和复制,主要表现在:(1)中国的国土规模意味着它将拥有(或已存在)一个巨大的潜在内部市场,这促进了竞争并吸引着国外的兴趣与投资;(2)中国经济体拥有丰富的劳动力资源,相对健康和训练有素的劳动力,提升了中国在劳动密集型生产活动中的比较优势;(3)中国作为转型经济体保留并重建了层级制的威权主义政治体系,并积极地将这一政治体系运用到新的市场经济环境中去。正是这种独特性,决定了无法轻易地将中国的发展经验普遍化。

九、解密的文献档案披露历史真实内幕

(一)编辑《马克思恩格斯全集》历史考证版的风风雨雨

《马克思恩格斯全集》历史考证版(*Die Historisch-kritische Marx-Engels-Gesamtausgabe*,MEGA)是关于马克思、恩格斯文献遗产的一种版本形式,它以全面完整、忠实于原文、按照原始写作语言出版的文本,而成为最具权威的马克思、恩格斯著作的文本编辑形态。历史上MEGA有两个版本:一是在20世纪20年代诞生、20世纪30年代夭折的《马克思恩格斯全集》历史考证版(MEGA 1),作为这一版本推动者的列宁和发起人、执行人的梁赞诺夫功不可没;二是自20世纪70年代中期诞生、挺过苏东剧变的巨大震荡而在当今影响日盛的《马克思恩格斯全集》历史考证版(MEGA 2)。就这一版本的诞生及发展来说,苏联和东德学者乃至世界各国学者的合力推动是至关重要的因素。那么,梁赞诺夫怎样在E.伯恩施坦家中找到马克思、恩格斯经典著作的原始手稿、笔记和书信?怎样在德国社会民主党的许可下,照相复制保存在柏林社会民主党档案馆的文献遗产?占有1/3马恩文献遗产的苏共马列主义研究院和占有另外2/3文献遗产的阿姆斯特丹国际社会史研究所又如何达成共同使用彼此文献的协议?MEGA这种版本形式究竟是如何诞生的?从MEGA 1到MEGA 2经历了怎样的发展轨迹?中国人民大学赵玉兰在《编辑〈马克思恩格斯全集〉历史考证版的风风雨雨》一文中,穿越历史的长河,对这一艰难坎坷的发展历程作了一番细致的溯源考证。实践证明,马克思的思想、理论和精神的巨大力量赋予了这一版本以强劲的生命力,使它历经种种考验而屹立不倒。而今,MEGA 2已经成为国际学界把握马克思思想轨迹、理论精髓的基本文献基础。

（二）法国档案馆公布最新研究成果——P.拉法格档案清册

2013年1月12日,法国档案馆公布了有关对法国和国际工人运动的著名活动家、马克思主义理论家和宣传家、法国工人党的创建人之一P.拉法格的最新研究成果:《法国共产党的一份特殊的社会主义历史档案——P.拉法格档案资料(1830—1965)》。这一成果的取得缘于一位社会主义历史学家和一位档案管理员的偶然相遇。前者是鲁昂大学(l'université de Rouen)近代史讲师J-N.迪康热(Jean-Numa Ducange),他对保存于塞纳-圣德尼省档案馆的P.拉法格原始资料深感惊讶;后者是该档案馆的工作人员P.布瓦屈(Pierre Boichu),他孜孜不倦地辨认和收集着那些零乱的珍贵材料。在塞纳-圣德尼省档案馆馆长G.纳欧(Guillaume Nahon)的指导下,他们根据收集到的材料制成档案清册,并得到了法国档案馆的认证。这一历史档案的公布,可以帮助人们了解P.拉法格曾经走过的道路以及他所关注的问题。

（三）全面梳理和考察中苏两党关系发展的历史轨迹

苏共曾是世界上第一个社会主义国家的执政党,也是20世纪具有全球影响力的政党。中苏两党关系的形成和发展,不仅对中国革命、中苏两国的社会主义事业、世界社会主义进程和国际共产主义运动产生了重大影响,而且牵动了整个国际关系走势和世界格局的演变。中联部于洪君试图依据历史发展的轨迹,全面考察中苏两党关系不同发展阶段的基本情况和主要特点。他指出,1919年7月—1935年1月,中共得益于苏共帮助,同时也深受其害,两党关系很不平等,实际上是领导与被领导的关系;1935年1月—1943年6月,中共同苏联党和共产国际的关系发生重大变化,在斗争中逐渐争得独立自主的地位;1945年8月—1949年9月,中国革命的胜利使苏联党对中共刮目相看,中苏两党相互信任与真诚合作居于主导地位;1949年10月—1956年1月,中苏两党友好关系续有发展,但暗流涌动;1956年2月—1960年3月,意识形态分歧使中苏两党关系出现公开裂痕,从而加剧两党关系日趋紧张;1960年4月—1964年10月,理论纷争与利益冲突相交织而引发大论战;1964年10月—1982年11月,两党关系破裂导致两国关系全面恶化;1982年11月—1989年5月,中方为实现两国关系正常化主动迈出重大一步,但两党关系正常化道路漫长且步履维艰;1989年5月—1991年8月,两党关系正常化后的友好交往好景未长,随着苏共瓦解和苏联崩溃而自然终止。通过全面梳理和考察中苏两党70

年错综复杂的关系史,将有利于进一步深化对中国共产党对外关系史、国际共运史乃至当代世界社会主义史的研究和思考。

(四)"二战"后斯大林由"联合政府"政策走向东西方冷战的全程式扫描

"二战"后期,从德黑兰会议到雅尔塔会议,再到波茨坦会议,经过多次交涉,苏联与美英终于构建起一个未来世界政治秩序得以保证的"雅尔塔体系"。根据会议通过的规定,必须用民主的方法来解决这些国家的政治和经济问题,随后苏联确定了战后继续与西方合作的外交战略,斯大林履行了自己的诺言,在其周边国家和力量所及的地区推行选举制和"联合政府"政策。这一政策在西方势力范围内表现为共产党放弃武装,进入以资产阶级政党为主导的政权机构,而在苏联势力范围内则表现为允许各种资产阶级、小资产阶级政党进入以共产党为主导的联合政府。然而好景不长,美国试图通过马歇尔计划把东欧国家纳入西方势力的影响之下,并以援助德国西战区的方式重新武装起一个俄国的宿敌。为了确保东欧国家能够与苏联组成强大的对抗西方的利益集团,斯大林随即在东欧各国取消各党的民主联合政府,成立清一色的苏维埃政权;批判法国和意大利党仍然固守的合法斗争策略,而主张通过罢工等革命行动与资产阶级政府进行斗争。尤其是苏联提出的"两个阵营"的理论,表明在马歇尔计划之后苏联的对外政策已经完全脱离了大国合作的轨道,而走上了与西方进行集团对抗的新路,至此冷战格局终于在欧洲形成。华东师范大学沈志华发表《斯大林的冷战之路——战后"联合政府"政策的推行及其破产》一文,根据历史档案,对战后斯大林如何由"联合政府"政策走向东西方冷战的结局作了全程式的扫描。

(五)解开东方情报局的历史之谜

在中国革命即将取得全面胜利的前夕,毛泽东开始向苏共商议建立东方情报局。斯大林的谨慎态度与毛泽东的革命激情开始了一番互动与较量。随着冷战结束后中、俄档案的不断解密和公布,东方情报局的问题再次浮出水面。华东师范大学沈志华根据冷战后中国和俄国的解密档案,回答了东方情报局是如何提出的、在斯大林的战略中亚洲处于什么地位、毛泽东对领导亚洲革命有哪些考虑、中共对待东方情报局持什么态度、东方情报局为何最终没有建立、亚洲革命的领导权如何从莫斯科向北京转移等一系列问题,从而解开了东方情报局这个历史之谜。他还对斯大林和毛泽东关于东方情报局和亚洲革命的态度和战略进行了分析,认为东方情报局虽然没有成立,但中共在二十世纪五六十年代承担了领导亚洲革命的责任。他还透露,朝鲜战争爆发以后,毛泽东在极其困难的条件下毅然派兵入朝作战,不仅赢得了斯大林的信任,而且在社会主义阵营和亚洲各国引起了重大反响。美国驻华大使司徒雷登曾说过一句话:在未来"可能导致中苏分裂甚或走向战争的众多原因中,最重要的是不甘人下的毛泽东要成为亚洲的列宁"。尽管中国实际上领导、支持和援助了亚洲各国共产党的革命斗争,但东方情报局却一直没有建立起来。究其原因,主要在于朝鲜战争结束后国际形势的变化,以及中国和苏联对外政策的相应改变。目前,有关中共与亚洲各国共产党关系的史料还非常零散,但东方情报局的问题为研究者提供了一个观察中国革命和亚洲冷战起源的新视角。

(六)解密档案透露共产国际向中共提供经费援助的内幕

了解中共党史的人都知道,中共建党初期的活动经费主要来自共产国际,这一支持对于中共往后的发展起到了重要作用。但是,共产国际向中共提供经费的起因、具体渠道和方式、经费援助的特点,以及所提供经费的来源等,却鲜有详解。中央编译局徐元宫根据苏联解体之后俄罗斯解密的共产国际和苏共档案材料,结合当事人的回忆文献以及相关研究成果,对这些问题作了考证和阐释。文中透露,中共筹建时期,曾因不同意提交工作报告而拒绝共产国际向中共提供经费支持。1921年8月下旬,陈独秀等人被法国巡捕房抓去后,马林请了一名法国律师承办这个案子,并使尽办法打通各个环节,得以使陈独秀等人获释。从此,中共便经常性地接受共产国际提供的经费援助。但由于苏俄领导人在一段时间内认为只有国民党才能担负起领导中国革命的重任,因此把大量的经费给了国民党,该党机关报《民国日报》所获经费就超过了中共的全部经费。同时,解密档案还透露,俄共(布)和苏俄政府为了获取经费,还在国内掀起了一场大规模的没收教会珍宝的运动。

(七)揭开《新阶级》一书出笼的神秘面纱

M.吉拉斯(Milovan Djilas,1911—1995)是"二战"时及战后初期尤其是1948年苏南关系破裂后J.铁托的亲密战友,在任职南共中央宣传鼓动部部长时,他对宣传南斯拉夫"走向社会主义的独特道路"起到了至关重要的作用。1953年底,他在南共中央机关报《战斗报》上发表了一系列文章,不久便被南共中央委员会指控为"修正主义者",并被撤销了党内外的所有职务。而后,他发表《新阶级》这本冷战时期宣传性的经典书籍，试图说明斯大林主义官僚体制代表了阶级统治一种新的历史形态——社会主义革命只是一种剥削方式对另一种剥削方式的取代，但他在回忆录中并没有真正揭示《新阶级》的成因。荷兰阿姆斯特丹大学教授M.博格纳诺维奇（Mira Bogdanović）的《M.吉拉斯——〈新阶级〉与中央情报局》（"Milovan Djilas, The New Class and The CIA"）一文，揭秘了与M.吉拉斯写作发行《新阶级》一书直接相关的内容，认为这是一本美国中央情报局资助出版的"重点推销书籍"。中央情报局下属的"前方阵线组织"不仅出版了《新阶级》，还请专家"篡改过"它，以便符合既定的宣传目的，M.吉拉斯也成了一个理想的宣传工具。揭开神秘面纱后，可以发现，M.吉拉斯作为著名的持不同政见者的生涯与中央情报局及其"前方阵线组织"有着密切关系，它们是他下台后的主要受益者。

（八）厘清《联共（布）党史简明教程》编著的缘起

20世纪30年代末以来，《联共（布）党史简明教程》（简称《教程》）成为影响各国社会主义运动最为重要的历史文本之一。苏共"二十大"以来，特别是苏共解体后人们对它进行了再研究，形成了诸多看法，对其编著缘起也是各执一端。显然，这需要系统而客观的历史考察，由此消解对联共（布）、苏联社会主义革命和建设历史、理论与实践形成的误读。华南师范大学许冲、中山大学孟令蓉实事求是地分析和总结了《教程》编著的缘起，认为它是民族与国家、历史与现实、理论与实践、政党与领袖等各种因素共同交织作用的结果，正是由于创作缘起的复杂性，才造成了人们对其内容、风格、作用等理解的多义性。同时，我们还应看到，它在很大程度上折射了苏联党史学中非科学的一面，比如过度的史学政治化、泛滥成灾的个人崇拜、以领袖为核心的路线斗争史观以及对马克思主义的僵化和封闭等问题。因此，必须从当时领袖批判、历史传统、经验教育、统一理论、解释实践、树立权威等苏共的各种"需要"出发加以考察，在厘清《教程》编著缘起的基础上加以规避、消解和祛除。此举，不仅有利于澄清历史和解释冲突，更有利于观照现实和折射未来。

（九）俄罗斯披露斯大林遗体从列宁墓中被突然迁出之谜

1953年3月5日斯大林去世之后，遗体被装入水晶棺，安葬在列宁墓中。8年后十月革命节前夕的一个深夜，斯大林的遗体被突然移出列宁墓，然后又迅速地被安葬到克里姆林宫围墙脚下。当时全世界媒体关注的焦点是：移动遗体的根据何在？斯大林遗体究竟怎样从列宁墓中被突然移出？赫鲁晓夫对斯大林"焚尸扬灰"的传说是否真实？但是由于苏联官方及其有关当事人对此守口如瓶，讳莫如深，使得外界一无所知。不久前，俄罗斯报纸披露了N.扎哈罗夫将军的回忆，才把这神秘的一幕和盘托出。N.扎哈罗夫将军是克格勃第9局的负责人，在苏共第22次代表大会之后，就是他奉命带人把斯大林的遗体从列宁墓中抬出来装入棺材，是他在斯大林的棺材上钉上了最后一枚钉子。正因为这样，N.扎哈罗夫将军是迁葬斯大林遗体的重要当事人，他的回忆终于揭开了这一世纪之谜。当然，行动的依据是1961年10月31日通过的苏共"二十二大"决议："鉴于斯大林严重违背了列宁的遗嘱，滥用权力，对忠诚正直的苏联公民进行广泛镇压，再将斯大林的遗体保留在列宁墓里是不合适的。斯大林在个人崇拜时期的大规模违反法制和其他许多行为使得他的棺木再保存在列宁陵墓中成为不可能。"

(十) 俄罗斯解密档案披露一位鲜为人知的高尔基

高尔基曾被誉为"革命的海燕""伟大的无产阶级作家"，其后因抨击十月革命，成为"不合时宜者"的代表。按理说，不能接受列宁式的革命，就更无法接受斯大林模式的那一套，但奇怪的是，他却在斯大林的召唤下回国，并成为吹捧斯大林体制的"御用作家"的领军人物、"红色文豪"。后来，他虽未被监禁过，却同样受到克格勃的秘密监视。苏联秘密警察总部档案室存有大量关于他的秘密材料。中央编译局苏史生在《挣扎的命运和悲惨的结局》一文中，根据俄罗斯解密档案，为我们披露了一位鲜为人知的高尔基，这使得这位伟大作家在世人心目中的形象变得复杂而纠结，改变着人们对高尔基原有的美好记忆。

(十一) 法国作家R.罗兰和A.纪德访苏观感引发的风波

20世纪30年代中期，两位法国著名作家R.罗兰(Romain Rolland, 1866—1944)和A.纪德(André Paul Guillaume Gide, 1869—1951)先后应邀访问苏联，受到官方的隆重接待和热情欢迎。访苏归来后，R.罗兰没有发表访苏观感，并将《莫斯科日记》书稿封存起来，人们对他的沉默表示不解；而A.纪德回国后不久即发表《访苏归来》一书，对苏联社会存在的负面现象作了公开的披露和批评。这就使得R.罗兰保持了"苏联之友"的名声，而A.纪德竟遭到一场声讨和围攻。半个世纪后，当世人终于看到《莫斯科日记》的内容后，不能不为这位伟大作家的良知和洞察力而感叹,同时也引发了人们解读这一"历史之谜"的兴趣。华东师范大学周尚文撰文对两本访苏纪实作品的内容及其作者的写作动机作了详细的分析,回答了R.罗兰为何将访苏日记封存起来,以及怎样看待R.罗兰与A.纪德之间的纷争等问题。该文认为,R.罗兰和A.纪德那种具有良知和敏锐观察力的作家都值得我们钦佩,不必由于两者做法不同而加以褒贬。

(十二)解密孙中山革命与共产国际的关系

20世纪20年代,共产国际与孙中山及其领导的国民党发生过一段奇特的关系,不为一般人所知。当时,促成共产国际与孙中山合作起源于两个因素:一是列宁对孙中山革命精神的崇敬;二是出于苏联摆脱困境的需要。帮助中共召开"一大"的共产国际代表马林,在考察了国共两党的情况后,提出了一个别出心裁的方针:刚刚成立的只有几十名知识分子成员的共产党集体加入国民党,企望一面挽救国民党,使其走上正确的革命道路;一面使共产党借国民党的历史影响和全国机构迅速壮大起来。孙中山欢迎共产党加入国民党,认为这是给国民党输送"新鲜血液"。但他还是坚持原来的革命路线,认为北洋政府是由反革命武装所支撑的,必须由革命武装才能推翻,而当时有武装的是地方军阀,外国资本主义国家不但有武装,而且有购买武器的钱,所以他依然执行不反帝和依靠地方及在野军阀的方针。为此,马林和陈独秀接连在中共机关报上公开批评孙中山的错误,而孙中山也屡次表明:"共产党不服从国民党,我便要开除他们;若苏俄袒护中国共产党,我便要反对苏俄。"于是,实为"国苏合作"的共产国际与国民党的关系以及服从于这个合作的"国共合作",出现了僵持局面。中国社会科学院林渊的《从合作到摩擦——解密孙中山革命与共产国际的关系》一文,为我们解开了这一历史谜团。

(十三)德国《明镜》周刊公布俄罗斯国防部档案中的斯大林长子死亡之谜

在"二战"后的几十年里,斯大林之子雅科夫之死曾一直是个谜。这名苏军中尉在1941年夏落入德国人之手后,一直有人怀疑他不是单纯地被德军俘虏,而是向敌人投降,而他的父亲曾断然拒绝用俘获的德军将领换回儿子。此外,他的死因也存在多种说法。雅科夫的女儿加林娜认为,德国人向世人展示的是父亲的替身,而真实的父亲于1941年7月中旬在寡不敌众的战斗中阵亡，德国人只拿到了他的证件。直到1968年，借助于在美国发现的文件，人们才得以了解这名囚徒生命最后几年的情况，而这些文件表明斯大林之子死于囚禁精神病，他的死如同自杀。但仍有很多问题悬而未决：1941年德国人真是在战斗中俘获了斯大林之子吗？这名红军军官是否在战争刚开始时就向德国人投诚了？他的父亲知情吗？斯大林是否因此才对这个儿子不闻不问？2013年2月9日，德国《明镜》周刊通过查询存放在俄罗斯国防部共计389页的斯大林档案，刊登C.内夫题为《"枪毙我吧！"》一文，讲述了斯大林长子雅科夫的故事，并披露了他从参军到1943年身亡的隐秘细节。但对雅科夫结局的猜测不会停止，这是有原因的：他的骨灰罐虽然运到了柏林，却在那里神秘地消失了，雅科夫最后的痕迹也就此消散。

2014年度世界社会主义研究报告

2014年，在社会主义运动史上注定又是一个不平静之年。美国霸权从顶峰上跌落、欧盟各国经济严重衰退、发展中的新兴市场国家异军突起、社会主义中国的和平崛起；由于共产党执政的现实社会主义国家都在发展，发展中国家的社会主义出现了俄罗斯、印度、南美和南非四个亮点，欧美发达国家在困境中出现了马克思热、占领热和中国热的光亮，所以当前世界发展的总趋势是资本主义逐渐衰落、社会主义在曲折中走向复兴。把握这些发展的脉络和趋势，有助于我们看清未来世界发展的基本格局。

在这一年中，我们看到，为"资本主义危机病"诊断的著作成了图书市场的热门，而法国经济学家T.皮凯蒂风行的《21世纪资本论》，因揭示了资本回报率高出经济增长率而导致贫富不均的资本主义铁律，成为本年度最重要的经济学著作；在以乱象编织现实版民主故事的时刻，西方自由主义旗舰杂志、英国《经济学家》罕见地刊发长篇大论《民主的病在哪儿？》，一番"民主在全球的发展停滞了，甚至可能已成逆流"的表态实属振聋发聩，从而引发各国读者的热议和争论；俄罗斯正在以更强硬的姿态重返国际舞台，展示出"重建帝国之梦"的壮志雄心，乌克兰的全民公决，让西方看到俄罗斯已经着手全面反击，而俄罗斯、白俄罗斯、哈萨克斯坦三国《欧亚经济联盟条约》的签署，又可以直接听到"重返苏联"的脚步声声；"一战"的百年纪念唤起了人们对历史的记忆，是它引爆了俄国革命，催生了世界社会主义运动的地区性分化，形成了20世纪世界社会主义发展和演变的基本格局；德国迎来标志着冷战结束的里程碑事件——"柏林墙倒塌"25周年的纪念，人们在一道15千米长的柏林墙"灯光边界"释放了8 000个象征此墙消失的发光球，传递出"柏林墙倒塌"是解决当前世界一系列危机的希望之光……

本年度报告将在科学社会主义经典文献的深度解读、为21世纪"资本主义危机病"诊断、警惕民主正在成为国家解构和破坏的力量、世界左翼力量现状分析、深化对社会主义前沿问题的研究、俄罗斯掀起重评斯大林和"斯大林模式"的热潮、关注各派社会主义思潮的最新动态、世界政党政治的基本走向、社会主义思想史新探、中国特色社会主义道路学理辩解、社会主义在中国早期传播史上的一幕、解密的文献档案披露历史真实内幕十二个方面,综合各国学者的研究成果,报告如下。

一、科学社会主义经典文献的深度解读

马克思主义经典文献浩如烟海,对原著的辅导也有多种版本,而我们需要一种严谨的科学的解读。譬如对共产主义观的理解,不少人把《1844年经济学哲学手稿》中的一段话当作马克思对这一问题的概括,然而中国社会科学院江流认为,这样做不够准确、完整和全面。他在《马克思论共产主义社会的初述——对〈1844年经济学哲学手稿〉笔记本Ⅲ〈私有财产和共产主义〉的解读》一文中,结合社会主义思想史的考察,对《1844年经济学哲学手稿》笔记本Ⅲ《私有财产和共产主义》作了重新解读。该文以充分的论据说明,不应当把《1844年经济学哲学手稿》中的"共产主义是对私有财产即人的自我异化的积极的扬弃"那段话,解读为马克思对自己共产主义观的完整论述,认为"这种共产主义,作为完成了的自然主义,等于人道主义,而作为完成了的人道主义,等于自然主义,它是人和自然界之间、人和人之间的矛盾的真正解决……它是历史之谜的解答"这段话,说明这种共产主义不仅是一种废除了私有制的经济制度,而且是一种新的人与人之间的社会关系。准确地说,这是马克思用L.费尔巴哈的语言来表达"这种共产主义"的观点。对于这种共产主义,马克思是既肯定,又超越的。这就把长期以来一直存在的模糊的、似是而非的认识澄清了。尤其可贵的是,文章还进一步以《共产党宣言》和《哥达纲领批判》为依据,阐述了马克思作为科学社会主义创始人一贯坚持而又不断丰富的共产主义主张,既肯定共产主义就是废除私有制,又指明它只是走向未来理想社会"最近将来"的一个阶段,即建立一个集体的、以生产资料公有为基础的共产主义第一阶段,但这样的共产主义并不是人类发展的目标和人

类社会的形态。在以后的论述中,马克思又不断加以完善,用"每个人的自由发展是一切人的自由发展的条件"来说明这样一个联合体,这比《1844年经济学哲学手稿》中有关共产主义社会的论述更加清楚明确了。

马克思的人类学思想一直是社会主义研究中的重要议题。二十世纪六七十年代,在国外马克思主义阵营中,曾经就这一思想掀起过一阵研究热潮,其中著名的人类学家L.克拉德与布达佩斯学派理论家G.马尔库什之间关于"人的本质"问题的争论,成为当时具有代表性的理论事件。L.克拉德曾质疑G.马尔库什,"意识能否作为人的本质的要素,与劳动、社会性并列"?G.马尔库什回应,既然经济基础的变化不能完全与上层建筑的发展同步进行,那么人类的劳动和社会性存在也很难保证在时间和逻辑上对意识具有优先性,而且随着人类意识的发展,语言、文字成为意识的高级外化表现形式,在人类的生产性活动中发挥着独特的作用,构成了人类社会化生活的重要内容和实现方式。由此,G.马尔库什认为劳动、社会性和意识是社会生活的所有历史形式中统一的、不可分割的元素和特性,而且三者是"人的本质"的相互平等的要素。黑龙江大学孙建茵从两位学者对马克思"人的本质"概念的争论入手,简述了新马克思主义理论家们对马克思人类学思想的不同解读,从而阐发了用一种整体的、辩证的、跨学科的、多视阈的角度来理解马克思人类学思想的观点。他指出,在某种意义上,G.马尔库什为我们提供了理解马克思关于"人的本质"概念的钥匙。但是,对于马克思的人的本质概念而言,关键的问题不是抽象地讨论人的劳动、社会性和意识等基本的规定性,而在于把这些特性置于人不断生成、不断发展的历史统一体之中。

如何看待社会平等及其实现途径,是我们需要回答的一个现实中的问题。历史上,德国政论家、青年黑格尔分子E.鲍威尔(Edgar Bauer, 1820—1886)曾抽象思辨地理解P.蒲鲁东(Pierre-Joseph Proudhon, 1809—1865)的平等思想,从神学批判角度加以驳斥。马克思在《神圣家族》一书中,通过对P.蒲鲁东和E.鲍威尔思想的比较,深刻地批判了E.鲍威尔等的"超实践"的形而上学,为创立以感性实践为基础的新的政治哲学作了重要的理论铺垫。南开大学李淑梅的《探求社会平等及其实现途径——〈神圣家族〉对P.蒲鲁东平等思想和E.鲍威尔的思辨歪曲的评判》一文,梳理了这段思想史。该文指出,对于平等问题,马克思是从政治经济学角度予以评判的,他肯定了P.蒲鲁东批判私有财产的合理性，同时指出他受到国民经济学理论前提的局限。P.蒲鲁东从贫困的事实出发，而E.鲍威尔却将富有和贫困合二为一，把拥有和不拥有歪曲为概念；P.蒲鲁东主张建立人与人平等的实践关系，而E.鲍威尔"超实践"的形而上学背离人人平等的实践要求，鄙视人民群众。马克思区分了人们的经济关系和法律上的财产权关系，通过对贫困和富有两种事实的分析，认为平等是人的"类意识和类行为"，是人们在现实生活中的相互对等关系，无产阶级自身生存条件的改变是实现平等的根本途径。马克思的这些观点和方法对于推进政治哲学的研究、坚持社会平等和公平，具有重要的启示意义。

学界关于社会正义问题的讨论，是中国所面临的社会问题在理论和观念上的反映，也是学术研究中的难点。二十世纪七八十年代，英美学者曾就马克思与正义问题展开过一场大讨论，进入21世纪以来，我国一些学者也开始关注这一问题，并提出一些不同于英美学者的新见解。有的认为，马克思是在总体性视域内，通过批判私有财产制度和资本主义生产关系来阐发正义思想的，呈现为包括"个人所有权""分配正义"以及"人的自我实现"在内的立体性结构；有的认为，应该在超越康德伦理学的意义上来理解马克思的正义观，这种正义观本质上并非源于道德律令，而是源于感性的人类活动，是基于历史性的实践活动并指向共产主义的正义观。为了开掘马克思思想资源中的社会正义思想，彰显马克思主义的时代性和在场性，就需要进一步对马克思的正义观作深入的解读。中国人民大学段忠桥的《没有"不以时间和现实变化为转移的"终极正义——论马克思正义观的三个根本性问题》一文，就正义在马克思的论著中是价值判断还是事实判断、马克思认为资本主义剥削是正义的还是不正义的、马克思认为社会主义的按劳分配是否属于正义等问题作了回答。该文通过对马克思相关论述的分析，提出正义在马克思的论著中是价值判断而不是事实判断；马克思认为资本主义剥削是不正义的，因为资本家无偿占有了本应属于工人的剩余产品；马克思认为社会主义的按劳分配仍存在不正义，这表现在它的两个弊病上，即由偶然的天赋和负担的不同所导致的人们实际所得的不平等。因此，在这两种分配正义要求背后不存在一种终极意义上的分配正义原则，因为马克思和恩格斯从来就不相信有什么"永恒的、不以时间和现实变化为转移的"终极正义。

近年来，国内学界有人提出"马恩晚年思想转变"说，其基本论据有两条：一是"《资本论》第3卷推翻了第1卷",即晚年马克思目睹资本主义的新发展,看到银行、股份公司使得生产越来越社会化,从而在《资本论》第3卷里提出,由于股份公司的出现,股权分散了、对生产的管理转移到专业管理者手里了、资本家的统治权虚化了,因此资本主义的"外壳"用不着再"炸毁",剥夺者用不着再被剥夺,经由革命向社会主义过渡的方式已经不再需要,资本主义将会自己实现"自我扬弃",和平地向社会主义过渡。这样,第3卷完全颠覆了第1卷的革命主张,马克思晚年的思想彻底转变了;二是恩格斯为《1848年至1850年的法兰西阶级斗争》一书所写的《导言》,认为它是恩格斯放弃革命和倡导改良主义的佐证。

北京大学张光明不同意这种观点,他以确凿可靠的文献和历史事实,对这些观点作了考察和分析。他认为,关于"《资本论》第3卷推翻了第1卷"的说法,是一种找不到文本依据的杜撰,它既忘记了第3卷中论述"自我扬弃"的篇章是在《资本论》第1卷出版之前就写成的史实,也曲解了第3卷中关于资本主义"自我扬弃"的论述。实际上,马克思恩格斯一生中都是既讲"自我扬弃"又讲"炸毁"和"剥夺",两者的统一正是马克思学说的基本常识。今天应该从马恩的理论中吸取有益的方法论,走出他们的局限,重新研究资本主义生产方式的内在规律性,而不能曲解他们的思想,把根本不存在的东西强加给他们。在《恩格斯晚年为改良主义开辟道路了吗?——对恩格斯1895年〈导言〉解读》一文中,他又通过对马克思、恩格斯思想史的考察,回答了:(1)《导言》中所说"历史表明我们也曾经错了",错了的是什么?(2)《导言》所说"1848年的斗争方法,今天在一切方面都已经过时了",过时的是什么?(3)关于普选权、合法斗争道路和"未来的决战"等挑战性问题。该文认为,《导言》是在19世纪晚期欧洲社会主义运动合法斗争获得重要进展的背景下撰写的,恩格斯力图从对资本主义的新认识出发,对1848年革命经验做出新的反思和批评,并对社会主义运动新的策略适时做出总结。该文指出,恩格斯的晚年思想从策略层面就能很好地予以理解,根本用不着像"转变论"者那样,过分夸张地上升到根本放弃自己理论的高度。

长期以来,我们将社会主义理解为一种社会制度,这种理解当然是有着经典文献的支撑,但是,如果我们仔细研究经典作家进行理论建构过程中的相关文献,就会感到这种理解并不能包含马克思社会主义理论的全部。安徽师范大学王义德的《社会主义不仅仅是一种社会制度——基于马克思社会主义理论的研究》一文，从马克思怎样走上社会主义道路以及如何对当时的社会主义、共产主义理论进行改造的角度，揭示马克思的社会主义不仅是一种社会制度，还是以普遍人的自由为核心的价值观和以"社会"为本体的世界观。世界观是价值观和社会制度的基础；价值观是建立在世界观基础上的，又是社会制度的灵魂；而社会制度则是建立在世界观、价值观基础上的基本规范。该文认为，还原马克思的社会主义是世界观、价值观、社会制度的三维统一，有助于我们进一步认清马克思主义是一块整钢，促进在理论上将马克思主义整合成一个有机整体；有助于我们摆脱将社会主义看作一种社会制度的狭窄理解，突破改革中存在的认识障碍；有助于我们进一步认清社会主义的本质内涵，推进中国特色社会主义事业的发展。

二、为21世纪"资本主义危机病"诊断

围绕着当代垄断资本主义的最新历史发展阶段、发展形态、本质特征及其未来走势，产生了各种关于当代资本主义的理论。厦门大学吴茜的《国际垄断资本主义是帝国主义的最高阶段——当代资本主义理论分析框架和解释范式的再重构》一文，试图对当代资本主义理论分析框架和解释范式进行再重构。该文剖析了当代垄断资本主义最为显著的4个本质特征，即生产和资本的高度集中，形成了以巨型跨国公司为代表的全球寡头垄断市场；国际金融垄断资本及虚拟经济主导世界经济，实现了攫取全球垄断利润的剥削方式创新；出现了欧共体、8国首脑会议、IMF等超级资本家国际垄断同盟；形成了美国"一超独霸"的"新帝国主义"。该文认为，这些特征表明当代资本主义已进入国际垄断资本主义阶段。然而，国际金融危机的爆发、反新自由主义剥夺性积累的全球左翼激进政治运动，以及生态危机的加剧，都预示着国际垄断资本主义已由盛而衰，这种不顾任何社会、生态和政治后果的无止境的资本积累的资本主义制度，终将被一种全新的、更加公正、合理的全球社会主义新秩序所替代。

国外马克思主义对资本主义的批判内容丰富、视角多样，无论是其提出的问题和观点，还是其理论中所蕴含的难题，对我们深入思考当代资本主义

都有重要的意义。复旦大学汪行福在《资本主义是一个"创造性毁灭"的过程——国外马克思主义学者对当代资本主义提出五大批判》一文中指出,在金融危机和占领华尔街等抗议运动之后,时代精神似乎发生了改变,主要表现为:(1)资本主义批判主题的回归;(2)阶级斗争语言再次回到思想的中心;(3)"另一个世界"的可能性受到严肃的对待。同时,作者从金融资本主义、债务资本主义、技术资本主义、灾难资本主义和文化资本主义等多个视角,介绍了国外马克思主义学者对当代资本主义的全方位批判,并指出当代资本主义批判理论也包含着明显的弱点,即其对资本主义的理论批判与争取"另一个世界"的现实政治仍然是脱节的。

最近,为"资本主义危机病"诊断的著作也成了图书市场的一个热门,一批相关的作品陆续上市。在我们看到的书中,一本是日本思想家柄谷行人的《历史与反复》。作者把19世纪资本主义体系称之为"帝国时代",现在的资本主义则是"新自由主义时代",而"新自由主义与帝国主义时代一样具有贫富差距悬殊的特征"。他还提到,在现代世界体系中,存在着自由主义、帝国主义、自由主义、帝国主义……这样持续的反复,这并非线性的发展而是一种循环,一个阶段的持续时间大约为60年,每120年就会面临相似的状况。第一次世界大战后,美国成为霸权国家,其后迎来了自由主义的阶段;1990年以后美国经济衰退后,下一轮的争夺战又开始了,将重新开启帝国主义的时代。作者特别指出:"我们现在所说的新自由主义,已经与自由主义几乎完全脱离了关系,应该称其为新帝国主义。"另一本是英国学者D.哈维的《资本主义的17个矛盾及其终结》。该书从2008年的金融危机说起,指出了当今资本主义体系存在的17个矛盾,试图说明资本存在的多面性,蕴含了环环相扣的多种矛盾。书中认为,应该"把革命性的人道主义与基于宗教信仰的人道主义结合起来",如此才能对抗各种形式的异化,并从根本上将世界从如今盛行的资本主义方式中纠正过来。还有一本是诺贝尔经济学奖得主J.斯蒂格利茨的《不平等的代价》。该书讨论的话题围绕发展能否解决贫困和缩小财富分配差距问题。作者否认了"涓滴经济学"(trickle down economics)的作用,认为社会经济整体的发展并不必然带来下层的"脱贫",相反"聚集到上层群体的财富是以牺牲中下层群体为代价的"。书中阐述了当今引起关注的三大主题,即"第一,市场并没有发挥应有的作用,因为它们显然既无效率也不稳定;第二,政治体制并没有纠正市场失灵;第三,经济体制和政治体制在根本上都是不公平的",并试图解释这三大主题如何密切相连。在他看来,机会不平等的程度在美国已经到了不得不采取一切手段来加以解决的时候,他甚至还提出需要减少1%群体政治势力的问题。再有一本是I.沃勒斯坦、L.柯林斯、M.曼、G.杰尔卢吉扬、C.卡尔霍恩5位学者合著的《资本主义还有未来吗?》。他们从历史社会学的视角切入问题,考察宏大的历史结构性因素和趋势,通过分析资本主义系统性的矛盾和弊病来推演未来,并提出"资本主义还有未来吗?"的质疑。I.沃勒斯坦认为资本主义体系将进入结构性危机阶段,最终走向衰亡;L.柯林斯着眼于科技更新,推断中产阶级的结构性失业将使资本主义难以维系;M.曼将资本主义的未来寄望于社会民主主义式的改良;G.杰尔卢吉扬否定了苏联式共产主义替代资本主义的可能性;C.卡尔霍恩则着重探讨了未来资本主义出现漫长停滞、改良或被全新制度代替的可能性等。

在这批书中,最夺人眼球的是法国经济学家T.皮凯蒂(Thomas Piketty)的一本论述财富分配不平等的著作《21世纪资本论》(Capital in the Twenty-First Century)。该书之所以引起如此大的轰动,很大一部分原因在于财富和收入集中在少数人手中再度成为政治议题时,作者推出了一种有力的经济学模型,它将宏大的历史视角和精心的数据分析融合在一起,将经济增长、资本和劳动力之间的收入分配,以及个人之间的财富和收入分配融合进了统一的理论框架,从经济学角度揭示了目前美国乃至全球财富不平等现象的根源。在T.皮凯蒂看来,资本回报率总是倾向于高出经济增长率,所以贫富不均成了资本主义固有的常态。2012年,美国收入最高的1%家庭获得了全国收入的22.5%,是自1928年之后的最高值。现在10%最富有的美国人占有全国财富的70%还多,比1913年镀金时代结束时的比例更高,而且其中一半是由最富有的1%的人占有的。可见,最富有的那批人不是因为劳动创造了财富,而是资本主义世界正退回到了"拼爹时代",财富来自世代积累而非劳动创造,这也解释了贫富差距在资本主义体系里无法解决的根本原因。

当前美国学界围绕新自由主义经济政策及其带来的不平等问题,"左""右"两派学者也一直争论不休。保守派捍卫新自由主义意识形态的有效性,主张新自由主义缩减了绝对的社会不平等,宣称相对不平等的存在促进了向上的社会流动;自由派则大多是凯恩斯主义的支持者,强调新自由主盛行以来社会相对不平等急剧增加。这场论战也是美国自由派和保守派两大主流思想派别的政治理念之争,充分地体现了两者在意识形态上的差异。中国社会科学院于海青发文,对争论双方的观点作了介绍,并分析了造成收入不平等的三大因素:(1)全球化造成了非技术移民直接参与工作竞争,而远在其他国家的非技术工人也通过贸易间接地参与竞争,两者共同压低了美国非技术工人的工资;(2)新科技革命提高了对高技术工人的需求量,从而造成"知识工人阶级"收入激增,拉大了与其他劳动阶层的收入差距;(3)政策选择、规则和制度的作用非常关键,它们既能塑造全球化和技术变革对收入分配的影响,也能通过产品市场的解除管制以及社会支付、工资设置机制或工人协商权的变化对收入分配产生的直接影响。文章认为,这场思想论辩和交锋仍然是在资本主义制度框架内的争论,最终目的是在体制范围内寻找一个医治资本主义弊病以平息社会矛盾和冲突的良方。

至于如何看待21世纪的资本主义?近期日本《经济学人》周刊专访了日本综合研究所理事长寺岛实郎与日本大学教授水野和夫,最后得到的回答是令人惊讶的——"资本主义在21世纪初期已经终结"。他们提出资本主义终结的一个标志是,这些国家一般通过向非洲市场等"周边"扩展,提高作为"中心"的发达国家的利润率,从而推动资本的自我增值,但是"地理上的、物理的空间"这种"周边"恐怕已经不存在;另一个标志是利率的低下,如果把资本主义理解为资本的自我增值过程,那么现在作为资本主义核心的美国正在丧失领导世界的力量,而日本、美国、欧元区的政策利率大致是零。在他们看来,金钱游戏横行和金融庞大化是21世纪资本主义的特点,资本主义已经与提高国民生活水平相背离。不过要让社会整体的意识发生改变还为时尚早,就像不到18世纪不知道"中世纪已经结束"一样,人们也许要等到100年以后,才明白"资本主义在21世纪初期已经终结"。

三、警惕民主正在成为国家解构和破坏的力量

2014年以来,围绕"民主"的问题,世界各国发表了无数有分量的文章和书籍,这是因为它是冷战后全球政治舞台上最突出的一面"圣旗",尽管很多发展中国家的政治及社会秩序毁在了这面旗帜之下,但对它的绝对膜拜仍弥

漫在很多国家的知识分子中间,他们反对对民主提出任何质疑。然而,近年来被视为世界典范的西方民主体制似乎在变得过时而无用,太多的民主乱象正在促使一些有识之士对之进行思考。

我们发现西方自由主义最有影响的旗舰杂志、英国《经济学家》(The Economist)周刊也罕见地加入了这一队伍,刊发封面长文《民主的病在哪儿?》(What's Gone Wrong with Democracy),从而引发各国读者的热议和争论。"民主在全球的发展停滞了,甚至可能已经逆流",该文此番表态在西方媒体实属振聋发聩。现实背景则是万众瞩目的"阿拉伯之春"变成了"阿拉伯之冬",茉莉花革命大步迈进欧洲,不仅乌克兰、土耳其等欧洲边缘国家发生动荡,在英法等老牌"民主"国家也先后发生大规模骚乱。埃及、泰国、乌克兰等地的局势使西方鼓吹的"投票民主"骑虎难下,美国大使在利比亚被"民主"后的民众杀死……每一次"美好"愿望都遭遇现实的冰冷反馈,让"民主"的故事连连受挫,难怪《经济学家》周刊开始尝试说出这个危机了。该文坦承近来焦虑情绪渐渐取代了基辅等地的政治变局带来的欢欣雀跃,建立一个可靠的民主政权远不只是赶走某个独裁者那么简单。文章认为,即便是那些已经稳固下来的民主政权,其体制逐渐暴露出的缺陷也开始引人担忧;即便在西方社会,伴随着民主制度也常常出现政府负债、内政处理效率低下、过度干涉他国内政等问题;随着西方国家暴露出越来越多的缺陷,民主在世界其他地区日渐式微。文章把这种挫折归咎于两个原因,即2008年开始的金融危机和中国的崛起,由此也探讨了两个主题,即西方的制度反思与中国的道路自信。

新加坡《联合早报》用了不少版面,连续刊登新加坡国立大学郑永年的《民主政治与社会冲突》《当代民主危机:西方的认知》《当代民主出了什么问题?》和《民主的危机及其未来》等系列文章,对21世纪民主所面临的危机和挑战进行了全面解读。文章指出,当代民主存在着西方民主内部的问题、非西方民主所面临的问题以及民主从西方向非西方传播和扩散过程中的问题。总体而言,在一些时候民主促成了国家的建构,但更多的时候民主正在成为国家解构和破坏的力量。文章认为,这种情况的发生与后发展中社会在不具备西方那样的有利于民主化的经济、社会、文化和政治等各方面的条件下,快速民主化、一步到位大众民主有关。在民粹主义氛围下,"理性的政治人"从来就没有出现过,更多的只是被动的政治参与者。在这个过程中,所谓"人民的力量"经常是破坏人民利益的有效工具,因而后发民主已沦落为民粹主义政治。在作者看来,民主的未来在哪里?这里没有统一的答案,不同的文化、不同的地缘政治和处于不同社会经济发展阶段的国家,需要做出不同的选择。

近年来,埃及、泰国、乌克兰等国的民主化进程,正在挑战着被当作圣经的民主化理论命题,诸如公民社会是民主政治的前提和基础、中产阶级带来民主、民主有利于民族和解等。中国人民大学杨光斌的《民主是一个现实中的工具性问题——谈三大民主化理论命题的证伪》一文,用具体的事实对三大命题作了驳斥。该文指出,埃及的现实说明,公民组织的自治不等于民主政治本身;泰国的乱局证明,中产阶级的政治诉求取决于其所处的社会结构,与民主没有必然的联系;乌克兰的悲剧显示,在存在种族冲突和国家认同危机的国家,选举民主动摇的是立国之本。该文指出,很多人习惯在"元叙事"上看民主,把一个国家的好坏都归因于民主,实际上民主在价值上是公共之善,值得也必须追求,但是民主更是一个现实中的工具性问题,民主本身具有内在的张力和冲突性,这是必须务实地看到而不能选择性失明。正是基于这一点,尤其对一个大国、一个发展中国家、一个多种族国家而言,实现民主的同质性条件至少应该包括:国家认同前提、基本的政治共识前提以及社会结构的大致平等性与同质性等。

对西方民主内部的问题,美国著名政治学家F.福山应该算有发言权的。他在《美国利益》双月刊发表《美国政治制度的衰败》一文,指出美国政治文化有三个主要的结构性特征,而这三个特征当前都出了问题,即司法和立法部门(也包括两大政党所发挥的作用)在美国政府中的影响力过大、利益集团和游说团体的影响力在增加、为防止出现过于强大的行政部门而设计制衡制度也变成了否决制。F.福山认为,美国政府的问题,源于既有实力也有能力的政府与原本旨在约束政府的各个机构之间出现了结构性失衡。当前有太多的法律,"民主"程度也过了头,其表现形式就是立法部门在干预美国政府发挥职能。值得关注的是,作为全球学术界颇受关注的人物,不久前他又出版了新书《政治秩序和政治衰败:从工业革命到民主全球化》。这位曾在1989年称西方民主制度是"历史终结"的著名学者,根据20多年的观察做了大幅度的理论调整,他在新书中把"强政府"的重要性放在了首位。在他看来,秩序良好的社会离不开3块基石,即强大的政府、法治和民主问责,强调三者的顺序至关重要，民主并不是第一位的，强大的政府才是。据他的分析，尚未获得实施有效统治能力就进行民主化的政府，无一例外地都遭到了失败。他对强大的政府、法治、民主的最新顺序排列，是对全球政治经验的总结，也是他的新书最有冲击力的地方。现在他公开阐明民主既可能是有效的，也可能是破坏性的，并引起全球的关注，他的修正和突破因此有了广泛的意义。

四、世界左翼力量现状分析

20世纪90年代初，随着苏东的剧变，欧洲左翼遭到了重创，但在反对新自由主义的斗争中，它们重新进行了改组和整合，形成了新的"欧洲激进左翼"，目前它已成为一支活跃于欧洲政坛的重要力量。中央编译局李其庆考察了它产生、形成和发展的社会历史条件和政治生态环境，同时对它的本质特征、形成发展、社会基础、政策主张、作用影响、面临挑战、发展趋势等作了全面的探析。他指出，到目前为止，大约有60多个政党和组织可以算作欧洲激进左翼，它的中坚力量在西欧，但随着欧盟的东扩也开始吸收原东欧国家作为其新成员。它是一支反对资本主义的政治力量，旗帜鲜明地提出了制度替代的问题，并主张采用议会斗争和工人运动相结合的手段解决资本主义过渡的途径问题，以此作为自己同社会民主主义的本质区别。

如何看待当下西方工人阶级的状况？这是许多人经常在谈论的话题。随着资本主义的发展变化，我们看到不仅西方工人阶级的历史地位受到了质疑和挑战，而且工人阶级本身的存在也遭到了怀疑和否定，这就是所谓的"工人阶级主体性危机"。那么，当今时代西方社会的工人阶级还是不是推动社会变革的主要力量，还是不是社会主义运动的主体？中国社会科学院姜辉的《工人阶级是否还是社会主义运动的主体——对西方工人阶级消失论、被同化论、主体地位替代论的辨析》一文，对工人阶级"主体性危机论"的三种典型观点作了分析和批驳。该文指出，在工人阶级"主体危机论"成为西方社会主流思想观念、资本主义危机促使阶级冲突尖锐化的形势下，重塑工人阶级主体地位已成为历史转折时期西方社会主义者的重要历史任务。该文认为，工人阶级主体地位重新确立的必要前提是工人阶级阶级意识的重新形成和塑造，这是从"自在阶级"走向"自为阶级"的必然环节，而全球工人阶级的形成和团结，是全球化条件下社会主义运动发展振兴的必要基础和前提。

正因为工人阶级的状况是一切社会运动的真正基础和出发点,所以资本主义国家共产党高度关注当代工人阶级的发展和变化。华中师范大学聂运麟的《当代工人阶级内部结构多样化和分层化加剧——资本主义国家共产党纲领关注阶级力量新变化》一文,介绍了这些党的纲领和章程中的许多重要理论见解。该文指出,当代工人阶级的重大变化主要表现在如下的结构性变化和非结构性变化中。结构性变化主要表现在:(1)就业结构上,正规就业工人的比例减少,非正规就业工人的比例增多;(2)产业结构上,传统产业工人减少,新兴产业工人增多;(3)知识技能结构上,蓝领工人减少,白领工人增多;(4)社会成分上,知识分子、妇女、青年和移民工人的比例显著增加。非结构性变化主要表现在:(1)工人阶级的数量在扩大;(2)工人阶级的文化水平明显提高;(3)工人阶级的生活状况有明显的改善;(4)工人阶级内部的团结有所削弱。该文还对工人阶级发生历史性变化的原因进行了探讨,并认为大企业的工人仍然是工人阶级的核心和最先进的部分。

2014年在美国纽约城市大学举行的"2014年全球左翼论坛",围绕"改革与(或)革命——构想一个转型正义的世界"(Reform and/or Revolution: Imagining a World with Transformative Justice)的主题,设立了394个专题会场,来自北美、欧洲、中国、拉美、土耳其等地的左翼知识分子、社会活动家、运动组织者、左翼团体代表、媒介代言人和机构代表等近4 500人参加了此次会议。本次论坛着重探讨了广泛存在于世界各地的不平等问题,认为它已经渗透到生态环境、媒体、家庭、性别、劳作、教育和卫生等领域,试图以左翼的各种理论资源,分析、诊断当下资本主义世界体系的诸多症候和病根,探讨走出资本主义困境、谋求一个充满活力与正义的世界的方案。尽管自2005年以来论坛的主题一直在变,但它的基本价值诉求却未曾改变:批判资本主义及其意识形态,追求自由、平等与正义一直是左翼论坛的内在精神。它是我们了解西方资本主义国家民情、舆情的一个快速窗口。

拉美是一个具有悠久左翼和社会主义传统的地区,是世界社会主义运动的重要组成部分。东欧剧变和苏联解体后,该地区的左翼运动曾一度遭受巨大冲击,21世纪初又重新"异军突起",成为左翼政治发展新的热点。中国社会科学院徐世澄的《"要社会主义,不要资本主义!"——对拉美左翼政治力量基本现状的分析》一文,为我们展现了拉美激进左翼运动的基本情况。该文指出,左翼政治力量在拉美恢复和发展的标志,一是拉美共产党的复苏和发展;二是以"圣保罗论坛"为代表的左派进步运动的崛起。近年来,他们在联系本国实际的基础上,共同组成当代激进左翼政治理论的基本框架,丰富和发展了激进左翼政治的时代内涵。委内瑞拉在推行"玻利瓦尔社会主义革命",建设"21世纪社会主义";玻利维亚在建设"社群社会主义"和"印第安社会主义";厄瓜多尔在实施"21世纪社会主义"和"公民革命";R.科雷亚和E.莫拉莱斯还提出"美好生活社会主义";巴西劳工党也提出"劳工社会主义",等等。这些左派执政国家的领导人自称是"社会主义者",要带领他的国家进行"社会主义革命和建设"。在他们的号召下,"要社会主义、不要资本主义",已成了一些拉美国家民众的口号。同时,该文认为拉美激进派执政不会从根本上改变现有政治体制;左派执政有助于推动拉美国家探索新的发展道路,但到目前为止还没有找到一种新的相对定型的发展模式;拉美激进左翼的发展势头受阻等情况有所显现,发展前景不确定性有所增强。

五、深化对社会主义前沿问题的研究

如何判断当前资本主义和社会主义两大体系发展的总趋势和总格局,是一个重大的战略定位问题。中央党校赵曜的《资本主义的衰落和社会主义的复兴》一文,对这个全局性的问题作了多方面、多视角的概括和分析。作者指出,当前这场在新自由主义导向下的资本主义制度危机,显现出规模大、范围广、时间长、打击重的特点,但在资本主义困境中也出现了马克思热、占领热和中国热的光亮,说明西方国家民众已对资本主义制度不抱希望,期盼和寻找没有危机的更好的社会制度,这是一种制度反思和新的觉醒。文章认为,当今国际形势复杂多变,但以大动荡、大分化、大调整为特点的趋势仍在继续,影响世界格局发生巨大深刻变化的主要因素为:美国霸权从顶峰上跌落、欧盟各国经济严重衰退、发展中的新兴市场国家异军突起、社会主义中国的和平崛起。就现实力量对比来说,仍是"西强东弱""北强南弱",但发展趋势则是"东升西降""南升北降"。由于共产党执政的现实社会主义国家都在发展,发展中国家的社会主义出现了俄罗斯、印度、南美和南非四个亮点,欧美发达国家的社会主义运动有很大改善，所以当前世界发展的总趋势是资本主义逐步衰落、社会主义在21世纪将走向复兴。

在西方国家陷入严重危机的特定背景下，各界人士在重新检视以往相关理论的同时，把目光转向了马克思，竟然"重新发现"马克思的许多理论对于认识资本主义危机的根源、分析资本主义的现状和前途、认清新自由主义的危害等具有重要意义，并充分肯定了马克思主义的真理性和生命力。"马克思在西方重新走红""马克思幽灵再次在西方游荡""马克思又回来了"，成了当前令人瞩目的现象。中国人民大学吴易风在《"马克思幽灵"再次在西方游荡——西方学者"重新发现"了马克思的哪些理论？》一文中，罗列被"重新发现"的马克思理论包括：（1）剩余价值学说重新得到了确认，认为马克思对资本主义天生不公、有自我毁灭倾向的犀利批判"无法轻易摒弃"；（2）垄断和竞争理论是解释垄断金融资本体系（新帝国主义）的依据；（3）金融危机和经济危机理论"有助于抓住危机的根源"；（4）当前日益扩大的不平等，使阶级和阶级斗争理论仍处于"绝对核心地位"，阶级冲突或战争的说法再次成为分析热点；（5）关于消费不足、信用泡沫以及对生态环境问题的预测，再次证明了马克思的远见卓识，"让当代年轻人感到耳目一新"。在西方有识之士看来，"由于我们关于历史和社会的很多观点是和马克思的幽灵进行对话的结果，这些理论已经成为20世纪以及未来精神支架的一部分"。

"论共产主义观念"系列国际研讨会的召开及其后续讨论，昭示着新一波的共产主义思潮正在西方左翼学界兴起。以A.巴迪欧和S.齐泽克为核心的一些西方左翼学者试图从哲学和意识形态层面恢复被玷污的共产主义观念，其间经过一系列激进事件（阿拉伯之春、占领华尔街运动、希腊暴动和英国骚乱等）的发酵，提出了以"共有"权力和"减法"政治为核心的"新共产主义"建制，目的是要召唤出"共产主义的幽灵"以对抗全球资本主义的统治，或者抛出哲学家制造的政治"事件"，以此引出新的真正的激进革命和激进政治。中国社会科学院范春燕的《召唤新的共产主义幽灵——西方左翼学者提出"共有"权力和"减法"政治的"新共产主义观"》一文，对这股思潮作了介绍。该文指出，虽然当代西方左翼学者在解读共产主义时的视角和路径有所不同，但都认为在当前全球资本主义的普遍统治下，唯有"共产主义"这个名称因其和"实在界"的内在关联而保有一种幽灵般的力量。从这个共识出发，他们开始了对"共产主义"的"拯救":首先,把"共产主义观念"和20世纪所有"不名誉"的理论和实践相切割,以恢复其原始的美丽。其次,在"共产主义观念"的引领下重构"新共产主义"。一是强调对非物质财富的共有和共享,这个领域包括语言、观念、知识、代码、遗传物质、情感等,而正是在这最后"圈占"的疯狂中,新共产主义才可找到它的进路;二是远离国家的"减法"政治,从当前事件的偶然性和缝隙中,从歇斯底里的反抗姿态中去构想和预见一种具有异质性的政治场域,可从罢工、工业破坏、统治体系被劫持、移民和人口迁移、暴动、骚乱中去寻找,借共产主义之名提出具有彻底激进性和革命性的替代。

在众多关于共产主义的讨论中,美国纽约州霍巴特和威廉史密斯学院(Hobart an William Smith Colleges)J.狄恩(Jodi Dean)教授的《共产主义地平线》(*The Communist Horizon*)一书,是近年来值得关注的讨论新共产主义运动之作品。南京大学蓝江对其的主要论点作了系统的介绍,指出这本书超越了纯粹从实际的事件做简评的方式,开始在一个新的层面上重新思考共产主义的理论问题,提出了共产主义之所以在新的地平线上出现的历史根据,正是出现了新的共产主义之势,这种势由三个维度构成,即告别左翼忧郁之后对新共产主义充满憧憬的动力维;交往资本主义的新剥削形式构成的对象维;在交往资本主义的排斥和区分下形成的新无产阶级和作为新无产阶级先锋队的新共产党的主体维。该文认为,我们不仅要在资本主义全球危机的年代思考共产主义的可能性,更需要看到如何从理论和实践上让共产主义从未来的地平线上冉冉升起。

法国学者I.加罗(Isabelle Garo)对《哥达纲领批判》中关于共产主义两阶段的全新理解,也从根本上颠覆了对这篇经典文本的传统解读。这位马克思、恩格斯著作法文版编译工程负责人在《马克思与历史的创新》(*Marx et l'Invention Historique*)一书中,通过分析马克思留下的一些文献资料,进一步阐释了经典作家在经济、社会或政治层面的一些相关观点。该书认为,按照以往的解读,马克思在《哥达纲领批判》里清晰地区分了共产主义进程中两个不同的阶段,而这种区分从时间的接续和关联上成为"社会主义"和"共产主义"经典定义的基础。在她看来,实际上马克思在这篇文章中并没有提到阶段的区分,"第一个阶段"既不是指"社会主义",也不是任何形式的"生产资料的社会主义化",马克思的目标不是给社会主义和共产主义下定义,而是表达关于过渡进程和政治调解问题的重要性,以纠正《哥达纲领批判》把平等权利作为推翻资本主义切入点的错觉,从而提出了一个全新的阅读假设。从这个角度来看,社会主义和共产主义是完全相容的,两者的区别只不过是进程与目的、建构与成型、中间过程与最终结果的区别,却又辩证地相互依存。

作为东方经济和文化落后国家,不少学者都在总结社会主义革命和建设的历史经验及其发展规律。中央党校陈文通的《后发展国家社会主义的历史经验和规律性——谈传统社会主义理论中的几个认识问题》一文,试图重新审视传统社会主义的理论和实践,为后发展国家正确选择发展道路提供科学理论支撑。该文提出,在传统社会主义理论中需要重新认识的几个问题是:(1)一国能否单独建立起社会主义制度;(2)落后国家能否"跨越资本主义"而直接建立社会主义制度;(3)资产阶级民主革命能否作为社会主义革命的"副产品"顺便解决;(4)在落后生产力基础上能否建立起"先进的社会主义制度";(5)在贫穷落后的国家搞社会主义是否更容易;(6)如何认识和概括社会主义社会的经济特征;(7)从苏联和东欧的制度巨变引出来的理论思考;(8)由传统社会主义转向"中国特色社会主义"的实质等。作者认为,列宁和斯大林的社会主义理论的确为落后国家走上社会主义道路提供了理论支持,但苏东剧变的实践证明,这一理论并不完全科学和成熟,包含着不少偏离马克思主义基本理论的非科学成分。在他看来:(1)共产主义革命具有世界性质,一个国家有可能单独走上社会主义道路,但不可能单独建立起社会主义制度,更不用说在资本主义不发展的落后国家;(2)资产阶级民主革命是从人的依赖关系转向物的依赖关系的革命,是人类历史上最具有转折点意义的革命,其任务是不能在性质完全不同的"社会主义革命"中"顺便解决"的;(3)在特殊条件下,落后国家有可能走上一条非常规的、非资本主义的特殊发展道路,但不可能简单"跨越资本主义发展阶段"而直接建立社会主义制度;(4)在显著落后于发达国家的生产力基础上,不可能建立起"先进的社会主义制度",超阶段的努力只可能形成一种变异的、扭曲的社会制度;(5)以苏联为代表的超越发展阶段的传统社会主义道路及其制度是不可持续的(充其量可以同恢复战争创伤和建立工业化基础的要求相适应),以不同方式改变这种发展道路是不可避免的;(6)在贫穷落后的国家搞社会主义不是更容易,而是更艰难、更复杂、更具有不确定性,已经走上社会主义道路的国家仍然有可能回归到资本主义道路上去;(7)我们是在"中国特色社会主义道路的初级阶段"有节制地发展资本主义经济,这是一种全新的发展道路。这条新型的发展道路当然区别于资本主义的发展道路,但并不构成资本主义道路及其制度的直接对立物。这些思考和论证具有极大的启示意义。

国内学界有些人搞不清中国特色社会主义与科学社会主义是一种什么样的逻辑关系,因此往往以中国特色社会主义的现实需要来实用主义地概括科学社会主义的基本原则。针对这种情况,苏州大学石镇平和黄静发文进行了辩驳。他们指出,科学社会主义与中国特色社会主义是指导与被指导的关系,前者指导后者而不是相反。因此,在提炼和概括科学社会主义基本原则时,应该以马克思主义创始人的科学社会主义学说,而不是中国特色社会主义的现实需要为依据,即可以根据中国特色社会主义的实践丰富和发展科学社会主义的理论内容,但不能根据现实需要来概括科学社会主义基本原则。他们还对如何准确理解和科学把握社会主义必然代替资本主义、共产主义第一阶段的基本特征、无产阶级必须组织成为政党、暴力革命是无产阶级革命的一般规律、在资本主义和共产主义第一阶段之间有一个过渡时期、过渡时期必须强调阶级斗争和无产阶级专政、消灭私有制和消灭一切阶级、必须加强无产阶级国际主义联合八项科学社会主义基本原则作了系统的阐发,以纠正了长期以来存在的理论与实际的严重错位。

如何认识邓小平的社会主义本质观,我国思想理论界有不同的解说,有的往往只谈"解放生产力,发展生产力""共同富裕",认为这是社会主义本质观中的主要东西,而对"消灭剥削,消除两极分化"往往不作解释,甚至避而不谈。中国社会科学院李伟认为这种解说是极其错误和有害的,有这种认识的人"需要学一学关于社会主义的初步知识"。他指出,社会主义是一种社会运动,社会主义思想是这一运动的理论表现。所谓社会主义的本质,就是要回答社会主义运动所要解决的最基本的矛盾和问题是什么,也就是回答什么是社会主义。作者认为,无产阶级反对资产阶级剥削雇佣劳动者的斗争,是社会主义赖以产生和存在的根本原因。有矛盾就有斗争,社会主义运动就是围绕这一矛盾及其斗争而展开并发展起来的,解决这一矛盾是社会主义运动最基本的历史任务,也以此划分或鉴别与其他社会运动的本质区别。

在经历了苏联解体、社会主义衰亡之后,当代俄罗斯并没有放弃对马克思主义的研究,而是把真正的马克思主义同苏联时期政治化的马克思主义进行切割,使马克思主义走下神坛,从占统治地位的意识形态教条,转变为在科学思想中具有深远影响的理论流派,并突破了以往的研究模式,研究方向更加多元化和现实化,正积极寻找马克思思想的当代价值和意义。中山大学李尚德的《转向马克思主义的现实性和多样性——俄罗斯马克思主义研究的最新动态》一文指出,自从20世纪90年代中期启动对马克思主义研究活动以来,俄罗斯在20年中获得了两个重大的理论业绩:一是对苏联政治化的马克思主义的全面否定,完成了当代俄罗斯马克思主义理论形态的重建;二是取得了举世瞩目的马克思主义研究理论成果,主要集中于对马克思主义基础理论的重新阐释、对社会主义道路的反思以及马克思关于资本主义研究的当代意义等问题,形成了马克思主义研究的四大学派,即马克思主义"反对学派""正统学派""反思学派"和"创新学派",并已体现出俄罗斯马克思主义研究的未来走向。

法国历史学家J.-N.迪康热(Jean-Numa Ducange)的《马克思在法国的"重新回归"——2000年以来法国马克思主义及左翼研究概述》一文,为人们带来了有关法国2000—2013年马克思和马克思主义研究的信息。该文指出,现在法国一些具有声誉的国家级考试都将马克思的著作纳入范围、有些大学每个年度都会定期举办"21世纪的马克思"的跨学科研讨、许多研究者也很重视对马克思著作的参考引证,这些现象表明法国学界在一定程度上对马克思的接纳。该文认为,法国在冷战框架内,曾经有很长一段时间把马克思和共产党看作同义词,他们更多地将马克思主义的定义局限于过时的苏联模式,而不是真正从马克思和恩格斯的作品出发。法国的马克思主义是一种文化现象,更多的是在表达一种态度,而非一种政治改革的战略。去年,F.奥朗德在出席德国社民党成立150周年纪念活动时向G.施罗德表达了溢美之词,这是否可以被理解为一次隐晦的"巴德—哥德斯堡"式大会,意味着马克思主义在法国左翼中的最终消失,看来对此下结论还为时尚早。该文强调与不同国家的学者开展交流与合作,以写出一部全球层面的马克思主义史。这部历史不是先验的,应当超越"西方马克思主义"和"东方马克思主义"的鸿沟,这将会彻底改变21世纪的世界。

六、俄罗斯掀起重评斯大林和"斯大林模式"的热潮

从苏共"二十大"赫鲁晓夫发表"秘密报告"起,特别是戈尔巴乔夫倡导公开性之后,西方世界包括一些社会主义国家对斯大林和"斯大林模式"的否定几乎一边倒,这种对历史的虚无主义评价,成了苏共亡党、苏联解体的一个重要因素。

随着俄罗斯以强硬姿态展示构建"帝国"的雄心壮志以来,各界借纪念斯大林逝世60周年之际,掀起了一股重评斯大林和"斯大林模式"的热潮。中央编译局项国兰的《不能对历史采取虚无主义的态度——俄罗斯重新认识斯大林及其主义》一文,向读者透露了来自俄罗斯的最新信息。该文主要从如何看待镇压、关于集体主义、斯大林主义是革命的纯洁主义等方面,反映了俄罗斯各界对这些问题的当代理解。同时,文章也汇总了俄罗斯民众重新肯定斯大林历史功绩的各个方面,即建立了一个全新的政治体制;实行了加速现代化的政策;实现了工业现代化和农业集体化;领导卫国战争获得胜利;"二战"后及时快速地打造了苏联的国家防御体系,迅速恢复了国民经济和科技的发展;等等。《苏维埃俄罗斯报》以《他的时代还会再来》为序,连续发表《再次占主导地位的思想》《代表人民意志的领袖》《希望与痛苦并存于心》《沉重的责难》等文章,纪念他们笔下的伟人;《真理报》发表了回忆文章《斯大林没有死而是隐藏在某处》;《共青团真理报》以介绍新著《斯大林之后的俄罗斯》等方式予以纪念。《自由思想》杂志还以"斯大林于当代社会的作用"为主题,召开了具有时代性特征的圆桌会议,近百位历史学家、社会学家和政治学家参加了对这位备受争议、影响深远、极其复杂、矛盾多面历史人物的研讨。会议认为,重新认识这些问题不仅对俄罗斯,而且对世界社会主义运动都具有重要意义。

2014年我国翻译出版了两本斯大林传记,一本是华文出版社出版的、由英国著名俄苏史专家、牛津大学历史学教授R.谢伟思(Robert Service)撰写的《斯大林传》,另一本部头更大的是上海人民出版社推出的、由俄国作家斯维亚托斯拉夫·雷巴斯(Святослав Рыбас)、叶卡捷琳娜·雷巴斯(Екатерина Рыбас)父女合作的《斯大林传:命运与战略》。华东师范大学周尚文的《千百

人眼中有千百个斯大林——俄罗斯历史学家雷巴斯父女笔下的"社会主义教父"》一文,从一个坚强的革命者,骨子里沉淀着东正教的基因;强国梦,他成了苏联时代的伊凡雷帝和彼得大帝;俄罗斯农村的"第三次革命";对自己人"大清洗",是罪行还是失误;纵横捭阖,驰骋在战争和外交的舞台;孤独者的身影,家庭和私人生活中的斯大林等角度,对传记内容作了梗概。文章认为,这是一本摆脱了其他常见的脸谱化述评方式的传记,以俄罗斯历史文化的底色和时代变迁的高度,从价值中立和理性的独特视野阐述和评价了斯大林的一生。

需要引起注意的是,斯维亚托斯拉夫·雷巴斯在写这本传记时反复强调:"斯大林不仅仅是斯大林的个人现象。俄罗斯作为一个世界现象,它在千年之中经历了数次大的劫难,但还是能够站立起来。俄罗斯若是否定斯大林及其残酷的合理性,就是不愿意了解他之所以会出现的环境,并且为此已经付出了代价。斯大林对于国家是一个统一经济体和一种地缘政治现象的认知,在后苏联时期所出现的众多问题的解决中都表现了出来。"普京总统在俄罗斯国家电视台回答网民有关肯定还是否定斯大林的问题时说,"正是在斯大林的领导下苏联才取得了伟大的卫国战争的胜利,这一胜利在很大程度上与他的名字相关联。忽视这一事实是愚蠢的","正面的东西无疑是存在的,然而花了难以接受的代价,尤其是存在过镇压,这是事实。我们的数以百万计的同胞遭到镇压。这种管理国家、取得成就的方法是我们不能接受的,不能这样做。毫无疑问,在这一时期我们遇到的是不简单的问题,不仅是个人崇拜,而是反对自己人民的大规模罪行,这也是事实。关于此事我们也不应当忘记"。一份民意调查显示,将近有1/3的人认为"凭伟大的卫国战争的胜利可以原谅斯大林的一切",将近一半的俄罗斯人对斯大林主要持正面评价。

至于对"斯大林模式"的评估,俄罗斯方面又有新的信息。《商业在线》权威性地刊登了俄罗斯科学院经济学通讯院士、国立莫斯科国际关系学院国际金融学教授 B.卡塔索诺夫的《我们可以并必须重回斯大林经济模式》一文,呼吁俄罗斯不仅能够而且必须回到"斯大林经济模式"!该文分析比较了苏联时期的4种经济体,即列宁-托洛茨基"战时共产主义经济体"、布哈林-戈尔巴乔夫"市场经济体"、赫鲁晓夫-勃列日涅夫-安德罗波夫-契尔年科"停滞的经济体"和"斯大林式经济体",认为斯大林时期的经济或可冠名为

"斯大林的经济奇迹",他创建了有别于西方"市场经济"的新经济模式,最大限度上提高了苏联人的劳动积极性,从而保证了苏联能够战胜资本主义的世界,而"市场经济"已将俄罗斯逼上了绝路。

看来对"斯大林模式"即"苏联模式"的科学定位,仍然是个很重要的现实问题。虽然早在20多年前,"苏联模式"已随苏联的崩溃退出了历史舞台,但是对它的分析评价始终莫衷一是。近年来,我国学界有人将对"斯大林"的评价与对"斯大林模式"的评价混淆起来,将《一论》《再论》中对"斯大林问题"的评价原则,当成了对"苏联模式"的评价原则来运用,从而使"苏联模式"包括苏联社会主义"基本制度"在内的、"褒义和神圣"变为碰不得的东西,更谈不上对其进行改革了。中联部肖枫指出,所谓"苏联模式"就是列宁逝世后斯大林在社会主义建设中形成的"高度集中的政治经济体制",通俗地说也就是斯大林"搞社会主义的那种搞法"。如果从结构上看,苏联模式是苏联在社会主义"基本制度"确立以后,所选择的搞社会主义的一种"具体体制",它与基本制度一起共同构成整个苏联社会主义制度。他认为,必须坚持邓小平对"苏联模式"的科学定位,把社会主义的"基本制度"与"具体体制"区别开来,不能因体制出了问题而否定制度本身,也不能为坚持制度而拒不改革具体体制。

苏联解体20多年来,我国学术界对苏联解体原因进行了大量研究,对这个问题学界争论激烈,社会上众说纷纭。那么,俄罗斯学术界怎样看待这个问题,作为当事国和身历事件的当事人,对自己国家的这件翻天覆地的大事又是怎样评说的?中国社会科学院马龙闪在介绍俄罗斯史学权威刊物《俄罗斯史》主编A.H.梅杜舍夫斯基教授的主要观点及其分析时,综合了俄罗斯学术界、舆论界关于苏联解体、苏共瓦解的解释,总共提出了帝国论、民族主义理论、民族—人口理论、社会经济理论、现代化危机理论、阴谋论、综合论、体制模式论和意识形态权力利益三垄断论等9种理论观点。在他看来,苏联不是被居心叵测的人搞垮的,而是由于人们认识到它的结构模式的反常规性和无效能性而瓦解的;这种模式从一开始就是建立苏联的基础,它经受不住时间的考验,就像一栋房屋,是匆忙草率搭建起来的,它的整体结构随着时间的推移,已经失去任何支撑能力。在全球化的背景下,精英们不懂得如何构建政治体制的真正机制,不懂得掌握制度性参数,不懂得如何稳步而有计划地推进改革。这样一来,由于离心倾向超过向心倾向,这种体制的解体便成为不可避免。从 A.H.梅杜舍夫斯基的结论看,几乎把苏联解体瓦解原因的所有因素归结于"体制模式说",这也从另外一个角度印证了上述肖枫研究员关于"不能为坚持制度而拒不改革具体体制"的忠告。可见,俄罗斯学者关于苏联瓦解的"体制模式说"与我国学界主流观点不谋而合,只是我们提出的时间要比这位俄罗斯学者早得多。

七、关注各派社会主义思潮的最新动态

近年来我国理论界出版了《驳民主社会主义救国论》《民主社会主义评析》和《怎样认识民主社会主义》等书籍,仍把资本主义世界的各国社会党视为代表资产阶级和破坏工人革命运动的假社会主义、真资本主义的政党。中国人民大学高放教授认为,这对不了解历史真相和现实真情的读者将是一种有害的误导,遂发表长篇论文《社会党是代表部分工人的社会主义政党——对上百年世界社会主义历史的简要考察》予以澄清。文中运用大量准确史实,无可辩驳地证明:1918年以后世界范围内出现的共产党与社会党,起源于19世纪后半叶形成的各国社会民主党或社会党,它们本是社民党内的左右两派,是同祖、同根、同义、同党;从1918年起各国社民党内左派才分立出来创建共产党,从此共产党与社会党兵分两路,分道扬镳,各自代表革命工人和只想逐步改良工人的要求,在二十世纪二三十年代彼此势不两立,结果两败俱伤;"二战"后东欧6国刚走上社会主义道路之时,共产党与社会党实现两党合并,说明社会党确实是代表部分工人的社会主义政党,合并有利于实现工人阶级的统一;1989—1991年东欧8国发生剧变时,执政的共产党都不约而同地在剧变前后把共产党改变为社会党,从原本急于求成、过度集权的苏联模式社会主义改变为在议会民主条件下重新探索和平改良逐步渐进的社会主义新路。该文指出,如果根本否认社会党是代表一部分工人的、走和平改良道路的社会主义政党,如果仍然视之为代表资产阶级的资本主义政党,那是不切实际的,还会妨碍世界社会主义发展,实在很有必要加以辨析,以正视听。

就拿1889年成立的老牌瑞典社会民主党来说,很早就主张以改良主义作为政治工具,反对暴力革命,但其在许多领域进行的变革都可以说是革命性

的,通过不断的改革以实现整个社会的变革。这一基本主张虽说与共产主义政党有原则区别,但在2013年新党纲中得到了维护。瑞典哥德堡大学政治学教授J.赫佛施(Jonas Hinnfors)在刊发的《一份谨慎务实的新党纲——对社会民主党2013年党纲的述评》一文中指出,2013年党纲的最大特点是把党的意识形态的总体目标与具体政策相融合,通过福利国家建设,党在自由、民主和消除阶级差别等方面已经实现了马克思主义和民主社会主义提出的许多激进目标,这是该党对马克思主义的务实主义的新发展。新党纲为之做出3个战略性选择:(1)该党很久之前就决定与正在增长的中产阶级结成联盟,这种跨越阶级的行动将保证选票的来源,而且社民党虽仍扎根于工人运动,但开始把自己看作属于所有人的党,纲领中"工人运动"这个词也明显减少;(2)新党纲把政策重点更多地放在福利国家上,而较少地谈论民主社会主义,说明党的福利国家的战略地位得到了提升,并把它作为应对未来问题的主要工具;(3)继续了其自1975年开始的政策变化与务实性调整,把高效运转的市场经济作为党的一个目标,同时创造性地提出"把纯粹的资本主义与市场经济相分离"的理论设计,反对资本主义破坏市场的一面。应该看到,瑞典社民党人从不认可在其面前有什么最终目标,而只存在新的变革的需要。

当然,从总体上看,近几年来各国社会党尤其是西方社会党依然延续21世纪初以来的困难与低迷,目前在全球不到50个国家执政参政,多数党面临执政理念、方针政策、发展模式以及争取基本支持群体等多方面的严峻挑战。重庆邮电大学代金平和中联部唐海军的《社会党复兴面临体制障碍和结构性危机——对当今各国社会党新的变化与困境的探析》一文,为我们传递了这方面的信息。该文指出,国际金融危机以来,西方国家许多社会党政权旁落,只有少数党继续和重新执政;亚非拉国家社会党在政坛表现喜忧参半,但获取政权的成员长期居少数;社会党大家庭依然活跃于国际舞台,但力度较前减弱,作用与影响有所下降。在作者看来,造成这种局面的原因主要在于,冷战后社会党倡导的有关公平正义、平等互助、福利国家、维护世界和平、实现可持续发展等理念和主张,都不同程度地被保守党、自由党、绿党乃至极端党吸收和采纳,这使得社会党的身份特征和传统优势日渐模糊和淡化,而目前又未能提出吸引公众眼球的新理念、新政策,这无疑导致社会党人的政治施展空间较前狭小。该文认为,在当前整体不利的内外形势和环境下,尽管不少社会党也在加紧探索和调整，但要全面摆脱战略困境、实现复兴还面临许多体制障碍和结构性危机，短期重振难度很大。

关于东欧的社会政治思潮，我们每年都留出一定的版面予以报道和分析。2014年刊发北京大学孔寒冰的《在东西方大国厮杀和博弈中求生存——谈东欧的前生与今世》一文，请他谈谈东欧从何而来，又将走向何方；这些国家冷战之前、之中、之后的社会发展各有哪些特点；影响它们社会发展有哪些主要因素。以回答东欧国家社会发展的曲折性、复杂性及其成因。该文指出，历史上东欧一直是大国争夺和较量、大国文明冲突和对抗的牺牲品，甚至东欧近代民族国家的"出生证"也由东西方大国签署。在现代，东欧国家的命运仍旧由美英苏等大国操纵，无论是冷战时期受制于苏联，还是如今"返回欧洲"，起主要作用的还是大国势力的此消彼长以及原本就没有彻底消失的"西欧基因"。该文认为，东欧的独特之处在于地区的向心力比较差，社会发展主要受控于外部势力。由于东欧地区的民族繁多、分布比较复杂，加上东欧民族受不同文明的牵扯，致使东欧的民族和国家长期摇摆和挣扎在西欧文明、俄罗斯文明和伊斯兰文明之间，在东西方大国厮杀和博弈中求生存，而冲破苏联模式、摆脱苏联的控制和要求独立自主，就成了苏东剧变后东欧社会发展的一条主线。可以看到，在漫长的历史发展过程中，东欧既没有被彻底征服，也没有完全独立。东欧的前生与今世如此，未来又将会怎样？这是一个非常值得进一步研究的课题。

在中东欧国家转型20多年过程中，还出现了一股"欧洲怀疑主义"的政治思潮，即怀疑和拒绝欧洲一体化的"疑欧主义"。这就再一次证明了这块多民族的土地经常摇摆于东西方文明之间的定律。北京大学项佐涛、陈参的《欧洲化进程中的一股"逆流"——中东欧国家转型中出现"欧洲怀疑主义"政治思潮》一文，试图对这股思潮的类型、产生原因及其影响作一分析。该文指出，"欧洲怀疑主义"主要分布在共产主义、民粹主义和民族主义三类政党之中，从根源上说，这与意识形态因素、民族主义因素和民众对转型现状的不满有关。作者认为，"欧洲怀疑主义"不单纯是国际关系领域中的一种"疑欧"思潮，而是与中东欧国家的历史和现状紧密联系在一起，反映的是民众和精英对于东欧政治乃至整个社会发展现状的"另类"审视，从而成了分析中东欧国家政治转型缺陷的一个切入点。

这些年,生态社会主义思潮席卷欧洲各国,但人们更关心的是这股思潮的新生代及其理论要义。福建师范大学蔡华杰探究了英国"绿色左翼"主要理论家和活动家D.沃尔的思想后指出,D.沃尔的生态社会主义思想一方面展现了现实世界中资本主义面对气候变化所采取的"绿化处方"的全球性失效,证明没有资本主义体系的消解,生态危机就无法克服;另一方面指出生态社会主义是正在出现的资本主义替代物,它将社会主义与生态学结合起来,强调不挑战资本主义生态问题就无法解决,不尊重自然,社会主义就毫无意义,并展现了生态社会主义的基本轮廓,即实行生产资料共同所有;把国家和跨国层次的计划与合作同真正的民主结合起来;以关爱为基础;实现无核化;废除社会的不平等。同时文章指出,D.沃尔的思想主旨在于阐明生态社会主义不是不可实现的乌托邦,而是正在出现的替代物,从而启发更多的人为之展开行动。然而,无论是在发达资本主义国家还是在发展中国家,带有生态社会主义要素的"星星之火"能否扩展成燎原之势,人们将拭目以待。

八、世界政党政治的基本走向

20世纪70年代后,西方国家的政党政治一度陷入危机。随着市民社会与国家关系的变化、政党竞争的加剧、选民对政党期待的提高,为能继续利用国家资源保障自身生存,西方国家的政党开始联合起来,逐渐由社会向国家靠拢,直至与国家权力结合而形成"卡特尔化"政党联盟,从而对西方政党政治带来了很大的挑战。北京大学张飞雪提醒人们关注西方政党政治的最新走向。该文指出,在经历了"卡特尔化"政党形态之后,西方国家的政党又重新找回了原来的角色,开始重新修正政党与公民社会的关系,加强了与市民社会的沟通、对话与合作,党的行为取向逐渐从意识形态向具体议题转变,在选举民主的运作方式上引入了市民社会的参与民主因素,通过"公民社会化"重新增加了组织活力,从而找回了原来的社会基础和生存空间,扭转了其与国家权力相混淆的倾向,使市民社会与政党之的关系达到了一种新的平衡,焕发了新的活力。作者认为,"卡特尔化"政党形态重新回归市民社会,说明宪政体制具有较强的内部调适能力,使民主能够在这个框架内不断地向纵深发展。

在欧洲政党中,德国社会民主党是欧洲最古老的政党之一,它见证了19

世纪后半叶以来全部工人运动的发展历程。从建党之初的反抗资产阶级统治和独裁、反对经济剥削和政治压迫,到"二战"期间的反对纳粹主义和军国主义,一直到今天的反对新自由主义,该党始终致力于争取更多的和平与自由、更多的公正与民主。中央编译局张文红对德国社民党在其150多年的历史发展中,作为反抗者、解放者和改革者的斗争经历作了系统阐述,在回顾德国社民党辉煌历史成就的同时,也关注其所面临的现实困境和挑战。她认为,德国社民党之所以能够发展至今,一个重要的原因在于它并非一个简单的利益集团政党,而是能够不断进行自我革新以适应时代发展的新要求。在新的历史时期,为了应对社会阶级结构的新变化和党自身的生存与发展,该党不断调整自己的依靠力量,完成了从无产阶级到"新中间"道路的转变,目前面临着自身定位和身份认同危机、方向危机、党员老龄化及领袖危机等多重挑战。如何应对这些挑战,决定着德国社民党的未来发展方向。

俄罗斯第一大党"统一俄罗斯党"是由"团结党"、"祖国"运动和"全俄罗斯"运动等组织合并而成,党内一直存在不同思想倾向,曾经形成"社会保守主义""国家爱国主义"和"自由保守主义"三个政治俱乐部。从2012年起,党内形成了"社会平台"(социальная платформа)、"爱国主义平台"(патриотическая платформа)和"自由主义平台"(либералъная платформа)三个政治平台,代表了左、中、右三种不同倾向。它们在遵守党的纲领和章程、拥护普京路线的前提下,在党内扮演了展开讨论的平台、联系不同社会群体的桥梁、立法倡议的推动者、选举活动的参加者等角色,通过辩论进行沟通,从而找到解决各种复杂问题的办法,在党的决策过程和政治活动中发挥着举足轻重的作用。该党搭建这些平台,还在于加强党内各派力量之间的团结,形成有效的互动机制,扩大党的社会基础和影响力。中央编译局李兴耕的《统一俄罗斯党内建立代表不同政治诉求的平台——剖解三个政治平台的演变过程、政策主张和具体职能》一文,对这些平台的演变过程、政策主张和具体职能进行了介绍和评述。

进入21世纪后,欧洲激进左翼力量有所恢复,尤其是金融危机以来表现活跃,但由于其本身构成复杂、在现实政治生活中的影响力不等,表现出力量分散和运动起伏的特点。中央编译局林德山着重从政治意识形态分布、社会支持结构以及影响其发展的重要问题等角度,分析了欧洲激进左翼政治上不确定性的深层原因。他指出，欧洲激进左翼力量意识形态的构成体现出多样性的特点，包括共产主义、形形色色的社会主义以及新激进主义思潮；一些激进左翼政党的社会支持结构也在经历从传统产业工人到新激进主义力量的转变；激进左翼力量之间在对待资本主义问题上的不同态度、党内纷争、对左翼联合的态度不一以及在欧盟问题上的立场分歧，限制了其作为一个整体发挥政治作用，同时也意味着其发展的不确定性。

世界共产党和工人党的情况也不稳定，各党之间已经出现了公开的裂痕，这从去年底在葡萄牙首都里斯本举行的第15届共产党和工人党国际会议没有发表《共同声明》可以推测，反映了与会各党之间的严重分歧。华中师范大学聂运麟和余维海对这次会议作了报道。从该国际会议的历史发展来看，分歧由来已久，且涉及领域非常广泛，如关于帝国主义的概念、资本主义经济危机的根源和本质、社会联盟、对"新兴"国家的立场、资本主义框架内的改革、资本主义国家间的矛盾及其联盟、革命或改革、反对机会主义、与其他社会力量进行的政治联盟、"社会主义模式"等问题。分歧主要集中在三个方面，即有关资本主义的理论与策略、有关社会主义革命和社会主义建设的理论与策略、有关各国共产党之间以及共产党和其他左翼政党之间相互关系的理论与策略。这种分歧的根源，在于各国共产党、工人党所处的经济、政治、社会环境和历史文化传统的差异。作者认为，只要坚持共产党和工人党国际会议多边交流平台的性质，坚持党际关系的4项基本原则，坚持实践是检验各国党的理论与策略的唯一标准，不搞无谓的争论和辩论，就能够保证国际会议长期、健康地发展，推动新型党际关系的进一步构建和完善，维护世界社会主义运动团结与合作的大局，进而推动世界社会主义运动在低潮中走向复兴。

经过近40年"向制度内进军"之后的欧洲绿党，已经从当初的新政治党，逐渐演进成为现行政治体制中颇具影响而稳定的组成部分。值得注意的是，绿党所代表的"绿色政治"变革潜能是否已然耗尽？参与现实政治特别是全国性政府对绿党的发展究竟会产生怎样的影响？绿党是否在固守已经过时的价值观抑或背叛了自己的独特价值追求？上述问题已成为最近10年欧美学者关于绿党政治研究的主要议题。北京大学郇庆治和王聪聪对欧美学者就绿党对主流政党的影响、选民构成、战略调整、组织转型和政治前景等议题的研究作了系统的点评。他们认为，作为绿党政治核心的"4个向度"即生态可持续性、基层民主、社会正义与非暴力是否以及在何种程度上依然为绿党所坚守？绿色议题究竟如何改变了政党竞争的政治生态？绿党所倡导的绿色政治是否依然具有政治竞争力？对于这些问题学者们显然有着并不相同的解读。而绿党面临的最大挑战在于"绿色政治"潜能已大部分耗尽，在这种背景下，绿党需要全面重塑其绿色事业与认同。

"北欧模式"的缔造者瑞典社会民主党在2006年大选中失利，时隔8年之后，最近它再度赢得选民信赖，以31.3％的支持率稳居第一大党位置。但这一胜利对社会民主党来说并不意味着可以欢呼雀跃，因为它一手缔造的"北欧模式"正面临不确定的未来。在此次瑞典议会选举中，"北欧模式"成为大选的争论焦点，瑞典民众希望社会民主党能够修复这一模式业已存在的"裂缝"。至于该模式究竟是否可持续，今后将何去何从，都成了人们格外关注的话题。记者和苗、付一鸣刊发《如何重塑"从摇篮到坟墓"的北欧模式——瑞典社会民主党胜选后的思考》一文，指出目前困扰瑞典等北欧国家回到"童话国度"的原因主要有两个方面：一是"高税收＋高福利"的"北欧模式"一直伴随着争议，高福利如何保证社会的效率？高税收又如何保证企业的活力？而高额的福利开销一直是这些国家难以摆脱的沉重包袱；二是面对外来移民的涌入，如何妥善处理好移民问题与国民福利之间的矛盾，将是决定瑞典福利国家模式走向的关键。

九、社会主义思想史新探

（一）"马克思主义"术语起源略考

自19世纪40年代诞生以来，马克思主义从一个游荡在欧洲的"共产主义幽灵"，发展成为以无产阶级和全人类解放为最终目标的科学理论体系。其间，"马克思主义"术语的起源和变化也经历了曲折的过程。淮北师范大学孙宜晓和郝文清对这段思想史的演变作了探源与考证。作者指出，起初，由于使用这一概念的是反马克思主义的派别和工人运动内部的宗派主义，使"马克思主义"成为一个具有贬义内涵的称谓。1890年8—9月，恩格斯针对B.马隆在法国打着"马克思主义"旗号抛售陈词滥调，在接连发出的3封通信中都转述了马克思的原话："有一点可以肯定，我不是马克思主义者"。可见，在当时的历史语境中,"马克思主义"一词遭到了马克思和恩格斯的否定,其本意并不是否定自己所创造的理论,只是不承认那些对他的理论进行歪曲的机会主义、教条主义和宗派主义。随着马克思主义逐渐战胜各种错误思潮并在国际工人运动中取得领导地位,恩格斯对这一术语的态度开始发生变化,逐渐认同和接受了用"马克思主义"指称马克思和他共同创立的理论。从此,笼罩在"马克思主义"术语上的贬义性质渐渐消失,而成为一个正面的术语。K.考茨基为从正面意义上来使用"马克思主义"这一术语,也作出了很大的努力。列宁还对马克思主义理论进行了广泛的宣传和介绍,使得"马克思主义"这一称谓广为人知。

(二)马克思与M.巴枯宁的理论之争远未结案

在革命浪潮风起云涌的19世纪,几乎在同一时间、同一个圈子内诞生了马克思主义和现代无政府主义,思想史上一场论战即在马克思与M.巴枯宁之间进行。它们并蒂而出却不共戴天,拥有共同的敌人却彼此仇视,被讥为乌托邦却向同一战壕的盟友投掷了比敌人更猛烈的炮弹。马克思与M.巴枯宁是现代政治学谱系中最具亲缘性的盟友,却始终保持着针锋相对的争吵,他们之间的争论在1872年第一国际海牙大会上告一段落,而纠纷却还没有解决。中山大学林钊试图再次严肃审视这场远未结案的争论。作者围绕社会主义是否需要国家、革命的领导者是工人阶级还是农民、自由是人的自然禀赋还是社会历史的结果三个问题展开辨析和讨论。他认为,决定他们必然分道扬镳的不是国际内部的权争,而是社会主义运动中历史唯物主义与无政府主义的理论冲突。文中罗列当今马克思主义者身上的"M.巴枯宁因素",也不是要替M.巴枯宁"翻案",而是要重申马克思与M.巴枯宁的相争并非国际共运中一次简单的政治事件,而是涉及诸多重大理论问题的思想事件。这场争论远未"结案",亟待研究者重新进入。

(三)梁赞诺夫在E.伯恩施坦家的书架上找到了支离残缺的《德意志意识形态》手稿

《德意志意识形态》是马克思恩格斯在19世纪40年代中期共同完成的一部巨著,由于种种原因,这部手稿在几经流离迁徙之后已变得支离残缺、完整不再。由于这部手稿对于解决许多重大的理论问题具有重要价值,书中也批判了自G.黑格尔之后的一切哲学与"真正的社会主义"在生活中的所有表现,因此人们都在寻找这本书的下落。1923年夏,被列宁任命为莫斯科马克思恩格斯研究院首任院长的梁赞诺夫来到柏林,着手在社会民主党档案馆以及E.伯恩施坦家中搜集两位导师的遗稿。当他细心整理《德意志意识形态》各部分手稿时,却唯独不见关于B.鲍威尔的第2章,在他的一再追问下,E.伯恩施坦才解释说,这些手稿在1900年给了F.梅林,但是F.梅林一直没有归还。后来经过多方打听了解,最终在社会民主党档案馆中找到了这份手稿,最后一页上还有恩格斯写的几个字:"Ⅱ.B.鲍威尔,1845—1846"。此后,他通过不懈的努力,使这份尘封数十年的手稿重见天日,不仅最大程度地再现了《德意志意识形态》中L.费尔巴哈章的原貌,成了它的首版奠基人,而且也是《德意志意识形态》的版本奠基人。中国人民大学赵玉兰对这部手稿的产生史作了详细的考证,并就梁赞诺夫如何编排这部手稿、如何使之更符合马克思、恩格斯的原初思想作了全面的梳理。

(四)关于俄国革命道路论争的重要文献:П.Н.特卡乔夫《致F.恩格斯先生的公开信》中译文首次发表

恩格斯的《流亡者文献》与П.Н.特卡乔夫的《致F.恩格斯先生的公开信》是他们关于俄国革命道路论争的重要文献,但是长期以来学界并未探究这些文献的写作缘由。这封具有重要研究意义的《公开信》也始终没有中译文。据中央编译局张静的调查,П.Н.特卡乔夫的公开信最初发表在1874年苏黎世的《哨兵报》上。十月革命后,苏联历史学家科兹明(Б.Козьмин)开始收集整理П.Н.特卡乔夫的文章和著作,1932—1937年编辑出版了6卷本的《П.Н.特卡乔夫社会政治文集》,现收藏在俄罗斯国家图书馆,文集收录了这封公开信。苏联解体后,俄罗斯历史学家卢德尼茨卡娅(Е.Л.Рудницкая)出版了研究П.Н.特卡乔夫的专著《俄国布朗基主义:П.Н.特卡乔夫》,1997年在她出版的文献汇编《19世纪俄国革命激进主义》中,也收录了这封公开信。为使我国学界能够进一步了解恩格斯与П.Н.特卡乔夫的这场论战,填补社会主义思想史上的这一空白,张静特将这封公开信译成中文发表。

П.Н.特卡乔夫(П.Н.Ткачёв)是19世纪70年代俄国革命民粹派的代表之一,他的特卡乔夫主义与巴枯宁主义、拉甫罗夫主义一起构成了俄国革命民粹主义的三大派别。1874—1875年,恩格斯在《人民国家报》上陆续发表5篇文章，其中3篇是关于俄国流亡者和俄国革命的。在恩格斯眼里，П.Н.特卡乔夫只是"一个幼稚的、极不成熟的中学生"，但是П.Н.特卡乔夫却不能接受这种蔑视，1874年他在苏黎世《哨兵报》发表了《致F.恩格斯先生的公开信》。在信中，П.Н.特卡乔夫首先批评恩格斯不了解俄国，接着详细阐述了俄国的社会政治条件与西欧相比的特殊性：俄国人民大多是文盲，但却是"本能的共产主义者"；俄国人民长期被奴役，但却是本能的革命者；俄国知识分子的革命政党虽然人数不多，但却具有坚定的社会主义理想。因此，他相信社会革命在俄国即将爆发的可能性，同时阐述了秘密地下活动这条俄国革命的特殊道路。针对П.Н.特卡乔夫的公开信，恩格斯在深入研究俄国1861年改革以后农村公社发展的基础上发表了《论俄国的社会问题》，这篇文章是恩格斯论述俄国社会发展和革命前景问题的重要文献。在该文中，恩格斯批驳了П.Н.特卡乔夫关于俄国可能比西欧更容易实现社会革命的观点，详细论述了社会主义革命的三个必要条件，即无产阶级、资产阶级和充分发展的生产力，指出劳动组合和土地公社所有制在俄国占有优势，并不能说明俄国可以通过它们直接进入社会主义，而只能说明俄国还处于落后的农村社会状态中。1894年，恩格斯在《〈论俄国的社会问题〉跋》一文中，再次反对П.Н.特卡乔夫关于农村公社的观点，这实际上是对他20年前所写的《公开信》的间接回应，但此时П.Н.特卡乔夫已经逝世8年了。

（五）俄国社会民主工党孟什维克派最先提出"民主集中制"一词

"民主集中制"的概念究竟何时产生，又在何种意义上使用？对于这一问题，学界依据不同材料，可谓莫衷一是。中国浦东干部学院董德兵在前人研究的基础上又作了系统的整理和综合，以求明晰这一概念的来龙去脉。他指出，T.博托莫尔（Tom Bottomoer）在其所著《马克思主义思想辞典》第2版关于"民主集中制"词条的解释中，认为全德工人联合会领袖J.施韦泽在1868年10月7日给马克思的信中，首次使用了"democratic centralization"一词，实际上并未出现过这一表述。与此相反，J.施韦泽的辩解充满的是集中（zentralisieren）、独裁（diktatur）等字眼。马克思、恩格斯认为，J.施韦泽提出的全德工人联合会组织原则本意是"进步的、民主的集权制"，实质为"独裁"和"专制"，与无产阶级政治组织的民主集中制原则显然是对立的。还有不少学者认为，"民主集中制"这一概念是19世纪末20世纪初列宁在创建以及领导俄国社会民主工党的过程中,依据马克思主义政党学说,结合俄国党所处的独特环境以及历史使命提出来的,具体地说是在1905年12月俄国社会民主工党(布尔什维克)塔墨尔福斯代表会议上首次提出的,并在1906年4月俄国社会民主工党统一代表大会上得到孟什维克认可,成为"一致公认的原则"。然而,根据现有的资料,事实上在塔墨尔福斯代表会议之前的1个月,也即1905年11月6日,俄国社会民主工党(孟什维克)在圣彼得堡召开的全俄代表大会通过的决议中,就明确指出"俄国社会民主工党必须按照民主集中制的原则组织起来",并且进一步规定了这一原则实施的部分细则。这就比通常指认的塔墨尔福斯代表会议提早了1个月。后来,列宁对于民主集中制的理论和实践作出了重大贡献,至少在政党组织、国家政权、经济管理三个领域拓展了"民主集中制"概念的内涵,并予以制度化规定。

(六)"一战"奠定了20世纪世界社会主义运动革命与改良的基本格局

2014年是第一次世界大战爆发100周年。回望20世纪的世界社会主义运动史,这次大战无疑起到了决定性的作用。中国社会科学院邓超对"一战"前后的世界社会主义运动的态势作了阐发和分析:(1)"一战"使以列宁为首的布尔什维克党看到了世界革命的希望,并抓住稍纵即逝的时机引爆俄国革命,最终导致了十月革命以及人类历史上第一个共产党执政国家的建立;(2)战前西欧社会主义趋向于渐进式改良,而俄国社会主义日益迈向激进革命,"一战"催化了社会主义运动地区性分化的过程,导致了第二国际的破产;(3)布尔什维主义与社会民主主义在"一战"后正式分道扬镳,由此奠定了20世纪世界社会主义运动两派长期对峙与冲突的基本格局。

(七)法国各界重温J.饶勒斯的共和、人道及其社会主义思想

2014年的7月31日是法国社会主义运动史上最有影响力的领导人之一J.饶勒斯(Jean Jaures)遇刺100周年纪念日,法国各界以"2014 J.饶勒斯年"为主题,纷纷缅怀这位法国社会党及其机关报《人道报》(L'Humanité)的创始人,重温他的共和、人道及其社会主义思想。G.库尔茨的《J.饶勒斯:一幅肖像》(Jean Jaurès: A Portrait)、B.柯尔摩的《J.饶勒斯与社会党》(Jaurès et le Parti Socialiste)、J.迪康热的《J.饶勒斯的〈社会主义史·法国革命〉的接受史》(La Réception de l'Histoire Socialiste de la Révolution Française de Jaurès)、J.怀特的《J.饶勒斯会怎么做?》(What Would Jaurès Do?)等文,从不同角度,

重新发现作为真实政治活动家和有血有肉的J.饶勒斯。文章指出,J.饶勒斯博士论文的第一主题就是在I.康德唯心论的自由主义与马克思唯物论的社会主义之间寻找调和性的概念或框架基础,认为宇宙是由那种旨在统一意识和物质的永恒斗争组成的;第二个主题就是将德国社会主义的根源回溯到G.黑格尔、J.费希特和I.康德,乃至M.路德那里,认为法国大革命的绝对个人自由观念必须与德国辩证法综合起来,这样"集体主义"才可能成为实现个人自由的中介。在诸多作者看来,J.饶勒斯一生都在试图调和普遍的道德规范与相互斗争的个人利益、人道主义和现实冲突、共和主义和阶级团结之间的关系,使其在作为一个自由主义者的同时还能作为一个社会主义者。文章认为,对J.饶勒斯来说,社会主义是一种激进的政治改良。在他看来,争取选举权的斗争和赢得议会选举的胜利是至关重要的,社会主义政党所追求的新渐进主义改良意愿是力量增强的标志而非勇气的丧失,对待改良的严肃认真态度并不意味着放弃劳工运动的激进精神,从而超越了左右两派的争论。

(八)对列宁原创的"帝国主义论"的历史争论与当代评价

自《帝国主义是资本主义的最高阶段》一书出版以来,列宁的"帝国主义论"在近100年的历史进程中已经成为一种重要的历史理论和政治文化现象,引起国内外学术界广泛而激烈的争论。有人反对过分夸大列宁帝国主义理论的独创性,认为它只是对同时代J.霍布森"帝国主义理论"、R.希法亭"金融资本"理论、R.卢森堡"资本积累"思想以及K.考茨基"超帝国主义论"的简单梳理和归纳,进而在资本主义理论研究、古典帝国主义理论群和马克思主义理论体系中否定列宁帝国主义理论独特的原创性。对此,深圳大学姜安不敢苟同,他指出,国内外学术界的争论主要聚焦于3个问题:(1)在资本主义向帝国主义历史转型中产生的古典帝国主义理论群里,列宁帝国主义论是否具有独特的理论原创性特质?(2)基于建构原则和历史发展逻辑,列宁帝国主义论在学理意义和实践层面是否具有思想价值的正当性和历史贡献力?(3)基于辩证视角和当代反思维度,列宁帝国主义论是否存在重大理论漏洞和时代局限?他认为,列宁基于资本主义从自由竞争向垄断过渡,着重对资本主义最根本的经济运动变化事实进行实证分析,并在古典帝国主义理论家提供的诸多经济元素中,特别是在资本主义生产方式运动机理上,剥离出了帝国主义阶段经济形态的具有"本体意义"的规定性,将垄断作为理解和解释帝国主义现象的理论基石和思想原点,以垄断为帝国主义本质属性的价值界定,展开对帝国主义理论大厦的本体建构。可以说,在学术力和思想力上还没有人超越列宁。同时,他指出,由于现代帝国主义运动的几次历史性蜕变并没有改变其内在的垄断性质,由此导致的根本性矛盾和冲突并没有消失,因而列宁以垄断为理论主轴的帝国主义基本原理并没有过时。

(九)科学与民主、激进与保守、革命与改良:两种社会主义传统及其历史误区

在世界社会主义史上,始终存在着科学与民主、激进与保守、革命与改良这两大传统。社会主义的科学或革命传统秉承了现代启蒙的理性精神,将历史、社会和政治问题视为人类的知识和科学可以给予解答或解决的对象,因而形成了根深蒂固的科学传统,并为共产主义的革命和社会改造运动所继承;社会主义的民主或改良传统将自由和人类的自我解放理想从共产主义的语境中剥离出来,并将之兑现为以市场和民主为实证基础的一系列经济、社会和政治权利,这一传统为修正主义所开启。上海社会科学院陈祥勤揭示了社会主义两种传统存在的历史性误区:前者有着难以抹去的乌托邦痕迹,以及对于政治或人的政治本性的根本遮蔽;后者将社会主义对资本主义问题的解决、克服或超越稀释为单纯的市场或民主问题,因而清除了社会主义的科学内涵。他认为,社会主义倘若要作为一项有意义的人类事业,就应当既秉承正视人的政治本性的民主传统,又秉承有效回答或解答资本主义问题的科学传统。

(十)《斯大林全集》俄文版第16卷记载了1945—1952年斯大林对苏联时局的解答与思考

1946年,联共(布)中央马克思恩格斯列宁研究院着手编辑16卷本的《斯大林全集》,前13卷顺利问世后斯大林逝世,于是赫鲁晓夫下令终止出版,并销毁了已制好版的其他几卷。根据第1卷"出版说明"里的预告,第14卷为1934—1940年的著作,第15卷为《联共(布)党史简明教程》,第16卷则为卫国战争期间的著作,2011年由莫斯科ИТРК出版社出版。

《斯大林全集》俄文版第16卷涵盖的历史阶段非常重要,从第二次世界大战结束到斯大林去世,是斯大林全面领导苏联建设、积极推动国际政治经济格局变化的重要时期,内容主要可分三类:(1)社会主义与资本主义两个阵营的

关系;(2)社会主义阵营内部的关系;(3)苏联内部问题。新版增补了一些标注"机密""秘密"的文件,多数来源于解密后的苏联档案,对我们进一步了解斯大林、了解国际共产主义运动发展史,尤其毛泽东和斯大林的交往、中苏早期关系有重要的史料价值。中国社会科学院欧阳向英专门对此作了介绍。根据她所透露的信息,第16卷还收录了不少私密文件,并谈到了在联合国安理会框架内解决朝鲜问题、民主德国的建立和苏芬友好合作互助条约等问题,也在各种各样的访谈和问答中谈到了与德国、日本、美国、英国、意大利等国的关系问题,对我们了解当时的国际形势以及两个阵营斗争的过程、矛盾的尖锐性和复杂性是不可多得的材料。譬如,从中我们可以看到1947年前后斯大林对国共态度的摇摆,他在年初还与蒋介石保持着友好的联系,而在年底却通过苏联国防部总情报局库兹涅佐夫上校与苏联派驻中共中央政治局总部的少校医生杰列宾(А.Я.奥尔洛夫),积极促成1948年毛泽东访苏,并表示将提供一切可能的帮助,包括派出一架飞机去接应毛泽东。由于国内战争和国际形势等多种原因,毛泽东访苏直到1949年底才成行,而全集中多封电报都在讨论毛泽东访苏的时间和计划等问题。

(十一)意大利新左翼思潮"工人主义运动"理论代表A.内格里对当代资本主义的研究和对工人主体性的新阐发

意大利新左翼思潮"工人主义运动"(Operaismo,英译为Workerism)是意大利马克思主义发展史上一个重要的流派,它以自下而上的工人主义视角,对当代资本主义社会提出了一系列替代性的分析,其理论代表A.内格里(Antonio Negri)把工人主义的视角和后结构主义结合起来,更加注重对当代资本主义生产方式中出现的新变化及其对工人主体性影响的分析,因而也被称为"后工人主义"。中央编译局黄晓武对这一思潮作了评述,认为A.内格里是从马克思的剩余劳动和必要劳动的区分中发展出了他的对抗性理论,并从马克思的一般智力概念中发展出了革命的主体性理论。因此,《1857—1858年经济学手稿》为A.内格里对当代资本主义社会的新特征——非物质劳动的研究和阐述提供了契机,成为他创新马克思主义的理论源头。他指出,《1857—1858年经济学手稿》在这一阶段被重新阐释和研究,与意大利新左翼突破意共的教条主义、寻找新的理论资源有关,它在一定程度上促成了当时马克思主义的复兴。

十、中国特色社会主义道路学理辩解

历史实践表明,正确认识时代及其条件是现代社会主义变革和发展的历史基石,忽视或脱离马克思主义的时代观,不与时俱进地认识世界历史的时代条件,就不可避免地在战略上陷入"颠覆性的错误"之中。中国人民大学奚广庆从历史的高度,强调了时代条件和变动的国情对社会主义民族特色形成的基础性作用。他指出,中国共产党按照时代要求和中国历史方位进行制度设计和发展战略选择,赋予社会主义以鲜明的中国特色,即确立社会主义的初级阶段及其基本路线,实行改革开放,发展社会主义市场经济和混合所有制经济,发展和完善共产党领导的社会主义基本政治制度和依法治国方略,让一切生产要素和社会活力竞相迸发,财富充分涌流,让发展成果更多更公平惠及全体人民等为基本特征的中国发展道路,这符合当今全球变化的趋势,体现了历史发展的规律性。而断言世界资本主义体系已经岌岌可危、进入了总危机阶段、出现了新的世界革命形势,这种抹杀时代条件的基本事实,固守用现成公式去剪裁历史的僵化思维,将招致社会主义建设的挫折与失败。现代社会主义应当用一种与时俱进的全球性思维,提出新的思想、新的战略,去进行具有新的历史特点的伟大斗争。

在中国特色社会主义实践中,如果说改革开放第一个30年的主要问题是要不要走市场经济的发展道路的话,那么后30年的主要问题就是在市场经济条件下,要不要走社会主义道路以及如何走的问题。解决这两个问题,不能停留在一般的自然和历史规律上,而必须上升为现代社会的特殊规律,上升为对以资本为主导的经济过程的全新认识。复旦大学孙承叔指出,改革开放以来是从自然观、物质观的本体论、认识论重心转向历史唯物主义,从自然辩证法转向历史辩证法,而今的第二次转向其主要内涵则是把研究重心从一般的历史唯物主义转向马克思的现代史观,即从把握一般的历史规律转向特殊的现代社会的规律,从而也意味着对马克思哲学思想研究重心从早期转向以《资本论》为核心的中晚期。而推动研究重心转移的根本动力则是中国社会的现实,即中国已经走上了以市场经济为基础的发展道路,走上了以人对物的依赖性为特征的第二大社会形态。他认为,社会主义与资本主义的区别不是要不要搞市场经济,而是在市场经济条件下以什么作为解决一切社会问题的最高原则,以资为本的是资本主义,以人为本的才是社会主义。这就需要把资本原则限定在经济领域内,防止向政治、社会、道德领域的侵犯;同时也须为人本原则重新定位,使人本原则成为社会和谐的最高指导原则,防止人本原则退化为资本原则。可以说,如何走社会主义道路的本质,在一定意义上是国家制度重建、政治体制改革、永葆国家人民性的问题。

中国特色社会主义与马克思恩格斯所设想的社会主义在特征上存在着明显的差异,从而引起了不少人对我们坚持的道路提出质疑。那么,社会主义在发展中国家诞生与发展的事实有没有违背马克思主义根本原理?中国特色社会主义有没有坚持社会主义本质特征?上海财经大学鲁品越试图对此做出新的解释。他指出,"资本积累"与"贫困积累"的历史发展,产生了社会主义制度的两大诞生条件:一是使资本积累达到顶点的生产力高度社会化的物质条件;二是无产阶级的贫困积累达到顶点而产生的主体条件。由于资本的全球性扩张,导致资本积累主要集中于中心地带的发达国家,而贫困积累主要集中于边缘地带的发展中国家,由此造成了社会主义诞生两大条件的分离:一方面,由于高福利制度没有把发达国家大多数居民变为受到"死亡威胁的无产者",因而不具备社会主义革命的主体条件;另一方面,由于发达国家把危机转嫁到发展中国家,相对落后的生产力使这些国家不具备社会主义革命的物质条件。由此造成社会主义诞生两个必要条件的分离,使社会主义成为发展中国家被压迫民族的必然选择。在这种条件下建设社会主义就需要重新探索一条不同于马克思所设想的特殊道路,它所呈现的基本特征也会有别于经典作家所预测的图景。

近年来,就国内外关于中国道路研究的现有成果而言,主要呈现为"经验—模式""现状—未来""影响—意义"三种基本视角,它们的一个共性就是在研究进路上强调中国道路在"制度手段"上相对于其自身过去以及其他发展道路的异同,而忽略中国道路所为之追求的社会主义"价值目标"。上海社会科学院轩传树认为,人类发展道路是指以现有社会条件为起点,通过包括制度在内的一系列手段而走向理想目标的过程。这个过程是目标与手段的统一,也是价值与制度的统一。相比较而言,价值、目标相对稳定,而制度、手段相对易变。因此,判断一条道路本质属性的主要依据应该在于前者而非后者。

在作者看来，中国道路要想谋求更长远的发展和更大的影响力，就需要论证其自身存在的合法性，就要首先弄清楚"我是谁"，然后明确"将向何处去"以及"对世界意味着什么"。但事实上，我们往往囿于"制度—手段"的思维逻辑和解释框架，而忽视了价值追求才是制度设计的灵魂和国家认同的载体。因此，当前无论对内凝聚共识，还是对外赢得理解和尊重，都需要转换研究范式，重构社会主义解释框架，进而提出普遍化的概念和话语体系。

中国道路有别于西方或其他任何发展模式，这已为世界所公认，但中国道路对于世界历史和人类文明的贡献或影响，还有待人们深入探究与总结。解放军国防大学教授、博士生导师韦定广等试图结合近代以来世界历史发展的案例，回答这一值得进一步研究的课题。他们指出，中国道路本质上是一条以社会主义方式实现现代化与中华民族伟大复兴的道路，其独特的制度条件与任务承载，使之对世界历史进程产生深远意义。具体表现为：重视"中央权威"作用，为解决"非西方"国家现代化难题提供经验与借鉴；坚持和平发展，开创大国崛起和民族复兴新模式；以改革开放重塑社会主义力量与形象，使"民本、和谐、开放、文明"成为社会主义的重要特征；倡导新国际行为准则，为推动人类文明进入"亚太世纪"或"太平洋时代"发挥重大作用等。

十一、社会主义在中国早期传播史上的一幕

社会主义在中国早期传播史上，除了共产主义者外，鲜为人知的还有国民党、社会党以及合作社会主义者上演的一幕。鸦片战争后，面对西方列强的轮番东侵，中国的有识之士开始反思，他们逐渐认识到西方在器物、制度、文化等方面的长处，于是出现了"借西方文明之学术以改良东方之文化"之西学东渐主张。在这个大潮中，马克思主义在中西文化的碰撞中悄然来到中国，这引起了当时寻求解决"中国向何处去"的资产阶级革命派的关注，并将其当作解决中国社会不平等的新学理而予以传播。当时，以孙中山、朱执信、胡汉民、戴季陶等为代表的资产阶级革命派不仅有留日的相似经历，而且有救亡图存和给三民主义寻找依据的共同需要，于是，揭开了"讲马克思主义倒还是国民党在先"的幕布。南京师范大学王刚对这段历史作了探索性回放后指出，面对异常丰富的马克思主义理论，资产阶级革命派进行了各有取舍、各有侧重的选择

性传播：孙中山主要选择了科学社会主义、朱执信倾注于阶级斗争学说、胡汉民侧重于唯物史观、戴季陶重点思考了经济学说和劳动问题等。然而，资产阶级革命派传播马克思主义的目的，对马克思主义所作的中国式解读，对马克思主义研究方法上的缺陷以及其阶级本性，尤其是资产阶级的政治立场，使得作为"盗火者"的资产阶级革命派，最终成了马克思主义的反对者。

民国初年，还出现过继清末社会主义探索之后的又一次热潮，这就是江亢虎及其发起的中国社会党的鼓噪，当时影响显赫。在没有廓清科学社会主义与无政府主义本质区别的情况下，江亢虎试图从中国古代的典籍中发掘现代社会主义的精神和渊源。在无宗教、无国家、无家庭"三无主义"的基础上，他以儒家大同理想为源，吸纳舶来的西方各派社会主义，鼓吹"广义社会主义"，认为社会主义是人类"同具之思想""共有之主义"。这种对社会主义的折中式诠释，虽受到师复等人的诘难，但也不应忽视它在中国早期社会主义传播史上的作用。山东大学鲁法芹和蒋锐指出，江亢虎所谓的西方社会主义，就是中国古已有之的"大同之主义"，但这并不是受康有为《大同书》的影响，因为康有为直到1913年才第一次把《大同书》的甲部和乙部发表在《不忍》杂志上。在《社会主义述古绪言》一文中，江亢虎更是杂糅西方社会主义各流派于中国传统文化之中，认为"黄老之学说似托尔斯泰，庄列之学说似布尔东（蒲鲁东）、巴苦宁（巴枯宁），王充之学说似柏拉图，孟、荀、申、韩、商鞅之学说似国家社会主义，杨朱为我似个人无政府主义，墨翟兼爱似共产无政府主义"，进而把舶来之社会主义，在学理上溯源于孔孟的大同之世、在制度上因袭了相传已久的井田制、在风俗上沿袭了古已有之的"内外分治，各尽所能，饮食同席，各取所需"的旧传统。这里，社会主义已完全本土化了。

五四运动后，西方合作社会主义思潮作为改造中国社会的一种途径，被一些知识分子奉为济世良方而引入中国。19世纪中期，近代西方合作主义运动以两种主要的合作社形式发展起来：一是消费合作社，源于1844年由英国罗虚代尔镇纺织工人创立的"罗虚代尔公平先锋社"；二是信用合作社，源于1860年的德国小镇福来默斯菲尔德，由镇长F.雷发生创办。当时在德国留学的薛仙舟考察了美、英、德诸国的合作制度后，为西方合作社会主义思想所吸引，认为德国的合作银行制度能够解决中国平民的经济困难，回国后在复旦公学任教时便大力宣传这股思潮，还创办了上海国民合作储蓄银行，成立了平民周刊社和上海合作同志社,以推动合作运动的发展。南京财经大学张士杰指出,在中国合作社会主义者看来,中国的主体是农民,中国社会还没有成熟到需要无产者革命或工人改革运动的地步,因此中国的社会主义运动无须像欧洲那样以革命或改革来取代资本主义;相反,它应首先鼓励资本主义生产的发展并以此将中国的农民转化为现代产业工人。解决这两难的办法是合作社,即在资本主义发展中培育社会主义要素的成长,而作为劳工经济组织的合作社则正具有这种要素:它既让资本主义生产发展,又增长劳工的经济力量,以致将来改变工厂的资本主义性质,最终取代资本主义制度。作者指出,薛仙舟创办的《平民》周刊发表了数百篇合作文章,影响很广,而他1927年写成的《中国合作化方案》一文则是中国合作思想史上具有开创性的历史文献,对五四运动以后中国的合作运动产生了深远的影响。

在马克思主义传播和中国化的过程中,中共早期报刊是值得关注的一个重要方面。以往这方面的文献资料显得比较零星,而今山东财经大学赵付科专门对此作了整体性探索,在理论准备、强大动力、理论成果和主体力量等几个方面,回答了中共早期报刊对马克思主义中国化作出了哪些重要贡献。该文不仅梳理了《共产党》《新青年》《向导》等中央机关报刊,以及《政治生活》《广东群报》等地方党组织创办的报刊,还对《赤光》《少年》《中国工人》《中国青年》等群众团体创办的报刊作了全面的调查,发现中共早期报刊通过宣传马克思主义经典作家的生平业绩、译载马克思主义经典著作、阐释马克思主义基本理论,集中对中国革命的对象与动力、性质与前途、无产阶级领导权、统一战线和武装斗争等问题进行了较为深入的探究,对"什么是中国革命,怎样进行中国革命"进行了初步回答,从而为构建新民主主义革命理论作了准备。文章认为,中共早期报刊还同各种错误思潮开展了一系列的论战,这就帮助早期中国先进知识分子分辨了是非,最终确立了马克思主义的信仰,推动了马克思主义中国化的进程。

在这些刊物中,《共产党》月刊在中国首次树起了共产主义的大旗,是中共建党时期传播马克思列宁主义和共产主义的主要阵地,阐明了中共的基本主张及其与其他一切党派的区别,指出了中国革命的共产主义方向。湘潭大学李伏清和王向清发文,梳理了《共产党》月刊对马克思主义中国化作出的重要贡献,即在理论创建方面,围绕"为什么建党""建党是否可能""建设什么样的党""党的任务是什么"等问题,阐明了中共通过夺取政权实现共产主义的基本政治主张;通过与无政府主义的论战,帮助早期共产主义知识分子区分共产主义和无政府主义,揭露无政府主义反对政治的实质;开始尝试一切从实际出发等方法论,用马克思主义的理论来分析中国国情。作者认为,这个刊物的出版有力地帮助了建党的准备工作,从而在党的历史上留下了光辉的业绩。

近代中国社会的性质问题,是马克思主义中国化需要解决的一个重大问题。只有认清中国社会的性质,才能认清中国革命的对象、任务、动力、性质、前途和转变,即认清中国的国情,乃是认清一切革命问题的基本根据。而"半殖民地半封建社会"概念的提出和论证,是中共在新民主主义革命时期运用马克思主义认识中国社会的一个重要理论成果,这不仅是马克思主义政治家的责任,也是马克思主义学者的重要使命,是党的认识与马克思主义学者互动的产物。中国社会科学院龚云对这一概念的论证和传播过程作了详细的考证。作者认为,"半殖民地半封建社会"概念的形成,主要是通过20世纪30年代中国社会性质的论战和中国农村社会性质的论战来进行的,其间不仅包含了以毛泽东为代表的直接从事革命武装斗争的马克思主义政治家的贡献,也凝聚了以学术为革命武器的马克思主义学者的心血,以李达、王学文、潘东周、陈翰笙、范文澜、胡绳、李鼎声(即李平心)为代表的马克思主义学者在这个概念的论证和传播中扮演了重要的角色,从而为中共领导的民主革命提供了科学依据和理论基石,推进了马克思主义中国化的进程。

十二、解密的文献档案披露历史真实内幕

(一)E.伯恩施坦披露爱琳娜生前书信以解其缘何自杀的谜底

1898年3月31日,马克思的小女儿爱琳娜(Eleanor Marx,1855—1898)在家中服毒自杀。随后,得到消息的反社会主义者自以为抓住了"良机"而欣喜若狂,并借《日耳曼人》(Germania)等反社会主义的期刊造谣,以此来诋毁爱琳娜的声誉,攻击社会主义运动。作为爱琳娜的朋友,E.伯恩施坦通过自己掌握的书信资料,在1898年《新时代》上发表了两篇文章,以澄清爱琳娜自杀的真相,并生动地回忆了她生命中最后10年的精神生活。其中一篇的标题为《爱琳娜自杀的动机是什么?》("What Drove Eleanor Marx to Suicide?"),英

国《正义》杂志也转载过这篇回忆录,题为《爱琳娜是如何离开我们的》("On how Eleanor Marx Died")。如果这些信件无法提供爱琳娜自杀的直接原因,至少也能揭示其中真实而深刻的动机。E.伯恩施坦不但澄清了一些事实,而且提醒人们注意E.艾威林(Edward Aveling,1851—1898)为什么一见到爱琳娜于1898年3月31日早晨写的最后一封信后就把它销毁这样一个情节。根据他的分析,爱琳娜自杀的直接动机可能在于丈夫的情感出轨和家庭财产上的纠纷。不然,为什么一个男人会丢下了他完全健康的生命伴侣,甚至发现爱琳娜死亡后也没朝她的尸体瞥上几眼;为什么会在终生战友死亡的第二天就销毁她留给大家的最后一封信;为什么会在对自己最真诚、最自我牺牲的护士和伴侣的尸检过后,直接去酒吧寻欢作乐,在葬礼之后马上去看足球比赛,以求放松。在E.伯恩施坦看来,这封信对E.艾威林来说肯定是个麻烦,因而它对揭开谜底比所有信件都更有分量。

(二)饱受病痛折磨的列宁曾多次要求获得氰化钾

许多人都读到过列宁在临终前还听夫人克鲁普斯卡娅读美国小说家J.伦敦(Jack London)的短篇小说《热爱生命》以自勉,并为其与病魔斗争的不屈意志所感动;但当听到不堪病痛折磨的列宁要求获得毒药以结束痛苦时,一定很惊讶。但这却是真的。2014年1月21日《北京青年报》刊载卢郛的文章,以披露这段历史内幕。由于多年的流放、牢狱、革命、战争,列宁的身体一直不好,而1922年的遇刺最终击垮了他的身体。1922年5月列宁第一次中风,右侧部分瘫痪;12月第二次中风后,他被迫停止政治活动,把权力移交给以斯大林为首的"三驾马车"。在第一次中风时,列宁就曾担心致残失语而无法工作,要求提供毒药以备不时之需。后来,列宁又不止一次地向斯大林、克鲁普斯卡娅、秘书福季耶娃等人提出过索取毒药的要求,但由于政治局委员们的反对,要求未被执行。关于这件事,可以得到军史专家沃尔科戈诺夫的佐证,他在《列宁政治肖像》一书中提到列宁索取毒药的事,其中有当事人的回忆,也有解密的档案文献。另外,苏联作家亚历山大·贝克采访过列宁的女秘书福季耶娃,她关于该事的回忆最为详细。还有托洛茨基也曾在《斯大林评传》中写道,1923年2月底斯大林告诉他,重病中的列宁向他索取毒药,以备不时之需。但托洛茨基对此有所怀疑,他的质疑是:列宁怎么可能把这样一件决定生死的事交给一个自己所不信任的人?因为当时列宁与斯大林的关系已经破裂并走向公开化。其实,托洛茨基疑问的答案可能很简单:列宁认为斯大林是能够满足他这个凄凉要求的唯一的人。

(三)莫洛托夫编造列宁推荐斯大林担任总书记的神话是可笑的

2014年翻译出版的两本斯大林传记,即R.谢伟思:《斯大林传》和C.雷巴斯、E.雷巴斯:《斯大林传:命运与战略》,都不约而同地认定斯大林当上总书记的职务是列宁提名的。中央编译局郑异凡认为,没有任何证据可以证明是列宁建议在党内设立总书记这一职位,尤其不能证明是列宁推荐斯大林担任此职的。他披露了大量文档,说明莫洛托夫是此类神话的制造者之一。作者认为,对铁杆斯大林主义者莫洛托夫来说,继续强调所谓列宁提名的说法并不令人惊异,不过在有关列宁最后时日的档案资料已经公布的情况下,再说什么斯大林是列宁指定的接班人、是列宁的最亲密战友和学生,已经显得有点可笑。事实上,为把"自己人"斯大林送上这个宝座,加米涅夫和季诺维也夫在幕后做了大量工作。在1922年中央4月全会上,根据季诺维也夫的主张,加米涅夫提出任命斯大林为党中央总书记的建议。可以看出,斯大林担任总书记一职是季诺维也夫和加米涅夫两人的共同主意,这也就可以解释不久之后,季诺维也夫、加米涅夫和斯大林三人为什么能够迅速结成控制最高权力的"三驾马车",而列宁没有参加决定斯大林担任总书记职位的中央全会。

(四)关于"莫斯科中山大学"创建主体的历史考证

1925年秋创办的"莫斯科中山大学"曾为国共两党培养了一大批政治干部和军事人才,然而由于种种原因,多年来有关这所学校的办学经费和创建主体始终存在着不同的解读。中央编译局徐元宫根据解密的共产国际、联共(布)与中国革命档案资料以及当事人的相关回忆,试图对这一历史问题进行解读,并对苏联方面长期掩饰莫斯科中山大学创建主体真相的原因进行剖析。他指出,1925年3月19日,俄共(布)中央政治局召开会议,讨论了在苏联建立学校培养中国革命者的问题,认为扩大东方劳动者共产主义大学中国分部或者建立新的中国劳动者共产主义大学是适宜的。尽管从该校校址和校长的选择和确定,到学校领导人员的组成,再到该校"组织形式"问题的解决以及开办经费的提供,无一不是在俄共(布)中央政治局会议上研究决定的,但是苏联高层强调要对这一真相加以保密,主要原因在于为了便于向国内困苦中的苏联民众做出解释和交代;不让北京政府抓住苏联政府干预中国内政、颠覆中国现政权的把柄；避免国际社会特别是西方资本主义各国政府抓住苏联政府输出革命和共产主义的口实。

（五）俄罗斯档案披露共产国际曾设立"中国问题研究小组"的内情

"中国问题研究小组"是1939年共产国际执委会书记处为中共七大准备指导文件而成立的临时机构，主要任务有3项：（1）消除在共产国际和中共党内在中国问题上造成的有害后果；（2）与联共（布）党史简明教程的撰写方法和它的丰富思想内容相联系，并在其基础上阐明中国共产党的真正历史；（3）在分析研究现有材料的基础上，为即将召开的中共第七次代表大会准备一些重要指导文件。根据季米特洛夫的批示，小组把研究重点集中在如何制止投降危险和加强中国的抗战、如何巩固抗日民族统一战线和国共合作、如何加强八路军和中国共产党、在国民党投降和国共合作破裂成为事实的情况下如何继续抗日战争4个问题上。这些问题，与中共七大即将制定正确的政治路线和策略方针直接相关。俄罗斯学者选编的《联共（布）、共产国际与抗日战争时期的中国共产党（1937—1943.5）》，收录了有关这个小组活动的部分文件。湖北省社会科学院曾成贵对档案文件作了梳理，这对于了解共产国际高级干部对中国革命问题的思考，研究中共党的领导人毛泽民、任弼时、林彪等在该小组内的活动，以及他们对一些重大问题的认识，是有帮助的。通过研究这个实例，不仅可以从一个侧面获知共产国际执委会决策的方式、过程和成效，反映部分高级干部在中国统一战线问题上过分偏向蒋介石和国民党而忽视中共独立性的倾向，也能够加深理解毛泽东关于"中国革命斗争的胜利要靠中国同志了解中国情况"这一论断的真理性。

（六）揭开尘封的苏联1953年三大事件的历史面纱

1953年苏联历史上发生了三件重大的历史事件：一是"克里姆林宫医生案件"；二是"斯大林死亡之谜"案；三是"贝利亚事件"。对这些事件的内幕及其评价，国内外曾有多种传记和回忆录加以披露，但说法莫衷一是。近年来，苏联的历史档案纷纷解密，这就为澄清复杂的历史事件提供了条件。中国社会科学院王桂香公开了3个事件中许多鲜为人知的细节和真相，试图用解密的档案还历史的本来面貌。她指出，通常认为"医生案件"始于克里姆林宫医院的心脏病专家季马舒克写信告发对政治局委员日丹诺夫曾进行过错误治疗。事实上，确有此信，内容也仅仅是对日丹诺夫心脏病的不同医疗诊断意见,而这却被当时国家安全部副部长、侦讯局局长留明利用,从而指控医生们被国际犹太资产阶级民族主义组织"乔英特"所招募,其目的是通过治疗手段对党和国家领导人进行肉体上的消灭。其实,信中谈到的所有医生都是俄罗斯人,与"犹太复国主义阴谋"根本不存在任何联系,"医生案件"则是斯大林临终前发动的一场未竟的反犹太复国主义运动;有关斯大林被谋害的各种说法,到目前为止也仅是推测而已,没有任何强有力的事实根据,而"病故说"更接近于事实;"贝利亚事件"是斯大林逝世后苏联高层权力斗争的产物,事件产生的真正原因是同僚们的权势欲和恐惧感,使他们联合起来密谋反对贝利亚的"宫廷政变",赫鲁晓夫还下令把保存有斯大林发给内务人民委员部的许多文件以及有11大面袋子之多的贝利亚私人档案全部投入火堆中烧为灰烬,成为永远的历史秘密,因此当年指控他背叛祖国、组建反苏联阴谋团伙、从事恐怖主义活动等罪名也属凭空捏造。

(七)在苏联大清洗中无数生灵成了所谓远大理想的牺牲品

据有关统计,斯大林时期清洗与镇压的规模大约已达370万人,就被镇压的人数之多,持续时间之长,都堪称世界之最。在大清洗中,苏共历史上存在过的各种派别成为追查的主要对象,几乎全被从肉体上消灭;布尔什维克著名的活动家、革命领袖成了叛国者;大批党政干部,包括侨居苏联的其他国家共产党领导人被害。大清洗成为苏联社会主义难以痊愈的伤口,成为苏共失败的重要根源。中央党校左凤荣的《无数生灵成了所谓远大理想的牺牲品——苏联大清洗内幕揭秘》一文,揭开了苏联大清洗的内幕。该文指出,斯大林的清洗与镇压,问题主要不在于到底抓了多少人、死了多少人,问题的实质在于:没有法制,按计划抓人杀人,根据口供而不是证据判刑,高级领导人可以决定某人的生死,这不是一个现代国家应该发生的。斯大林清洗与镇压的悲剧在于,这一切都是借用正当的名义,或是为了建设更美好的社会主义新社会而做的。看似吸引人的空洞理想被置于人类的基本价值观——珍视生命、人权和自由之上,无数生灵成了所谓远大理想的牺牲品。该文认为,不正当的手段很难达到正当的目的,苏共的结局就是对此最好的说明。

(八)中情局130余份档案解密美国曾将《日瓦戈医生》用作颠覆苏联的工具

在保密了将近60年之后,2014年4月6日美国《华盛顿邮报》在"国家安全"刊头下发表P.芬恩（Peter Finn）的长文,披露了美国中央情报局最新解密的130余份档案的内容。据透露,1958年1月,英国情报机关将苏联文坛受批判作家Б.帕斯捷尔纳克（Борис Леонидович Пастернак, 1890—1960）的名著《日瓦戈医生》（Доктор Живаго）的两卷缩微胶卷送到中情局总部,美国人立刻为之心动。一封递送中情局苏联处处长J.莫里的备忘录中写道:"此书拥有巨大的宣传价值,原因不只在于其固有的信息和令人深思的本性,还在于它的发表环境:我们有机会让苏联公民思考其政府错在何处,因为公认最伟大的在世俄国作家所写的一部优秀的文学作品,竟然不能在他自己的国家以他自己的语言,让他自己的同胞来阅读。"于是,美国中央情报局立刻实施一项秘密行动,用各种办法将《日瓦戈医生》带给"铁幕背后"的读者们。在行动期间,中情局不仅是幕后的策划者,还亲自上阵,做了盗版出版商、便携版印刷商、二渠道发行商,甚至局里的文学评论家。P.芬恩与P.库维合著的《日瓦戈事件:克里姆林宫、中央情报局和为一本禁书展开的战斗》（The Zhivago Affair: The Kremlin, the CIA and the Battle Over a Forbidden Book）将由兰登书屋旗下的帕台农出版社发行,详细记录了行动规划的细节。

（九）匈牙利事件中纳吉如何在苏、匈、南三国的博弈中走向不归之路

在1956年的匈牙利事件中,怎样对待和处置事件中倒台的匈原总理纳吉·伊姆雷的问题摆在了苏、匈、南三国面前。在苏军对布达佩斯发起进攻时,南斯拉夫按照苏南布里俄尼协议的精神把纳吉邀至南驻匈使馆,以期对他施加影响,减少流血。但因纳吉在进入南使馆前公开表达了对苏联出兵的敌视,苏遂要求南将纳吉交由苏、匈处置。几次交涉未果后,匈运用苏提出的欺骗手段,同南达成了关于南将纳吉交出、匈保证将其安全送至家中且日后不追究其责任的协议。此后苏、匈又两次违背了这一协议。南对苏、匈一再违背协议的行径提出了强烈抗议和谴责,苏、匈则对自己的行为进行了狡辩且对南进行了攻击。在长达两年的时间里,不仅一步步地把纳吉送上了不归路,而且苏、匈与南斯拉夫的关系也因处置纳吉问题而被严重恶化。潍坊学院徐隆彬的《匈牙利事件中纳吉如何走向不归之路——苏匈南三国在处置纳吉问题上的博弈》一文,试图借助于有关档案资料,对这一段历史进行全面而系统的考察。

（十）越南驻华大使黄文欢质疑胡志明遗嘱被篡改

1969年9月2日胡志明逝世,9日越南为他举行国葬的同时公布了他的遗

嘱，但不到 2 000 字的遗嘱却在公布之后留下了长久的谜团。金点强的《胡志明遗嘱留下诸多谜团——越南驻华大使黄文欢质疑遗嘱被篡改》一文，回顾了 1969 年胡志明遗嘱首次公布，到 1979 年越南驻华大使黄文欢质疑遗嘱被篡改，再到 1989 年遗嘱又添新内容的整个历史过程。该文指出，越南劳动党中央委员会原第一书记黎笋等人认为当时形势复杂，为取得对美国侵略者的彻底胜利和完成祖国统一，应当省略和改变遗嘱中的一些内容。几天以后，被修改过的胡志明遗嘱在越南劳动党机关报《人民报》上发表。1979 年 8 月 9 日，黄文欢在北京举行中外记者招待会，揭露黎笋当局推行亲苏反华政策，并揭露出一个更大的秘密，即黎笋阉割或篡改了胡志明的遗嘱，只公开刊登一段手迹，以鱼目混珠。其中重要的是，胡志明不可能有"作为一生为革命服务的人，我越对国际共产主义和工人运动的强大感到自豪，就越对各兄弟党之间的不和感到痛心！"的表态。到了 1989 年，越共中央在胡志明逝世 20 周年时，不仅宣布胡志明的逝世时间延后了 1 天，还公开承认胡志明遗嘱还有一份附录。可以说，至今为止，胡志明遗嘱没有全文对外公布。

2015年度世界社会主义研究报告

打开地图,世界到处动乱不定,俄罗斯"吞并"克里米亚、巴黎系列恐怖袭击、对极端组织"伊斯兰国"(IS)的空袭、涌向欧洲的叙利亚难民、南海的波涛汹涌……令人不得不发出这样的疑问:这个世界怎么啦?国际秩序怎么如此震荡和混乱?它又将走向何方?然而,清晰可见的是当前世界正经历着四大趋势性的改变:其一,大国关系正沿着一个诡异的轨迹前进,结盟、对抗、制裁、冲突等色彩渐浓,后冷战初期形成的以美国为核心的单极体系正逐渐瓦解,而一个新的两极格局隐约露出轮廓,其权力重新洗牌已见端倪,使"新冷战"之说迅速发酵;其二,自20世纪70年代中期开始的、被F.福山称之为"历史的终结"的第三波民主化开始退潮;其三,"华盛顿共识"破灭、反全球化运动兴起,日益悬殊的贫富差距引起激进变革的呼声,国际经济的自由化秩序面临空前危机;其四,世界权力重心东移,亚洲正成为人类历史舞台的主角,"新亚洲半球"的崛起预示着西方独占鳌头的时代已接近尾声。

在这一年中,各国迎来了中国人民抗日战争暨世界反法西斯战争胜利70周年的纪念,全世界纷纷以各种形式庆祝浴血换来的胜利,一场场规模空前的阅兵式举世瞩目,盛大仪式的超凡魅力再度激发了集体记忆深处的伤痛和斗志;欧洲社民党正处于左右夹击的尴尬境地,以致一度认为"第三条道路"是最好选择的A.吉登斯近日宣称,他与T.布莱尔倡导的这条道路已经死亡,今后发展空间的大小取决于"社会"与"资本"在全球化舞台上新的博弈,值得注意的是不少国家的社民党已明确提出"重新左翼化"的斗争目标,以便在轮流执政的"钟摆政治"格局中掌握主动;面对"伊斯兰国"猖獗制造的恐怖袭击,法国经济学家T.皮凯蒂在《世界报》发表最新观点,声称石油财富高度集中在中东地区几个人口较少国家手中所造成的社会不平等,是极端分子发动圣战的主要驱动因素,而西方列强在该地区挑起一连串战争,从军事和政治上支持石油君主国,很大程度上成了社会不平等现象的推手,西方应该难辞其咎;在岁末的短短几周内,拉美政坛发生了剧烈的"变天",中左翼政党在阿根廷总统选举中失利,紧接着委内瑞拉反对派联盟"民主团结平台"又在议会选举中获胜,使N.马杜罗政府面临下台的窘境,巴西总统D.罗塞夫也因腐败丑闻而面临弹劾,支持率大幅下滑。W.查韦斯曾用"21世纪社会主义"模式聚拢了拉美一批左翼政府,成为引人关注的地缘政治力量,而今"左翼路线正在拉美退潮",加剧了告别左翼民粹主义的步伐,或在左右角力下重新勾勒新的拉美政治版图……

面对动荡不安和瞬息万变的当今世界,需要我们用智慧和定力来应对一切错综复杂的局面,用敏锐的观察和深入的思考来把握新的发展趋势。本年度报告将在用科学态度解读社会主义经典文献、全球化时代资本主义深层问题的探析、第二次世界大战70年后的回眸、对世界左翼运动现状的考察、深化对社会主义前沿问题的研究、多样性社会主义思潮的比较鉴别、政治现代化路径选择中的各国政党、社会主义思想史新探、走出一条适合于中国国情的发展之路、社会主义在中国早期传播史上的一页、基于解密档案的历史真实十一个方面,综合各国学者的研究成果。

一、用科学态度解读社会主义经典文献

人类社会原生形态是唯物史观的源头,科学地探明史前社会的生活样态,对于揭示唯物史观深层意蕴具有重要的意义。19世纪40年代中期,以《德意志意识形态》为标志,马克思的唯物史观已经确立,但对人类社会原生形态的认识仍处在模糊不清的状态。由于史前社会年代久远,既没有文字资料,又缺乏考古的新发现,在适应填补唯物史观起点空白的需求下,马克思不得不用"部落所有制"和"亚细亚生产方式"概念去替代。但这只是对远古社会的逻辑把握,还不等于历史的真实,只有在当代还处于史前蛮荒状态的落后民族中才能找到人类原生形态的活化石。19世纪70年代,美国民族学家L.摩尔根发表了划时代巨著《古代社会》一书,给了马克思思考人类社会原生形态以新的资料和启示。黑龙江大学张奎良对马克思学术探索历程作了详尽的考察,指

出马克思对L.摩尔根《古代社会》一书摘要和恩格斯的《家庭、私有制和国家的起源》以唯物史观为指导，极大地改造和提升了L.摩尔根的研究成果，从而彻底结束了对人类社会原生形态探索的徘徊、猜测和逻辑推演，在理论和实际相结合的新制高点上，深刻揭示了人类远古时代社会生活的秘密，真正找到了唯物史观的科学源头，是对哲学和历史科学的重大贡献。

同时，马克思的唯物史观又揭示了民族历史向世界历史转变的客观规律，是人类从传统进入现代的一个经典的哲学证明。十九世纪五六十年代他写下的10多篇关于中国的论文和时评，历史地阐明了西方殖民扩张客观上具有的世界历史性意义，同时又对东方各民族的悲惨命运寄予了巨大同情，从而揭示了东方民族历史在向世界历史转变中所包含的历史与伦理的严重冲突。清华大学刘敬东、王淑娟以中国为案例，揭示了东方民族历史向世界历史转变的变革逻辑和独特的解释框架。他们指出，马克思世界历史理论包含着历史与伦理之间深刻的内在张力，一方面马克思阐明了现代世界史是"未开化和半开化的国家从属于文明国家""农民的民族从属于资产阶级的民族""东方从属于西方"的必然趋势；另一方面马克思又始终对这一进程中西方列强海盗式的极端不义的殖民政策和侵略战争行为，作了深刻而又鲜明的道德揭露和伦理批判。他们认为，五四新文化运动所表达的传统与现代的冲突，现代中国的革命与当代中国的改革开放、计划与市场之间错综复杂的关系等，都历史地和逻辑地展现了中国社会由历史向世界历史转变中的二律背反，所有这一切突破传统、面向未来的悲壮探索和历史成果，都是我们这个不屈不挠的民族不断从沉睡中被迅速"唤醒"，迎接新纪元"曙光"与"革命"的伟大尝试。

在研究马克思恩格斯关于资本主义与殖民地关系的理论时，学界一般都关注于"破坏的使命"和"重建的使命"理论，而忽视了其他两个层次，即"野蛮的征服者"与"被征服民族较高文明所征服"的"两个文明进程"理论以及西欧资本主义发达国家与东方落后国家之间"两极相联"的理论。上海社会科学院胡键指出，资产阶级在用先进工具和野蛮方式将半野蛮、野蛮民族"纳入"资本"文明"进程的同时，也在被迫接受东方落后民族先进的道德文明的洗礼，这两个"文明进程"是同时进行的，否则资产阶级也难以继续生存下去；东方落后国家从此被迫进入西方主导的世界体系之中，虽然一些国家因殖民体系的罪恶性而试图加以拒斥，但客观上已经不容许了，而西方殖民主义也越来越依赖于东方落后国家这块原料供应地和商品资本输出的市场,从而形成"两极相联"的状态;这时殖民主义既要摧毁殖民地国家原有的社会经济体系,但为了自身的发展又不得不对这些国家进行必要的建设,在这种"破坏"和"重建"的双重使命下,殖民地国家的社会经济变得更加畸形。作者认为,只有从这三个层次上去解读马克思恩格斯关于资本主义与殖民地关系的理论才是全面的。

关于"资本逻辑"的研究,现在成了国内外学界的一大热点,由于缺乏对其哲学性质的确认,存在着两种研究倾向:"广义经济决定论"与"狭义历史决定论"。前者认为历史发展是一个经济发展史过程,经济的发展决定着资本逻辑的自动消亡;后者指出资本主义的发展史决定了资本逻辑的天然性,于是他们指认马克思的资本逻辑批判无法运用于当代社会。上海财经大学周露平的《资本逻辑的哲学性质与历史限度——应将资本逻辑的积极要素内化于社会主义的内核之中》一文,指出学界由于对马克思批判本质的忽视,从而导致对其研究理论与方法的误判。该文指出,如果将资本逻辑 I 的内容(即异化劳动和私有财产)与资本逻辑 II 的内容(即雇佣劳动和资本)内在勾连起来,就会看到马克思的批判始终贯穿着一条"红线",即资本逻辑的哲学性质就是异化劳动。尽管随着现代经济学的发展,资本逻辑的具体呈现有了新的表述方式,但它的哲学性质是无法改变的。如果无法理解资本逻辑的运行机制,只是用非历史的视角构建封闭式"理论",呈现的只能是非批判性的"幻象"。该文认为,如今中国社会将社会动力机制从感性通达信仰转向为理性运用资本,为中国合理利用资本逻辑提供了先河,但需要从经济哲学的平台去辩证地加以解读,并在社会主义制度下解决好资本逻辑带来的劳动异化问题,同时要在经济发展过程中逐渐地批判资本逻辑,将其积极要素内化于社会主义的内核之中。

再一个就是如何理解马克思、恩格斯曾经提出的"不断革命"论的思想。两位经典作家在为共产主义同盟起草的《共产党在德国的要求》的指导性文件中,除了提出彻底的民主革命要求外,还根据德国资产阶级革命是"无产阶级革命的直接序幕"的判断,提出了许多激进的过渡性措施,后来他们还一再地提出"不间断地进行革命"的思想。虽然在以后的革命历程中,这个理论已被他们自己所否定,但多年来一直被一些共产党人奉为国际共运的圭臬、无产阶级政党领导革命的基本原则。上海国际问题研究院陈启懋指出，细读经典文本可以发现，"不间断革命"是马克思恩格斯作为对1848年欧洲革命的指导方针而不是作为国际共运的普遍原则提出来的。由于他们对当时革命形势的估计不切实际，认为新的革命高潮很快就会到来，因此无产阶级政党有必要与小资产阶级民主派划清界限，在民主革命胜利后紧接着进行社会主义革命，直至建立"无产阶级的阶级专政"。他认为，两个"决不会"原理是马克思对资本主义体系和周期性危机进行分析解剖后得出的新结论。既然革命的目的是打破束缚生产力发展的桎梏，解放和发展生产力，那么革命就不应该是"不间断"的。把革命看作在任何情况下、任何领域里推动社会前进的万应灵丹，在没有客观的革命形势下硬要搞革命，其结果必然导致生产力的破坏，给人民带来灾难。而毛泽东之所以抛弃新民主主义而改行激进的社会主义路线，从理论上说，根据的无疑也是"不间断革命"论。

对"重新建立个人所有制"设想的理解，学界也是争论激烈，莫衷一是。马克思在阐述未来社会所有制特征时指出，应在协作和生产资料公有制的基础上，重新建立个人所有制。恩格斯认为这里的"个人所有制"是指个人生活资料的所有制。这个解释同马克思的理论是相一致的，但却遭到了学界的不少质疑。厦门大学吴宣恭引经据典地对此作了论证，并剖析了几种谬误。他指出，马克思设想的未来社会所有制形式，不同于以前的生产资料归劳动者私人所有的个人所有制，而是建立在协作和生产资料公有制基础之上的。从马克思主义的这个基本理论看，在消灭了资本主义私有制以后，归劳动者"个人所有"的就不可能是生产资料，而只能是经过分配的消费资料。他认为，那段话里的"个人所有制"或可翻译成"个人财产"，是在生产资料公有制基础上由共同体分给个人的部分，同时英文版中的re-establish是针对private property讲的，而后面针对个人财产的动词则是give（分给），根本没有重新建立的意思，因此中文版所谓"重新建立个人所有制"的译法是值得推敲的。在作者看来，这样理解既可消除"在生产资料公有制基础上建立生产资料个人所有制"的逻辑混乱，也是为了强调这种所有制应体现在劳动者的个人权利上，认为个人的权利是否得到充分实现是衡量公有制是否成熟的一个基本标志。

在马克思主义的解读史中，《反杜林论》因首次系统呈现马克思主义理论体系而在国际工人运动中产生巨大影响，使马克思主义理论观点成为工人阶级的自觉意识。欧美学界时常围绕该文本的核心理路,展开对马克思主义的新解读。中央编译局姚颖撰文,比较和梳理了传统马克思主义与欧美学界对该文本的研究简史,回归晚年恩格斯的历史语境,从时代精神角度重释了该文本的当代价值。作者指出,德国社会民主党理论家和苏联学者与西方马克思学家在解读《反杜林论》的过程中,呈现出两种分歧极大的结论,或因未能深化和发展恩格斯相关论述而陷入教条化的理解,或因缺乏理论视野或体现冷战思维而做出了过度的解读。她认为,西方马克思学家力图用黑格尔主义或人道主义重释马克思主义,并从学术角度辨识马克思与恩格斯论述理路的细微差别,从中呈现的学术争鸣更新了人们对马克思主义的传统认识,也提醒人们分辨马克思主义文本的深入阐释和过度解读。而综合评述这两种研究,结合时代条件重释《反杜林论》,对中国马克思主义研究具有不可忽视的学术价值。

二、全球化时代资本主义深层问题的探析

21世纪以来,在诸如全球化、历史终结论、文明冲突论等右翼保守言论主导的西方语境中,也出现了诸如《帝国:全球化的政治秩序》《超级帝国主义》《重新发现列宁》《僵尸资本主义》《马克思为什么是对的?》《大失败:资本主义生产大衰退的根本原因》和《21世纪资本论》等揭示全球化时代资本主义深层问题的具有世界性影响的左翼经典著作。其中,有的重新恢复了马克思关于利润率下降规律对于资本主义危机的解释力,在系统分析全球化时代资本主义危机的同时,也复活了马克思对于资本主义无法克服自身的危机而最终走向失败的基本判断;有的指出,由于资本回报率高于经济增长率,世袭的资本高于工资收入,财富支配着劳动,基层民众很难获得向上流动的机会,从而带来社会矛盾的进一步激化;有的认为,在超级帝国主义体系中,绝大多数国家尽管拥有独立的主权,但在经济领域不得不依附于以美元为核心的世界金融体系,并使资本主义世界置换为以美元为核心的世界卫星体系;有的揭示了资本主义统治性的利润法则和增值逻辑,是"死者"对于"生者"、过去对于现在的支配,它的根本特征就是停滞性和垂死性,而唯有为一种更高级的社会秩序所替代,历史才可能克服和扬弃资本主义的矛盾和危机;有的强调,在

西方社会仍然面临一系列经济、政治和社会危机的情况下,马克思列宁主义关于解放、革命和斗争的理论,关于政治和组织的策略,对于左翼政治仍然具有不可或缺的当下性和现实价值。在这些西方学者的理论谱系中,我们看到了左翼思想家在资本主义全球化暴露出众多痼疾时,出于本能的思想冲动而选择为马克思辩护,并回归了马克思主义对于资本主义体系的经典诊断,也为资本主义基本经济发展趋势提供了一个分析框架。

2015年5月,美国著名左翼刊物《每月评论》(*Monthly Review*)还专门邀请了西方其他一些左翼学者,就垄断金融资本主义和新帝国主义问题展开探讨。在讨论中,J.福斯特(John Bellamy Foster)认为,当代马克思主义面临的理论挑战在于,如何在充分捕捉经典帝国主义理论的广度和深度的同时,把握当前全球化体系下的帝国主义理论;S.阿明(Samir Amin)认为,帝国主义并不是资本主义的阶段性现象,而是伴随着资本主义的整个历史,因为资本主义从它诞生之际就开始形成了中心和边缘的两极化的帝国主义结构,只是在当今全球化时代这种两极化结构获得了新的表现和强化形式;I.苏万迪(Intan Suwand)指出,资本主义从它最深层的本质来说,是一个既是向内扩张又是向外扩张的体系,这一体系的增长和扩张,从范围看是全球性的,从特征看是帝国主义的;T.劳森(Torkil Lauesen)认为,在帝国主义逻辑统治下的全球化生产中,全球制造业普遍向南方转移,形成南方对于北方在产品、价值和劳动等关系上的多重依附,使南方所生产的价值向北方转移;U.帕特奈克(Utsa Patnaik)与P.帕特奈克(Prabhat Patnaik)指出,资本主义为了确保不出现货币价值对于商品价值的相对贬值,会寻求各种途径去压制和降低劳动或货币工资输入,增加或扩大劳动后备军,将资本主义的外部世界按照自身的结构配置起来;J.斯密(John Smith)指出,新自由主义时代最重要和最活跃的转型就是生产的全球化以及向低工资国家的转移,它的驱动力就是"全球劳动套利",正是在这一基础上,形成了北方资本对于南方劳动的全球性剥削的帝国主义世界体系。以上这些探讨性的理论观点,形成了当前关于帝国主义分析的意识形态框架。

在这些分析评论中,我们注意到当代著名政治哲学家、法兰克福学派第三代主要代表N.弗雷泽(Nancy Fraser)发表在《新左翼评论》上的一篇论文《马克思隐秘之处的背后——对资本主义扩展性的揭示》(*Behind Marx's Hidden*

Abode: For an Expanded Conception of Capitalism)。该文指出,今日西方批判理论缺乏对当今资本主义及其危机的正确认识和批判,而要形成针对资本主义的有效批判,就必须抛开资本主义是一种具体的伦理生活形式的看法,代之以一种更具差别性、结构性的观点。文中将女性主义、后殖民主义和生态主义的思想系统地纳入对资本主义的理解之中,并透过生产领域这个"隐秘之处"的背后,探究资本主义生产幕后的可能性条件。该文认为,资本主义经济的幕前特征为私有制、自我扩展性价值的积累、自由劳动力和其他商品生产性投入的交易,以及社会剩余的市场化分配,它之所以成为可能,是与"非经济"区域的社会再生产、地球生态、政治权力相关的幕后条件相联系的。因此,需要将其幕前故事与幕后故事联系起来,分析资本主义危机和斗争在当代的新发展,马克思思想中的精华也需要在这些新的维度上重新建构。

自世界性金融危机发生以来,西方发达国家均出台了各种反危机措施,这些措施反映出深陷金融危机、主权债务危机和经济衰退的美欧资本主义的新动向,即试图从不同方向回归20世纪90年代那条既超越左、又超越右的"第三条道路"。面对这种选择,中国社会科学院何秉孟有不同的看法。在他看来,美国危机的病根是极其野蛮的新自由主义模式,表现形式是金融危机+经济衰退;欧洲危机的病根是社会民主主义+社会市场经济模式,表现形式是主权债务危机+经济衰退。在这种情况下,美国治理危机的措施是试图将新自由主义这种极右、极野蛮的社会经济模式向左作一些调整;而欧盟及欧洲央行的反危机措施,既抵制来自右的新自由主义思潮的影响,又试图抛弃社会民主主义传统的价值理念,向美英新自由主义理念及实践模式靠拢。他指出,国际学术界对欧元区发生主权债务危机的原因进行过大量分析,先后提出过美国次贷危机波及论、美国评级机构推动论、欧元区制度缺陷论、高社会福利论等见解,但他们忽视了"和平演变"苏东的后遗症和西式民主制度的功能紊乱症两个方面。他认为,冷战期间出于对苏东国家战略的需要,一个覆盖全民的高福利制度带来的是入不敷出的困境,而西式民主制度也逐步异化为资产阶级内部各利益集团争权夺利、攫取国家最高权力的另类"敲门砖"。因此,重拾已经夭折的"第三条道路",将难以拯救在矛盾的激流中挣扎、博弈的美欧。

当前的资本主义全球性扩张并没有给人类带来持续的繁荣和发展,反而导致了世界动荡、冲突和危机的不断升级,资本主义的弊端和缺陷更加暴露无遗。在这种背景下,西方一些左翼学者在揭示资本主义矛盾及其不合理的基础上,都在探寻替代资本主义全球化的另一种全新方案。沃勒斯坦认为,既然目前的资本主义世界体系已陷入结构性的危机之中,那么应该建构一种历史上尚未出现过的"相对民主和相对平等的世界体系"去加以取代;D.哈维认为,现在可能恰好处于资本主义发展进程的一个拐点,所以不仅另一个世界是可能实现的,而且"另一个共产主义也是可能实现的";L.斯克莱尔在总结近年来各种反资本主义运动的基础上,提出了替代资本主义全球化的"社会主义全球化"方案,从而克服两极分化和生态不可持续的危机,而人权全球化是其中的关键环节;W.罗宾逊认为,应该改变目前的发展进程,把资本主义的自上而下的全球化变成自下而上的、完全民主的全球化,而"建立在普遍民主基础上的民主社会主义也许是人类社会'最终、最好'而且也许是唯一的希望";A.奈格里和M.哈特更提出了一种"后社会主义"的政治方案,即在国家和全球的范围内发展出一种民主的新观念和新机制,基本目标是建立"全球民主"的新政治秩序,即"共产主义的新方案"。天津师范大学王金宝的《探寻超越资本主义全球化的替代方案——当代西方左翼学者的思考和展望》一文,对上述理论观点作了点评。该文认为,这些学者虽然都力图从资本主义全球化本身所包含的矛盾和孕育的可能性来规划替代方案,并提出了具体的策略和途径,但这些方案与争取"另一个世界"的现实政治仍然存在着某些脱节之处。然而他们能结合当代社会历史现实,对马克思主义进行新的开拓,或许预示着自西方马克思主义产生以来的一次重大转型,即从对资本主义的文化批判转向政治经济的批判,从对国家资本主义的批判转向对全球资本主义的批判。该文指出,在资本主义全球化危机四伏的时代,西方学者提出了对资本主义全球化的替代方案,这对于如何促进全球化朝着公正的、合理的方向发展,如何促进人类的解放、构建人类的未来,提供了极其重要的理论资源,有着不可忽视的启发意义。

三、第二次世界大战70年后的回眸

长期以来,西方学界普遍将1939年9月德国闪击波兰作为"二战"开始的标志。近年来,围绕"二战"开始的时间和地点,各国学界有了新的认识。俄罗斯部分专家认为,"二战"爆发的时间应为1937年7月,即从日本在中国发动战争之日算起,实际上早在1938年苏联出版的《联共(布)党史简明教程》就明确提出了这一观点。弗拉季斯拉夫·施韦德是俄罗斯学界持上述观点的学者之一,他在《著书札记》一书中指出,受欧洲中心主义影响的欧洲人始终认为,决定世界命运的事件只能发生在欧洲,所以世界大战只能在欧洲地区爆发。但是,可以完全有根据地断言,直到1939年9月1日战争的火焰冒出地面之前,1936年3月7日的欧洲战争如同炙热的泥炭田,处于阴燃状态,其面积逐渐扩大,包括地下之火;而这一时期的亚洲,战争之火已经强劲地熊熊燃烧。所以,认为德国进攻波兰是"二战"开始的看法是不能令人信服的。英国军事学家A.比弗也认为,日本入侵中国东北是战争的开端。法国著名国际关系史专家R.弗兰克主编的《1937—1947:战争——世界》以全球视野重新审视"二战",明确将中国战场认为"二战"的起点,指出"中国是二战的第一个受害国,这也意味着中国最早开始抵抗侵略"。牛津大学教授L.米特认为,中国是第一个对抗轴心国的国家,早于美国4年。美国夏威夷太平洋大学历史系教授M.吉尔伯特表示,近年来越来越多的西方"二战"史著作采纳了"二战"始于中国战场的观点。

在西方,人们对"二战"的关注点和兴趣往往只限于欧洲战场和太平洋战场,对中国为抗击法西斯的东方主战场作用多采取贬低或忽视的态度。哥本哈根大学M.圣托指出,"在美国,中国在太平洋战争中牵制日本士兵的作用完全被忽视;历史学家警告称,中国和俄罗斯在抗击日本与纳粹德国的战斗中作出了顽强的抗战并付出了巨大的牺牲,这些被大多数西方史学家、英美民众所忽视。"俄罗斯《远东问题》杂志克鲁申斯基在《苏联、共产国际和"二战"中的中国因素》一文中指出,在以往的中国抗日战争研究中,关于中国成为世界反法西斯联盟主要成员国时的国际、国内环境及中国对世界反法西斯战争胜利作出的巨大贡献的研究是不充分的。欧洲与外交政策基金会国际问题专家佐戈普鲁斯认为,如果不是中国在东方战场不惜一切代价拖住日本,很难想象西方战场会是怎样一个结果。可见,越来越多的国际人士开始摒弃"欧洲中心主义"的偏见,对中国在"二次"大战中所作出的贡献以及所经历的牺牲有了更为客观和公正的评价。

至于国内,"二战"结束后很长一段时间,由于受到冷战和意识形态因素的影响,一些西方人士对国共两党合作建立的抗日民族统一战线以及中共在抗战中发挥的重要作用缺乏应有的了解。军事科学院曲爱国少将在《为何说共产党是全民抗战的旗帜——中共在全民族抗战中发挥的中流砥柱作用谁都抹煞不了》一文中,从"一致抗日,深得人心"、毛泽东的"熬"和蒋介石的"拖"、八路军的"做眼"与日军的"吃子"、"中国向何处去?"等方面作了阐述。该文指出,中国共产党始终站在全民族抗战的最前列,以自己的正确思想指导抗战,以自己的模范行动支撑抗战,以自己的钢铁意志稳固抗战,扭转了因正面战场国民党军作战失利而造成的颓势,而且使敌后战场逐步上升为全国抗战的主要战场,成为全民族抗战胜利的光辉旗帜。该文认为,中国共产党不但在争取民族解放战争中发挥着中流砥柱的作用,而且成为推动近代中国走向光明的先驱模范,以对国家民族发展的先进理论和建设边区与根据地的模范实践,让人民看到了民族的希望和未来,因而人民选择了中国共产党作为自己根本利益的代表,作为民族复兴的领导力量。

围绕第二次世界大战,国内外学界和新闻界还披露了不少珍贵的历史资料。《俄罗斯报》发表题为《三巨头的最后一次会晤》的报道,揭秘了苏美英三国首脑在波茨坦举行的"二战"以来第三次会晤筹备和召开的内幕细节。文章认为,在圆桌会议上,三巨头通过热烈辩论,为德黑兰会议和雅尔塔会议达成的协定画上了句号——发表了《波斯坦公告》。但是,会上彼此气氛不够融洽,没有达到这一历史性时刻的要求,也没有达到同盟国军队和世界人民的预期。西班牙《阿贝赛报》在《斯大林推翻F.佛朗哥政权的失败企图》一文中,还披露了苏美英三国如何"分蛋糕",划分战后势力范围的内情。文章称,在波茨坦会议期间,斯大林曾就如何处理西班牙问题向其他领导人提出建议,其中一项就是推翻西班牙的F.佛朗哥政权,但该提议遭到英美的反对,因为H.杜鲁门和W.丘吉尔都不想引发第二次西班牙内战。中国《环球时报》发表田聿、魏云峰的《二战最后一役结束在中国》一文,指出1945年5月9日是苏联战胜纳粹德国的胜利日,但对于整个"二战"而言,战胜纳粹德国并不意味着反法西斯战争的结束。文章在回顾这一历史片断的整个过程后认为,在中国军民的协助下,1945年8月9日苏联红军对盘踞在中国东北的日本关东军发动决定性一击,但是在8月15日裕仁天皇宣布日本无条件投降之后,仍有残余日军在多个要塞中负隅顽抗;直到8月30日,牡丹江附近东宁要塞的枪声才彻底停息下来,从而宣告了"二战"最后一役的结束。

在日本方面,2015年8月1日宫内厅首次公开了70年前裕仁天皇宣读停战诏书的原版录音,这份全长4分30秒的录音宣告了日本接受《波茨坦公告》并无条件投降。然而,外界所不知的是,投降前夜日本军方少数死硬派曾悍然发动兵变,试图抢夺录音盘而阻拦录音播出的秘闻。《日本经济新闻》披露了上演的一幕幕"政变"活剧,并证实行动的策动者最后以可耻失败剖腹殉道而告终,从而保证了1945年8月15日中午12时裕仁天皇宣布日本无条件投降。然而,战后几十年来世界上许多人受日本解释的影响,把裕仁天皇的《终战诏书》说成是日本投降的标志,其实非常不妥。国防大学战略教研部徐焰教授的《揭露日本所谓"无条件投降"的幕后真相》一文,剖析和揭露了《终战诏书》出笼的经过及其被掩盖的实质。该文指出,这篇诏书宣布接受《波茨坦公告》规定的各项条件,只是向自己国民的解释,中心是讳言投降、颂扬侵略、轻蔑中国、大念忍经。按日本官方当时及后来的宣传,天皇接受盟国条件是使国家免受破坏的"最大圣恩",而对发动战争的责任则避而不谈,并未公开承认战败。该文认为,后来日本右翼势力一直鼓吹为侵略翻案,坚持的正是这篇诏书的精神,可见其留下了重大的历史隐患。

还有一件值得提及的所谓"重大发现",即英国《每日快报》记者J.兰普顿发表了一篇有关在柏林地铁站内发现一堵疑似帮助A.希特勒出逃的假墙的报道,从而使"二战"的"最大悬案"再掀波澜。1945年4月30日,纳粹德国元首A.希特勒和他的新婚妻子E.布劳恩在柏林的地下室中自杀身亡,这是我们所熟知的关于A.希特勒下场最常见的说法。但是,史学界对这个"二战""最大悬案"依然存在争议。根据通常的说法,A.希特勒夫妇自杀之后,尸体被他的副官等人浇上汽油,纵火焚烧,难以辨认。由于"死不见尸",各国领导人对A.希特勒的下落都持有怀疑态度。在波兹坦会议上,当H.杜鲁门问斯大林时,斯大林甚至回答说"没死"。由于官方始终无法提出令人信服的证据,所以民间很早以来就有各种有关A.希特勒"假死"的版本。长久以来有传言称,滕珀尔霍夫机场与附近一座地铁站之间这最后200码距离是通过一条至今无人知晓的隧道连接起来的。不久前,纪录片《寻找A.希特勒》的制作人员利用新解密的美国联邦调查局(FBI)文件和美军的尖端声呐装置,终于发现了这条隧道,这就填补了地铁站与机场之间"缺失的环节"。该片甚至大胆地提出，事实上 A.希特勒正是通过这条隧道，在苏联人的眼皮子底下偷偷逃出了柏林。之后，他又从西班牙乘坐一艘潜艇逃到了阿根廷的丛林里，在一处秘密住所中度过余生，并一直在谋划"第四帝国"的崛起。

四、对世界左翼运动现状的考察

21世纪初资本主义经济危机发生以来，西方国家的阶级矛盾和阶级冲突日益凸显，呈现尖锐化、复杂化的特征。一方面，工人阶级规模较大的实际抗议活动和阶级意识的逐渐增强，标志着工人阶级的新觉醒；另一方面，资产阶级淡化或抹杀阶级矛盾和阶级斗争，更加巧妙隐蔽地加强对工人的剥削和控制。对外经济贸易大学童晋试图通过对当代西方资本主义国家中资产阶级与工人阶级现实斗争的考察分析，揭示阶级与阶级斗争客观存在的真相以及渐趋激化的趋势，从而更加自觉地运用马克思主义阶级理论及其分析方法认识当代资本主义社会。他指出，西方国家资产阶级采用区别待遇，使工人彼此冲突；利用"弹性专业化"雇佣模式，削减工人凝聚力；扩大失业人数，弱化工人组织能力；分化生产过程，抑制工人阶级意识；财富占有悬殊，分配不公凸显；发挥既得优势，盘剥第三世界等手段，对工人阶级展开全方位攻势，意图消融工人的阶级意识，分化工人的整体性，使其呈现一种"碎片化"的态势。作者认为，从目前的状况看，工人阶级的联合还有着漫长而艰辛的路要走，工人阶级的成熟需要经历一场革命性的洗礼。在这过程中，阶级分析的方法必然具有持续的社会阐释力，将对资本主义一系列现象做出有力的解读。

格鲁吉亚、亚美尼亚、阿塞拜疆在苏联时期都属于外高加索地区的社会主义加盟共和国，在苏联解体之际获得独立。现在这三国的共产主义运动近况如何，正受到人们的关注。中国社会科学院陈爱茹对三国共产党在国内和国际政治生活中的影响、未来发展前景做出介绍和分析。她指出，在经历了解体之初共产党活动被禁止之后，20世纪90年代中期伴随着资本主义制度建设的失利，这些国家迎来了一次共产主义思想的回潮，又纷纷恢复和重建了共产党，同时也创建了一些新的共产党。21世纪初期开始，新自由主义在三国的大力推行以及亲西方的执政当局对共产党执行遏制或打压的政策，加上各个共产党自身存在的问题，使三国共产党的群众基础不断丧失，党员人数急剧缩减,政治影响力急剧下降,党的活动空间不断被压缩。此外,这些国家的共产党因一些重大的理论和现实问题不能达成共识,出现不断分裂的现象,从而导致外高加索地区的共产主义运动呈现日益衰落之势。因此,形成理论共识,凝聚共产主义力量是三国共产主义运动亟待解决的现实问题。

苏东剧变后,地处亚、欧、非三大陆交界的巴尔干地区社会主义运动一度遭到严重挫折,经过20余年的调整恢复,目前共产主义政党已超过40个,并先后召开了6次区域性会议。面对本地区复杂多变的形势,各国共产党和工人党提出自己的政治主张,加强与其他共产党和进步团体的国际合作,努力走出社会主义运动的低潮。辽宁大学王建的《巴尔干地区社会主义运动的最新动态——共产党和工人党正走出被"边缘化""孤立化"的境况》一文,介绍了该地区世界社会主义运动发展的现状。该文指出,21世纪以来,巴尔干地区的政治形势呈现出相对缓和的态势,但仍未实现根本性的稳定,政治形势的跌宕使该地区一度活跃的社会主义运动遭受了极大挫折,致使"二战"结束之后在该区域形成的"一个政党""一种主义"的局面已不复存在,多数政党已不再坚持马克思主义的指导思想,而是转而接受"社会民主主义",为数不多的仍坚持马克思主义信仰的共产党组织,在多样化的政治思潮、多类型政党共生的社会环境中仍合法地存在。

值得注意的是,拉美"21世纪社会主义"的理论争鸣与实践探索在拉丁美洲持续发酵。拉美社会主义传统深厚,却成者寥寥,委内瑞拉、玻利维亚、厄瓜多尔等国各具特色的"21世纪社会主义"模式何以可能?中国社会科学院贺钦指出,"21世纪社会主义"是杂糅了印第安主义、玻利瓦尔主义、马克思主义、天主教、解放神学、民族主义等拉美特殊历史文化因素而形成的非主流社会主义运动。其主张在资本主义制度框架内,实行多元的社会改良与合作方案,倡导民主、自由、平等、正义等价值观,具有短时、局部、温和等实践特征。就阶级本质及其主张而言,拉美许多社会主义运动实属社会民主主义范畴,在一定程度上迎合了选举政治中的大众诉求,表现出其政治立场的模棱两可和社会改造方案的空想性。在她看来,尽管各国对"21世纪社会主义"的具体理解、表述和举措不相一致,但都强调本土特色、替代色彩和地区合作,主张建立符合拉美本土价值观、维护国家主权和基本人权的社会主义模式。由于其理论体系、道路探索和制度建设还远未成熟,仍无法主导拉美国家的发展道路,故应全面、客观、历史地评价其现实和前景,合理预期其对世界社会主义运动的影响。

五、深化对社会主义前沿问题的研究

2015年8月5日是科学社会主义理论与世界社会主义运动创始人之一恩格斯逝世120周年的纪念日。为批驳西方学者把马克思主义与恩格斯主义的对立,中国人民大学高放教授发表《马克思恩格斯主义双星合璧论——正确认识"第二小提琴手"的理论贡献与历史地位》一文。该文作者于1985年就从正面论述了恩格斯主义与马克思主义的一致,2013年进而提出"马克思恩格斯主义"这一新概念。该文从恩格斯一生纵向经历的红钢、黄金、白银、紫铜4个时期和横向拓展的科学世界观、科学历史观、科学现状观和科学未来观4个领域,阐述了恩格斯对马克思主义理论作出的独特贡献,并与马克思一起共同铸就了马克思恩格斯主义的双星合璧。该文指出,恩格斯不是通常意义上所说的助手,而是一生与马克思互相帮助、密切合作、志同道合、观点一致、平起平坐、平分秋色的最密切战友,在马克思谢世后还独当一面地充当了第一小提琴手,马克思恩格斯主义可以说是天作之合,人杰共创。该文旨在说明:马克思主义与恩格斯主义的精神实质是一致的,批驳西方学者把两者割裂、对立起来,用以否定、贬诋恩格斯主义;提醒人们重视学习恩格斯对创立、捍卫和发展马克思主义的独特贡献,更加重视恩格斯晚年的著作;警示人们学习马克思与恩格斯互相帮助、密切合作、和谐共处的范例和精神,而不要互相拆台、彼此对抗、势不两立。这是社会主义共产主义事业长盛永旺的要领。

时代问题是我们观察国际问题的一个最高层次的战略判断,已经受到不少学者的关注。因为能否正确认识我们所处的时代,事关能否科学地把握历史发展的总趋势,并在这个基础上制定纲领、路线和政策。中央党校赵曜教授在《时代问题是一个关系全局性的战略判断——当今世界正处于从资本主义向社会主义过渡的时代》一文中指出,马克思主义的时代观为我们正确认识所处时代提供了重要的理论依据,即所谓时代是指在一个较长历史时期中,哪个先进阶级推动历史发展的总潮流和总趋势。该文认为,当今世界所处的历史时代在马克思主义文献中有两种不同表述,而1957年《莫斯科宣言》概括的"俄国十月革命开辟的从资本主义向社会主义的过渡",要比斯大林关于"帝国主义和无产阶级革命时代"的表述更为确切。当今时代的基本特征表现为:(1)世界范围的由资本主义和前资本主义向社会主义的逐步过渡;(2)社会主义和资本主义的长期并存和历史性竞争;(3)资本主义殖民主义体系的彻底崩溃和民族解放运动的全面胜利。该文指出,正确认识和把握包括所处时代、世界格局、国际形势、大国关系、周边环境等内容的世情,是我们党制定国际战略与对外政策的重要依据。

但在时代问题上,至今还有人违背或罔顾邓小平的科学论断,使时代问题变得很混乱。一方面,有人将和平与发展当作"时代"的定义来表述,强调当今是"和平与发展的时代",给人以"大的历史时代"似乎已改变的错觉;另一方面又有人不顾当今时代的主题已不是"战争与革命"的现实,继续简单地从"两个阶级""两种制度"的角度去突出强调和定义当今的时代,甚至提出当今是"社会主义与资本主义两条道路、两大力量、两种命运生死博弈的时代",似乎整个世界仍处在昔日的"两大阵营"对垒斗争的年代。针对这两种极端化的倾向和论断,中联部肖枫发表《"时代主题"转换了而"时代本质"没有变——要全面认识当今时代的两个基本问题》一文,以正视听。该文指出,邓小平关于当今时代的科学论断,是包括"时代的主题"与"时代的本质"两个基本问题、基本概念在内的完整体系,"时代的主题"是"和平与发展","时代的本质"是"由资本主义向社会主义过渡"。只有将这两个问题结合和统一起来,对当今时代问题的认识和把握才是全面和完整的,这就是"时代主题"转换了而"时代本质"没有变。

长久以来,考古学家、历史学家和政治学家们不断地研究什么是国家以及国家起源的问题。自恩格斯发表《家庭、私有制和国家的起源》以来,考古学的国家研究取得了许多新发现,与此同时新型的国家也不断涌现。由此,学界对于建立国家的目的、国家的功能、国家形态以及国家性质的多样性有了新的认识。清华大学阎学通提出,今天运用恩格斯的国家理论时,需要了解他所界定的国家标准与现今国家的异同。他指出,在恩格斯时代,民族国家在欧洲尚未普及,而如今已经成为主体国家形态。恩格斯以科学实证方法研究国家性质,因此发现国家有时不进行阶级压迫和剥削,而是独立于不同阶级进行调停的例外现象。作者认为，如果仅仅把国家限定为是阶级压迫和剥削的工具，那么对于那些未以阶级压迫为目的而建立的国家、公民身份由血缘决定的国家、公共权力与人民大众不分离的国家、全民服兵役或无税收的国家来说，就很难解释许多例外的现象。作者强调，随着今后考古学的进一步发现和新型国家的出现，人类对于国家及其功能的认识会更加接近客观存在。为此，在继承恩格斯国家理论的基础上，需要进一步丰富和深化，在运用经典理论解释当今国家时，需要科学地限定其所适用的范围，而不宜随意地使用。应该看到，并非所有时期的国家都是用于阶级压迫的，有些是用于阶级调和的，是社会治理的工具。这一点需要引起我们的重视。

我们知道，科学社会主义是"关于无产阶级解放的条件的学说"，这是从规律性上认识无产阶级解放的思想体系，由此建构了社会主义运动的目标和依据。然而，当代资本主义没有预期的那样很快灭亡，它的社会保障体系又维持了民众的基本生存，这就引发了对无产阶级解放必要性和可能性的质疑。天津师范大学余金成拟以新的事实为依据，重新解读无产阶级解放的当代性质和条件。他指出，西方不少学者认为马克思的阶级理论在新的时代条件下已失准，主张重建阶级概念；认为以阶级分析为基础的阶级斗争理论已过时，主张解构这一理论；认为以消灭阶级为己任的社会主义运动已失去合理性，主张放弃无产阶级的解放目标。他们以为提出上述见解都有一定的根据，但这些结论总体上忽略了无产阶级解放学说整体性所呈现的历史感及其相应的逻辑活力，因此包含着严重的误读。在作者看来，马克思无产阶级解放学说的规律观、价值观和策略观是一个整体，其中规律观立足人类与自然界关系发展的客观趋势，体现无产阶级解放的必然性；价值观立足人类发展与自然界关系的需要，体现无产阶级解放对人类解放的标志性；策略观立足人类面对的具体经济与政治形势，体现无产阶级解放的现实性。只有依循新的时代事实予以解读，才能看到中国特色社会主义是社会主义运动一次划时代的变革，也是无产阶级解放事业一次战略性的调整。

近几年，中国学术界关于"科学社会主义基本原则"理论范畴的提出，已受到广泛的关注。可以说，这是对科学社会主义理论认识的历史性飞跃，也是我党90多年来坚持正确理解和对待科学社会主义的思想结晶。中国人民大学奚广庆认为，这一范畴最显著的特点是突破了对科学社会主义基本原理的教条化理解，依据理论与实践的创新，概括出科学社会主义的理论逻辑和最大公约数，这既突出体现了科学社会主义的本质和逻辑，又深深根植于20世纪世界社会主义的历史实践和丰富经验之中。他强调，这一范畴的提出，舍弃了反映当时欧洲历史条件、社会情况、认识水平和运动需要的、不适合后来世界历史环境和时代变化的那些被误读了的"最终原理"和"唯一模式"，并进一步揭示了具有普遍意义的社会主义理论逻辑和历史规律，这就抓住了科学社会主义基本原理中最根本的东西。

从国外学界研究的情况看，与苏联时期的主流意识形态不同，当代俄罗斯的马克思主义已经发生了现实的裂变，分化为反思的马克思主义、批判的马克思主义、创新的马克思主义、教条主义的马克思主义、文本学的马克思主义等不同的思想理论流派。他们依托新的时代条件和国情环境，用更加客观的视角审思马克思主义的理论实质，反思苏联社会主义的实践，在有关马克思主义基本理论和苏联社会发展道路的评价方面取得了一系列重要成果。中央党校林艳梅的《俄罗斯学界重新诠释马克思主义的理论实质——审视马克思主义与人道主义、乌托邦主义、修正主义和布尔什维主义的关系》一文，对之作了全面的梳理和评述。该文指出，在俄国学者看来，在马克思学说中包含着人道主义的内涵，而苏联教条主义建构的是一种"无人"的思想体系；马克思在批判资本主义、判断人类历史的发展趋势和未来前景时，虽然总体上超越了空想社会主义抽象的道德设定，但事实上没有完全摆脱乌托邦主义的痕迹；既然"修正"是正常的科学研究方法，那么E.伯恩施坦修正马克思主义有它的合理性，而且伯恩施坦主义与欧洲社会历史发展是相适应的；不同于马克思提出的西方国家革命方案，列宁根据俄国的社会条件，发展出了布尔什维主义的激进版本，这是一种必然的历史选择。该文认为，俄罗斯学界的研究还原了人道主义的、非教条主义的、科学民主公正的马克思思想形象，使人们能够在马克思主义与单纯的暴力革命学说、乌托邦的理论空想、教条的意识形态以及凝固化的道路选择之间作出区别，这些反思和开放性的讨论，富有深刻的启示意义。

针对"人类历史上还将有社会主义吗？"的疑问，俄罗斯《21世纪马克思主义》杂志刊载俄罗斯科学院院士、莫斯科国立工业大学教授Ю.琼科夫的《人类走向社会主义是一种不可抗拒的运动》一文予以解答。该文认为，这个问题其实没什么可争论的,现代人的整个文明史最终将进入社会主义发展阶段,谁想否认这一点就像否认万有引力定律一样毫无意义,而且除了社会主义,至今没人提出任何新的社会形式。现在的问题在于,资本主义会长久抑制人类文明的进步吗?在作者看来,人类走向社会主义是一种不可抗拒的运动,并非意味着所有发达国家从资本主义过渡到社会主义的一切客观条件均已成熟,而且客观条件形成的仅仅是社会重建的物质基础,而它未来的发展取决于作为社会经济主体的国家的活力,没有准备好向社会主义过渡的只是主观的或人为的因素。该文指出,医治反社会主义、反共产主义情绪的最好"良药",是认真研究世界各国的社会主义思想,以及社会主义各国包括苏联在内的社会主义实践。

从明治时代起,日本一批知识分子就接触到了西方的先进思想,为了建立和平而平等的社会,他们通过翻译马克思主义经典著作,向社会推介这一先进思想。日本学者吉田阳介的《如何将马克思主义理论应用于现代社会》一文,向读者介绍了近10年来日本社会主义研究的状况及其特征。这些特征包括:打破了"宗派主义"的束缚,实事求是地研究社会主义的理论和思想;重视吸取20世纪社会主义国家实践的教训,把马克思主义理论与目前世界的实际相结合;关于未来社会的设计,用"联合体"取代生产资料"国有化";通过向大众介绍马克思主义,推进马克思主义"大众化"。该文还指出目前日本社会主义研究中存在的一些问题,即有关未来社会的蓝图是为讨论而讨论,因而难以实现其设定的构想;有关革命和社会主义建设历史的研究成果较多,而有关执政理论的研究极少;对革命时期非主流理论家的思想研究仍显不足;需要加强研究,如何应用马克思主义的基本原理以恢复左翼政党的影响力。该文认为,目前日本资本主义矛盾加剧,以市场经济为主的经济政策难以解决贫富差距等问题,这就为社会主义的研究留下了很大的空间,需要进一步探索如何将马克思主义理论应用于现代社会。

法国是早期社会主义思潮和运动的发源地之一。近10多年来,对于社会主义研究又有复苏的迹象,《20世纪》《政治科学》等法语期刊都不约而同地刊载了数篇有关法国社会主义思想史的论文。法国鲁昂大学J.N.迪康热(Jean-Numa Ducange)博士对近年来欧洲地区尤其是法国国内在社会主义研究方面的学术成果进行了综述与评价,展示了2014年饶勒斯逝世100周年之际所涌现的一些最新研究视角，以及法国最近出版的有关社会主义、共产主义概念史和法国社会党研究的参考文献。他指出，法国学者J.德罗兹主编的《社会主义通史》为社会主义国际史研究提供了有力的参考；作为J.饶勒斯研究专家的M.勒贝留，重新将E.伯恩施坦所推崇的"修正主义"与法国改良主义的关系作为研究对象；R.杜孔隆比的研究重点则偏重于对法国共产主义来源的探索，认为它应脱胎于1914年之前法国社会主义所孕育的思想而不是苏共的"嫁接"；C.冈达尔、V.杜克乐撰写的《J.饶勒斯》集结了近10年来研究这位著名的社会党创始人的重要研究成果，并对他的策略思想下了"革命改良主义"的结论。除此之外，法国学者还阐述了社会党历史中始终存在的现实策略与意识形态主体的矛盾，以及法国社会党人与政治制度，尤其是和代议制政府的关联。

六、多样性社会主义思潮的比较鉴别

作为科学社会主义对立物的非科学社会主义思潮，在后发展国家社会主义的实践中有相当大的影响力和广泛的市场，但又很难划清与科学社会主义的界限。为此，中央党校陈文通发表《必须与各种非科学社会主义思潮划清界限——对思想史上九大社会主义派别的考察》一文，对国家社会主义、民粹派社会主义、F.拉萨尔民主主义的社会主义、E.杜林的"新社会主义"、J.西斯蒙第的小资产阶级社会主义、P.蒲鲁东的小资产阶级社会主义、费边派的市政社会主义、L.布朗基的革命社会主义和M.巴枯宁的无政府主义等九大非科学社会主义思潮和派别作了系统考察，并揭示其主要的特征、根源、思想理论和政治主张。该文强调，走中国特色社会主义道路，在相当长的历史阶段中，既不能和科学社会主义的理论蓝图对号入座，又不能和种种非科学社会主义同流合污，而必须与具有"左"的、右的和庸俗化倾向的非科学社会主义划清界限。该文指出，科学社会主义只能建立在资本创造的条件基础上；它不代表落后的生产方式和开历史倒车；不是资本主义制度框架内的改良主义；要严格区分过渡措施和根本变革的关系；不能把公有制、国有化形式本身等同于社会主义，不能建立在公用事业地方市政所有的基础上，也不可能建立在商品生产和价值形式的基础上；始终坚持无产阶级的阶级性质；绝不是民主主义的"平等的王国";不依靠超经济的方式消灭资本主义;不是无政府主义;等等,这就为识别形形色色的社会主义提供了坐标系。

富裕社会中贫困问题的根源究竟是什么?尤其是因无法满足公共需求而产生的公共贫困问题该如何解决?对此,美国不同派别的经济学家发表了自己的观点,提出了自己的解决之道。其中,美国新制度经济学派的代表人物J.加尔布雷思提出的"新社会主义"论更具有代表性。曲阜师范大学刘合波和秦颖对他的观点作了述评。在J.加尔布雷思看来,资本主义社会中存在的计划与市场二元经济体系的严重失衡,是贫困等现象产生的根源。要解决这个问题,就必须实行"新社会主义",即依靠政府的力量,将市场体系纳入计划体系之内,并将计划体系置于政府的调控之下,通过国有化对计划体系的权力进行限制,对市场体系加以扶持,以此加强对计划体系的抗衡力量,促进两种体系的平衡发展,最终达到满足公共需求、实现公共目标的目的。作者指出,这是J.加尔布雷思对资本主义和社会主义两种制度下的经济体系的理解,也是他对富裕社会中贫困的现象、根源与解决方案的渐进式阐述与分析。但这种将公共领域问题的解决完全依托于一个注重个人产品与服务的政府,并将摆脱计划体系的控制寄希望于政府本身的设想,有着浓厚的理想主义成分。因此,尽管"新社会主义"有其合理成分,却导致了该理论在现实社会中发挥作用的有限性。然而该文认为,加氏提出加强政府干预的解决方案,至少对新兴经济体在发展中过于重视市场体系的问题、将过多的公共领域交予市场而引发的问题有所启发,也为问题的解决提供了思路。

早在18世纪40年代,德国移民H.克里格就预测,美国的自由土地将使该国工人不必再走欧洲兄弟所走过的革命道路。1906年后,德国社会学家W.桑巴特由此提出"为什么美国没有社会主义"的经典问题,并在分析之后给出"烤牛肉和苹果派"论、两党抑制论、投票权抑制论、观念认同论、阶层流动轮和自由土地论等六点解释。从此,众多学者不仅就W.桑巴特的论点展开讨论,而且另外提出美国工人内部存在冲突、政府压制、政治与道德相冲突、联邦制以及共和主义等5个理由。于是,"美国社会主义例外论"成为社会主义思想史上一个引人关注的话题。2000年美国前政治学学会主席S.李普塞特出版《没有发生在这里:为什么社会主义在美国失败了》一书,用比较的方法审视了这些论点,并得出了最后的结论。山东大学高建明和蒋锐围绕这一专题对众多学者的研究作了详细的梳理，指出从W.桑巴特以来，"美国社会主义例外论"的内涵和解释都经历了变化。根据S.李普塞特的分析，"为什么美国没有社会民主主义"取代了"为什么美国没有社会主义"，"烤牛肉和苹果派"论、自由土地论、政府压制论、联邦制解释不再能够成立，两党抑制论、工人内部冲突论得到了肯定，投票权抑制论需要加入新的变量，观念认同论的重要性有所降低，阶层流动论、政治与道德冲突论则得到了补充。作者认为，虽然S.李普塞特给出了比较权威的检验和总结，但由于新的情况、新的变量、新的范式、新的统计数据会不断出现，所以关于美国有无社会主义的争论将会持续下去。

不久前，曾一度认为"第三条道路"是最好道路的A.吉登斯宣称，在技术与全球化压制下，他与T.布莱尔倡导的"第三条道路"已死。作为中左翼的思想政治主张和现代化运动，"第三条道路"在欧洲的衰落，折射出西方民主制度的困境。《中国社会科学报》就"欧洲左翼力量走向何方？"为题，邀请国内田德文、林德山、郭忠华、史志钦、吕薇洲5位学者对"第三条道路"式微的原因发表看法。学者们指出，"第三条道路"作为欧洲社会民主主义发展的当代版本，试图在传统社会民主主义与新自由主义之间走一条中间道路，然而近些年已经式微。按照学者们的分析，原因大致有几个方面：（1）从短期来看，向中间靠拢的战略确为社民党赢得了一部分中间群体的支持，但同时也导致部分传统支持队伍的流失，而作为新战略核心的中间阶层却是多元的流动群体，很难像过去的产业工人队伍那样成为长期稳定的支持力量，他们会随时随地改变政治倾向，致使社民党陷入困境；（2）为突出中间化战略，有意识地淡化了传统的意识形态色彩，但这却导致了一个政党与其传统的陡然断裂。一旦为追求选票而使自己的左翼身份特征不断丧失，模糊的立场将越来越失去选民的支持；（3）"第三条道路"的成功依赖于政策在左与右之间保持平衡，但民意碎片化、认同多元化使既有的"左""右"分野不再能回应政治市场中选民的需求，因而实际上没有多大实施的现实可能性；（4）欧洲左翼的传统强项是在社会分配上做文章，但在艰难的经济和财政状况中维持兼顾弱者的福利制度方案很难实现，其所处的困局可想而知。学者们认为，目前的社民党处于左右夹击的尴尬境地，但还是有发展空间，空间的大小取决于"社会"与"资本"在全球化舞台上新的博弈结果。值得注意的是，不少国家的社民党明确提出"重新左翼化"的斗争目标,提出重新回归社会民主主义传统,重新举起"社会公正""可持续发展"的旗帜,以彰显社会民主主义的传统特色,以便在轮流执政的"钟摆政治"格局中掌握主动。

苏联的瓦解无疑有着各种因素的促成,但学界把视线转向其后期思想文化领域的多元化思潮,认为由这些思潮引发的多元化价值观,直接动摇了作为苏联社会主义大厦支柱的主流意识形态。其中,走向抽象化的极端人道主义思潮,成了整个社会舆论和价值评判的支点;对"俄罗斯思想"的探寻与回归,从文化认同上加剧了苏联核心价值观的裂变;东正教的复兴改变了苏联的政治生态,使苏共的合法性遭到质疑;新自由主义促使整个社会濒于瘫痪,加剧了对共产主义的悲观情绪;"非暴力伦理学"否定了"十月革命"暴力的道德性,动摇和瓦解了苏联人民的政治信念等。上海社会科学院郭丽双的《多元化思潮对社会主义核心价值观的解构——苏共意识形态堤坝全线崩溃的教训》一文,对解构苏联社会主义核心价值观的错误思潮,从不同层面进行了剖析,并总结了导致苏共意识形态堤坝全线崩溃的教训。该文认为,借鉴苏联的教训可以得出如下的启示:要扩大主流意识形态的包容度;要积极借鉴而非照搬传统文化资源;要深入挖掘马克思的人道主义思想;要用正确的政策去发挥宗教积极的社会整合和道德规范作用;要在解决现实问题的过程中增强核心价值观的凝聚力;要用科学的伦理学为社会主义奠定坚实的基础等。

七、政治现代化路径选择中的各国政党

无论是发达国家还是发展中国家,都将面临政治现代化的进程,但由于各国所面对的"社会—历史—文化"环境不同,对于政治现代化路径的选择也会出现差异。一些国家自然地形成了以多党制为核心的民主政治,而另一些国家中则在一定条件的作用下,形成了以政党为中心的政治现代化范式,即"政党中心主义"——西方学界将其视为政治现代化范式中的"异类"。然而需要回答的是:在政治现代化的进程中,为什么有些国家并没有按照典范逻辑过渡到民主政治,而形成"政党中心主义"的特殊模式?福建师范大学张翔试图将政党中心主义所处的政治生态置于自由民主主义与专制主义之间的谱系中加以解释。他指出,虽然传统延续论、革命需要论、苏联影响论、发展中情形

论4种分析范式,从不同的角度解释了政党中心主义的起源,如果从政治生态的结构要素、文化要素与行动者要素三个方面进行分析,便会发现"国家—社会"结构的"双弱"格局、政治派系结构的"两极化"、政治文化的"对立性张力"、执政党严密的组织性是政党中心主义起源的关键成因。而俄国、中国、法国三个国家所具有的政党中心主义特质,可以为这种新的解释模式提供验证。作者认为,政党中心主义并非一个固化的政治现象,而是一个动态的发展过程。在这一过程中,它将面临不同的发展取向,俄国与法国都恢复到专制主义,而中国则在继续探索政党中心主义的政治现代化模式。

近10年国外比较政治学界的民主化研究,主要聚焦于选举式威权政体的研究,它已经从传统威权主义中独立出来,成为一种新的政权形态。它既不属于传统威权政体,也不是真正的民主政体。那么,如何定义这些带有民主表象的非民主体制?这一政体的类型及其演变路径又是怎样的?北京大学孙代尧、李京对20世纪50年代以来国外民主化研究作了系统的考察,其中既有细致的类型划分,也有对这一政体之变迁的解释。作者指出,与传统威权相比,选举式威权具有民主的制度特征,如定期的全国多党选举、全民投票、存在反对党等,但这些民主的制度安排只是一种形式和表象。他们认为,在对选举式威权政体的定义和解释中,西方学者依旧没有逃脱"选举"与"民主"的单线思维,或者说对这种新型威权政体的考察是以选举质量的优劣来予以区别的。实际上除选举外,民主政治的现实发展提供了更多的维度,包括言论、结社、集会、示威、新闻、出版等公民权利都应成为衡量民主质量的标准。同时,民主制度框架中的立法、司法机构,在新型威权中虽然存在却没有起到权力制衡的作用,以致选举的公平性受到损害。他们强调,民主转型与威权崩溃在不同地区或国家间存在差异,是民主化研究难以建立一般性解释模型的原因。如何通过对不同区域的比较研究,为建立具有普遍性的政体演变模式提供更为充分的论据,是当下需要加以关注和讨论的。

从欧美的情况看,随着西方社会利益的高度分化,多党民主开始运作不良,往往形成政治僵局,传统上政党是社会力量的整合手段,但现在已经演变成社会分化的工具。因此,研究如何通过引入超越党派或者非党派的力量,来重构社会政治治理机制,现在到了一个关键的历史时刻。新加坡中国问题专家郑永年的《选举与民主政治的未来》一文,记录了不久前参加美国斯坦福大学贝格鲁恩研究所主办的一个关于"后党治理"的研讨,并发表了关乎这个目前世界选举民主所产生的问题及其未来出路的见解。他指出,之所以提出"后党治理"这个概念,主要是目前西方民主国家的治理出了大问题,因此需要在制度上设计一种同时能够获得共识和有效反馈的非政党或者后政党制度。研讨者认为,在人人可以参与政治的情况下,必然会产生更为分化的利益和社会群体,这就需要更强大的、非党派性的、去政治化的调解力量的产生,去促成党派和选民的短期、特殊利益与国家社会的长远、普遍利益之间做出妥协或达成最低限度的共识。这里最大的挑战就是如何超越各党所代表的狭隘利益,在政治体系中发展出一个超越所有利益之上的力量和组织,构建一种整合直接民主、代议民主和"去政治化"的贤能政治制度,从而在使得权力更具知识、民主的决策更具有长远利益考量的同时,促成执政党承担政治责任。

值得关注的是,21世纪初期,整个西欧左翼政治光谱中形成了一个巨大的真空地带,这就为"替代左翼政党"的迅速崛起提供了广阔舞台。这些党大多是共产党的衍生物或继任者,在各国政党体系坐标中处于共产党和社民党之间的位置。中国社会科学院于海青的《西欧政治舞台上的迟到者——从边缘崛起的"替代左翼政党"及其走向》一文,对此作了专门的分析和介绍。该文认为,"替代左翼政党"是当前西欧政治舞台上的迟到者,其意识形态介于共产党和社民党之间,在价值倾向和立场上具有鲜明的激进左翼色彩,明确反对资本主义,代表中下层社会阶级利益,但缺乏明确的指导思想和社会主义制度指向。该文指出,这些政党的迅速崛起与其意识形态、身份特点、战略策略关系密切,一方面它们对生态、女权、和平等非阶级、非意识形态的后物质主义议题的强烈关注,明显与生活相对富足的中间阶层价值理念相契合;另一方面它们也不缺乏激进精神,对于新自由主义的批判、公平正义的呼吁、反体制运动的积极支持和参与,引发了中下层劳动者的普遍认同,因而体现和代表着21世纪以来欧洲激进左翼运动的发展方向。

八、社会主义思想史新探

(一)自由主义政治思潮发展的历史轨迹

自由主义作为全人类自由与平等的思想源远流长,比它在18世纪成为政治思潮、随后在19世纪成为政治党派还要早几个世纪。自由思想作为对普遍人权、三权分立和所有国家权力合宪合规的呼吁，可以被视为政治现代性的源泉。在欧洲的核心国家，民主工人运动也是在自由思想的推动下形成的。德国《新社会/法兰克福期刊》2014年12月号刊发德国社民党著名理论家、多特蒙特大学政治学名誉教授T.迈尔（Thomas Meyer）的《自由主义———一种伟大思想之命运》（Der Liberalismus-vom Schicksal Einer Groben Idee）一文，梳理了这一政治思潮发展的历史轨迹。该文指出，在20世纪现代社会发展道路上，自由主义对于结束任何畸变始终是一盏指路明灯，后来它作为政治北斗星的形象被蒙上了一层阴影，普遍的自由思想被狭隘的财产权益所混淆。自由主义的主流从危机中汲取教训后，认识到对市场的社会矫正以及宏观经济政策已成为实现真正自由的条件，自由主义力量的真正遗产是民主的和社会的法治国家，而人权、法治国家和宪法等也成了社会民主党的标志性要求。该文认为，自由主义的这种推动力如今已经变得模棱两可了，因为确保它得以存在的思想—政治传统已经分崩离析，但政治自由主义包括将市场与福利制度相混合的所有变体，已经在所有的民主政党中扎下了根基，所以已经用不着依赖于"自由主义"政党来发挥其作用。

（二）T.格林的"社会自由主义"为创立福利国家制度奠定了理论基础

在英国近代社会发展史上，以强调个人至上为特征的古典自由主义曾经产生过很大的影响。到了19世纪后半期，英国社会随着资本主义的发展出现了严重分化，自由放任主义也因此丧失了说服力和解释力。此时，由T.格林（Thomas Hill Green）创立的社会自由主义扬弃了古典自由主义，成了自由主义发展史上一个重要的转折点，它对英国乃至整个近代西方社会的改革指明了方向。山东财经大学武彬从思想史角度，梳理了自由主义思潮发展的几个阶段，并对T.格林的社会自由主义思想作了充分肯定。他认为，作为人类社会发展最高目标的自由，在T.格林看来不仅意味着人类改造自然、改造社会能力的提高，而且还在于这种提高不仅为少数人所享有，更不能以牺牲他人的自由为代价，而应该是全体社会成员的一种"共同的善"。虽然他仍然自称为自由主义者，但与古典主义强调个人原子化状态明显不同的是，他更强调社会整体的自由，强调国家的干预。他指出，T.格林的这一思想为英国当时的一系列社会立法，从而也为后来的凯恩斯主义、为近代英国福利国家制度的创立奠定了理论基础。

(三) G.萧伯纳以戏剧形式提出费边社会主义的构想

费边社会主义思想框架的主要建构者G.萧伯纳(George Bernard Shaw),不仅是一位戏剧人物的刻画者,而且是其人格化思想的推销者。他的戏剧作品不仅体现着本人的社会价值取向,也隐含着他内心深处的思想矛盾和困惑。因此,聚焦于G.萧伯纳的戏剧,是窥探其社会主义思想的一条有效路径。中国社会科学院萧莎从英国社会史的角度出发,解读了他早期的一些戏剧作品,描绘了中产阶级社会在经济层面的堕落和道德层面的不堪,由此试图回答:费边社会主义形成的社会实践语境、为何成为社会结构转型期英国社会主义思潮的主流、如何形成英国特色社会主义的经验及其历史得失。她认为,从经典马克思主义的角度来评判,G.萧伯纳的费边社会主义无疑是保守的,然而从英国社会史的角度来看,他的保守社会主义道路又是与英国特定时代的社会现实、与英国特有的思想传统合拍的,费边社会主义对社会实践的重视,对于社会幸福总量的计算和追求,无疑是踩着功利主义哲学的足迹而来的。作者指出,费边社会主义之所以被英国社会广泛接受、影响久远,与它因地制宜、主动与本国社会语境、思想传统接轨不无关系。如果社会主义道路不是只有一个普世性的标准答案,那么考察G.萧伯纳的费边社会主义,对我们了解英国知识分子对现实的思考、对我们评价认知当下的社会现状都具有意义。

(四) 第二国际内有关帝国主义理论的争论

据考证,"帝国主义"一词是19世纪下半叶开始与"波拿巴主义"一词同时被启用,来说明L.波拿巴第二帝国维持其对法国统治的各种形式。马克思在其著作《L.波拿巴的雾月十八日》一书中,也使用了"帝国主义"一词来阐明法国的政治体制。在社会主义学者中,E.巴克斯是最早在现代意义上使用"帝国主义"一词的人,他认为帝国主义产生于为老牌资本主义国家生产过剩所造成的剩余产品寻找外部市场。R.卢森堡关于帝国主义的论点建立在对马克思积累体系修正的基础之上,她从自己的分析中得出"剩余价值的非资本主义购买者的存在,是资本及其积累的直接的生存条件",因为被用来作为资本的那部分剩余价值必须在资本主义市场之外才能得以实现。因此在她看来,帝国主义是"用来表达在争夺尚未被侵占的非资本主义环境的竞争中所进行的资本积累"。阿根廷《资本与阶级》(Capital & Class)第37卷第3期发表阿根廷国家研究委员会D.加伊多(Daniel Gaido)和阿根廷科尔多瓦国立大学M.基罗加(Manuel Quiroga)的《对R.卢森堡帝国主义理论的早期反应》(The Early Reception of Rosa Luxemburg's Theory of Imperialism)一文,围绕R.卢森堡的帝国主义理论,评述了第二国际内左中右各派在这一问题上的争论,核心观点在于帝国主义是资本主义演变过程中的必然产物和不可避免的阶段,还是资产阶级在特定历史背景下采取的一项标志着殖民竞争的偶然政策。

（五）《E.伯恩施坦与K.考茨基通信集》的出版或将挑战传统的学术观点

2003年以来,德国坎普斯出版社在法兰克福出版了《E.伯恩施坦与K.考茨基通信集》第2—4集,它将为第二国际理论家思想研究提供重要素材。中山大学练建玲简要回顾了通信集的出版过程,对已出版的3卷通信集从数量上作了统计,并根据通信频率将两人的关系划分为:合作、分歧、冰冻和恢复4个时期。作者认为,直到1898年夏,E.伯恩施坦修正主义中的所有关键性要素都已在他与K.考茨基的通信中形成了,随着通信集的出版,一系列传统的学术观点将遭到挑战。它向我们清晰地呈现了两人关系的走向,即从密切合作到严重分歧,从彻底破裂到重归于好,这不仅为理解和研究两人之间的关系提供崭新视角和重要启示,而且可能会给这一研究带来革命性的进展。

（六）E.伯恩施坦中产阶级理论的逻辑范式分析

E.伯恩施坦对马克思理论的"修正"主要是基于当时德国社会阶级结构的变化,特别是中间阶级的兴起这一历史背景。当时德国并没有出现马克思所预言的两大阶级对立的状况,而是中产阶级的迅速发展。基于这一历史事实,E.伯恩施坦修正了马克思的理论并系统地提出了自己的中产阶级理论。南京大学王浩斌从理论范式与方法论的视角,对之进行了审视和分析,指出E.伯恩施坦一方面在阶级地位的定义上,反对马克思政治经济学的逻辑演绎法,主张历史学派的归纳统计方法；另一方面在阶级意识问题上,反对统一的、客观的阶级意识,主张阶级意识是个体心理状态组成的集合。作者认为,马克思所说的资本集中必然导致中小资产阶级破产,是基于政治经济学批判中的阶级结构的理论模型；而E.伯恩施坦提出资本集中并没有导致中小资产阶级消亡的论断,则是基于当时社会具体的阶级构成,其分析的依据是社会统计学。正是从这一理论模型出发,他才提出人数众多的中产阶层并没有从社会阶梯中消失,而是成了社会稳定和实现民主的主力军。在作者看来,E.伯恩施坦的中产阶级理论与方法,对社会民主党的政策甚至后来的历史走向都产生了重大影响。

(七)K.考茨基对"帝国主义"与"殖民主义"概念的辨析

"帝国主义"和"殖民主义"无疑是世界历史发展中具有重大意义的进程和概念。第二国际理论家K.考茨基在对资本主义进行深入细致的研究后,结合马克思资本主义批判理论的有益成果,对资本主义更高阶段的帝国主义进行了考察分析。他探讨了帝国主义下的资本输出、卡特尔、金融统治、殖民扩张等问题,同时也将殖民主义作为帝国主义问题的一个重要研究对象。在理论家H.库诺看来,这恰恰混淆了"帝国主义"和"殖民主义"两个概念,认为K.考茨基的帝国主义定义是一种适用于任何表现形式的"泛殖民主义政策"。黑龙江大学付明考察了K.考茨基在特殊语境下"帝国主义"和"殖民主义"两个概念之间的异同点,指出实际上K.考茨基没有将这两个概念混淆,而是在不同时代意义上使用的,并认为它们在产生根源以及对非资本主义国家作用等方面存在着明显的不同。该文认为,K.考茨基既将殖民主义看作是帝国主义之前对落后民族和地区的侵略手段,同时又将殖民主义看作是帝国主义的部分内涵,作为帝国主义自我发展过程中的一种特殊政策和手段而存在。两者本身是一对相近的概念,而且具有所属关系。

(八)重新解读普列汉诺夫和列宁关于俄国革命条件的争论

十月革命前夕,普列汉诺夫与列宁曾经就资本主义落后的俄国能否推翻资产阶级临时政府、实行社会主义革命展开过激烈的争论。中山大学吴炜和周全华的《民主革命与社会主义革命能否"毕其功于一役"——普列汉诺夫和列宁关于俄国革命条件的争论》一文,探究了普列汉诺夫在这个问题上的观点及其与列宁的争论,并给予尽量不带偏见的客观评价。该文指出,普列汉诺夫秉持历史决定论的立场,主张俄国革命必须严格遵循由资产阶级民主革命循序渐进地演变到社会主义革命的规律,认为俄国当时的任务是建立资本主义民主制度,大力发展生产力,而不是立刻实施社会主义;而列宁则主张在资产阶级革命成功后不失时机地将革命引向社会主义,由布尔什维克夺取政权。该文认为,在这场争论中,就成功地夺取政权、建立人类历史上第一个社会主义国家而言，列宁无疑是胜利者；而从后来社会主义实践的进程来说，普列汉诺夫关于革命应有步骤、分阶段、循序渐进地进行，在革命过程中革命者不可急于求成等观点非但不是"机会主义"，而且具有相当的预见性，对今天仍有启示意义。

（九）列宁在处理农民问题上的矛盾和纠结：是"同盟军"还是"同路人"

无产阶级在农民占人口多数的经济文化落后国家取得政权后，如何正确对待农民权益、依靠工农联盟巩固政权、引导农民走社会主义道路，是摆在执政党面前的重大问题。由于缺乏经验，加上一些传统观念的束缚，列宁在苏维埃共和国初期处理农民问题上存在诸多矛盾和纠结，在政策上也有不少失误。新经济政策实施后，列宁对此作了深刻的反思，并在实践中不断探索解决农民问题的根本出路。华东师范大学周尚文在梳理了列宁处理农民问题的经验教训和思想遗产后指出，列宁的矛盾和纠结在于：一方面认为农民是人数众多的劳动群众，是"同盟军"；另一方面认为农民归根结底是小私有者，同工人在发展方向上总是两股道上的车，是"同路人"，甚至把"小生产是经常地、每日每时地、自发地和大批地产生着资本主义和资产阶级"的判断，作为对农民进行改造和"割资本主义尾巴"的理论依据。他认为，首先，农民是一个自给自足、相当稳固的社会阶层，有限的小商品经济不是资本主义产生的根源；其次，小生产者在资本主义的冲击下会发生分化，除了极少数人成为资产者外，大批小生产者只会成为产业无产阶级的后备军，而不能把资本主义的产生与发展归因于小生产者的分化；最后，在严厉的战时共产主义政策下，要"每日每时地""大批地"产生资本主义和资产阶级是完全不可能的。尽管列宁最终没有完成自己的探索和转变，但他总结的经验教训是十分可贵的。

（十）列宁"政治遗嘱"中关于党内民主思想的文本解读

从1922年12月下旬到1923年1月上旬，病中的列宁在清醒的时刻口授了《致代表大会的信》等书信，这些长短不一的书信被后人称为列宁的"政治遗嘱"，内容涉及党的建设、党和国家政治制度改革、民族问题、合作社、革命道路、发展生产力、文化革命等问题。南京师范大学王进芬和雷芳结合具体背景，对列宁提出的一系列建议和主张的深刻内涵作了分析解读，如"对我们的政治制度作一系列的变动""把中央委员人数增加到几十人甚至100人""建议同志们仔细想个办法把斯大林从这个职位上调开""把中央全会变成党的最高代表会议""中央监察委员会的委员们,应该注意不让任何人的威信,不管是总书记还是某个其他委员的威信,来妨碍他们提出质询"等。作者指出,列宁力图从党自身改革入手,建立工农代表参与下的党自身的监督机制与权力制衡机制,把领袖和党的最高机关列入受监督的对象,其实是一个新的分权与权力制衡的思路,尤其是从制度上让中央监察委员会拥有特别权力,以使党的监察机构拥有并确保能独立行使对同级党委会及其领导者的参与权、检查权、质询权、纠错权、否决权、查处权等,从而实现对党的领导机构的有效监督,这些思路对现实有深刻的指导意义。

(十一)苏东社会主义思想家对苏共官僚化的批判

苏联官僚制是一种异化的官僚制,它不仅有悖于社会主义的基本理念,也异于历史上的旧官僚制。几位苏东社会主义思想家曾对之进行过分析批判,并得出了"官僚主义"论、"官僚特权阶层"论和"官僚阶级"论等基本结论。北京大学项佐涛解析了这些论调产生的不同时空,归纳了他们对官僚主义者的性质、产生官僚异化的原因、如何摒弃官僚制等做出的不同回答。他指出,列宁虽然承认苏联党和国家机构中存在着严重的官僚异化现象,但是否认苏联政治体制已经异化为一种官僚制,只承认存在着个别机构和个别干部作风上的官僚主义;托洛茨基、麦德维杰夫、J.铁托和E.卡德尔则认为,由于党和国家权力过于集中,苏联党政机关中存在的不仅是官僚主义现象,而是形成了一个背叛社会主义信念、以谋取个人权力和特权为主要目的的官僚阶层的统治;而在M.吉拉斯、A.沙夫和O.希克等人看来,苏联党政机关中的官僚主义者是一个新的占统治地位的剥削阶级,而不仅仅是一个阶层。该文认为,或许把苏联官僚制看作是俄国历史上专制制度在现代社会的一种极端化发展更为合适,现代化的历史使命让其承担起了西方国家专制王权在资本主义社会初期所承担的历史任务,而现代化的技术手段则让其比历史上的专制主义权力范围更广、权力更大。因此,一旦党和国家掌握了绝对权力,全面实行生产资料国有化,并通过行政指令性的计划经济来实现现代化,由此便会产生一个权力巨大的官僚制。

(十二)保加利亚共产党人对马克思主义本土化的探索和贡献

保加利亚社会党具有悠久的历史和革命传统。在马克思主义本土化过程中，该党对马克思主义理论进行创新，为国际共产主义运动作出了自己的努力和贡献。中国社会科学院马细谱通过回顾马克思主义在保加利亚的传播过程，分别介绍了党的领导人布拉戈耶夫、季米特洛夫和日夫科夫对马克思主义本土化的理解及其业绩。他认为，在一个多世纪的革命实践中，该党始终围绕"保加利亚有没有社会主义的土壤、能不能开展社会主义运动？"这个首要问题进行思考，并得出"社会主义不承认绝对真理和理论，而是用每个时代所具有的规律来解释那个历史时代"的结论。同时，在如何对待社会民主党、反法西斯统一战线、人民民主制度、建立农工综合体、国家所有权和企业经营权分开等问题上，也都提出了自己独到的见解，受到了广泛的重视和应用。该文指出，值得重视的是，该党始终强调执政党要充分尊重保加利亚的具体条件、特点和传统，强调马克思主义思想原理要适应保加利亚的土壤，并在此基础上接受西方或者东方的理论火花。

（十三）苏联解体正是计划经济这种体制性危机引起的

在马克思主义经典著作中，社会主义是同取消商品市场、实行计划经济联系在一起的，因此，以后的社会主义实践便把计划经济看成社会主义制度的必然属性和社会主义经济的客观规律。经过"二战"战时经济对计划的刚性需求和细化安排，计划经济便成了社会主义经济一种不可更改、天条铁律般的固定"模式"。中国社会科学院马龙闪的《苏联解体正是这种"体制性危机"引起的——计划经济走过的坎坷道路》一文，对这段历史作了回顾与总结。该文指出，当时苏联取消新经济政策，推行计划经济模式，党内传统的意识形态起了很大的作用，即强烈的反商品倾向、反资本主义意识；"直接过渡"的思想，其中含有不惜任何代价建设共产主义的价值至上论；坚持"阶级战争"，拥有把阶级斗争绝对化的思想；带有革命浪漫主义，充满着强烈的世界革命意识；等等。该文认为，实践证明，市场经济是人类社会自有社会分工以来，商品交换发展到一定阶段的必然产物，是人类社会文明发展的一个客观规律。这是不以任何人的主观意志为转移的，企图摆脱这个规律，一定会受到无情的惩罚。只有深入了解苏联被禁锢于计划经济思维定式，受困于计划经济模式，了解它在几十年中所经历的坎坷与曲折，才能坚信我国改革选择社会主义市场经济体制的正确性。

九、走出一条适合中国国情的发展之路

面对当下的中国社会,仍然存在权力意志至上、法治之路多舛、市民社会发育缓慢、现代公民意识欠缺等消极现象,不少学者都从传统的东方社会特质中去寻找根源,认为亚细亚生产方式及其法权特质具有某种历史的惯性,并对民族的政治和法律生活发生持续性的影响。湖南大学蒋海松和付子堂发表《亚细亚生产方式是东方专制主义的真正基础——马克思东方观对当代中国社会转型与法治建设之启迪》一文,指出中国当下的社会转型可以从马克思的东方社会理论中获得智慧的启迪,认为马克思对传统中国的省思和对未来出路的思考昭示,需要从自给自足的自然经济走向市场经济,从私权泯灭走向权利意识,从国家社会一体化走向市民社会,从专制人治转向司法公正,从奴化心理走向公民人格,从社会停滞走向改革开放,并在借鉴世界文明的基础上走中国特色之路。该文指出,马克思对传统中国的批判或许让人感情上难以接受,但理性告诉我们,只有按照马克思的提示,客观地检视我们曾深陷其中并延续当下的政治文化传统,冷静体察民族文化特质并反思其缺陷所在,才有可能走出一条适合于中华民族独特的政制和法律发展之路,更快地建成一个民主法治中国。

近年来,国内学界在"马克思主义中国化逻辑起点"的研究上取得了丰硕的成果,比较流行的观点主要有:"思潮传入之日说""俄国十月革命说""中共二大说""十月革命后李大钊言论说""1920年共产主义知识分子群体说""中国工人阶级意识觉醒说""以人为本说""经典马克思主义民族化思想说""农民农村改造说"等,可谓众说纷纭、莫衷一是。华南理工大学李怡和孙宜芳重新聚焦了马克思主义中国化的逻辑起点及其理论依据,指出马克思主义中国化的科学内涵蕴含着马克思主义基本原理与中国具体实际相结合的认识历史历程、实践推进历程和理论生成历程。与之相对应,逻辑起点就应涵盖认识历史起点、实践应用起点和理论生成起点,必须在三个起点同时具备、同时具有"相结合"本质特征的历史时刻进行认定。作者认为,通过探究马克思主义中国化逻辑起点的判定条件,并结合上述三个条件和本质特征,应判定1914年1月—1916年5月以李大钊为代表的留日知识分子的斗争,开启了马克思主义

中国化的认识历史进程，揭开了马克思主义中国化的实践应用序幕，凝成了理论与实际相结合的理论生成的本质因素，因而最终构成了马克思主义中国化的逻辑起点。

改革开放以来，西方多数学者都将中国的转轨进程看作走向资本主义的过程，认为中国特色社会主义欠缺理论上的自洽性和实践上的可持续性，因此只是一种传统社会主义向资本主义转轨的中间过程。2008年以来的全球经济形势和格局演变，成为西方学者进行反思性研究的重要推动力。曾经声称"唯有资本主义才能救中国"的一些学者，纷纷改变了原来的立场和观点，"中国并未拥抱资本主义"成为许多人的共识。中国何以获得这种强大的"中国力量"？其背后的制度性因素是什么？西方学者开始重新反思中国特色社会主义的过去、现在和将来，并相继提出了"北京共识""中国模式"等概念，试图在解释中国经验的同时，为亚非拉发展中国家提供一种替代性的"另类现代化"路径。中国社会科学院于国辉的《为发展中国家提供另一种替代性的现代化路径——西方学者对中国特色社会主义的反思性研究及其评析》一文，综述了其中的代表性观点。西方学者认为，毛泽东在政治领导核心、平稳转轨进程和经济增长要素三方面为中国特色社会主义作出了重要贡献；中国特色社会主义与资本主义的差异体现在公有制的主体地位、共产党的政治领导、集体主义的价值取向和以人为本的核心理念等方面；中国特色社会主义要真正超越资本主义，需要在社会公正、政府廉洁、可持续发展和新农村建设方面作出更多的努力。该文强调，对于西方学者的这些看法应作出辩证的分析和评价。

随着中国特色社会主义研究的不断深化，构建具有中国特色的话语体系已经具有重要的理论和实践价值。国外学界在这方面也越来越趋于系统化，逐渐形成了比较完整的架构。中国人民大学郑云天发文解析了国外学界关于中国特色社会主义研究话语的立场、观点和方法。他指出，总体来看，国外学者的立场可分为三类：(1) 悲观主义，对当代中国持批判态度，其认知和判断比较消极；(2) 乐观主义，积极看待中国的现状和未来，对中国发展比较有信心；(3) 相对中立，态度相对模糊，研究比较注重客观实际，对中国不做或褒或贬的断定，倾向于认为中国发展方向充满各种复杂的未知因素和不确定性。其典型性话语可分为四类：(1) 分析市场经济发展和现代化建设；(2) 探讨政治发展状况和中共的执政模式;(3)研究多元化背景下的文化和意识形态建设;(4)审视全球化视野下中国对世界格局的综合影响力。其研究方法可分为三类:文献研究和比较研究的主流分析法;实地调研与定量模型研究的特殊分析法;民族志与社交植入的新兴分析法。该文认为,在深入了解国外话语的基础上,应着力打造融通中外的新概念、新范畴、新表述,用心诠释中国的政治话语和学理话语,这样才能讲好中国故事,传播好中国声音。

十、社会主义在中国早期传播史上的一页

19世纪末20世纪初的"西学东渐"既引发了国学的变革,又促成了马克思主义在中国的早期传播。当国学初遇马克思主义时会引发怎样的思想碰撞和对立?梁启超的案例提供了重要的参照。他是中国近代史上最早译介马克思主义的代表人物,同时也是在当时的条件下极力反对推行社会主义的国学大师。东北农业大学许静波试图在回答"中国向何处去"这个时代问题时,展示国学和马克思主义的冲突及其原因。她指出,从梁启超对生产力和阶级斗争理论的运用,说明他对马克思主义的研究达到了一定的高度,然而最终他还是坚持当时的中国不宜推行社会主义,因为中国社会不具备社会主义革命的经济条件、没有工人阶级队伍的一定发展以及中国的社会条件不适合革命而只能改良。梁启超的论说彰显了国学与马克思主义的内在紧张关系,即经学与科学的对立、天下与社会的对立、民本与民主的对立。文章认为,在梁启超眼里社会主义是美好的社会,但在当时的中国无法实现。激进派的根本错误在于混淆历史发展的阶段性,将资本主义高度发展以后才能实现的社会主义,提前到封建主义病入膏肓之际来实行,显然属于急躁、盲动与空想。

近年来,"日本马克思主义"再度引起中国学界的关注。由于日本社会早于中国进入资本主义时代,它从欧美引进包括马克思主义学说在内的先进科学文化的时间要比中国早很多,因此自然成为亚洲马克思主义研究和传播的一个重要国度,也成为当时中国知识分子引进马克思主义文化的主要来源地。中央党校胡为雄的《日本成为马克思主义传入中国的中转站——早期赴日留学生充当了译介马克思主义的重要使者》一文,重点探讨了19世纪末20世纪初赴日留学生与"日本马克思主义"在中国早期传播的关系,以及经过日本学

界之手的马克思主义学说怎样辗转传入中国的历史。该文指出,当年留学日本的学生和旅居日本的人士、民主革命者、中国早期的共产主义者、进步学者和媒介人士积极翻译和引进马克思主义著作或相关论著的史实,说明日本是马克思主义理论传入中国的中转国和来源地之一,而一大批早期赴日留学生则成了传播马克思主义的先锋和使者。

列宁主义同中国的相关性最初是怎样建构、接受、认同和传播的?这不仅构成了"列宁主义"在中国出场的深度历史语境,而且直接影响到它在中国的出场方式和出场形态。徐州工程学院梁化奎旨在从概念史的角度对"列宁主义"概念怎样来到中国及其初始形态作深度考察。作者指出,"列宁主义"在中国的出场与先进的中国人以及中国共产党人对于列宁主义同中国的相关性密度场域建构密切相关,同时它受到概念定义者最初给定概念的所指和能指、俄共(布)党内的斗争、共产国际的宣传指向等外来语境的严格制约。列宁逝世后,利用纪念活动这个重要平台,"列宁主义"在国共合作中找到了它出场的通道、行动的场域,并在列宁逝世周年纪念之际,在中共"四大"的强力推动下,实现了它在中国的"现身行动"。

在马克思主义中国化的早期进程中,研究中国报刊副刊历史,能从一个特定的角度,揭示近现代中国思想文化进步与社会变革发展的密切关系。作为五四时期"四大副刊"之一的《觉悟》,原是国民党在上海的机关报《民国日报》的副刊,却在马克思主义者邵力子的编辑运作下,发表了大量介绍和评述社会主义的文章,极大地推动了社会主义思潮在中国的传播与发展。中央党校岳亮的《五四时期与"基尔特社会主义"论战的阵地——对〈民国日报〉副刊〈觉悟〉文本的考察》一文,介绍了五四运动时期大众媒介为社会主义在中国的传播发挥的重要作用。该文认为,《觉悟》发表了大量翻译和评述社会主义的文章,有助于在各种主义纷争之时加深国人对社会主义的正确认识和理解;同时,《觉悟》与《学灯》之间展开的有关社会主义的"论争",本质上是五四知识分子两大话语平台在中国道路选择方面的分歧,争议的焦点在于社会主义是否适合经济落后的中国国情。

20世纪20年代两次"苏俄热"之间,中国知识界以自身的见闻,对列宁实行"新经济政策"的动因、内容及其前途进行过考察和研究。广西师范大学靳书君和孙兴芳的《利用国家资本主义发展社会主义——20世纪早期中国知识界对列宁新经济政策的观察、研究与思考》一文,梳理了中国早期学者对列宁这一重要思想和政策的解读。该文指出,当时的研究者分析了苏俄国内外的环境,看到在经济文化落后的俄国以及列宁对农民阶级由对手到帮手的新定位,这是促使列宁改行"新经济政策"的深层原因;还归纳了粮食税、租让制、租借制、合作社等新经济政策的多方面内容,甚至由贸易自由的源起,探讨了商业和社会主义的关系;并认同新经济政策的实质是利用国家资本主义发展社会主义这一前途。该文认为,早期研究者结合中国实际,提出了在中国发展"新社会主义""新均富主义""新资本主义"等命题,这成了毛泽东新民主主义理论的直接思想来源,为刘少奇后来提出新民主主义社会理论埋下了思想种子。

中国共产党人开启马克思主义大众化序幕的一个经典之作,即蔡和森、恽代英关于"纸老虎"理论的深刻论述,但学界关于两人在"纸老虎"理论方面的认识和评价存在分歧甚至误解。湖北大学徐方平和金飞以翔实的史料,对蔡和森与恽代英的"纸老虎"理论作了再次考证。在作者看来,在中共党内,蔡和森是目前所发现的第一个提出"纸老虎"概念、第一个提出国外的资产阶级反动派是"纸老虎"的理论家;恽代英是第一个提出国内的反动派是"纸老虎"论断的理论家,并开始认识"纸老虎"与"真老虎"的辩证关系,最终两人都逐渐形成了帝国主义和反动派都是"纸老虎"的认识。该文认为,他们两人关于"纸老虎"内涵的变化发展及其理论的深刻论述,充分说明了中国共产党人在理论战线上推进马克思主义中国化和大众化认识的不断创新,初步彰显了早期中国共产党人的理论自信,成了以毛泽东为代表的中国共产党人关于"纸老虎"理论的历史之源和重要组成部分。

作为十月革命领导人之一的托洛茨基,革命后虽担任党和苏维埃政权的重要领导工作,但仍然笔耕不辍,在国内战争和党内斗争中留下了大量著作。1929年被驱逐出境,流亡国外,更是集中精力从事写作。他一生留下的大量著作,如何被翻译传播到中国?中央编译局郑异凡的《被解禁的"黑书"或"灰皮书"——托洛茨基著作在中国的翻译和出版》一文,专门对这段历史作了考证。该文指出,在十月革命和国内战争中,托洛茨基与列宁齐名,他的著作也被当作马克思主义文献及时介绍到中国来。由于1927年他在联共党内斗争中失败,被驱逐出境,以后的中译文主要由中国托派承担。从20世纪30年代起翻译出版的大量涉及十月革命、布尔什维克党执政以及党内斗争等重大事件的托洛茨基著作,从另一个视角揭示了一段被《联共(布)党史简明教程》歪曲甚至伪造的历史。解放后,托洛茨基的著作很长时间成为禁书,被查抄没收,但随着改革开放的深入,所谓的"黑书"或者"灰皮书"逐步得到解禁,并被作为国际共产主义运动中一个重要流派的代表著作,由"内部发行"转入公开出版。该文认为,对于这样一位起过一定历史作用、有着相当影响的人物,应当根据其本人的著作和行为进行客观认真的研究;同时,也不管译者的身份是否属于托派,他们在艰难的条件下翻译出版托洛茨基的著作,从人类文化的积累、流传和延续来看,是有功于历史的。

十一、基于解密档案的历史真实

(一)英国《卡姆登新刊》首次披露列宁"毕生挚爱"的照片

2015年4月,伦敦大学玛丽皇后学院的一名俄罗斯史专家R.亨德森(Robert Henderson),在俄罗斯联邦国家档案馆寻找一位年轻的俄国革命家Vladimir Burtsev的资料时,意外地发现了一直以来难以找到的列宁"毕生挚爱"A.雅库波娃的照片。5月1日,英国地方报纸《卡姆登新刊》(*Camden New Journal*)首次披露了这位被囚禁于西伯利亚战俘营时的、浑身散发着"鲜草"般自然芳香革命家的真实容貌,终于揭开了埋没近一个世纪的A.雅库波娃的神秘面纱;同时,她与列宁生活在伦敦时的复杂关系以及他们在党的政策上的激烈矛盾都被详细地记录下来。

(二)把十月革命说成犹太复国主义运动是对历史的伪造

人们对十月革命的历史还没有淡忘,都知道那是以列宁为首的布尔什维克党领导下实现的无产阶级社会主义革命。但是,曾任苏联作家协会第一书记的F.卡尔波夫却唱反调,他以作家的丰富想象力,为俄国革命编造了一个剧本,即一个犹太复国主义组织资助和派遣犹太人托洛茨基回到俄国,不仅打入布尔什维克党内,而且在苏维埃政权中爬到第二把手的位置,纠集一帮犹太籍的领导人,把俄国的无产阶级革命变成犹太复国主义的运动;多亏斯大林明察秋毫,看穿了犹太复国主义者的阴谋,并通过20世纪20年代党内的顽强斗争,拯救了苏维埃国家和布尔什维克党。对此,中央编译局郑异凡发文,通过对历史事实和文献的考证,认为F.卡尔波夫始终没有指名道姓地说清楚到底是哪些犹太复国主义者资助并领导了托洛茨基,因此只能说这是作家的想象或者虚构,这种情节恐怕连斯大林本人也不敢认同,从而恢复了历史的本来面貌。作者指出,F.卡尔波夫对斯大林及其全部活动的颂扬是不能用无知来解释的,尽管他在卫国战争期间被授予"苏联英雄"称号,但是任何称号都不能为这位眼睁睁地说谎、不惜伪造文件的作者开脱。

(三)据档案资料记载数万华人曾为苏俄政权而战

2015年5月,中国驻俄罗斯使馆外交官分别赴俄罗斯的莫罗佐夫斯克市和弗拉季高加索市,祭奠在那里为捍卫苏维埃政权而牺牲的中国国际主义战士。据俄罗斯科学院远东研究所高级研究员亚历山大·拉林介绍,十月革命后约有4万至5万中国人加入了苏俄红军,并参与俄国内战,用自己的身躯保卫了年轻的苏维埃政权。柳玉鹏《数万华人曾为苏俄政权而战——战功卓著的"中国军团"曾受到列宁接见》一文,披露了这段难以忘却的历史。据档案资料记载,1917年二月革命后,彼得格勒工厂经常爆发有组织的罢工,中国劳工与俄国工人一起参加了反对克伦斯基政府的示威游行,一些华工还直接参加了夺取冬宫的战斗和莫斯科的十月武装起义。十月革命爆发后,侨居在俄国的中国劳工纷纷加入布尔什维克党建立的红军,军队里迅速出现了中国班、中国排、中国连、中国营、中国团以及中国红色国际支队,到1919年夏,苏俄红军共有8支由中国国际主义志愿者组成的队伍。此外,还有更多的华工参加了保卫工厂、矿山的赤卫队及游击队等苏俄武装。在当地的档案中,这些被称为"工农政权的英勇捍卫者",曾受到列宁的接见,许多战士还荣获了列宁勋章。

(四)引发英国红色恐慌的"季诺维也夫信"事件曝光

1924年英国大选前4天,《每日邮报》发表了一封共产国际主席季诺维也夫给英国共产党的信。尽管这封信后来被证实是伪造的,但它对当时的英国大选及工党政府的黯然下台、英国社会"红色恐怖"情绪的发展以及《英苏协定》的困难进程,都造成了极其重大的政治影响。北京师范大学张建华的《引发英国红色恐慌的"季诺维也夫信"事件曝光——伪造的信件曾被用于英国大选中的党派斗争》一文,揭秘了这一事件的来龙去脉。该文指出,"季诺维也夫信"的主要伪造者是圣乔治兄弟会的成员A.贝莱格瑞德、A.古曼斯基和德鲁依洛夫斯基。I.贝莱格瑞德夫人所知的"季诺维也夫信"的伪造者和伪造过程,与苏联方面的调查结果大体是一致的,只是在细节上略有出入。该文认为,他们拟定"季诺维也夫信"的初衷在于破坏《英苏协定》,最后却被用于英国大选中的党派斗争,保守党无疑成了这一事件最大的获利者,而却有力地打击了工党,同时也有效地遏制了苏共的渗透。

(五)苏联吞并波罗的海三国的历史记载

20世纪30年代末,随着德国对一些欧洲国家的侵占和反苏意图的愈益明显,苏联越来越把自己西北边境的安全与波罗的海沿岸三国联系在一起。潍坊学院徐隆彬的《苏联吞并波罗的海三国的历史记载——对苏联解密历史档案的考察》一文,通过史料再现了这一段历史。该文指出,最初苏联通过警告和炫耀武力的方式,使这三个国家不敢建立亲德政府和接纳德国军事力量进入,并试图通过和英法达成保证这些国家安全的协议,来防止德国染指这些国家。但苏联的这些尝试,因波罗的海沿岸三国不买账以及英法在谈判中采取不合作态度,而未能如愿。1939年秋,苏联与德国签订了互不侵犯条约,将波罗的海三国纳入了自己的势力范围。"二战"爆发后,苏联对波罗的海三国采取了强硬政策,并通过在三国设立基地、驻扎军队、组建亲苏政府以及将部队部署在其所有重要城市,将三国纳入了自己的版图。

(六)托洛茨基被刺案真相揭秘

列宁逝世后,在联共(布)党内斗争中失败的托洛茨基被开除出中央委员会,两个月后又被开除出党,后来又被流放到阿拉木图,以致最后被驱逐出境。1937年托洛茨基迁入墨西哥科约阿坎小镇一幢布防严密的住宅。不久,托洛茨基的儿子谢多夫突然在巴黎的一家医院神秘死亡,死因迄今仍未明确,但人们大都怀疑是被苏联内务人民委员部间谍暗杀致死。不到1个月,莫斯科在审判布哈林时,再次判处托洛茨基死刑。可问题是怎样来结束这个已被判了几次死刑人的生命? 于是,斯大林叮嘱贝利亚组织一个执行刺杀的小组。1940年8月20日,凶手拉蒙来到托洛茨基家中,然后拿出一篇为托洛茨基辩护的文章请他修改。就在托洛茨基聚精会神地阅读此文时,拉蒙悄悄地取出冰斧,向托洛茨基的头部猛力砸去……20年后凶手获释出狱,被苏联当局授予英雄称号。潍坊学院徐隆彬的《托洛茨基被刺案真相揭秘——20年后当局授予凶手苏联英雄称号》一文,详细回顾了这一事件的来龙去脉。

（七）中共七大筹备过程中的共产国际因素

近年来公布的一些有关中共七大的档案资料显示，在筹备七大的过程中，中国共产党就七大的召开时间、代表的人数、代表的产生、组成和要求等方面情况，曾向共产国际作了报告，共产国际也就此问题提出了具体的意见和建议，并作出了重要决议。中央党史研究室李蓉对相关档案材料作了整理和考察，指出共产国际高度重视中共七大的召开，客观上给予了不少的支持和帮助，也是中共在抗日战争时期有所发展的重要外部条件和因素。档案资料充分说明，这一时期共产国际和联共（布）对中国革命起了很好的作用。但是，中共七大档案中仍有一些值得关注的问题，比如会期的拖延问题、大会的经费问题、毛泽民对中共七大的建议、共产国际对中共七大的支持和指导等，都值得进一步研究。

（八）一件披露赫鲁晓夫批判个人迷信及其影响的俄罗斯亲述档案

1956年2月14—25日召开的苏共第二十次代表大会，是苏共历史乃至国际共运史上的重大事件，其中的关键人物是时任苏共中央第一书记的赫鲁晓夫。这位历史人物一生活动中最令世界震惊的一件事，就是在苏共二十大所作的秘密报告中批评了斯大林的"个人迷信"，从而揭开了斯大林问题的盖子。几十年来，围绕这一事件的出版物汗牛充栋，不过多是别人的记述和评论。朱正的《赫鲁晓夫谈苏共"二十大"前后——一件值得重视的俄罗斯亲述档案》一文，对《俄罗斯解密档案选编·中苏关系》第6卷中的《赫鲁晓夫与意大利共产党代表团谈话记录：批判个人迷信及其影响（1956年7月10日）》作了摘要介绍，不失为一件值得重视的亲述档案。该档案披露了秘密报告出笼的背景、斯大林那种"完全不容异见的病态的疑心"及其"个人迷信"所造成的严重后果。在赫鲁晓夫看来，"斯大林的悲剧在于，他认为自己的一切行动都是为了工人阶级和社会主义事业的利益，同时他容不得竞争者存在。难怪有这么多布尔什维克遭到迫害"。

（九）中国外交部解密档案透视苏共"二十二大"对中苏关系的微妙影响

1950年2月，中苏两国签订了《中苏友好同盟互助条约》，标志着双方同盟关系的正式确立。从1951年起，中苏两国政府每年都会举行庆祝条约签订的纪念活动，作为双方友好关系的见证。1961年10月召开的苏共"二十二大"，恶化了已陷入僵局的中苏两党两国关系，一个直接的信号是，1962年2月条约签订12周年的纪念活动成为历年以来最为冷清的一次。在某种意义上，该活动已成为直观反映中苏关系走向的"晴雨表"。中国人民大学郭昊在《苏共二十二大：中苏关系演变史上的又一个转折——中国外交部解密档案透视〈中苏友好条约〉签订12周年纪念活动》一文，以新解密的档案为主要依据，试图从这一特定视角来审视当时中苏两党两国关系的微妙变化。该文认为，苏共"二十二大"是中苏关系演变史上的又一个转折，此后中苏关系的恶化呈不可逆转的发展趋势，并逐渐演变为中苏大论战的局面，致使中苏同盟最终走向破裂。

（十）机会主义和修正主义者撰写的"灰皮书"在我国出版的来龙去脉

20世纪60—80年代，中国出版了一批特殊的书籍，即所谓新老修正主义者和机会主义者的著作，当时都是作为"反面教材"，属"毒草"性质，封面一律用灰色纸，不作任何装饰，于是就有了"灰皮书"之称。出版这批书的目的固然是配合党中央发动的世界范围的国际反修斗争，特别是中苏大论战的需要，但另一方面也无意中冲破了我国长期以来文化禁锢政策的樊篱，为我国广大学者打开了一个了解外部世界不同信息的窗口。人民出版社张惠卿的《国际"反修"斗争的产物——谈"灰皮书"出版的来龙去脉》一文，对这段历史的由来和发展作了回顾。文中提到，要出版这批"灰皮书"的关键在于找到原著，例如托洛茨基著作的中译本在中华人民共和国成立前曾出版过，但是在1952年12月公安部的一次全国统一"肃托"行动中，分散在全国各地"托派分子"家中的托洛茨基著作全被收缴了。不经意中，却为寻找这批书籍提供了线索。几经周折，出版者终于在公安部门一间仓库的角落里找到了《十月的教训》《俄国革命史》《不断革命论》《被出卖的革命》等20多种积满了灰尘的中译本。还有一个意外的收获是，原中共一大代表、中国托派的最早组织者之一、曾在1929年去土耳其拜访过托洛茨基的刘仁静，也将他保存了30多年、由托洛茨基本人赠送给他的7本《托洛茨基文集》原版奉献了出来，这些珍贵的书后来都被用上了。

（十一）美国中央情报局资助7份左翼杂志以对抗苏联

由"澎湃网"刊登的Patrick Iber《用更温和的声音影响欧洲左派——美国中央情报局资助的7份左翼杂志》一文，披露美国中央情报局为了对抗苏联的势力，于1950年成立总部设在巴黎的"文化自由代表大会"，聚集欧洲一大批反极权的杰出思想家,积极组织反共产主义的内幕。该文指出,由美国中央情报局幕后操纵的"文化自由代表大会",出面举办了各种讲座、会议、演唱会、演出、出版物和艺术画廊等,试图说服持怀疑态度的欧洲人接受美国文化,从而使得美国在冷战时期的两极世界中占据领导地位。他们还暗中资助一大批"市民社会"群体,支持许多反共产主义经典的出版,并创立一批成熟的文学和政治杂志,其中标志性的刊物有美国的《新领导》(*The New Leader*)、德国的《月》(*Der Monat*)、美国有名的文学杂志《凯尼恩评论》(*The Kenyon Review*)、《巴黎评论》(*The Paris Review*)、《党派评论》(*Partisan Review*)、英国的《文汇》(*Encounter*)、拉美的《新世界》(*Mundo Nuevo*)等。对于中情局而言,由这批反对共产主义的自由派或"左派"艺术家和知识分子鼓噪,要比自己出面更能赢得人心。

2016年度世界社会主义研究报告

在今年国际政坛风云的记事本上留下了太多的笔墨：法国尼斯的恐怖袭击、英国的公投脱欧、土耳其的军事政变、俄美两国在叙利亚的"暗战"、欧洲应接不暇的难民潮、南海仲裁案的搅局、白宫入场券的荒唐搏杀……人们透过这些一览无遗的X光片，看到的是国际恐怖主义的蔓延、新干涉主义的剑拔弩张、民粹排外主义的登台亮相、民主输出战略的推波助澜，结果造成政治生态的混乱和失序、新的世界战略格局的重新组合，乃至历史变革在许多地方萌动兴起。

人们似乎听到，自20多年前象征东西方对抗的柏林墙倒塌后，北约又在东翼抓紧军事部署的隆隆声，并在第52届慕尼黑安全会议上就"新冷战"与俄罗斯斗嘴，让人闻到了战争的阵阵火药味。环顾全球，金融经济危机前曾经让那个时代激动的对全球化的吹嘘正在转变为担忧，"去全球化"已成为新闻媒体的热门词汇。英国脱欧即使不意味着欧洲或全球经济的解体，也是表明人们所熟悉的全球化时代结束的重要标志。就在英国脱欧风暴搅得全球晕头转向之时，中国国家主席习近平与旋风式到访北京的俄罗斯总统普京一连签署了三份"重量级"的联合声明，以不点名方式批评美国及其盟友在南海、朝鲜半岛、乌克兰等问题上对地区事务的干涉，不仅重申了对对方领土以及核心利益的相互支持，而且重申在国际领域反对霸权主义和单边主义的立场，携手维护全球的战略稳定。

在这一年中，世界各国学界刊文纪念社会主义思想家T.莫尔发表《乌托邦》500周年，回顾社会主义从理想到科学、从思想到运动、从一国到多国、从一种模式到多种模式的发展历程，从21世纪新时代的层面上，再现500年人类社会历史发展的基本态势及其演进规律；中国人民隆重纪念红军长征胜利80

周年,回眸历史并非怀念逝去的时光,而是为了铭记这段罕见的传播理想的征程,用这座永恒的精神丰碑去解疑释惑、寻找答案、找回初心,并为人类对更好社会制度的探索提供"中国方案";左翼社会主义者B.桑德斯在美国大选初选中异军突起,宣布"不能再去维持华尔街和亿万富豪阶级用金钱收买选票的政治献金体制",美国需要用激进理念"创造一种服务于全体人民而非仅仅那1%富人服务的体制",这种"反常"的现象对于一个长期被视为"社会主义例外"的国家来说,简直是对传统政治的颠覆;拉美左翼"标杆性"国家政权遭受重创,阿根廷左翼丢失总统宝座、巴西左翼总统D.罗塞夫遭弹劾黯然下台、秘鲁总统大选中右翼胜出、委内瑞拉左翼力量日渐式微以至苦撑危局,而右翼力量则在选票箱中脱颖而出,不断收复失去的地盘,重新走上多国政治舞台的中央,形成地缘政治版图"右升左降"的定局;"8·19"事件25周年之际,俄罗斯社会不断出现怀念苏联政权的现象,戈尔巴乔夫也表示惋惜"苏联不复存在",同时承认自己对苏联解体负有无可推卸的责任;普京怒斥"苏联解体是20世纪最严重的地缘政治灾难",并认为在当前世界地缘政治背景下,苏联应当成为俄罗斯的一种模式,使俄罗斯重新成为一个世界强国;在民主的"第三波"退潮之后,匈牙利总理O.维克托背朝巴黎、柏林、华盛顿和布鲁塞尔,与波兰、克罗地亚、斯洛伐克这三个新加入欧盟的国家会晤,旨在清理25年来"后共产主义"留下的对秩序失控的自由遗产,让自己设计的"非自由民主"模式扩展到中欧国家,致使世界政治出现"再权威化"现象;在S.亨廷顿的畅销书《文明的冲突与世界秩序的重建》出版20年之际,他的警世预言再次为历史发展所证实:经济和社会现代化既不会产生普世的文明也不会导致非西方社会的西方化、文明圈的力量对比在发生变化、一种以相互竞争的价值观为基础的世界秩序正在产生、西方的普世要求导致边界冲突、全球文明冲突只有当西方团结一致而美国自行后撤时才能避免。面对正在抬头的文明冲突,人们重新思考这位美国教授提出的种种警告。

  国际社会这些令人眼花缭乱的博弈、冲突、调试、革新、合和事变,是当代世界发展变革调整进程的现实征象,人们正在适应时代要求,从现象到本质、从个别到全局、从当下到未来、从现实到理论,开展研究与思考,形成着新的思维、新的观点、新的理念。在这样的世界背景与历史条件下,本年度报告将从社会主义经典文献解读、全球地缘政治格局纵论、对世界左翼运动现状的考察、深化对社会主义前沿问题的研究、社会主义多元思潮的理论建树及其交锋、各国政党的自我调适和转型发展、社会主义思想史新探、对中国特色社会主义道路的破解、社会主义在中国的早期传播、基于解密档案的历史真实十个方面,综合各国学者的研究成果,报告如下。

一、社会主义经典文献解读

马克思是一位影响世界历史进程的"经济学家与政治哲学家",他提出的许多理论为人们所接受和传播。但有人告诉你,真实的马克思不是后来德国社民党和列宁所描述的主张暴力革命、无产阶级政权、公有制等教条的提出者,自19世纪50年代开始对英国经济状况的研究之后,马克思思想衍生出相对独立的另外一条历史线索。你信吗?德国著名学者F.史傅德(Fred E. Schrader)是极少能辨认马克思笔迹的人,也是当今世界极少看过马克思全部手稿的学者。作为柏林科学院《马克思和恩格斯全集》历史考证版的编委,他负责编辑出版马克思未刊载过的历史笔记,有不少新的发现和心得。在《寻找真实的马克思——德国著名学者F.史傅德谈马克思思想中的另一条历史线索》一文中,他详细描述了一位思想家的心路历程,从中可以得到这位伟人许多既熟悉又陌生的甚至是颠覆性的结论。在他看来,马克思和恩格斯思想上并不完全一致,马克思思想是超前的而恩格斯比较现实;解决资本主义社会问题,前者不断在进行思想实验,而后者仅限于政治层面。F.史傅德指出,马克思承认私有制对社会推动和生产力发展起了很大的作用,同时对个人的发展和人的自由也很重要。只有当金钱变成资本、资本进入公共领域的循环体系,私有制就异化成了社会公共财富,它不是通过国家干预的方式来转变,而是自我演化的内在逻辑;对未来社会,马克思并没有一个非常完整的构想,他强调社会的自身演进,反对国家来支配生产和分配,也不能认同苏联那种所谓的计划经济;马克思认为无论政府还是军队,在强大的市场面前都是失败者,所以反对强化国家在经济中的作用,彼此之间唯一的关系就是政治家被市场所腐化。在F.史傅德看来,马克思思想从来没有结论而是发展开放的,而K.考茨基、列宁都觉得恩格斯实现社会主义的线索很清晰,所以沿着这条路走下去。但是看马克思的手稿,根本就找不着这条线索,完全是后人的主观理解,所以作为思想家的马克思不能也不应该为共产主义运动的实践负全部责任，尤其是1860年以后马克思越来越排除了总崩溃的结论，认为要改变一个社会不可能从外界用政治手段来打碎它，而只能在不同领域的空间里来寻找改变社会的可能性。F.史傅德指出，马克思是一个极端的天才，他的手稿是一个思想大实验室，在探索解决社会问题的各种模式，其中透露出一种预见性，他的思考层面已经触及了可能的边界，所有之后的政治家都没有到达他的高度。

马克思的一生都在探求人的自由和解放，对人本身的关怀和人类前途命运的思索，促使他追寻先进的思潮和科学的理论，而他的共产主义思想正是在探索历史发展规律、寻求人的解放的各个不同历史阶段形成与发展起来的。西北工业大学郝保权的《自然主义、人道主义、共产主义的未来社会价值取向——马克思共产主义思想的历史生成及内在逻辑》一文，对该思想形成的历史过程作了全景式的动态扫描，重新回到探求人生价值的历史起点，追溯实现人的解放的思想源头和成长轨迹，考察扬弃异化劳动的理论发展和实践运用，厘清世界历史视野的逻辑脉络和体系架构，侧重实证的研究以把握精神实质和科学内涵，以进一步加深对于社会发展和人的发展的必然规律的认识。该文指出，在马克思共产主义思想生成和演变的历程中，始终贯穿着三条重要的逻辑主线，即"哲学逻辑"与"科学逻辑"的颉颃消长；"自然主义"和"人道主义"的辩证统一；"人的发展"和"社会发展"的内契交融，实质上蕴含着实现自然主义—人道主义—共产主义三位一体的未来社会取向。

在《G.黑格尔法哲学批判》这部内容丰富的手稿中，市民社会与政治国家的关系始终是马克思探讨的核心主题，然而对两者之间关系的认识却不是一蹴而就的。中国人民大学赵玉兰的《论马克思对市民社会与政治国家关系的认识——〈克罗茨纳赫笔记〉在〈G.黑格尔法哲学批判〉写作过程中的意义》一文，以《马克思恩格斯全集》历史考证第2版（MEGA 2）为基础，对这一组对应且对立范畴的出场、概念演变发展的过程及其发生飞跃的节点和原因作了历史的考证。该文指出，在《G.黑格尔法哲学批判》中，尽管在"王权""行政权"以及"立法权"的开篇部分，马克思对这个问题作了不断递进的阐述，但是局限于G.黑格尔体系的内在逻辑，在批判《法哲学原理》第303节，即手稿第XXIII页之时，马克思的写作发生了中断。伴随着这一中断的是马克思所开启的、以《克罗茨纳赫笔记》为成果的全面的历史学、政治学研究。正是以这一研究为中介,马克思后来用宽广的历史视野具体地、详细地阐述了市民社会和政治国家的关系,从而实现了一次飞跃。该文认为,在马克思看来,G.黑格尔的错误在于试图把市民社会纳入政治国家的范畴,从而由政治国家决定市民社会,但事实却是作为私人领域的市民社会根本上决定着政治国家。市民社会与政治国家并不是两种本质、两个真正对立的极端,政治国家也只是从市民社会中得出的抽象。立法权所包含的矛盾恰恰揭示了市民社会同自己的抽象即政治国家之间的矛盾。

马克思理论中关于"社会"的概念有着丰富的内涵,不仅是一个单纯的社会学、经济学或哲学的概念,而且是一个经济—哲学概念,需要从不同层次上去把握。北京大学莫小丽的《马克思"社会"概念的本质规定及其历史嬗变——从主体、生产关系总和、经济的社会形态、生产方式层次进行考察》一文,遵循马克思思想发展的脉络,梳理"社会"概念的本质规定和外在影响因素,立足从政治经济学角度做出一种解释和说明。该文指出,"社会"概念本质规定的嬗变过程,既是不同层次的展开,也是从抽象上升到具体、从哲学宏观层次向政治经济学微观层次展开的过程,需要从主体、生产关系的总和、经济的社会形态以及生产方式这4个层次去进行考察。历史嬗变的进程为:起先,马克思在批判G.黑格尔"头脑中的思维"即主体的过程中,从最抽象的意义上认可外在于思维之外的主体即"社会";进而,他把"社会"理解成"社会关系",由每一个生产关系的总和构成的社会,同时又标志着人类历史发展中的一个特殊阶段;接着,他又把劳动者与生产资料结合的不同方式,作为区分"经济的社会形态"的标准和基础,从而构成一定的"社会";最后,他重点从"生产方式"的变革和生产关系变化的角度对资本主义"社会"进行微观透视,强调生产方式是最深层次的内涵,必须站在这样的高度才能认识"社会"的概念。该文认为,如果说马克思的历史唯物主义以"社会"作为研究对象的话,那么其政治经济学就是以"现代社会/资本主义社会"作为研究对象,这不仅可以从历史唯物主义的高度对"社会"问题进行方法论高度的审视,还可以从政治经济学语境对"社会"问题进行微观透视。研究"现代社会"的目的在于揭示"社会"发展的内在规律,改造和变革现代社会,进而实现人的自由和解放。

"无产阶级"是马克思主义的核心概念,也是一个容易引起混淆的概念。

分析马克思主义者G.科恩曾试图澄清无产阶级的具体含义，但没有成功，原因在于他没有注意到异化和私有财产在定义"无产阶级"概念中的地位和作用。清华大学田毅松在解析马克思《神圣家族》等文本的基础上，从异化和私有财产之间的关系出发，对无产阶级概念进行了界定。他指出，马克思是在私有财产、无产阶级和财富三者之间的辩证关系中来解释无产阶级内涵的。在经典作家看来，无产阶级所具有的普遍性包含两个层面：一是经济上的普遍性，即它是在以劳动产品的异化和交换为基础、以资本和雇佣劳动对抗为核心的市民社会中得以实现的；二是政治层面的普遍性，即它是"推翻旧势力的政治主体"，担负起了自我解放乃至人的解放的历史重任。他认为，如果认为消灭私有制是一种历史目标，那么这仅仅是无产阶级的认识问题，但如果认为它就是"无产阶级究竟是什么"的答案，这实际上就已经转变成了无产阶级的自我意识问题，即消灭私有制本身就是无产阶级的题中应有之义，无产阶级作为私有财产的否定方面本身就包含着消灭它自己。假如像分析马克思主义那样，通过分析的方法而抛弃掉历史和社会的维度，那么就很难全面、科学地理解马克思关于"无产阶级"概念的真正内涵。

《哲学的贫困》是马克思主义的重要文献之一，也是批判P.蒲鲁东《贫困的哲学》的一部论战性著作。以往学界对P.蒲鲁东的研究和理解较为匮乏，甚至有将其"脸谱化"的倾向，只用马克思相关著述中的描述便对P.蒲鲁东盖棺定论，而忽视了其思想本身的独特性和复杂性，这对把握马克思的核心思想会存在偏颇。中国社会科学院杨洪源认为，P.蒲鲁东不仅几乎关注着当时所有的重要社会问题，而且在哲学和政治经济学之间的关联、理论与变革社会的实践的关系、社会革命的方式等问题上有着独到且深入的见解。因此，有必要结合《贫困的哲学》，在比较中重新研究《哲学的贫困》，将其置于马克思和P.蒲鲁东各自的思想演进历程、两者关系的演变过程中去加以考察。他指出，事实上马克思正是通过批判P.蒲鲁东"形而上学方法—政治经济学重组—社会革命理论"这条思想主线，对自己思想体系的三个组成部分，即唯物史观、政治经济学和社会主义学说进行了系统的思考和整合。这就决定了在重新研究《哲学的贫困》时，应从整体上把握P.蒲鲁东的思想原貌，厘清马克思与P.蒲鲁东之间在政治经济学的哲学方法上的分歧与争论；破解所有权"斯芬克斯之谜"的不同方式；价值理论上的分野与差异；对分工和机器、竞争和垄断之间内在关联的不同理解；对社会革命及共产主义的不同审视，从而再现马克思文本的思想史价值及其现实意义。

在世界历史上有一位伟人，引起了人们那么多的赞许，也引起了那么多的责难；有那么多人追随他，也有那么多人背叛他；人们总想忘掉他，但他永远在线、总在直播中——他就是列宁。在列宁的思想中，迄今为止人们争议最多的，是责备他关于无产阶级专政思想的不民主、不人道、践踏人权。中国人民大学安启念对列宁这一思想的内涵、理论根源、现实根源和历史评价4个方面作出了客观的历史分析。他指出，任何一种社会现象都是历史的产物，只有放在一定的历史过程中才能得到合理解释，列宁的无产阶级专政思想同样如此。在列宁的思想里，无产阶级专政实际上是布尔什维克领袖利用手中的政权对整个社会的强行改造，一定意义上整个社会都是专政的对象。这与马克思恩格斯理论中社会主义革命的意识形态先行性有关，也和列宁对社会主义的理解有关。他认为，要理解布尔什维克革命和列宁的无产阶级专政思想，必须看到俄国封建社会与众不同的特点，即农民村社是俄国全部社会生活的基础，塑造了俄罗斯人的集体主义精神；深厚的东正教传统，造就了俄罗斯人对资本主义文明本能性的拒斥，培养了他们救世主义的情结；地处欧洲最东端以及蒙古人长达两个多世纪的统治，使其没有经历文艺复兴和启蒙运动的洗礼，具有浓厚的东方色彩，这就决定了俄国的社会主义革命是一场规模宏大的、借助于暴力进行的社会实验，专政只是保证实验正常进行的必要条件。因此，用人道主义批判列宁的无产阶级专政思想是不公正的。他强调，人道主义的实现是一个漫长的历史过程，对暴力的倚重是俄罗斯现代化过程中必然出现的现象，而所有发达国家的现代化过程也都经历过类似的阶段，不能站在自己的今天指责别人的昨天，似乎自己不是经过昨天才走到今天。

二、全球地缘政治格局纵论

研究地缘政治格局，要立基于对时代本质的把握。这几年理论界很关注对时代和时代主题的研究，人们提出了不少与时俱进的见解与分析，也出现了一些不同的看法，探讨正在深入。中国社会科学院李慎明发表《当今世界仍然处于金融帝国主义时代》一文，不仅区分了时代和时代主题这两个概念，而且阐述了金融帝国主义时代的本质及其一系列问题。该文指出,时代是在世界历史范围内按特定标准划分的社会发展的一定历史阶段,是处在时代中心的特定阶级,决定着时代的主要内容、发展的主要方向和历史背景的主要特点。因此,时代规定着一定历史阶段的本质内涵,而时代主题则是本质内涵的外在表现。弄清当今所处的时代,是研究世界政治、经济、文化、军事和国际关系的基础条件,也是无产阶级政党制定战略和策略的理论依据。该文认为,当今世界仍然处于金融帝国主义时代,并且会持续相当长的历史阶段。只有认清其既腐朽垂死,又可在特定条件下得到迅速发展这一特征,才能保持清醒的头脑,积极应对各种复杂形势下的斗争。随着金融帝国主义时代的到来,时代主题发生了重大变化,邓小平及时提出了当今时代主题是"和平与发展",至今依然没有变化。在这样的认识前提下,要高度警惕金融帝国主义西化分化的图谋以及在特定条件下的战争相加;要与俄罗斯结成更加紧密的战略伙伴关系;要辩证看待形势,坚定社会主义发展的信念。该文预言,21世纪中叶前后将要诞生一大批符合自己国情的社会主义国家,这是由于资本主义私有制及分配关系越来越容纳不下"互联网+"为代表的社会生产力的极大发展,必然呼唤着新的生产关系和社会制度的诞生。

当代全球地缘政治格局的走势,始终是世界社会主义制定战略与策略的一个基石。2016年一场英国公投给国际政坛带来了极大的震荡,"脱欧"大戏仍在一幕幕续演。英国退出对欧盟的未来是何征兆?对当今唯一的超级大国美国而言又意味着什么?清华大学阎学通发文指出,英国"脱欧"说明,如果政府领导能力弱,还会有国家退出欧盟。根据历史的惯性,苏格兰与北爱尔兰未来分裂出去的可能性呈上升趋势,但是现在国家分裂作为主流趋势尚未到达历史拐点。目前欧盟面临的问题很大程度上是由东扩带来的,它衰落的原因在于自己并不拥有全部主权,部分主权都在各国政府手里,这样的机制决定了它难以迅速出台政策并无条件执行。文章认为,英国"脱欧"带来欧盟的进一步衰落,由此会加快两极化的进程,估计2020年两极格局有可能定型。大国崛起是一场战略锦标赛,中国能进入中美两极决赛,意味着中国崛起有望,民族复兴有望。中国崛起必将改变现有的世界格局,而美国要维持单极格局,于是会形成两极格局结构性的零和矛盾。国际社会的本质是无序性,在无序的条件下,实力发展不平衡规律推动着国际形势的变化。为适应即将到来的两极格局,该文提出中国对外战略的三个要点:和平竞争原则,为保证大国之间不发生战争,中国需要加快国防建设,缩小与美国的军事实力差距;网络竞争方向,今后谁拥有网络领域主导权,谁就将成为世界主导国家;有效的结盟策略,在两极格局下,作为一极的大国来说,没有比结盟能更有效地争取国际的支持,把结盟定义为"冷战思维",只会束缚自己的手脚。

新兴大国和守成大国之间是战争还是和平的"修昔底德陷阱",已经被视为国际关系中的"铁律",用战争竞争霸权是世界政治的"常态",而和平合作是"非常态"。因此,寻找确立"新型大国关系"的有效途径和手段变得极其重要。新加坡著名学者郑永年的《有效规避中美关系中的"修昔底德陷阱"——论构建"新型大国关系"的途径和手段》一文,就相关问题提出了自己的看法。作者指出,中国若想规避中美关系中的"修昔底德陷阱",一是要避免和美国的战争;二是在不损害国家利益的前提下和平崛起。这就需要充分理解美国,并在此基础上寻求自己和平崛起的有效途径和手段。对中国来说,必须清楚地认识到美国的衰落是相对的、不是全方位的、不会很突然,所以要在这样一种复杂的情况下来定义中美关系,建立"新型大国关系"。该文认为,中国选择加入现存国际体系,这是中国"和平崛起"的结构性保障,中国并不是要在体系外挑战它,而是力图在内部改变它。同处于一个体系之内又有不同的国家利益,这就决定了中美两国之间既有合作又有斗争,但两国并不存在直接的地缘政治冲突。因此,需要中美两国拥有最低限度的共同价值观和处理国际问题的工具性共识,并通过对话进行互动。该文强调,中国力图和美国建立"新型大国关系"战略的全部意义在于不与美国争霸,却能在充满各种变数的情形下保护自己的"核心利益",并从根本上改变世界政治的游戏规则。

针对多极化的世界格局将遭到削弱、"中美两极格局"可能在2020年定型、在两极格局下"结盟"是两个大国都不得不采取的战略等一系列观点,中联部肖枫发表《世界多极会走向"中美两极"吗?》一文,对此提出质疑。该文指出,中国这一极的力量虽然在明显上升,然而论综合国力离世界第二还差得很远,世界"多极化"总趋势并没有改变,绝不可能在2020年"定型"所谓"中美两极"的格局。该文认为,中国要成为"中美两极"中的一极没这个实力,同时外部条件也不允许。因为世界各种力量都以"独立自主"为立国之本,谁都不愿"仰人鼻息",在别人"旗帜"下选边站、当附庸;美国出于其策略需要,搞所谓"中美G2"治理世界,但随后美国推出了"亚太平衡"战略,对华"牵制"和"遏制"明显上升;中国从自己崛起和发展的利益考虑,不会抛开其他各极,作为"中美两极格局中的一极"与美国对峙相处。因此,在多极力量的世界中,中美"两极论"的提法不符合实际。该文强调邓小平在谈到世界格局和中国立场时讲过的两句名言,即"中国不能贬低自己,怎么样也算一极"和"我们千万不要当头,这是一个根本国策",认为在对外战略上,要高举人类命运和利益"共同体"的旗帜,打造以"合作共赢"为核心的国际关系体系。这种新的国际秩序观是建立在世界多极化的基础之上,是承认世界的多样性、尊重各国的独立主权和民族特色,因而符合当今世界的潮流和发展趋势。

值得关注的是,西方在政治讨论中已经很少用到"欧亚大陆"这个字眼,但美国负责长远趋势分析的国家情报委员会前副主席G.富勒(Graham E. Fuller)提醒人们,21世纪这个地区将出现全世界最重要的地缘政治活动。他在今年美国《赫芬顿邮报》网站上刊登了一篇题为《美国主导全球的时代已经结束》的文章,让美国不要太过专注于"遏制"俄罗斯、所谓的"伊斯兰国"组织和中国,而忽视更大范围的新欧亚主义战略版图的形成。该文指出,中国如今在很大程度上恢复了典型的实力和影响力"上升周期"的模式,并规划"一带一路",通过铁路、公路和海路把中国与欧洲、中东、中亚、南亚和远东连接在一起,已经成为欧亚大陆的中心;俄罗斯展现的是一种斯拉夫文化,其历史中具有深厚的欧亚根基,目前它正在经济上把白俄罗斯、中亚和其他国家统一成为一个欧亚经济联盟,"欧亚主义"将始终潜伏在俄罗斯战略和军事思维的表象之下;伊朗是天然的"欧亚"和"丝绸之路"大国;土耳其也不再囿于西方大国的身份,并再次加入了欧亚博弈,要在中东乃至欧亚表明自己的地缘政治利益。该文认为,新欧亚主义不再像19世纪那样以陆地和海上实力为核心,而是承认西方(尤其是美国)主导全球的时代已经结束。不过,华盛顿越是试图把欧亚主义作为一股真正崛起的力量来加以遏制或扼杀,各国就越是会下定决心成为这个日渐兴起的欧亚世界的一部分。近日,随着D.特朗普的成功当选,为修改美国地缘政治战略提供了可能,前国家安全顾问Z.布热津斯基公开表示,美中俄可以在解决全球化问题上发挥主导作用,美国媒体也在呼吁举行"新雅尔塔会议"来制定世界秩序的新规则。这实际上重新提出了

"大三角"的战略格局,这个"大三角"的构成与1945年的不同之处在于用中国替换英国,并重新承认俄罗斯这个昔日的"地区大国"在世界战略格局中的地位。

三、对世界左翼运动现状的考察

在近年欧洲及各国议会选举中,一些打着反全球化、反欧盟、反紧缩、反移民旗号的极左翼政党强势崛起,其民粹主义主张获得部分选民的认同和支持。希腊激进左翼联盟打着反对市场经济、推行广泛平等公正旗号上台,是民粹主义情绪的集中爆发;西班牙"我们能"党发动抗议代议制民主虚伪的"5·15"运动,是民粹主义力量在欧洲崛起的最新案例。与此同时,无论是法西斯诞生地的德国和意大利,还是传统自由之乡的荷兰、比利时及北欧国家,极右翼政党也都高举民粹主义旗帜,敢于触及主流政党回避的种族、民族等话题,宣扬极端民族主义和种族排外主义。中联部柴尚金对民粹主义再次兴起的现实原因作了全面的分析,指出作为一种具有历史复发性社会政治现象的出现,根源于人们对现实的不满和对未来的担忧,刺激民粹情绪的积聚恶化;全球化加剧了各国综合国力竞争,从而引发新一轮民族、种族矛盾的冲突;多党民主体制的僵化和极化,加速了西方政治的民粹化;新兴网络媒体对极端政党和民粹主义的崛起,也起到了推波助澜的作用。作者指出,民粹思想说到底是民众不满情绪的聚合反应,它往往以理想和激情代替理性,其草根性、非理性和抗争性特点,易被不良政治势力操纵和利用,从而把民族利益、宗教信仰等演变成政见分歧和意识形态争端,挟持民意,冲击理性民主政治秩序,引发极端主义泛滥。在该文看来,民粹主义在中国现实社会中虽然没有政治基础,但互联网容易导致国内外思潮的相互交织、快速传播、聚合多变,因此要高度重视国际极端主义和民粹主义思潮的"外溢效应"和负面影响。

苏东剧变20多年来,中东欧国家的情况令人关注。近年来,那里的社会抗议运动频发,左翼也积极参与其中。如果说当初左翼完全是一种"没有思想的运动与没有运动的思想",思想与运动基本处于断裂状态的话,那么如今当老一辈理论家对马克思主义集体失语时,青年一代的左翼理论家则重新拾起和大胆谈论马克思主义了。上海社会科学院赵司空的《祛除资本主义魅惑、寻找社会主义替代——近年来中东欧左翼运动呈现新特征》一文,传递了来自原社会主义国家的信息。该文指出,随着市场和民主所许下的美丽承诺破灭,中东欧本土年轻一代口中喊出的"马克思主义"少了怀旧,更多是从剧变后的现实中得出的结论。他们反思政党政治与自治政治之间的关系、资本主义的基本社会结构、中产阶级的地位与意识、精英与平民之间的隔膜等,说明这些以年轻人为主体的新反抗运动并不是简单的情绪宣泄,而是有着深刻的理论指向,"祛除资本主义魅惑,寻找社会主义替代"成了新左翼的呼声。该文认为,目前中东欧左翼运动呈现三大特征,即新主体与新媒体的结合、理论与实践的新结合、年轻一代看到马克思主义不是必须被遗忘的幽灵而是具有持续惊人的生命力,从而加速了从迷恋资本主义到资本主义祛魅的后社会主义进程。

20世纪末,拉美左翼在反对新自由主义发展模式的声浪中,用"21世纪社会主义"旗帜开启了左翼执掌政坛的时代,成为国际社会广泛关注的地缘政治力量。新任左翼领导人在执政期间,在国内进行了大刀阔斧的改革,重视扶贫和解决社会不公,提高社会福利水平,扩大政治参与,强化国家权威,同欧美国家保持距离,短期内取得了一定的成效,创造了辉煌的"拉美10年"。然而,去年岁末的短短几周内,拉美政坛发生了剧烈的"变天",巴西、委内瑞拉、阿根廷、厄瓜多尔和智利执政的左翼政党在大选中接连被右翼政党拉下马。中央党校史小今对这场突变的原因作了深层次的分析,指出经济体制不健全是导致拉美国家社会不稳、政局动荡、政府更迭的主要原因,而民主制度在发展过程中累积的过多问题,也间接导致了左翼政府的下台。他从拉美左翼失利中得出的重要教训是:(1)在执政期间,各政党需要针对自身经济发展中存在的突出问题,做出有效的经济制度改革,不然经济发展会积重难返,引起民众的不满;(2)在制定福利政策时,应该避免盲目的、与经济发展水平不相称的福利政策,不然一旦降低刚性的福利水平,民众会因其利益受损而反对政府;(3)由于贫富差距的扩大,民粹主义在世界范围内呈现上升趋势,且会被一些国家的特权阶层所利用,因此要警惕权力与民粹合流来绑架改革;(4)任何政党不进行制度化的约束、加强党内外的监督,都会出现腐败问题,而它对政党公信力的伤害巨大;(5)拉美向来党派林立、思潮众多,执政党只有主动强化党派间的合作,加强沟通和协商,才能创造有利的政治生态环境。作者认为，只有准确理解和判断拉美社会主义运动的现状和未来持续发展之道，才能在左右角力下重构新的拉美政治版图，再展拉美左翼的春天。

源起于20世纪40年代末的南亚地区毛主义经过半个多世纪的演进，先后经历了高潮、低潮、复苏和整合的历史过程，目前"回潮"的热度不断攀升，其发展前景值得关注。四川大学吴国富对该地区毛主义的演进简史、发展现状和未来走向作出分析，并回答了该组织"是恐怖主义活动还是社会主义运动"的问题。他认为，该运动不仅坚持运用马列毛主义的基本原理，而且从实际出发进行异域解读；不仅是工人阶级的政党，而且掌握着一支人民军队并处于地下状态；不仅采取两手的革命策略，而且在土地革命基础上开展人民战争，走农村包围城市并最后夺取政权的道路。由此，成为当代世界社会主义运动中的一个独特的派别，而不是西方视为的恐怖主义组织。作者指出，在追求社会主义的斗争中，当代南亚地区毛主义的斗争环境、生存发展和组织建设都面临着挑战，发展前景也只能由其理论探索和策略调整作出回答。由于在毛泽东思想的旗帜下开展的运动，不可避免地面临着中国的转型和20世纪社会主义运动的挫败所带来的后果，所以简单地重复过去的道路可能没有前途。问题是如何在新的历史条件下，坚持基本价值和可行的战略策略，进一步探索能够维护绝大多数人利益的政治形式。

四、深化对社会主义前沿问题的研究

国内外学界在重读恩格斯的经典著作《社会主义从空想到科学的发展》时，提出了一些商榷的意见，尤其以"空想"对应"乌托邦"，认为这是用一个贬义性的日常语汇取代了一个关联着西方历史上多条文学、哲学、政治脉络，内蕴极为深远的关键词，某种意义上也是对经典的庸俗化。重庆大学李广益的《重新评估"乌托邦"的当代价值——要结合历史语境认识乌托邦思想冲击既有秩序的意义》一文，试图从学理的角度对原著作重新的审视，并在此基础上思考乌托邦的当代价值。该文指出，无论哪种语言中，"乌托邦"和"科学"都不是严格意义上的反义词。19世纪以前的乌托邦往往置于现实时空之外的异域，但近代欧洲思想的发展逐渐改变了乌托邦的面貌。在文艺复兴中，人们发现自己对生活其中的社会还有别的选择，开始意识到理性的无限力量，明白未来是由自己来建构的;在启蒙运动中,人们发现理性能够让自己不仅拥有幸福生活,还能达致人之完美。可见,19世纪的思想者笔下不再是对希望心存犹疑的乌托邦,而是拥抱进步、憧憬未来、倡导行动的善托邦(goodtopia)。马克思之所以称自己的研究为"科学",乃是因为它是以对社会经验事实的观察为基础的系统和缜密的批判分析,这与早期社会主义者试图本着善良愿望推导出"绝对真理"的努力在方法论上是截然不同的,从而使"乌托邦VS科学"的叙事成为可能。然而,该文认为,虽然马克思主义就其深刻性而言远远超过乌托邦社会主义,在指导社会运动和革命斗争方面发挥的巨大作用也让乌托邦社会主义望尘莫及,但就目标的可实现性而论,应该承认两者并无本质的区别。在作者看来,研究者不应再受经典著作中特定修辞的束缚,而需要结合整个历史语境认识各种各样的乌托邦思想冲击既有秩序的意义,否则既无法公正地评价乌托邦社会主义,也不能对马克思主义的兴衰机制达成深刻的认识,更束缚了自己创造历史的意志。这就需要为乌托邦正名,重估乌托邦的当代价值。

《乌托邦》的世界影响不仅表现在这本金书不断被译成多种文字在各国广为传播,而且有众多的后起之秀步T.莫尔后尘,推出多种新的乌托邦作品,形成"乌托邦社会主义"的世界历史潮流。中国人民大学高放认为,从T.莫尔最早提出理想社会以来,共发生过三次形态转变:第一次从16—19世纪的"乌托邦"发展为20世纪20—40年代的"恶托邦"(dys-topia)。其间,西方出版了三本被称为"反面乌托邦"的文学名著,即苏联作家扎米亚金的《我们》、英国作家A.赫胥黎的《美丽的新世界》和英国作家G.奥威尔的《一九八四》,它们不是预见人类社会美好的前景,而是预测人类社会邪恶的未来。它警示人们切不可在实践中扭曲和歪曲社会主义,否则将会出现恶劣效应。20世纪60年代,"乌托邦"第二次转变为"异托邦"(het-erotopia)。法国思想家M.福柯认为,与"乌托邦"不同,世界上其他地方确实存在着殖民地、兵营等"异托邦",它的价值在于促使人们思考怎样去改革极权主义和资本主义的残缺民主。20世纪80年代,"乌托邦"第三次转变为"实托邦"(prac-topia)。美国著名社会学家A.托夫勒指出,从《乌托邦》出版以来所有的社会主义都是不可能实现的,而信息社会确能克服工业社会所造成的种种矛盾和弊病,从而塑造一种超越传统社会主义和资本主义的"实托邦"。该文指出,当前继承、超越、践行"乌托邦"的理想,就要创新观念。首先,要把"乌托邦"着重理解为"优托邦",要践行其优异的社会理想,同时摒弃其不切实际的空想;其次,要重新认识从"优托邦"到马恩"科托邦"(scientopia)的第一次飞跃;再次,要为从"科托邦"到和谐与中华崛起的第二次飞跃而奋斗,追求"谐托邦"(harmon-topia)、"华托邦"(Chin-topia)的世界社会主义光明前景;最后,要完成从"科托邦"到"真托邦"(trutopia)、"善托邦"(goodtopia)、"美托邦"(beautopia)和"世托邦"(world-topia)的第三次飞跃,达到真、善、美三境界统一的世界共产主义的广泛实现。该文认为,三次飞跃要经过上千年以至更长时间、好多世代持续不懈奋斗的历程,不可操之过急,也不可放松懈怠。

让我们打开另一页,看看美国著名政治思想家H.阿伦特(Hannah Arendt,1906—1975)在高度评价马克思思想的同时,如何对马克思进行剖析和批判的。首先,在她看来,马克思之所以在现实和思想两大领域都有如此重大的影响,主要得益于他放弃哲学,毅然地向"历史、经济和政治"领域"突围"后而建立的"政治哲学";其次,她认为马克思对"西方传统政治思想的终结",主要体现在他改变了传统的劳动、暴力和自由三个概念在传统政治"结构"中的位置,从而实现了对它们的"颠覆"。H.阿伦特认为,马克思把劳动提升到体现人类尊严的地步,这是对传统劳动观的改造,同时也是用劳动力剩余的概念,描述和揭示了当代社会财富积累的实质;马克思"暴力是产生新社会的旧社会的助产婆"的结论,是对暴力作为"必要的恶"推动"人类历史发展"的一种"颂扬",但他整体上对之持反对态度,以为暴力一旦和经济上的必然性联系起来,就会是一件危险的事情;马克思尽管以自由为目标,由于他错误地把自由理解为"制造历史",实际上是鼓舞追随者使自身服务于强制过程,从而"错置"了自由。洛阳师范学院史现明的《马克思对劳动、暴力、自由概念的"颠覆"——H.阿伦特笔下马克思的三维形象》一文,详细介绍了这位思想家对马克思政治理论的评述。该文为人们展现了H.阿伦特颇显诙谐笔触中马克思的三维形象,即具有巨大影响的伟人马克思;激进、叛逆的马克思;被"恶用"、误解的马克思。该文指出,H.阿伦特在自己很多著作中对马克思进行了一定程度的辩护,认为一方面马克思"受到了西方思想传统的误导";另一方面当今的"极权主义社会"是时代造成的,将其归罪于马克思的思想是有失公允的。

那么，作为"极权主义社会"的苏联，是什么导致了它最后的崩溃？这一问题已经引起了国内外学界的广泛关注，也可能在很长一段时间内会继续激起人们的深入思考。俄罗斯著名学者A.布兹加林和A.科尔加诺夫在《斯大林的社会主义为什么会崩溃？》一文中，发表了独到的分析和见解。该文指出，在这一问题上，没有必要过分在意那些智商停留在幼儿水平的政客们的结论，即苏联解体源自戈尔巴乔夫、外国谍报机构、叶利钦、民主反对派等所为，而应当从历史发展的进程中去加以追溯。该文认为，十月革命从它要解决的社会经济矛盾上看，应是资产阶级民主革命，但从一切革命要解决的政权问题来看，又是一场无产阶级革命，是以无产阶级、半无产阶级、小资产阶级和小生产者联盟为基础的一场革命，结果便形成了一个没有资产阶级的资本主义社会。在革命进程中产生的现实社会主义生产关系，一方面不符合苏联的实际生产力水平，因而它的本质属性遭到破坏、自身生产关系被扭曲和变形；另一方面它又是强制的、与物质生产条件不相适应的社会主义关系发展的产物。它给资本主义关系创造了自由发展的条件，却又没有让其获得明显的特征，这种状况当然不可能长远地持续下去，因而走向崩溃也就是自然的了。

多年来，各国学者都在探讨世界社会主义运动从高潮转入低潮的原因及其教训。中国人民大学李景治也参与了这场讨论。在作者看来，首先，"二战"后世界社会主义运动虽然进入高潮，取得了辉煌的成就，但它所面临的国际大环境发生了深刻的变化，它所面对的挑战、压力和威胁也是前所未有的。对此，世界社会主义运动，特别是社会主义国家却缺乏清醒的认识和高度的警觉，也没有采取强有力的应对措施，这无疑是后来苏东剧变、世界社会主义运动由高潮转入低潮的重要外部因素，其中包括：看清资本主义的重重矛盾，却忽视西方国家联合成统一的政治军事体系；重视同西方国家的军事对抗，却忽视它们的和平演变策略；认为帝国主义是腐朽垂死的资本主义，却忽视世界新科技革命、经济全球化、民主化三大浪潮的兴起；承认资本主义处于总危机中，却忽视它长期稳定的发展；看到战争的危机，却错过和平发展的机遇等。其次，苏联传统的经济制度和管理模式难以持续解放生产力，传统的政治体制和社会治理体系难以调动人们的政治积极性，长期的闭关锁国影响了经济发展和社会建设。再次，苏联东欧改革没有真正建立起适合现代生产力发展的公有制实现形式、没有从根本上克服僵化的经济管理体制、没有激发起党和国家领导体制的活力，发达国家和发展中国家的社会主义探索徘徊不前，国际共运的论战和分裂，都成了世界社会主义运动从高潮转向低潮的重要因素。该文指出，只有进行改革才是社会主义唯一的出路。

2015年年底，美国著名马克思主义理论家D.科茨（David M. Kotz）就美国的新自由主义与社会主义现状、如何看待市场与社会主义的关系、如何界定"社会主义""参与式社会主义"的要义、如何看待新古典主义和凯恩斯主义两种经济思想的综合、马克思主义政治经济学与中国的持续崛起等问题接受了采访。在他看来，虽然新自由主义盛行于英美等发达国家，成为历任执政者所推崇的经济范式与政治纲领，但要看到它只为少数人服务，无法为大多数人带来繁荣，随着时间推移只会变得更糟。J.凯恩斯曾经进行过改革，在他眼里资本主义仍是一种最好的制度，但它需要一个强大的国家来监管，所以"新古典—凯恩斯主义综合"并不是转向社会主义，而是"二战"后资本主义的一种改良模式，对于大多数人来说唯一乐观的未来依然是社会主义。另外，D.科茨认为，市场带来的最主要问题是产生了一批富人阶级，他们甚至会对政府施加政治压力以维护自身的利益，而新自由主义主张国家不干预经济的观点正迎合了他们的需要。所以，市场机制在提高效率和促进经济增长的同时，也可能产生一个"资本家阶级"并威胁到社会主义的生存。但D.科茨指出，也许市场和私有企业都会存在于社会主义早期阶段的国家中，这里重要的是社会的发展方向，即扩张计划和公有企业的各种形式去替代和边缘化私有企业。如果把社会主义作为一种基本理念来解读的话，那它就是一种为需要而生产而不是为利润而生产的制度，只有兑现了这一点，社会主义才能说完全实现了。

德国左翼党R.卢森堡基金会资深研究员M.布里（Michael Brie）应中央编译局政党研究中心邀请，作了题为"社会主义已进入第三次浪潮"的报告。在他看来，到目前为止，社会主义运动已经经历了两次浪潮，第一次出现在1789—1917年，当时形成多种社会主义，包括革命前卫主义、改良主义以及无政府主义等，马克思主义的诞生试图为社会主义思潮提供科学依据；第二次出现在1917—1991年，随着十月革命的胜利，民主主义政党在不少国家夺取了政权，但由于新自由主义改革释放出全球资本增值的新动力，迫使苏联社会主义与西方社会民主主义陷入了失败与守势。M.布里指出，资本主义的经济增长毁灭了人类生活的自然基础，这导致了生态危机；物质过剩不能使人获得更多自由时间来进行创造性发展、互相关怀和从事文化生活,这导致了认同危机;以资本增值为信条,必然与民主相抵触,这导致了政治合法性危机;新自由主义全球化与金融市场资本主义分裂了国际社会,这导致了国际安全危机。作者认为,现代资本主义陷入的多重危机唤起了以苏联解体为标志的第三次浪潮,而"社会主义3.0"需要一系列前提条件,即较高的生产力,有利于生态;多样化的所有制形式,使个人自由通过团结互助而有利于一切人的自由;为多样性统一创造条件的政治协商与决策机构;团结互助、同生共处的文化;使不同国家和民族能够在和平中共同发展的国际体系。作者强调,中国作为"社会主义3.0"最重要的诞生地,将对世界社会主义运动产生重要作用,而伴随着第三次浪潮,社会主义将实现其历史使命。

近年来,那些谈论专政与阶级斗争的文章,在学界引起了轩然大波,但也有人反对将阶级与专政联系起来,甚至反对再用"阶级"这样的概念和使用阶级分析的方法。中国人民大学杨光斌的《不同政治语境下的政治逻辑及其话语表述——论一党执政体制下"人民—阶级—团体"内涵的变更》一文,提出了一个开放性的新范畴,即在中国语境下一党执政对于阶级结构的作用问题。该文认为,围绕"阶级斗争与专政"的争论无助于对中国政治的理解,因为论争者基本上都是囿于旧范畴内的讨论。不同的政治语境应有不同的政治逻辑,不同的政治逻辑就有不同的话语表述。一党执政的政治制度,加上单位制等社会体制,使得阶级意识得以消弭,塑造了新型的人民性而非阶级性的社会结构,这是中国不同于西方的阶级关系的根本性原因。在作者看来,阶级性是革命的政治逻辑、人民性是执政者的政治逻辑、阶级(阶层)分析是绕不开的历史逻辑、团体是政策分析的逻辑。该文指出,革命的逻辑是阶级斗争,而执政的逻辑则是政治和谐。但由于缺少经验,上升为统治阶级的革命者继续推行革命的逻辑,其结果便是灾难。历史的教训告诉人们,作为执政者的共产党不能再大谈什么阶级斗争和阶级专政,而应建设以政治和谐为导向的法治;同时,任何政权的存续都离不开强力后盾,成熟的统治者一般展示的都是"蛋糕",而不是"大棒",当然关键时刻也需要"秀肌肉"。

在构建当代中国马克思主义政治经济学之时,有些学者喜好简单地照搬《资本论》的体系框架,复制传统政治经济学的公理,把改革实践中鲜活的质料生硬地塞进教条主义的分析框架中。上海财经大学张雄提出了既不同于西方古典政治经济学与斯大林计划经济模式,又体现经济动力论、经济效率论和经济价值论三者统一的当代中国政治经济学学理,探索性地把这一政治经济学范畴的内涵,定义为追求全球经济正义、实现社会主义强国富民的经济学说。从A.斯密开创的资产阶级"国富论",到当代中国共产党人开创的"人民财富论",标志着政治经济学发展进入了新的时代。作者指出,唯物史观具有的独特批判精神,有助于政治经济学问题意识的显现、历史意识的时空检测、时代精神的追问,以及前提与方法的真与假、对与错的鉴别,通过反思到达真理域。他认为,政治经济学本质上不是工程学,不是以简单的技术数据来昭示市场的机运或风险预警,而是在揭示经济发展规律的基础上,更深层次地确保经世济民、治国理政的理性决策,更多的是思想的力量和数据的人本主义价值判断。作者以为值得深入探讨的领域包括:在劳动与资本的关系中,要探讨当下资本与劳动的相容性和对抗性、推进合理的劳资关系的制度和政策安排、找出调动资本与劳动双向积极性的平衡点;在效率与公平的关系中,要明确两者之间的内涵,追求效率而忽视公平或强调公平而牺牲效率,都是不可取的;在市场与政府的关系中,要探究如何理解市场配置资源的决定性作用,既看重市场的驱动,更看重政府对市场的引导和提升功能;在经济自由与法的关系中,要重视在赋予市场更多经济自由的同时,如何健全完备的法制环境;在经济制度与政治制度的关系中,要强调经济改革每进一步都要考虑与政治制度与政策的对接,从中找到制度沟通的合理性及平衡点。

五、社会主义多元思潮的理论建树及其交锋

20世纪50年代,英国第一波新左派运动兴起。与E.汤普森的"人道主义的马克思主义"和P.安德森的"理论的马克思主义"并驾齐驱的,还有S.霍尔(Stuart Hall)的"开放性的抵抗政治"思潮。英国工党理论家A.克罗斯兰(Anthony Crosland)《社会主义的未来》(*The future of Socialism*,1956)一书的出版,使S.霍尔意识到自己与前者在构想社会主义未来道路时所处的共同语境及原则分歧,由此创作了《无阶级的观念》(*A Sense of Classlessness*,1958)等作品,通过对"无阶级感"的形成过程和作用机制的分析,重新发明了工人阶级作为革命主体的阶级意识,率先在文化和意识形态领域实现了跨越。南

京大学陈挺的《重新审视传统的社会主义分析框架和政治实践——英国新左派与工党关于阶级抵抗政治的一场潜在对话》一文,对他们之间理论冲突的表现及其实质作了详细的分析和评论。该文指出,"二战"后英国工人阶级缺乏革命的阶级意识,是当时新左派面临的思想危机的核心要件,即经典马克思主义还能否解释"丰裕社会"产生的工人阶级的身份变化和革命主体的地位变迁问题。S.霍尔与A.克罗斯兰的分歧主要体现在如何看待传统社会主义的分析框架及其政治实践的问题上,而后者正是在这一点上为前者提供了一个对话的来源和批判的场域。该文认为,A.克罗斯兰的目的在于把社会主义的基本原则和国际共产主义的愿景彻底从社会主义的政策中分离出去,以此达到鼓吹"阶级无用论"和"革命要不得"的政治目标。相反,S.霍尔则试图使"革命主体"的政治意识和政治主动性在"改良主义成为英国社会乃至英国工人阶级主流意识形态"中降至最低谷时,通过英国化的"文化马克思主义",来发现一种唤醒无产阶级革命意识的阶级抵抗政治,这就把对社会主义未来的构想带入更加广阔的理论生产空间。

从古至今,人们对自由概念的理解是多元的,马克思主义、自由主义、保守主义、激进主义有着迥然相异的自由观。毋庸置疑,自由是马克思主义的核心论题,也是其根本理论旨归。东欧新马克思主义秉承了马克思主义"自由人的联合体"这一基本思想,从纳粹统治和苏联压制下特殊的历史文化境遇出发,对"自由"重新作了阐述。中南财经政法大学颜岩对该学派A.赫勒（Agnes Heller）、L.科拉科夫斯基（Leszek Kolakowski）、A.沙夫（Adam Schaff）、G.彼得洛维奇（Gajo Petrović）、M.马尔科维奇（Mihailo Marković）、Z.哥鲁波维奇（Zagorka Golubović）、K.科西克（Karel Kosik）等人独特的自由理论作了全面的述评,指出东欧新马克思主义理论家尽管对自由的理解各不相同,但还是形成了一些共同见解,即自由是一个质性范畴,关乎人的本质;自由意味着选择和创造;自由是一个规范概念,内含批判性的维度;政治自由和认识论意义上的自由是一种有限自由;集体和国家不能凌驾于个性自由等。由此出发,他们拒斥和批判了实证主义和存在主义的自由观;辩证分析了社会决定论和个体自主选择的关系;揭露了经济决定论、经济主义和"经济人"假设的意识形态本质;坚持了自由概念的批判性和科学性的辩证统一。他们认为,大多数东欧新马克思主义学者能够客观辩证地看待自由,其对自由的诠释无疑大大深化和拓展了人们对马克思自由观的理解,对当前政治哲学视阈内重新反思自由问题具有重要的启示意义。

美国哈佛大学自由至上主义政治哲学家R.诺齐克(Robert Nozick)在发展J.洛克的劳动获取理论的基础上,试图回应马克思对生产资料私有制的批判。在《无政府、国家和乌托邦》一书中,他试图否认在资本主义生产方式下存在着资本家对劳动者的剥削;同时,又根据持有的资格理论对马克思的剥削理论提出多方面的质疑和挑战:(1)在资本主义生产方式下,工人与资本家之间的交易是自愿交换;(2)资本家获得利润是因为他们承担了生产和销售的风险,因此不能被看作是对劳动工人的剥削;(3)在生产资料私有企业和公有企业并存的情况下,工人可能自愿选择在私有企业工作,因此不能认为工人在这些企业中受到了剥削;(4)违反分配正义持有原则的再分配等于是强迫劳动和剥削,并由此反对马克思主义的平等主义倾向等。中国人民大学李石在《对马克思剥削理论批判的批判——回应哈佛大学教授R.诺齐克的质疑和挑战》一文中,详细讨论了这四方面的挑战,并站在马克思主义的立场上予以回应。该文认为,R.诺齐克从"自愿交换""企业家承担风险"以及"私有企业更有吸引力和竞争力"三方面对马克思的剥削理论提出的质疑并不令人信服;但他基于其持有的资格原则提出的"新剥削理论",即基于再分配的社会保障体系对于社会中的获利者的"剥削",确实对马克思主义的平等主义倾向造成了一定的威胁,这将促使我们进一步寻求社会平等的理论根基。

2008年全球金融危机以来,伴随着社民党政治上整体下滑的趋势,一场有关社会民主主义的危机、挑战及其未来发展的讨论在欧洲思想界持续展开。争议中的分歧显示,欧洲社民党正处在一个面临方向性选择的十字路口,是回归传统还是激进改革? 不同的力量试图作出不同的解释。中国政法大学林德山的《回归传统还是激进改革——欧洲社会民主主义正处于方向性选择的十字路口》一文,对这股思潮和政治力量的现状及其走向作了全面的点评。该文展示了对社会民主主义危机根源的不同诠释,认为随着工业时代的结束,它已经完成了自己的历史任务并变得多余;在政党光谱中允许它进行纲领性定位的空间已经被狭窄化,处于保守主义与民粹主义中间的"三明治化";在保守主义—自由主义主流话语范式下,它已丧失重要社会议题的话语支配权;

"第三条道路"的改革背离了社会民主主义的核心价值观,因而不再被认为是社会正义的维护者;中间道路战略导致了与其传统支持队伍的疏远,核心选民群体日益萎缩,并已分化为支持和反对全球化的两大阵营;左翼精英的"世界主义"及文化多元主义与社民党原有核心选民的价值理念发生冲撞等,从而使肯定"二战"后黄金时代的"怀旧政治"(politics of nostalgia)和否定"第三条道路"的"绝望政治"(politics of despair)观开始在欧洲社会民主主义阵营蔓延。该文指出,近年来改革中出现了两股新的力量:一派以T.迈尔(Thomas Meyer)等人为代表的"新修正主义",试图在传统中左政治核心精神的基础上,面对一些全球化和结构性的问题;另一派以O.克拉姆(Olaf Cramme)和P.戴蒙德(Patrick Diamond)为代表的改革派,强调社会民主主义没有一个确定的未来,只有根据变化的环境作出战略选择。该文指出,社会民主主义虽然迄今为止仍没有清晰的方向和路径,但从长远发展来看,立足变化了的世界的改革才是出路;从实践层面上看,迫切需要处理好变革进程中一系列关系的平衡,包括平衡不同的思想观念、平衡党的不同构成和利益集团的诉求,以及在政治战略中平衡变革与传统的关系。

在当代反思现代性的思想运动中,A.吉登斯(Anthony Giddens)被认为是提出自己独到看法的西方马克思主义者。他不仅尝试从现实出发解释现代性的困境,而且以社会主义思想的核心理念为基础,探寻现代性的未来出路,并建构新的社会秩序。山西大学邢媛试图从事实基础、目的诉求和理论指向三个方面,对A.吉登斯经验主义、功能主义和现实主义的分析框架作出分析。作者指出,A.吉登斯从经验主义的事实出发,认为传统意义上的资本主义和社会主义二分的制度设计和思想理念已经不复存在,必须寻找新的出路才能拯救人类社会和秩序;以功能主义的方法,系统地分析了产生人类现实困境的原因及其根本特点,看到了资本主义的灾难和苏联式社会主义的无奈,并为"重构激进政治"提供了基本前提;以现实主义的态度,把现代性的各种理论和社会实践中有益的因素集结起来,用唯智选择的基本原则,打造了一个"全球世界主义秩序"的制度框架。但是在该文看来,A.吉登斯的政治框架有着先天的不足,他把经验主义的症候阅读看作分析的事实基础,漠视了实践活动的创造性;功能主义的整体透视使之滑向了工具主义的漩涡,看不到社会变革主体的精神追求;现实主义的唯智选择缺乏科学理性的统领作用，从而使其思想不仅零散，也未达到理论的内在自洽。这是需要我们特别关注的。

在国外社会主义理论谱系中，拉美马克思主义迄今仍未引起国内学界的足够重视。其实，拉美既是思想试验场，也是理论观测哨，且马克思主义已深入其社会血脉之中，因而开展拉美马克思主义研究，可以丰富社会主义世界图景及其对现实的借鉴意义。浙江师范大学冯昊青和郑祥福对拉美马克思主义的发展历程、各个历史时期主要理论成果及其特征，进行了系统的梳理、归纳和评价。他们指出，马克思主义在拉美的传播与发展大致经历了传播期、激进期、停滞期、复兴期、后革命时期五个阶段，形成了 J. 马里亚特吉思想、F. 卡斯特罗思想、马克思主义依附理论和解放神学的马克思主义等代表性成果，并具有深刻的内生性与鲜明的时代性、浓厚的地域特色和独特的民族文化形式、可贵的现实性和实践性品格、多元形式并存的自我认同与自我识别的整体等特征。他们通过对历史人物和事件背后主导思想的剖析，证明将拉美历史、文化和社会结构的特殊性绝对化的"拉美例外论"与用解释欧洲 19 世纪历史进程的经济社会发展模式机械地移植到拉美的"欧洲中心主义"，始终贯穿在拉美马克思主义演进的历程之中，而只有克服或超越"固化的特殊主义"（Hypostatized Particularism）和"普遍的教条主义"（Universalist Dogmatism）这两种倾向，将马克思主义普遍原理与拉美实际情况结合起来，在普遍性与特殊性之间达成辩证统一，才是明确促进拉美马克思主义发展的正确途径。

六、各国政党的自我调适和转型发展

政治现代化路径选择中的各国政党，为了生存而张扬各种改革。拿社会党国际来说，成立时只是"欧洲社会党的俱乐部"，但在随后的半个多世纪里，尤其是 20 世纪 70 年代在 W. 勃兰特的倡导下，放弃了"欧洲中心主义"，致力于向广大亚非拉发展中国家渗透和扩展，实现了该组织的"国际化"。社会党国际能取得如此的成效，主要依赖于其手段的灵活性。他们以"民主""自由""人权"为口号，利用西方媒体获得道义上的制高点，并通过领导人出访、出版刊物、培训与资助，培养认同其价值观的党内外积极分子，甚至当发现大多数非洲国家都实行一党制,为了克服理论与现实的差距,便放弃了其一贯坚持的民主和多党制原则,吸收许多长期实行一党统治和压制民主的政党。为此,2013年5月,德国社会民主党与英国、法国、瑞典、奥地利等70多个老牌社会党,共同发起成立与社会党国际对立的国际组织——进步联盟(Progressive Alliance),并以观察员党的身份出席社会党国际代表大会,这就大大削弱了社会党国际的执行力与影响力。西南大学向文华的《社会党国际向亚非拉地区的渗透及其成效——西欧老牌社会党反对与一党制政权合作导致内部分裂》一文,详细分析了该党国际向三大地区渗透的历史进程、主要手段及其最后成效。在作者看来,社会党国际未来的发展取决于其能否处理好与"进步联盟"的关系。

我们知道,越南宪法是越共执政地位的根本法律保证和管理国家的主要工具,也是调整越南社会关系最重要的基本法理文件,因此修宪是越南政治生活中的一件大事。为适应革新开放的新形势,实现"社会主义法权国家"的目标,2011年越南再次启动了修订1992年宪法的工作,引发了越南社会各阶层的大争论。中国人民大学陈新明和杨耀源的《越南修订1992年宪法引发的争论及思考——围绕越共领导地位、人民主权思想、宪法审查三大问题展开》一文,介绍了此次修宪值得关注的一些动向以及带给人们的思考。该文指出,在越共领导地位问题上,有人主张领导人应由人民选举产生,并将越共领导纳入法治框架,通过权力多元化来约束越共的权力;在人民主权问题上,不少社会团体和新兴组织主张修宪采取全民公投的形式,反映出体制外的力量希望拥有更多表达自身利益诉求和更广泛政治参与的权利;在宪法审查问题上,国内部分人士借此要求越共将一些实质性的权力或正式权力移交给国家机关行使,并主张执政党应重点关注战略性领导和长远规划,避免对已得到宪法和法律授权的国家机关事务进行直接干预。该文认为,这次修宪争论的焦点是越南党和国家领导人对权力自我克制的认可以及实施措施,引发争论的实质是越共党内出现思想政治分歧的信号,是越共体制外力量要求分享权力进而夺权的信号。

2015年年底,在西班牙举行的新一届议会大选中,新兴激进左翼"我们能"党(Podemos)强势崛起,从而终结了自后F.佛朗哥时代以来近40年由右翼人民党与中左翼工人社会党两党轮流执政的历史,无疑成为决定政权终将花落谁家的最大变量。中国社会科学院于海青的《西班牙政坛强势崛起第三股力量——"我们能"党的兴起、特征及其发展前景》一文,对之逐一作出了观察与分析。该文指出,"我们能"党的快速发展得益于经济危机的发生以及主流两党推行的紧缩措施,致使社会层面出现严重的两极分化,加上普遍存在的政治腐败更加剧了社会矛盾和冲突。它与传统左翼相比,呈现出多方面的特征:拥有与传统左翼政党不同的话语体系、采取类似于新社会运动松散性的组织形式、拥有年轻化激进化的社会支持群体、受益于现代网络数字技术的发展和创新、利用传统大众传媒作为宣传载体和工具等。该文认为,该党采用虚拟网络等非传统组织工具,虽有助于扩大党的生存空间,但不足以替代传统的政党功能及其运作机制,因此需要在草根运动与功能性政党之间寻找一个平衡点。同时,其淡化意识形态色彩的"模糊政治"策略,也很难使其在左翼政治光谱中确立优势地位,这就需要开展一场"立场战",围绕新的政治变革运动,重新构建发展战略和组织基础。

2016年9月18日,俄罗斯联邦举行了第七届国家杜马选举,从整个选举进程看,还进行得比较顺利,选举后也未出现大规模的群众抗议活动。中央编译局李兴耕的《俄罗斯政党政治的风向标——对俄罗斯第7届国家杜马选举的评析》一文,对这次选举的全过程及其结果作出点评。该文指出,在新一届杜马中,力量对比发生了明显的变化:统一俄罗斯党"一党独大"局面进一步加强,俄共、自由民主党、公正俄罗斯党三党的力量遭到削弱,同时又增加了2个小党和1个无党派议员。该文认为,统一俄罗斯党在新一届杜马中获得了绝对的多数席位,主要原因在于该党得到了普京总统的大力支持;多数民众希望依靠执政党保持政局稳定,维护国家安全;同时也由于杜马选举制度的改变,有助于该党在单席位选举中获得大胜。这一结果对俄罗斯今后的发展及2018年总统大选将产生重大影响,也成为普京总统2018年竞选连任的风向标。在俄罗斯的政治、经济、外交等领域面临诸多困难和机遇的情况下,新一届杜马将经受严峻挑战,让我们拭目以待。

20世纪80年代,绿党开始登上欧洲政治舞台时,曾被认为是一种暂时性现象,但是它们通过多年来包括组织结构、意识形态主张和选举议题等在内的自我调适和转型调整,不仅组建起自己的议会党团,还主动与其他政党合作竞选,一度成为欧洲议会中的第四大党。上海社会科学院轩传树从议会选举的角度,分析了绿党的基本属性、政治光谱及其现实方位,指出鉴于欧洲绿党不同于传统政党而又要适应并融入竞争性政党制度的战略困境,以及在推进自身"欧洲化"的同时要推进欧洲政策"绿色化"的互动过程,对绿党的分析不能仅从阶级代表性这一传统的政治学出发,而应立足选举政治,从意识形态主张、选民基础和实际影响三个角度进行综合考察。首先,从欧洲绿党的价值原则、议题设置及其对欧洲一体化的态度看,该党已不再是一个仅仅依赖环境议题来吸引选民的单一议题政党,而是有自己的价值原则并努力在现存政治制度框架内为之奋斗的体制性政党;其次,从绿党选民的社会结构和基本态度看,该党所代表、所依靠的选举基础并不是某个特定的阶级,而是"超越左右"的温和左翼;再次,从绿党通过议会内外活动进而影响欧洲政策议程看,该党既推进了欧洲的权力下放和治理民主化,又成为一体化"绿色欧洲"的领跑者,显示出欧洲政治舞台上一支重要的力量。但从未来发展看,绿党仍然面临一系列的战略、策略困境。

世界共产党和工人党国际会议已经走过了17个春秋,取得了很大的成就,也经历了不少风雨和坎坷。虽然存在一些问题如会议组织松散、意识形态色彩浓重、运转资金困难、体制机制不健全等,但是会议围绕"共产党和工人党的任务"这一主题依然顺利开幕。辽宁大学王喜满和张瑜的《为了各国党的政策整合和社会主义的国际联合——第17届共产党和工人党国际会议在伊斯坦布尔召开》一文,介绍了这次会议一些值得关注的动向。会议指出,当前国际形势的最大特点是不稳定性和不确定性,主要表现为:一是帝国主义重组发展到最新阶段;二是帝国主义为摆脱结构性危机,采取各种反人民的政策,并引发人民不断的抵抗斗争;三是法西斯运动在乌克兰、日本、希腊等地区的升级;四是世界帝国主义军事化危险日益泛化;五是新兴力量正在冲击美国的霸权地位。而当前国际局势动荡不安的根源来自系统性、结构性和多重性的资本主义经济危机,从而使军事冲突、恐怖主义、移民浪潮、贫困和社会不平等日益加深。会议强调,今后各国共产党和工人党的任务有两大目标:第一,坚定社会主义目标毫不动摇,要发起一系列革命性的阶级运动,为实现维护人民利益和社会主义而斗争;第二,进一步整合各国共产党和工人党的政策,推动国际共产主义运动的团结。不少国家共产党围绕这一议题提出了许多建设性的意见。

七、社会主义思想史新探

以《乌托邦》一书的出版为起点,世界社会主义已经走过了500年的历程。这是风云激荡的500年,是前仆后继的500年,是翻天覆地的500年,是继往开来的500年。中国人民大学高放的《世界社会主义风云激荡500年——对社会主义运动的观察与思考》一文,揭示了500年历史的发展态势及其运行规律,概述了社会主义思想从乌托邦到科学的发展、社会主义运动从理论到实践的转变、社会主义制度从一国到多国的演进、社会主义革新从地区到全球的拓展4个历史进程。该文指出,世界社会主义的发展是符合世界资本主义四大发展阶段的自然历史进程,不能急于求成,更要通晓不发达国家首先实现社会主义的特殊规律。这个规律包括处理好与封建主义、资本主义、社会主义、共产主义这四个主义的关系,即要彻底铲除封建主义余毒,不能让专制主义等渗透到社会主义体制中来;要充分利用资本主义文明成果,不能急于消灭资本主义;要逐步发展社会主义,不能用党政命令和群众运动办法急于过渡到一大二公三高四纯的社会主义;要领导人做"社会公仆"的表率,与民众同甘共苦,逐步为长远的共产主义目标做准备,不能先享有"各取所需"的特权,命令群众加快进入共产主义。

那本"既有益又有趣的金书"《乌托邦》的作者T.莫尔(Thomas More,1478—1535)是英国著名的人文主义思想家,也是乌托邦社会主义的开创者和奠基人,在英国历史上有其显赫的地位,在整个人类思想史上也有其一席之地。然而,思想史上的T.莫尔形象是模糊的、复杂的、多元的:无论左翼还是右翼,保守主义者、自由主义者还是社会主义者,天主教徒、新教徒还是无神论者,似乎都能饶有兴味地谈论各自的T.莫尔。随着《乌托邦》被译成各种文字广为传播,"乌托邦"一词衍化成了一种符号,开了后世乌托邦文学、乌托邦思想和社会主义思想的先河。中国人民大学蒲国良认为,T.莫尔在吸收古代思想元素的基础上,借助于地理大发现时代的现实素材和时尚的文学表现手法,表达了对所处时代不公正现实的抗议和对公有制社会美好生活的憧憬,就其深刻性和影响力而言,直到18世纪法国大革命时为止,社会主义思想史上还找不到一部能够与之比肩的作品。在这个意义上,T.莫尔完全有资格被称为乌托邦社会主义的鼻祖，而《乌托邦》自然也成了近代社会主义思想的滥觞。他强调，500年来社会主义思想逐渐由少数先哲对社会不公正微弱的呐喊，演变成一种思潮，进而变成运动，随后衍生出制度。它从欧洲一隅的点点星火燎原全球，从涓涓细流激荡为洪波巨浪，所呈现的发展轨迹显然是社会主义理念不断地向世界各个角落以及人类社会各个领域扩张和渗透的过程。其间，有改天换地的波澜壮阔，也有润物无声的潜移默化。当我们惊叹于前者的"伟大"与"惊心动魄"之时，切不可忘记后者同样能够改变历史的进程。更重要的是，当"伟大"与"惊心动魄"暂时退出人们的视野时，历史并没有就此驻足，社会主义依然在经历了数百年风风雨雨后而持久不衰。

问题在于如何看待这种"潜移默化"。国内学界对第二国际的研究有很长一段时间设为禁区，不能作为一个整体进入马克思主义思想史领域。在《联共（布）党史简明教程》的影响下，第二国际党被认为是"西欧类型的社会民主党，那种在国内和平条件下熏陶出来、被机会主义分子牵着走、幻想'社会改良'而害怕社会革命的党"，而布尔什维克党是"新型的党，马克思列宁主义的党，主张社会革命的党，能够训练无产阶级去同资产阶级决战并组织无产阶级革命胜利的党"，于是思想史的语境被意识形态的语境所绑架。武汉大学何萍试图为突破意识形态语境，建构思想史语境作出努力。她指出，第二国际虽然以马克思恩格斯学说为理论的出发点，但绝不是复制或照搬经典作家的原理，而是结合19世纪末至20世纪初西欧资本主义的新变化和工人运动的新发展，发出了具有时代意义的提问。正是这些批评和创造，构成了第二国际与马克思、恩格斯时代的断裂点，从而需要去反思修正主义现象产生的西欧背景和提出问题本身的意义。她认为，建构研究第二国际的思想史语境，需要通过认识论的层面来分析第二国际的理论争论，揭示它的西欧特色、时代特征及其历史主义的方法论原则，从中发现马克思主义发生转变的内在机制，破解长期未能解决的东西方马克思主义之争的难题；同时，要从学术思想创造的层面，思考第二国际马克思主义的理论结构和在政治经济学及唯物史观方面的理论贡献，从而打开马克思主义理论研究的新视野，创造马克思主义发展的新格局。

对第二国际马克思主义思想史的研究，需要掌握大量有关的文献资料，而国内这方面存在很大的空白。拿E.伯恩施坦来说，现在已有《E.伯恩施坦文选》等书籍的出版,但这对于他浩瀚的手稿来说,只是冰山一角。其中,有一篇值得重视的文献,即1897年1月29日他应英国费边社执行委员会之邀,作过一次题为"马克思究竟教导了什么"(What Marx Really Taught)的演讲。如果他转向修正主义是一次长期"脱毛"的过程,那么这次演说就是一个开始。因此,就了解E.伯恩施坦的思想转变以及反映其转变过程的著作完整性而言,这篇演讲的真实文本是有历史和文献价值的。有鉴于此,不少欧洲社会主义历史的研究者们都在寻找这一手稿。直到1977年,德国历史学家H.赫希(Helmut Hirsch)才确证了E.伯恩施坦费边社演说的文本,并在《E.伯恩施坦:一个费边主义者》(Der "Fabier" Eduard Bernstein)中首次公布于世。最近,上海社会科学院来庆立博士已将其翻译成中文。从演说中可以清晰地看出,E.伯恩施坦通过对进化、阶级斗争和革命三种概念的阐释,将马克思和社会改良联系在一起,将马克思主义解释为一种通过不断改良使社会得以缓慢进化的学说,即承认资本文明的一般历史进化路径,用工人立法等阶级斗争方式干预生产进程,使现实的未来进化方向走向所谓的社会革命。正是在这个基础上,E.伯恩施坦最终在经济、政治和哲学三个层面上替换了马克思主义的基础,将马克思主义和西欧"自由"文明的进化模式相对接,最终改变了社会民主主义的内涵,为社会民主主义的现实生长寻找到了一个新方向。

比利时地处德国、法国思想交流的要冲,社会主义运动起步较早,在第一、二国际组织的发展中曾发挥过特殊作用,为世界社会主义运动也提供了不少有价值的思想和经验,因而成了一扇观察西欧社会主义运动发展变化的窗口。中国社会科学院邓超的《比利时:从"棉花起义"到"制服革命"———一扇观察西欧社会主义运动发展变化的窗口》一文,对革命与改良两大主题在比利时社会主义运动中的演绎,作了回顾和展望。该文指出,自1839年在纺织中心根特召开的工人会议遭到政府军镇压,演变成一场史称"棉花起义"的暴动后,比利时工人运动走向激进。早期的社会主义先驱J.卡茨(Jacob Kats)曾经呼吁成立"劳动组织",要求普及免费教育、普选制、充分的信仰和政治自由;B.柯林斯(Baron Jean Hipplytede Colins)更是构建了庞大的"理性社会主义"体系;N.凯色尔(Napoleon de Keyser)抨击了所谓的"双重封建主义",主张革命是建立新秩序的必要手段;C.德巴普(César de Paepe)主张对国家的土地、矿山、港口和铁路实行集体化。尽管如此,P.蒲鲁东主义和M.巴枯宁的无政府主义仍然在比利时占据主导地位。1894年比利时工人党提出强调非暴力、追求普选权的《卡尔尼翁纲领》(Charte de Quaregnon),表明工人运动已转变为改良运动,议会道路从党的一般策略变为主要目标。1945年重建后的工人党改为"比利时社会党",宣称从资本主义向社会主义转变只能通过渐进的过程实现,并致力于推行福利国家建设。冷战后,比利时两大社会党无论是在思想和实践方面都缺乏重大创新和突破,疲于应付各种挑战,以致退出政治生活的中心,而工会组织抗议者身着统一的工会服装,发动了多起"制服革命"。该文指出,比利时的实践表明,当改良还有缓和社会矛盾的空间之时,革命不会成为民众首选的抗争手段。从最新发展的事态看,比利时社会改良的空间日益缩小,而产生一种新型革命的氛围却在与日俱增。社会主义者能否抓住这一时机,提出切实可行的具体战略和政策,关系到比利时社会主义运动的前景。

在思想史上,十月革命和苏维埃政权的重要领导人托洛茨基(Лев Давидович Троцкий,1879—1940)在批评苏共党内民主严重不足的过程中,围绕党内民主问题曾经有过大量的理论思考和阐述,但没有引起我们的重视。他强调党的领导机关不能代替全党考虑和解决问题,应重视基层党员的民主权利;批评自由是党内民主不可或缺的内容,发扬党内民主是实现党的正确领导的重要条件;党内民主绝对不是允许派别活动的自由,但要防止派别活动必须充分发扬党内民主;党内民主的缺失必然带来党的领导干部的蜕化和苏共的变质;等等,这些对今天仍有现实意义。南京师范大学王进芬的《一位悲剧人物对党内民主的进言——托洛茨基发出国家机关官僚化的警示》一文,对这份理论遗产和进言作了述评。该文认为,托洛茨基对苏共党内生活状况的批评是符合实际的,并在如何防止派别活动等问题上提出了独到的见解;他关于发展党内民主的主张,体现了马克思主义关于无产阶级政党的基本组织原则,对斯大林个人集权的认识要比西方学者更为深刻;他关于党内民主匮乏势必会引起国家机关官僚化的警示,首次在社会主义思想史上揭示了党内特权阶层和资本主义复辟之间的内在联系。该文指出,由于当时苏共就国内外问题的激烈争论、党内权力斗争等复杂的政治因素,再加上托洛茨基个人性格等方面的原因,他关于发扬党内民主的合理主张,最终并没有赢得党内的应有重视和广泛支持,反而最终被打成修正列宁主义的反对派。这种结果无论对托洛茨基本人还是对苏共而言,都是一个悲剧。

2016年年初,普京在两个场合罕见地批评列宁,认为1922年底建立苏联时,他主张"各成员国完全平等,并拥有退出苏联的权利,这是在俄罗斯这座大厦埋下的定时炸弹"。华东师范大学周尚文和山东理工大学张祥云的《列宁"民族自决权"理论的提出及其思想内涵——普京关于"在俄罗斯这座大厦埋下的定时炸弹"之说站不住脚》一文,梳理了这一思想的由来和发展。该文指出,苏联是在列宁和布尔什维克党领导各族人民砸烂沙俄这座"民族监狱"后,以沙俄疆域内各民族客观存在的凝聚力为基础,顺应时势创建起来的。从苏联成立的历史过程和列宁在民族问题上的思想看,民族自决权思想的基本精神是维护被压迫民族的权利,并不是一味地主张"民族分离"。在各民族关系问题上,列宁强调自主、自愿和平等,反对大民族尤其是压迫民族将自己的意志强加于人。十月革命后,在建立联邦制国家、各加盟共和国拥有"自由退出"权利的问题上,列宁和斯大林并无分歧,他们的分歧只在于建立联邦制国家的方式与原则。史实表明,斯大林及其后的历届苏联领导人在实践中,背离了列宁一贯倡导的民主、自愿、平等的联合原则以及让步、谨慎、耐心的工作方针,将俄罗斯联邦置于其他加盟共和国之上,以致联邦制国家结构严重变形,民族关系中的各种矛盾和隐患逐渐沉淀、积存下来,直至苏联晚期民族危机与经济、政治危机掺杂在一起总爆发,导致苏联的解体。该文认为,苏联的崩溃不能归咎于列宁民族自决权的思想和主张,而是由列宁之后的历届领导人在民族政策上的失误所造成的,所以普京的"定时炸弹"之说是站不住脚的。

关于中央计划经济是否可行的论战,中外学界已经持续了半个多世纪,双方有诘难、有辩解、有交锋,引发了社会主义国家对"管制经济"模式的再思考。奥地利学派著名的经济学家L.米塞斯是激进的市场原教旨主义者,他对经济学最大的贡献就是提出中央计划经济非可行性理论。中国社会科学院欧阳向英对这位经济学家的理论作了述评。在L.米塞斯看来,复杂的经济活动需要核算价值才能使交换行为得以实现,而社会主义计划经济无法形成经济计算,是"对理性经济的否定",因此须使现实的社会主义与理想的计划经济模式脱钩。他认为,尽管经济核算和市场效率问题已被社会主义国家重新审视,但L.米塞斯的观点具有明显的缺陷:一是针对苏联计划经济模式,看不到或者歪曲其他社会主义国家的实践,有理论与实践脱钩之嫌;二是他用价格机制批驳马克思的价值理论,是对劳动价值论的一种歪曲;三是他不承认也不能解决市场的"无政府状态",看来唯市场论并不科学。虽然L.米塞斯理论的价值在于解构社会主义与计划经济之间的关系,但正是他的有力挑战迫使社会主义者认识到,恰当的核算体系对于引导社会主义经济的资源配置具有重要意义。

二十世纪二三十年代是西方马克思主义的创立期,要了解其早期思想的形成,除了知晓这一时期思想家们所面临的国际和各自国内的社会历史和时代背景外,还需要从思想史角度理清与传统马克思主义之间的关系。中国人民大学张秀琴梳理了西方马克思主义形成与第二、三国际思想家群体之间的思想史线索,指出其早期创始人G.卢卡奇、K.柯尔施和A.葛兰西在这一时期所发表的著述《历史与阶级意识》《马克思主义和哲学》《实践哲学》等,既是对第二国际唯物主义的批判,又随即引发第二、第三国际理论家们的批评;而后G.卢卡奇等人又展开一系列形式不同的"反批评"。正是基于同第二、三国际理论家的论争,即通过批判第二国际的庸俗马克思主义,力图恢复马克思主义的总体原则;通过批判第三国际的直观唯物主义,解释什么是真正的辩证唯物主义,才逐渐恢复了总体原则在马克思主义中的本质属性地位,西方马克思主义才得以作为一个具有相同学术传统的共同体而逐渐形成。

这里要提及的是,在自主性国家观形成和发展过程中,马克思首先描述了民族国家建构初期经济领导权中的国家自主性,后来列宁提出了后发现代民族国家政权建立时刻政治领导权中的国家(政党)自主性。在此基础上,A.葛兰西特别强调了发达资本主义国家市民社会国家意识形态领导权中的国家自主性和政党自主性,从而共同构成了领导权理论中国家自主性的完整篇章。西南财经大学高卫民系统地解析了A.葛兰西领导权理论在马克思主义国家学说史发展过程中起到的承上启下的关键作用。他指出,在A.葛兰西看来,西方新型总体性国家社会主义策略应该是阵地战,而不是苏俄式的简单暴力革命的运动战,策略的重点应该转向争夺或运用包括市民社会在内的总体性国家领导权。这种由政治社会和市民社会组成的新型总体性国家的出现,是新的时空下西方发达国家的国家社会化和社会国家化的结果,国家向市民社会渗透和市民社会向国家渗透的趋势同时发生,传统的国家与社会界线开始改变。可见,A.葛兰西的总体性国家领导权是政治、经济和意识形态领导权的辩证统一,是对马克思自主性国家观的继承和开拓。他认为,A.葛兰西领导权中国家自主性理论的丰富内涵带给人们许多启发,可以用来指导我国国家治理体系和治理能力现代化的实践。

1938年出版的《联共(布)党史简明教程》是由联共(布)中央特设委员会编著、经联共(布)中央审定的历史教科书,但人们不太知道它的出笼背景。近期,俄罗斯历史学家P.A.麦德维杰夫对该书如何在斯大林指导下编写,作了详细的考证。作者指出,自1937年5月《布尔什维克》杂志刊载斯大林《论联共(布)历史教科书——致联共(布)历史教科书的编写者》的信之后,斯大林全面介入了对该书的指导。他不仅修改了而且亲自撰写了其中不少涉及理论的篇章;不仅全书的框架而且章节的标题都是他拟定的;不仅解释了自己大量删除、修改和补充的情况,而且回答了问题并提出了建议。那时候,只有斯大林能够对党和苏俄历史上的所有活动家作出官方的评价,只有他能对从日俄战争、第一次世界大战、十月革命直到集体化、工业化以及通过新宪法等历史事件的意义做出解释,只有他能对俄国各政党以及党内各流派、反对派、小集团的性质作出说明和判断。在作者看来,斯大林对所有以前出版的联共(布)历史教科书都不满意,原因在于这些教科书所叙述的联共(布)历史脱离国家的历史,只限于简单地描述各种派别斗争的事件,而没有做出必要的马克思主义的说明,结果党内派别的斗争被看作是不可理解的纠纷,而布尔什维克被看作是一些无可救药的、好闹纠纷和打架的人。作者还指出,赫鲁晓夫曾根据《联共(布)党史简明教程》,指责斯大林几近剽窃,"你们看到,集体创作的成果令人吃惊地变成了斯大林个人的著作",而且"在教科书中大量使用他的引文并大肆吹捧自己",对不合适的人物,甚至对理解历史事件非常重要的人物干脆从教科书中除去。但是赫鲁晓夫错了,因为斯大林修改和补充的打印稿被保存下来了。

研究20世纪社会主义发展史,总结社会主义实践中的经验和教训,既是当今世界各个社会主义国家不得不直面的现实问题,也是面向21世纪的社会主义谋发展、求繁荣的重要基础和前提。辽宁师范大学刘晨晔着力从对社会主义计划经济可行性的探讨、对斯大林极权主义以及苏联东欧国家后极权主义的批判、对苏东剧变前后苏联模式社会主义的否定三个方面,全面清理了西方学者社会主义批判思潮演进的历史轨迹及其主要观点。他指出,西方学者社会主义批判的正式乐章是伴随着对战时共产主义最初实践及其遭遇的问题而展开,进而探寻否定社会主义计划经济的新路径,还深化了对极权主义多元起源及其实质的研究,最终由苏联东欧的剧变引起了对社会主义的全面否定,重弹西方思想界唱衰社会主义和共产主义的老调,并筹划21世纪对社会主义国家的抵抗战略。他认为,西方学者对现实社会主义理论与实践的批判研究,既有疏于深入细致调查研究而浮于表面现象所形成的误读,也有出于意识形态偏见而主观臆断所造成的曲解,但其中也不乏切中问题要害的真知灼见,是20世纪留给我们的一笔值得系统发掘整理和细致解读反思的重要学术资源。

纵观数百年的社会主义思想史,如何定义"社会主义"一直存在着严重的分歧。人们往往不是用这个词来描述社会主义的核心价值和本质特征,而是用来描述那些有助于实现社会主义本质特征的具体手段及其政策。英国工党理论家A.克罗斯兰(Anthony Crosland)对之提出了全新的看法,在他看来,社会主义的根本目标是人的解放,即人的自由而全面的发展,同这个根本目标相比,其他一切都是手段。无论是公有制或私有制、计划经济或市场经济,还是公有制的具体形态、计划经济和市场经济的具体模式等,在社会主义者看来都是发展生产力、提高人民生活水平进而实现人的自由全面发展的手段。A.克罗斯兰进而认为,对于决定一个社会的性质来说,所有制因素越来越不重要,从社会的、伦理的还是经济效益的角度来看,没有理由认为国有化会使我们更加接近社会主义。因此,生产资料所有制不再是决定一个社会根本性质的决定性因素,而追求无阶级社会的平等才是社会主义者的共同价值目标。在坚守社会主义核心价值的基础上,根据时代和国情的不同,不断地调整赖于实现这些价值的具体手段,这是A.克罗斯兰给予我们的重要启迪。这些论断无论对于理解英国工党政府的相应内外政策,还是理解"二战"后整个西欧民主社会主义运动都产生了深远影响。

八、对中国特色社会主义道路的破解

近年来,随着中国化道路的进一步推进,"共产主义"成了一个备受关注的热词。有些人认为,这条道路似乎离共产主义远了,又有人喜欢在"共产"上做文章,以为中国的现行政策仅是一种权宜之计。这里需要回答中国特色社会主义与共产主义到底是一种怎样的关系。中联部肖枫的《共产主义是消灭现存状况的现实运动——"中国特色社会主义"是迈向共产主义的中国道路》一文，围绕"共产主义"具有广义和狭义两重含义、马克思恩格斯科学辩证地使用"共产主义"概念、列宁从"战时共产主义"实践中全面总结经验教训、斯大林急于向"共产主义"过渡的教训极为深刻、中国特色社会主义离"共产主义"近了而不是远了、坚持中国特色社会主义就是脚踏实地迈向共产主义等问题，从理论的高度畅谈了对一系列问题的看法。该文指出，共产主义除了指未来理想的共产主义社会制度之外，又泛指整个无产阶级的思想体系以及为实现这种思想体系所确定的目标而进行的社会实践，即共产主义运动。我们现阶段的实际任务是建设中国特色社会主义，而决不是要超越阶段去实行共产主义"社会制度"。但共产主义的理想信念是决不可动摇的，中国共产党自成立以来的一切实际斗争和运动，尽管不同时期具体任务的性质各不相同，但毫无疑义都是中国共产党人整个共产主义事业的组成部分。该文认为，只有理解了马克思、恩格斯关于共产主义不是应当确立的状况，不是现实应当与之相适应的理想，而是"那种消灭现存状况的现实的运动"这一内涵，才能认识到今天坚持和发展中国特色社会主义就是在脚踏实地迈向共产主义。

马克思、恩格斯的笔下，至少有150多件作品的800多处论及过中国。海外对这笔财富的真正研究起步于20世纪20年代，至今主要经历了三个阶段，即20世纪20年代中期—50年代中期，处于俄、英、德文专题文献编译导读阶段；20世纪50年代末—80年代初，在麦卡锡主义的影响下，美国学者触及共产主义中国性质的论争；20世纪80年代中期至今，随着中国的改革开放，人们对中国社会的性质又开始了新一轮的考察，随之对经典文本的研究也进入了多维审视的阶段。西藏民族大学王东红对这三个阶段的研究历程作了回顾，并围绕马克思主义经典作家专题文集的编纂、比较共产主义研究和关于毛泽东思想的论争、马克思恩格斯中国论述是否存在"欧洲中心主义"以及"颂华"或"贬华"的倾向等问题，作了梳理和总结。作者认为，对于19世纪后半叶中国社会的发展，经典作家一方面关注来自其外部的冲击及其带来的反响，并对由此造成的破坏性或建设性结果，从道义和历史两个方面给予了全面的评估；另一方面，他们也关注到中国社会结构对其生产方式的固化作用,重视中国对欧洲以及世界的作用和影响,强调中国自身的特殊性及其在世界历史进程中不断转变的地位。这种观念大大深化了他们对亚洲国家和东方社会之差异性、复杂性、稳定性的认识,丰富了他们关于人类社会发展多样性的思考,实际上也影响着后来欧美关于近代中国和共产主义中国的研究篇章。

"中国道路"受到世界的广泛关注和热议,尤其是它从哪里来?将往哪里去?内在的逻辑是什么?国内外学界可谓见仁见智。中国地质大学汪宗田和黄艳霞的《近代以来中国道路的历史嬗变及其内在逻辑——在西学、马学和中学的相互冲突和交融中探索自己的发展道路》一文,运用历史制度主义的分析工具,对中国道路的历史、逻辑及其发展趋势作出分析。历史制度主义认为,制度的形成是某一历史进程的具体产物,通过追寻事件发生的历史轨迹可以发现过去对现在的重要影响,强调政治生活中路径依赖和制度变迁的特殊性,即人们是在直接碰到的、既定的、从过去承继下来的条件下创造历史。该文指出,近代以来,在世界现代化浪潮不断冲击与挑战下,中国在选择和探索民族复兴道路的过程中,经历了1860—1911年的开明专制、1912—1948年的资本主义、1949—1978年的苏联式社会主义和1979年以来的中国特色社会主义四条不同的发展道路,实现了4次发展模式的转换。尽管这些模式之间存在着根本性的差异,但在它们的背后却有一条共同的内在逻辑,即从"西化"到"中化"再到"马化",其实质就是"西学""中学"和"马学"之间的相互冲突和相互交融,在不断学习、实验、试错和创新过程中探索自己的发展道路。该文认为,中国道路具有历史的必然性、继承性和创新性,它的基本格局是:社会主义制度加市场机制、加权威政府,强调社会和谐,体现历史与现实、传统与现代、全球化与本土化、市场与计划、社会主义与民族特色的统一,既不是传统文化的翻版,也不是西方文化的移植,更不是传统社会主义的照抄,其实质是一种中国式的国家主导的混合发展模式。这种模式要求围绕生产力发展的诸多力量交互作用而形成历史合力,从而全面推进经济、政治、文化、社会和生态五位一体的建设,为实现中华民族伟大复兴指明必由之路。

在中国崛起的过程中,始终存在着垄断的西方话语对中国话语的遏制和挤压,以致中华民族复兴之路被西方话语所淹没或吞噬,并最终转入西方现代性模式。东北大学田鹏颖的《在解构"西方话语"中建构中国话语体系——把握世界视野、历史视野、当代视野和未来视野》一文,阐明照搬和套用西方话语逻辑没有出路,而建构中国话语体系必须把握这4个视野。该文指出,在世界视野中把握中国特色社会主义道路、理论体系和社会制度,可以发现不管哪个国家和民族都必将走向现代化而无法摆脱现代性的"纠缠",但现代化模式是多元的,而不是一元的,历史向世界历史转变的历史坐标应当有中国浓墨重彩的一笔;在历史视野中把握改革开放30多年的伟大实践、人民共和国成立60多年的持续探索、近代中国170多年发展的必然趋势、社会主义500年的跌宕起伏、中华民族5 000年悠久文明的传承,可以发现西方模式并不适合社会主义中国,而中国特色社会主义道路走向成功的原因,在于理论符合实际,道路符合规律,制度符合民意,价值符合潮流,创造符合传统;在当代视野中把握文明可以交融和借鉴、不能照搬和克隆、应发展中国化的马克思主义,可以发现"西方模式"不能复制和传导,"中国模式"可以博采众长;在未来视野中把握自觉坚持与自我发展的关系、民族主体与人类主体的关系、社会主义与资本主义的关系,可以发现任何现代化模式都不是一成不变的,中国道路也需要不断地自我完善和修复。该文认为,中国的发展总是在颠覆西方政要的预言、修正教科书的论断、革新理论家的观念中前进的。把一个正在实现民族复兴的中国展示给世界,让世界人民了解中国道路和中国经验,了解中国模式的真谛和内涵,使当代中国化马克思主义理论体系成为影响世界发展的强势话语,得到全世界大多数人民的普遍认同,这是摆在我们面前的一个重大而紧迫的时代课题。

围绕当代中国的政治改革,出现了一些误读和争论,问题的症结在于是否需要墨守西方的政治逻辑,复制它们的制度模式。中国人民大学奚广庆从回眸昨天:为创建人民当家作主的政权而奋斗;立足今天:努力开拓民主政治的新形态;瞻望明天:为世界民主政治现代化提供中国方案等方面,作了系统阐述。他指出,坚持西方中心论,就是把欧美政治发展的逻辑宣扬为人类政治发展的普遍规律,把西方的议会选举、多党竞争、三权分立的政治模式鼓吹为人类社会的普世价值,同时把它强加给东方发展中国家。由于各个国家、民族经济社会发展水平、人群构成、文化积淀、历史传统和地缘政治环境的不同,其国家权力的结构、特征、发展逻辑和运行规制必然存在很大差别。

因此，任何国家的政治制度和民主形式都是自己民族历史发展和现实条件的产物，不会一模一样，可以相互借鉴，但不能抄来搬去。他认为，中共创造了全新的人民民主专政国家和社会主义民主制度；阐明了民主的本质就是人民当家作主的政权，它应当在各个方面代表人民意愿、体现人民利益、保障人民权利、实行人民管理；创造了"豆选""三三制"民主政权、人民政治协商会议、人民代表大会、民族区域自治等富有中国特色的政治形式，表明我党始终不渝地为完善和发展人民民主政治而探索创新，并使这个制度成为经济发展、社会稳定、民生提高、文化进步、公平正义、民族团结、国力增强的有力保证。同时，应当以建设性的态度、主体性的思维，吸收世界政治文明的最新成果，积极投身中国人民民主发展的丰富实践，总结它的成果、阐明它的经验、研究它的问题、开掘新的资源、形成新的观点、探索新的答案，把人民民主政治推到新境界。

自社会主义市场经济体制确立之后，围绕亚细亚生产方式的"跨越说"和"补课说"之争就难解难分。前者立足历史发展的特殊性，依据马克思晚年对俄国公社的论述，认为同属于东方社会的中国可以不通过资本主义制度的"卡夫丁峡谷"，而利用资本主义所创造的积极成果直接进入社会主义社会；后者则坚持历史发展的普遍性，依据马克思对三种共同体如何过渡到市民社会所作的阐述，认为东方社会即便跨越了也必须回头补上充分发展资本主义的课，才能向更高层次社会过渡。中国浦东干部学院沈斐的《对中国市场经济的另一种诠释——"新A.斯密马克思主义"提供学理依据和逻辑思路》一文，试图借用西方马克思主义者在经济与社会互构模型中重新发现的A.斯密市场经济理论，论证东西方两种不同的市场经济发展道路，从而依据这套学理依据和逻辑思路，对"社会主义市场经济"以及中国崛起的动力和未来发展做出另一种诠释。根据这种研究，市场经济有两条道路：一条是以古代中国为典范的、按"农业—制造业—对外贸易"顺序发展的自然道路；一条是以16世纪荷兰为典范的、按"对外贸易—制造业—农业"顺序发展的非自然道路。前者走的是内卷式的、自我维持的发展道路，形成了非资本主义的文明发展模式；后者走的是外向型的、国家军事机器与资本相结合的发展道路，形成了资本主义的野蛮发展模式。"新A.斯密马克思主义"者认为，欧美资本主义的发展已经证明，通过"非自然"的道路打造出的只能是一个以资本家的私利凌驾于自然的

"市场"之上的跨国国家体系,而中国具有"非资本主义市场经济"的历史基因,将在未来复活A.斯密"看不见的手"的真实含义,并为"人类命运共同体"的新世界打开大门。在这个意义上,中国正在为改造跨国资本、为人类文明作出自己的贡献。

九、社会主义在中国的早期传播

长期以来,张君劢的社会主义思想仅被作为其政治思想中的一个插曲,既与他的哲学思想绝缘,也未能成为其政治思想的主干。根据他的自述,自1919年起他便是民主社会主义的信仰者且一直持续到晚年。但这个信仰的内涵却随着他对不同的历史语境、政治运动和哲学理论的反思而不断变化。因此,只有从哲学的视角来重新审视张君劢的政治思想流变,其社会主义思想的理论脉络才能清晰地呈现出来。清华大学宋溟认为,张君劢的社会主义思想有着十分复杂的哲学背景,对西方哲学理论的选择,形成了他在各个时期形态各异的社会主义构想。英国的自由主义、德国的生命哲学、G.黑格尔哲学、马克思主义、I.康德哲学、中国的儒家传统等,都曾是张君劢社会主义思想的重要理论资源。由于这些理论资源的复杂与矛盾,使他的思想深处存在诸多问题,也为反思社会主义思想在不同时期中的不同内涵提供了新的维度。作者认为,张君劢的民主社会主义思想既是政治诉求,也是哲学理想,虽然它们在不同的历史语境中有所变化,但总体上给出了一套不同于苏联道路的社会主义方案,并作出了与儒家传统努力勾连的尝试。尽管这些尝试存在着诸多问题,而如何在儒家传统的内部重新确立更适合中国的社会主义原则,却是张君劢的民主社会主义思想留给当下的思考起点。

中共在草创之际,通过对巴黎公社和十月革命的引介,在各种新思潮的博弈中竖立起国际共产主义的旗帜。国共联合战线建立后,中共政治精英在高涨的革命形势下将对巴黎公社的认知化为凝聚革命力量的共识,公开运用这一思想利器对民众进行广泛的政治动员。此举不仅为国民革命注入了赤色的共产主义元素,而且为大革命失败后中共独立领导中国革命继续前行预埋下了宝贵的政治能量,这一能量的释放对日后中国的政治生态产生了深远影响。江苏省社会科学院束锦从道路的抉择,中国共产党传播巴黎公社的缘起;旗帜的竖立，中共早期领导人奠定对巴黎公社认知的基础；行动的前奏，中共政治精英凝聚巴黎公社中国化的共识三个方面，全面展示了中共早期对巴黎公社认知与传播的整个过程。作者记录了李达勾勒"组党—革命"的中国无产阶级革命路线图；李大钊用马克思主义的观点和方法系统认知巴黎公社；陈独秀、周恩来、瞿秋白等人扩大巴黎公社的传播范围；张太雷在纪念活动中公开宣扬巴黎公社的革命精神；毛泽东在国民党政治讲习班上播撒巴黎公社的赤色火种；两个"三·一八"纪念活动深化中国革命者的巴黎公社情结等历史篇章，说明巴黎公社已然成为中共独立领导无产阶级革命的精神象征与政治符号。在继起的苏维埃运动中，中共政治精英将这一蕴含深意的政治符号化为领导大众变革中国的有形力量。

1924—1927年是中国近代史上的大革命时期，社会主义理论对中国革命的宏观性指导常常面临中国具体的历史语境所带来的挑战，这是中国早期知识分子面临和需要解决的理论性问题，包括如何处理社会主义本身所追求的世界性与中国革命内在包含的民族性之间的矛盾？在国共合作时期如何解决共产主义与三民主义之间的理论鸿沟？如何调节阶级斗争观念与阶级间联合战线之间的差距？如何阐明无产阶级在资产阶级革命中的领导权以及土地革命等关键性问题。在这些问题上都留下来瞿秋白的探索和解答。北京师范大学潘若天和中央党校岳亮在《在社会主义世界性与民族性之间调适——瞿秋白对中国革命早期理论的前瞻性建构》一文中指出，瞿秋白在世界社会主义革命时代提出"中国的民族主义根本上是国际主义"这一论断，强调中国的民族革命只有放在更广阔的世界革命之中才能挖掘出其内在的意涵，这就消泯了国际主义与民族主义两种倾向之间巨大的鸿沟，沟通了社会主义理论与中国民族革命的隔阂，具有重要的理论价值与历史意义。同时，他还将三民主义中的民族主义置于"无产阶级世界革命"之中，弥合了三民主义与社会主义之间的理论鸿沟；提出了无产阶级在资产阶级革命中的领导权问题，并认为争取无产阶级对国民革命领袖权之客观条件是具备的；比较早地关注到农民问题，强调中国革命应以土地革命为中心，才能保障国民革命的胜利；等等，都是根据中国具体语境对社会主义理论所作的调适。

每个民族都有自己的史诗，每个时代都有自己的神话。80多年前，中国工农红军在二万五千里长征中，战胜了无数难以想象的艰难险阻，爬雪山、过草地，挫败了数十万敌军的围追堵截，体现了无与伦比的英雄气概，创造了人类历史上空前的英雄业绩。上海大学朱少伟披露了这一伟大壮举最初见诸报刊和书籍而受到全球关注，与上海有着密切的关系。最初，为了领导恢复白区党的组织，陈云从长征路上辗转来到黄浦江畔，挥笔书写向共产国际报告红军长征前期情况的报告，并被整理成《英勇的西征》发表于《共产国际》杂志上，可以说它是最早向世界宣传长征的重要文献，之后又将文稿整理成《随军西行见闻录》；美国记者E.斯诺也是在上海逐渐了解到中国西北黄土地上活跃着为世人称道的红军，并在宋庆龄的推荐下赴陕北考察，后来也就有了《西行漫记》，书中关于长征的内容在上海编成《二万五千里长征：中国人民解放军突围史实》出版；著名作家丁玲还是从上海出发抵达陕北，与成仿吾等一起负责编辑第一部长征集体回忆录《二万五千里》；共青团江苏省委在上海创办的《少年真理报》7次连载《中国红军的铁流》，这应是上海第一种宣传长征的书籍；最后，在收到萧华辗转送来的20多幅反映红军长征历程的漫画照片后，阿英决定在上海风雨书屋推出第一部《西行漫画》，这既是无比珍贵的革命史料，也是长征片断的形象记录。作为中国革命的传奇名片，红军指战员的不朽之作已超越历史时空，继续激励人们为实现中华民族伟大复兴而进行新的长征。

十、基于解密档案的历史真实

（一）法国首次公布美国记者向社会党国际局提交的反袁"二次革命"前后实况的亲历报告

1913年7月12日，被历史证明为"昙花一现"的讨伐袁世凯的"二次革命"爆发，不到两个月便匆匆宣告结束。其间，美国记者G.哈丁（G.L. Harding）在中国作实地观察，并写有一份亲历的实况记录，向社会党国际局（ISB）秘书C.胡斯曼（Camille Huysmans）报告。可惜的是，这封重要的信件很长时间以来一直找不到下落。近期，法国巴黎人文科学基金会（the Fondation Maison des Sciences de l'Homme）图书馆公布了该国历史学家G.豪普特（Georges Haupt, 1928—1978）40份有关"一战"以前欧洲社会主义历史的全宗档案，所幸的是G.哈丁那封信件也在其中，这就为历史学家研究中国早期革命史提供了一份有关"二次革命"及孙中山作用的翔实资料和广泛分析。本报告记录了宋教仁被暗杀于上海火车站、北平外国银行引导本国政府给袁世凯以决定性的经济支持、南方派对江南制造局发动的第一场袭击、不畏恐惧的年轻人誓为报复独裁者的恶行断指血书等多处场景。G.哈丁在分析中国现状时指出:"虽然中国还没有工业问题,也没有自觉的无产阶级运动,我却发现国民党已经完全被社会主义渗透","主要是通过孙博士的个人运作,民族主义革命几乎成为社会主义运动。"他认为,重要的是革命者已经在这个全世界最古老的国度释放了一种精神,这种精神已经在极大程度上改变了这个国度。

(二)中共首次登上共产国际舞台始末

1921年6月,当上海正在紧锣密鼓地筹备中国共产党第一次全国代表大会之时,远在万里之遥的莫斯科,张太雷、俞秀松、杨明斋三位中国共产党人正肩负着千钧压力,为襁褓中的中国共产党亮相共产国际舞台,进行着一场生死较量,并且留下了不可磨灭的历史功绩。缪国庆的《不能忘却的一场生死较量——中共首次登上共产国际舞台始末》一文,披露了这段珍贵的历史片断。那时,让中共代表没有想到的是,与他们先后到达莫斯科的竟然还有国内其他所谓的"共产党"组织代表:一家是由姚作宾等人组织的所谓"中国共产党";另一家是由江亢虎组织的"中国社会党",而且这两家已经取得了出席共产国际三大的代表证并获表决权。如果三方都被共产国际承认,那么中国今后将同时存在三个"正统"的共产主义政党,中国革命将面临复杂的局面。在这当口,张太雷等人十万火急地发出《中共代表俞秀松为姚作宾问题致共产国际远东书记处声明书》,接着又发布了《张太雷、俞秀松给季诺维也夫的信》,揭露姚作宾、江亢虎十足的政客嘴脸和反马克思主义的真面目。在这关键时刻,共产国际派驻远东的全权代表舒米亚茨基给予中共以最大的支持,果断地收回了他们的代表证。这次历史性的胜利,使共产国际第一次确定中国共产党是代表中国无产阶级唯一合法的政党。这是一段鲜为后人所知、却曾经被世界目光注视过的历史;这是一个尽管时空遥远,却不能为中国共产党人忘却的记忆。

(三)赫鲁晓夫"秘密报告"催化下1956年英共党内的分裂

1956年是"二战"后世界历史发展的一个标志性年份,也是国际共运史的一个分水岭。那年以赫鲁晓夫"秘密报告"为开端,以匈牙利事件为结点,引发了国际共产主义运动的严重危机,对英国共产党而言也是分裂的"灾难性"之年。上海外国语大学初庆东根据大量的英共档案、当事人的回忆以及报刊等史料,回溯了1956年英共党内危机形成的真实原因。文章揭示了这一危机的形成与苏共二十大的召开及"秘密报告"的出台、匈牙利事件等密切相关。当时,以英共历史学家小组为核心的知识分子党员不顾领导层的限制和反对,在党内出版物上对"秘密报告"揭露出来的问题进行集中讨论,要求重新评判英共对社会主义、民主、党和国家、与苏共关系等问题的看法,并进行党内改革。但是,英共领导层为了国际共运与党内的"团结",压制党内公开自由的讨论,这引起了英共知识分子的不满与"造反",他们要求英共划清与苏联的界限,而领导层却发表声明支持苏联一手造成的匈牙利事件。在英共领导层与知识分子党员的激烈对抗中,有相当数量的党员和一批具有重要影响力的知识分子与英共分道扬镳,从而使英共遭遇自建党以来最严重的危机。英共1956年危机的形成是赫鲁晓夫"拨乱反正"的附属品,也是西方国家共产党面临的共同命运的一个真实写照。

(四)美国学者G.弗揭露赫鲁晓夫"秘密报告"由谎言编织而成

1956年,赫鲁晓夫在苏共"二十大"所作的"秘密报告",给当时的国际共运形成了巨大的冲击,并在世界范围内掀起了反斯大林的高潮。50年后,美国蒙特克莱州立大学教授G.弗(Grover Carr Furr)在俄罗斯出版了他研究"秘密报告"的第一部专著《反斯大林的卑劣行径》(Антисталинская подлость,2007)。该书彻底颠覆了西方某些历史学家关于"秘密报告"是"20世纪最有影响力的演说"的结论,并认为它"全部由谎言拼凑而成",直接揭露斯大林或贝利亚"罪行"的论据没有一件与事实相符。中国社会科学院马维先围绕个人崇拜、大规模镇压、斯大林与战争、践踏列宁民族政策等问题,介绍了美国学者有理有据的调查考证及其结论。文章认为,赫鲁晓夫在报告中有些刻意回避的内容,被G.弗称为没有发表的、暗藏在背后的第二个"秘密报告",试图披露赫鲁晓夫极力想抢在自己20世纪30年代搞大镇压被揭发出来之前,发动"平反"运动,并将"镇压"的责任转嫁到斯大林身上的历史事实。作者指出,无论苏联时期还是1991年之后,当局都没有让研究人员接触有关的侦查档案材料,其中可能存在着某种关联,而仔细地研究这一关联,可能会得出斯大林和贝利亚都无罪的结论,虽然赫鲁晓夫使尽浑身解数,将所有罪状都加在他们头上。

(五)封存于苏联内务部档案库的布哈林狱中遗稿重见天日

被列宁称为"党的最宝贵的和最大的理论家"的布哈林(Николай Иванович Бухарин,1888—1938),曾身陷斯大林的囚室,而就在一年的"铁窗"生活中,他创作了《社会主义及其文化》《辩证法概论》和小说《时代》三部作品。半个多世纪以来,它们一直被封存于苏联内务部的档案库中,直到20世纪90年代苏联解体后才重见天日。中央编译局郑异凡的《封存于苏联内务部档案库的布哈林狱中遗稿重见天日——新版〈布哈林文集〉收入其身陷囚室创作的三部作品》一文,披露了这段不凡的经历。1937年2月27日布哈林被捕,在卢比扬卡监狱中度过12个月,写了三部书和一扎诗稿。手稿立即被当作"绝密"文件送交克里姆林宫的主人斯大林,藏之于他的绝密档案库。苏联时期的档案资料几经浩劫,能够保存下来的一些文件,主要是上面盖有"永远保存"的图章。后来,遗稿得以重见天日,是布哈林的亲属和美国布哈林问题专家S.科恩(Stephen F. Cohen)多方努力的结果。这位专家在续写布哈林政治传记时,发现布哈林有可能在狱中写下了一些东西,但直到同戈尔巴乔夫的一名助手私下谈话时才得知确实存在4份手稿的事实,于是他开始以布哈林的妻子拉林娜和儿子尤里的名义搜寻手稿。1992年,S.科恩找到叶利钦的一个亲密助手,他被拉林娜想要知道自己丈夫悲惨命运的要求所打动。经他的联系,数周后4份手稿的复印件送达布哈林的亲人手里,但在逮捕时被没收的有关文化的部分手稿已被遗失或销毁。该文认为,布哈林在手稿中提出的独特哲学思想及其新观点,直至今天仍有其价值,它是创立与斯大林主义不同的另一种马克思主义哲学形象的最后一次尝试。

(六)俄独立调查人员对"卡廷事件"的官方结论说"不"

1943年4月13日,"柏林电台"播发了关于在卡廷森林发现1.2万名波兰军官墓地的报道,纳粹分子断言,他们是被布尔什维克消灭的。该报道震惊了世界,史称"卡廷事件"。两天以后,苏联情报局指控德国纳粹分子是屠杀波兰战俘和囚犯的刽子手。直至1990年4月,时任波兰总统雅鲁泽尔斯基访问苏联时,当局才正式承认对"卡廷事件"负有绝对的和单方面的责任,称其是"斯大林主义的严重罪行之一",并于1992年9月公开了证实苏联内务人民委员部卡廷罪行的克里姆林宫"一号密封袋"绝密文件。近年来,以B.施韦德为代表的俄独立调查人员通过长期调查得出结论:"一号密封袋"内绝密文件伪造的可能性极大,并在其发表的《卡廷秘密》(Тайны Катыни)、《卡廷:当代问题史》(Катынь. Современная история вопроса)等著作中证实,在卡廷森林大规模屠杀波兰战俘的罪犯是德国纳粹分子。中国社会科学院马维先的《德国纳粹分子是屠杀波兰战俘的罪犯——俄独立调查人员对"卡廷事件"的官方结论说"不"》一文,报道了俄罗斯学者的调查经过及其结论。该文指出,不对全部已知的和新发现的事实作进一步的研究,就对卡廷悲剧作出所谓最终的结论,将是非常草率的。

(七)原民主德国社会统一党总书记E.克伦茨(Egon Krenz)披露柏林墙倒塌的内幕

自1990年两德合并以来,关于柏林墙倒塌的历史记述充满了意识形态的描述。民主德国被描绘成了邪恶政权,故意把民主德国党和政府说成是和平的反对者,并一直渲染柏林墙是在西德影响下的东部民众自发推倒的一种假象,从而把德国统一的世纪功绩戴在联邦德国政府的头上。《柏林墙倒塌的历史真相——原民主德国社会统一党总书记E.克伦茨披露内幕》一文,以历史见证人和亲历者的身份,就苏东剧变、柏林墙倒塌的历史真相和苏联模式的经验教训等问题谈了自己的看法。该文指出,关于流传甚广的"倒塌"一说,其中有两个误区需要澄清:(1)柏林墙不是被民众冲破的,而是民主德国方面自动开放的,是民主德国党和政府作出的一个主权决定和符合民意的历史性抉择;(2)苏联和联邦德国本身对柏林墙持开放的态度。该文认为,柏林墙是在一个特定的历史时期建造的,由于联邦德国制定和执行了一套挖民主德国墙角的政策,所以建墙在当时状态下是一个无奈的选择,是资本主义集团和社会主义阵营斗争的历史必然。不料,由于经济原因修建的柏林墙后来成了政治上的象征。在作者看来,民主德国的沦亡有一些深层次的原因:(1)自身的失误,改革进行得缓慢,漠视民众的情绪和要求;(2)民主德国的存在与苏联的战略利益紧密相连,民主德国的出现是因为斯大林需要一个缓冲地带、夹在与其对峙的冷战敌人之间,而戈尔巴乔夫的改革则希望构建一座欧洲大厦,于是民主德国成了累赘和弃儿。可见民主德国从出生到被放弃,始终都是苏联战略利益大棋盘上的一颗棋子;(3)戈尔巴乔夫的谎言和背叛,他以200万美元的要价把民主德国卖给了西方社会;(4)美国的渗透和颠覆,当时美国最大的意愿和战略是借助于社会主义国家内部出现的问题,从东边开始来彻底地搞垮这些国家;(5)社会主义阵营之间的不团结、政策不一致等。

(八)20世纪东南亚共产主义运动的多侧面记录

20世纪初至80年代遍及几乎所有东南亚国家的共产主义运动,既是这个时期该地区和各国历史的重要组成部分,又是国际共产主义运动在亚洲兴衰的一个重要体现。自冷战向亚洲扩展以来,国外学者一直关注和记录着东南亚共产主义运动的历史。贵州师范大学刘莲芬、上海理工大学施屹立从地区、国际和国别的视角出发,通过分析大量英、法文著述,对20世纪以来越南、老挝、柬埔寨、印度尼西亚、马来西亚、菲律宾、缅甸和泰国等国共产主义运动的研究成果进行了评述。其中有的比较了各国共产党的纲领、社会诉求和组织结构、意识形态立场、战略和战术的变化;有的研究了东南亚共产党与苏联阵营各国以及国际共运的关系,尤其是中苏两种模式以及中苏冲突对亚洲共产主义运动的影响;有的分析了各国共产党武装斗争的起源和沿革、同政府军斗争的策略及其成败;有的探讨了各国党的早期历史、关于民族政治及经济环境的策略和诉求、东南亚地区非共国家的反共政策等。作者认为,浏览这些文献资料可以明显感到,多数学者的研究受到亚洲冷战形势发展的一定影响。

(九)作为中共革命与象征的"镰刀锤子"的历史演变

中国共产党的旗帜符号经历了各个历史时期的发展演变,从简单模仿到质朴创制,从简单制作到统一制式,最终根据中国革命实践的需要,形成了反映中国新民主主义革命道路的旗帜符号,诠释了中国革命道路的特殊性和复杂性。华南师范大学胡国胜的《"镰刀锤子"的革命与象征——中国共产党旗帜符号的历史演变》一文,对此作了详细的考证。该文指出,从土地革命时期的"镰刀"加"斧头"的军旗,到"全世界无产阶级联合起来"加"地球"和"镰刀锤子"的中华苏维埃共和国国旗,再到解放战争时期"镰刀锤子"的党旗、由"红五星"和"八一"字样组合的军旗、中华人民共和国的五星红旗,中共旗帜符号的演变经历了建党初期的萌芽与曲折、土地革命时期的恢复与彰显、抗日战争时期的消解与重构、解放战争时期的形成与引领,最终形成了反映中国革命道路、引领中国发展的象征符号。该文强调,在革命历程中中共旗帜符号不尽统一,但基本围绕红色和"镰刀锤子"加五角星的组合而展开,在大部分中共旗帜中得到了不同演示，体现了中共的奋斗轨迹，反映了中共所代表的工农群众的根本利益。它们在引领革命道路、教育革命群众、区分革命组织、彰显革命象征、传播革命理念等方面发挥了十分重要的历史作用。

2017年度世界社会主义研究报告

回首即将过去的2017年，我们目睹了D.特朗普的上台、美俄关系的恶化、"伊斯兰国"组织的垮台、欧盟与英国"脱欧"的扯皮、朝鲜半岛的剑拔弩张、恐怖爆炸连连的欧洲、中东局势的波诡云谲、种族冲突与枪击案频频的美国……使人难以感受到和平年代应有的安宁。环顾全球，反建制主义在世界各地风起云涌，国际关系正从多极转向多元而混乱的体系，主要国家内部的共识和凝聚力已经出现严重断档，政治恶斗和社会撕裂一再呈现出真正意义上的"势不两立"，这很可能是现代国际政治新保守主义的变现。当以盎格鲁—撒克逊人为主体的西方文明被异质化后，党争民主的政党背后不只是同一个民族内部的阶级，而是不同的族群、宗教，这样党争民主最终变成了族群、教派之间"文明的冲突"，也正是在这个意义上，党争民主直接诱发了西方文明的溃败。我们看到，金融经济危机后的10年中，极右翼势力把自己打扮成紧缩政策、欧洲一体化、民主体制和全球化的受害者，继而与民粹主义、民族主义同流合污，将开放、包容、多元视为欧洲各国面临诸多危机的根源，尤其是对外来移民和发展中国家崛起的不满，形成了强大的民族主义感召力，使地缘战略和国际规则领域的竞争愈发激烈，进一步加剧了不稳定的态势。世界的发展演变是否预示着人类社会再次走到了历史的十字路口？冷战结束后确立的国际政治和经济的基本格局、秩序和规则是否面临新的变局？尚待进一步观察。

或许面对西方世界的混乱和失序，《资本论》第1卷出版150周年的纪念，再次引发了各国关于马克思理论贡献是否有助于理解和解决当下社会危机的讨论。在苏联解体之后，许多人逐渐将这部鸿篇巨制遗忘，然而直到今天，可以说没有任何一位有影响的经济学家能够忽视《资本论》的重要价值，谁想

"诊断"资本主义一再发生的危机,就绕不过马克思为之开出的整治"药方"。随着明年马克思诞辰200周年的即将到来,一股纪念马克思的热潮正在其故乡德国特里尔市以及其他地方兴起,近年来的国际金融危机、欧元危机和全球化遇到的困境,促使越来越多的人谈论马克思和那本"工人阶级的圣经",重新审视马克思理论与当今社会的关联,希望从中找到解决目前经济社会问题的方法。

2017年的一场重头戏,是世界社会主义运动迎来了十月革命100周年的纪念。当年先后爆发的俄国革命,为强盛的苏联时代拉开了序幕。可以说,世界历史天空最夺目的旗帜是从阿芙乐尔号巡洋舰的隆隆炮声中升起的。苏俄一登上世界历史舞台,就一改持续了几个世纪的专制、愚昧、黑暗、落后,完成了一次历史性的转换,即不再是西欧资本主义的仿效者,而是世界历史的引领者,开创着人类文明的新纪元。但是,这场革命难以避免的悲剧在于,它所拥有的历史条件、可能凝聚的精神和道德力量与它为自己提出的理想之间,存在着不可跨越的物质、精神、人性和制度上的鸿沟。苏联与西方的差距并未因其历史命运的演变而缩小,正是苏联自命的弥赛亚救赎意识与西方资本主义的迅猛发展之间的"历史张力",加剧了苏联社会的深层危机。74年之后,这样一个横跨欧亚的超级帝国,没有被资本主义国家的军事干涉扼杀于襁褓之中,没有在纳粹德国的战争机器面前溃败,却戏剧般地坍塌于内部意识形态的瓦解。俄国革命如此出人意外地收场,苏联如此迅速不测地解体,使俄罗斯人的心态更为复杂,两种泾渭分明的看法一直在公众视野中碰撞,似乎不知道该如何看待1917年的革命岁月,在如何纪念的问题上有些"纠结"。不过,它那伟大、神圣、终极性目标虽然被背叛,但并没有被灭绝;相反,作为一种庄严崇高的历史承诺,它一直潜藏于历史之中,它的报复虽然无形,却使全人类获得了最珍贵的启示。

十月革命有后继者。年初在世界经济论坛上,习近平主席强调开全球化的历史倒车行不通,搞保护主义如同把自己关进黑屋子,呼吁联手打造创新驱动的增长模式、开放共赢的合作模式、公正合理的治理模式、平衡普惠的发展模式;在访问联合国日内瓦总部时,他又为解决人类社会所面临的全球性挑战,提出"构建人类命运共同体"这一时代命题,它包含了相互依存的利益共同体、和而不同的价值共同体、共建共享的安全共同体、同舟共济的行动联合体等基本内涵，具有主体多元化、价值包容性、层次多样性、关系复杂性、结构变动性等时代特征，并提出坚持协商对话、共建共享、合作共赢、交流互鉴、绿色低碳等基本原则和价值目标，体现了大国担当和天下情怀，为建立公正合理的国际秩序指明了方向；金秋十月中共十九大在北京召开，庄严宣告中国特色社会主义进入了新时代，这标志着我国社会主要矛盾已经转化为人民日益增长的美好生活需要和不平衡不充分的发展之间的矛盾，开启了决胜全面建成小康社会、进而全面建设社会主义现代化强国、实现中华民族伟大复兴中国梦的新征程，也将走近世界舞台中央，为人类文明进步贡献更多的中国智慧和中国方案；紧接着，中共召集120多个国家近300个政党及政治组织领导人聚首北京，就世界治理与合作等问题展开对话。一场中共世界级的"公开课"，强调的是不"输入"外国模式，也不"输出"中国模式，不会要求别国"复制"中国的做法，但是呼吁不同国家的政党增进互信、加强沟通、密切协作，探索在新型国际关系的基础上建立求同存异、相互尊重、互学互鉴的新型政党关系，搭建多种形式、多种层次的国际政党交流合作网络，汇聚构建人类命运共同体的强大力量。

  需要提及的是，2017年以来我们看到越来越多的科幻片断成为现实的生活，人工智能、机器人、物联网、自动驾驶车、3D打印、纳米技术、生物技术和量子计算领域的重大突破，为人类提供了大数据、云计算等更为精确的工具，正在改变我们曾经面临的世界，重新定义国民经济的整体布局。第四次工业革命的来临，从经济和政治两个方面对资本主义体制形成不可修复的冲击，因而给即将取而代之的新社会形态带来破旧立新的机会。中国的企业家和理论家已经不约而同地注意到了科学技术的飞速发展对人类社会变迁所带来的深刻变化。在他们看来，由于大数据时代的出现，未来30年将对计划经济和市场经济重新定义，人工智能时代的各种技术进步能为人们生活和社会创造价值，技术形态和交换形态的变化必将带动经济社会形态的变革。这实际上符合马克思的理论逻辑，人类社会的发展变化不是证伪而是证实了马克思关于未来社会设想的科学性。从这个意义上而言，这番讨论对于共产主义话语在当下中国话语世界的进一步激活，具有一定的正能量。在这样的历史背景下，将综合各国学者一年的研究成果，分11个方面予以报告。

一、在特定的历史场景中解读经典文本

在马克思的思想体系中，自由是一个重要的概念和命题，但在我们的社会思想领域一直把自由视为资产阶级的思想，还有人认为社会主义制度建立后，自由的实现是一个不再需要考虑和解决的问题。这种认识上的偏差，难免会产生一些忽视甚至扭曲或阻碍自由的现象。中央党校秦刚把自由问题放到马克思主义发展史中加以考察，阐明了自由思想的主要观点及其在当代的价值。他指出，马克思对自由的认识和探索，以实现人的解放为出发点，始于对封建专制社会的批判，深化于对资本主义生产方式及社会关系的分析，完成于找到一条通向人的解放和人的自由而全面发展的新路径。其中，既有对前人思想的清理，又有对现实问题的分析，还有对未来进程的展望，为人们正确地认识和把握自由问题提供了科学的启示。在马克思的思想中，自由是随着历史的发展而发展的，同一定的经济社会发展程度相联系，因而具有历史性；在特定的社会历史条件下，不同的阶级和群体对自由的认识和诉求也会不同，因而具有阶级性；自由的实现程度要受到生产方式和社会制度的制约，因而具有相对性；自由也直接关系社会的和谐稳定及人们对社会走向的认同，因而具有现实性；实现每个人的自由是人类社会的最终追求，这种自由只有在消除了阶级对立的未来社会才会成为可能。他认为，马克思阐述的自由思想，有助于我们更好地理解和把握自由的内涵和价值，明确人类社会的价值追求和发展方向，从而在坚持和发展中国特色社会主义过程中不断拓展自由的实现途径。

社会主义思想在马克思哲学变革中究竟发挥了怎样的作用？在以往的研究中，一般都从哲学的单一线索，即从马克思与德国古典哲学家特别是G.黑格尔、L.费尔巴哈的关系视角厘定马克思哲学，近年来在政治经济学语境中来理解马克思哲学变革的思路也开始萌发，然而在总体思想构架中社会主义思路是不在场的，仍被定位于"思想来源"而处在哲学视域之外。北京大学韩蒙认为，实际上凸显社会主义语境将为厘定马克思哲学探索、批判与变革的问题域、思想型提供新的理论空间，同时也能更准确地界定马克思社会主义的哲学理念，更完整地呈现其与英、法、德社会主义的思想互动与内里差异。其中，马克思的G.黑格尔法哲学批判，就是在面对社会问题、L.费尔巴哈哲学与德国化

社会主义的复合语境中完成的，从而为确立其社会主义理念奠定了最初的哲学起点。他认为，随着社会贫困问题的发现与法国社会主义思潮的涌入，包括W.魏特林、M.赫斯、F.恩格斯等在内的德国激进左翼开始探索社会主义的德国化道路。在这一德国化语境中，马克思反思了G.黑格尔法哲学的两个"问题意识"，即既要回答林木盗窃、摩塞尔农民状况等"经济问题"，又要对当时德国思想界关于法国社会主义、共产主义的探讨作出评判，并在寻求社会主义"理论论证"的过程中，提出"社会解放"的逻辑。因此，从法哲学逻辑走出的马克思，在吸收当时德国社会主义者思想养分的同时，也在哲学起点上越出了既有范式，社会主义不仅仅是传统研究中的政治理想或结论，而是深度参与到了马克思哲学反思与政治经济学批判意识之中，同时也只有从"社会主义的哲学原则"与"哲学的社会主义实现"出发，才能获得对马克思社会主义构想的深层诠释，从而彰显其在社会主义理解史上的独特意义。

马克思与米海洛夫斯基关于俄国道路的对话有两篇文献，一篇是米海洛夫斯基的《马克思在尤·茹科夫斯基先生的法庭上》；另一篇是马克思的《给〈祖国纪事〉杂志编辑部的信》。米海洛夫斯基虽然针对俄国经济学家尤·茹科夫斯基对《资本论》的曲解作了反驳，但是马克思没有接受他的"辩护"。由于米海洛夫斯基的文章一直没有译成中文，长期以来中国学界对这场对话的认识也仅停留在马克思的这封信上，因此深入研究这场对话的思想内涵，具有重要的历史价值。暨南大学张静试图展示这场对话的来龙去脉，以加深对《资本论》适用范围与俄国特殊道路、历史必然性与道德、多元论与一元论等问题的认识。米海洛夫斯基根据马克思揭示的规律，认为俄国必然摧毁农村公社，走上资本主义道路。马克思不同意这种结论，认为"关于原始积累的那一章只不过想描述西欧的资本主义制度从封建主义经济制度内部产生出来的途径"，因此反对把他对西欧资本主义起源的历史概述变成一般发展道路的历史哲学理论，变成一切民族不管它们所处的历史环境如何都注定要走的道路。马克思认为俄国应该利用当时的特殊条件，走一条与西欧不同的道路。因此，在纠正米海洛夫斯基的错误时，马克思实质上对自己的社会发展规律作出了严格的限制，承认俄国存在避免资本主义制度不幸灾难的机会。当然，他们对利用当时俄国的条件有着完全不同的理解，马克思认为俄国避免资本主义发展道路的可能性取决于欧洲的无产阶级革命支持俄国的农民革命；米海洛夫斯基则主张通过特殊的俄国道路达到与欧洲资本主义不同的文明。张静认为,由于受到苏联的影响,长期以来学界在米海洛夫斯基与马克思的论争中没有给前者一个公正的评价。其实,米海洛夫斯基的这篇文章不仅是对庸俗和简单解释马克思理论的茹科夫斯基的回应,而且是把马克思发现的规律运用到俄国的尝试。他把《资本论》作为政治经济学独特的百科全书和人类社会历史的里程碑,为俄国人思考马克思主义奠定了基础。

近年来,关于列宁主义的研究成为中外学界关注的焦点,尤其对列宁早期的唯物主义哲学信念如何成为推动"十月革命"的思想基础和精神动力颇觉费解,有的甚至以非历史的同质化逻辑掩盖其思想过程的具体理论性质及其哲学认识上的实质性进步,从而使列宁哲学思想的当代性一度处于被遮蔽状态。复旦大学户晓坤通过对列宁1914—1915年研读G.黑格尔《逻辑学》的历史背景以及思想进路的呈现与分析,力图在研究列宁哲学思想的非连续性进程以及哲学方法论自主性建构的基础上,澄清G.黑格尔辩证法的思想环节对1914年之后列宁的哲学理论与政治实践的决定性影响。他指出,鉴于普列汉诺夫的正统哲学无法为俄国革命提供理论支撑,列宁重新思考了革命主体向度的哲学基础。他超出纯粹的、思辨的限制,在一种必要的张力中把握G.黑格尔辩证法的环节,寻求实践辩证法的革命本质,旨在克服第二国际自然进化论与经济主义的立场。而以实践活动为基础的革命辩证法的确立,意味着列宁对于一般唯物主义反映论或物质本体论的实质性超越;对"向对立面转化"这一基本原则的贯彻,使他在分析20世纪垄断资本主义及革命主体问题时,不同于R.卢森堡、K.考茨基、布哈林以及R.希法亭等马克思主义学者,甚至在多元主体性概念上不同于法兰克福学派的辩证法和新人道主义。此后,在关于帝国主义、民族自决、争取社会主义的斗争等问题的研究中,列宁通过"革命的辩证法",克服了以经济力量作为前提的客体向度,打开了认识与实践相结合的历史唯物主义境遇,为十月革命的合法性与现实性奠定了逻辑支点。可见,精神能动的、构造的性质成为列宁回应G.黑格尔的核心。

列宁关于无产阶级专政"不受任何法律约束"的论断以及"一党专政"的话语,近些年来一直不被人们所解读,甚至被许多人批评或诟病。南京师范大学俞良早对此作了澄清。他指出,首先,根据马克思、恩格斯的学说,无产阶级专政是打碎旧国家机器后建立的,不是原来意义上的、短时期内存在的、很快就将消亡的政权,在这个政权形式下,旧的法律被废除了,也不需要制定新的法律,因而无产阶级专政必然地不受任何法律的约束,这与经典马克思主义原理是一致的。其次,从"一党专政"的话语看,似乎与民主和自由背道而驰,但事实上列宁这句话是在回击社会革命党、孟什维克等组织对布尔什维克的攻击时说的,显然是一句"论战性"话语;列宁对"一党专政"含义的真实解释,即是"一党"领导工人群众发展革命事业;从当时俄国的实际情况出发,由于不同的政治立场和价值取向,布尔什维克党也不可能与资产阶级、小资产阶级的政党和政治派别结成"统一战线",组成"联合政府"分掌政权,所以布尔什维克"一党"领导人民和苏维埃国家,是苏俄政治史演变的必然结果。他指出,要正确理解列宁的话语,必须回到他所处的历史时代,研究他原著的背景,当然也不能以当前中国的政权、政党以及各种政治力量在法律范围内活动的必要性,来否定列宁当初关于无产阶级专政不受法律约束的思想。

二、资本主义面临的困境及其自我调适

在人类近代史上,"资本主义"一词可谓人们耳熟能详的概念,也是描述人类近代历史发展的关键词。长期以来,学界关于"资本主义"研究的着力点在于挖掘其思想内涵,却很少对其进行词源学的梳理。武汉大学曹龙虎对"资本主义"概念的生成作了详细的考证,并探讨了其在"政治—社会"领域和学术领域的使用以及这一概念的知识生产功能。他指出,作为"capitalism"(资本主义)概念的一个重要支撑,"capital"(资本)在15—16世纪以前只是一个表示若干金钱、财物的词汇;从17世纪起,其使用程度日趋频繁,并从其他表示金钱的词汇中分离出来,开始作为一种经济学的专业术语和政治术语被使用。capitalism的最早使用是从19世纪上半叶开始的,不过当时该词只是零星出现,只是到了20世纪以后,在社会主义革命运动广泛兴起的背景下,它才得以广泛传播。该文认为,"资本主义"概念的最大特征,就是作为"社会主义"概念的对立面被用到"政治—社会斗争"领域,在马克思主义的视野中,"资本主义"既是一种生产方式,又是一种社会形态。由于反资本的政治活动或革命运动在世界范围的展开,"资本主义"概念也一次次地以政治口号或者宣言的形式进入人们的视野,成为频繁使用的基本术语。除此之外,"资本主

义"还长期作为一个"学术概念"被很多学者使用，在其中拓展意涵，派生出诸多子概念。

随着西方世界虚拟经济的大规模拓展，市场上不断出现各种金融衍生品，使之成为主导资本主义经济发展的"利刃"。经济金融化、虚拟化的加速，导致实体经济不断衰落，摧毁了西方国家的大工业生产体系，资本主义赖以存续的物质技术基础被严重削弱，由此导致消费疲软、投资乏力、利率低下、流动性过剩、失业人口增多、收入下降等困境的出现。中央党校徐浩然梳理了以下几个主要方面，即金融资本膨胀引发的公共债务危机和大规模失业、资本/收入比结构性上升与贫富两极分化、扭曲的自由民主体制削弱了公共理性、金钱与民主联姻助长了政治腐败及其娱乐化、种族歧视和压迫的不断恶化增加了社会骚乱的风险、社会发展面临治安混乱和道德靡费的双重挑战等。面对理想与现实之间的巨大鸿沟，阶段性的经济危机和各种政治丑闻不断冲击着西方世界战无不胜的神话。他认为，资本主义不断遭遇危机，但最终都是国家出面进行干预，以弯曲而不是断裂的方式化险为夷，这说明资本主义还不至于因无药可救而在困境中消亡。尽管如此，这种小修小补、阶段性的自我调适很难酝酿出更高的生产关系，资本私人占有的社会制度以及由逐利催生的权贵资本主义顽疾还没有发生根本性的转变，只有到资本转化为社会力量并服务于人类共同体时，贪婪的资本主义才会被"联合起来的劳动"所征服，而这需要社会主义来纠正。

21世纪伊始爆发的这场金融危机，促使国外左翼学者再度重新审视资本主义。他们在客观分析资本主义危机所带来的一系列影响基础上，对资本主义自身的弊端、应对危机的方式等都有了新的认识和探讨。对外经济贸易大学童晋对于学者们分析资本主义危机发生的原因、产生的影响及其严重后果给予了更多的关注，并从不同的角度进行了解读。对资本主义危机规模和严重程度的认识可分为两种类型：一部分学者认为这场危机是系统性危机，涉及经济萧条、民主失灵、社会分化、环境灾难等各类问题的总爆发，预示着资本主义世界体系转型时刻的到来；另一部分学者仅以为是局部性危机，原因主要是实体经济的发展远落后于虚拟经济，使有效需求不足，加之监管不严，导致金融体系泡沫的积聚和破裂，进而造成两极分化严重、社会矛盾急剧、各类冲突激烈。至于如何应对这场危机，他们提出了两种方案：一是革新资本主义的制度内改革，认为资本主义具有自我调节的能力，试图通过自我创新的方式，在现行制度范围内拯救资本主义，而主观唱衰资本主义只会作出盲目的、错误的判断；二是超越资本主义的制度外替代，主张改变目前以资本盈利为核心的雇佣方式，注入更多的社会主义因素，代之以一种更为合理的、符合可持续发展要求的制度。值得注意的是，更多的左翼学者认为分析资本主义危机应更多关注制度的衰退而非经济的衰退，因而主张从制度层面探讨原因、寻找对策，抛弃新自由主义，重新回归凯恩斯主义。在他们看来，只有当文明社会的"4个黑匣子"，即民主、资本主义、法治和市民社会在协调运转的基础上，才可能构建动态性的、良性的社会。当然，他们不认为已经找到了通向未来理想社会的路径，更多地仍在探索之中。

英国公投脱欧和D.特朗普当选美国总统，标志着西方于2016年正式进入右翼民粹主义的政治元年。中国学界对美国大选结果集体判断失误，表明人们对美欧民情的变化严重估计不足。因此，界定当下西方右翼民粹主义的性质，是预判当代西方社会政治变化及其走向的基本依据。中国社会科学院周穗明试图探索该思潮的起因和性质，检讨它的社会文化根源和理论基础，分析它的走向及其未来发展。她指出，所谓民粹主义，在概念上泛指一种反精英、反建制的社会文化思潮。事实上，历史上各种以基层"造反"为特征的群众运动，都包含大量民粹主义动员的成分，以"人民"的名义取得所倡导的政治运动和政治制度的合法性资源。然而，民粹主义既有左又有右，但它们的共同特点是缺乏普遍的核心价值，不具有共同的政治主张和道德诉求，不构成统一的意识形态。当今西方右翼民粹主义的兴起，其实质是民众对长期存在的高失业率、治安恶化、政治腐败等社会现实普遍不满，对整个精英民主体制的理念和能力滞后于现实的强烈抗议，而西方中右翼甚至极右翼政党成了传统中产阶级和底层人民的代言人。这显示了西方的政治天平正在向右倾斜，自由主义的"另类右翼"开始主导右翼民粹主义的走向和西方战略的向右调整，并以极端的方式表达了民众期望西方文明自我救赎的文化心态，标志着文化价值观的悄然转向，是一场复兴传统的自由平等价值观的保守主义革命。从另外的视角看，西方右翼民粹主义也是对极化的"政治正确"教条的反拨。所谓"政治正确"，原本是西方政党潜在遵循的一种政治伦理标准，要求在政治上平等待人，尤其要保护弱者，但平等主义的超阶段过度发展实际上造成了新的社会不公，同样可能埋下价值观对立、社会撕裂和政治动荡的种子，是对民主和安全秩序的非理性破坏。她认为，西方社会正处在两个极端之间的巨大张力之中。是变革，还是衰落？西方民主制正在经受前所未有的严峻挑战。当前，右翼民粹主义潮流已经席卷西方，西方向何处去？在充满政治不确定性的未来，我们将拭目以待。

人们知道，各种模式的国家社会主义机制在建立之初，曾经历了几十年发展轨迹的普遍趋同，但当它们转型到市场资本主义后，遵循的路径却大相径庭。发展模式呈现出三种类型，即中欧国家的"外来"自由主义或新自由主义模式；东欧、俄罗斯及中亚国家的"自上而下的资本主义"模式；类似典型的资本原始积累阶段的"自下而上的资本主义"模式。在私有化的速度和方式上，波兰采用的是新自由主义的休克疗法；斯洛文尼亚采用了循序渐进的策略；捷克使部分财产"恢复私有化"，将共产主义时期没收的私人财产归还给原来的主人；匈牙利和波兰很大程度上依赖的是市场私有化，在出售国有资产时使用了公平合理的竞争拍卖方式。对于这些国家转型后的资本主义特征，美国纽约大学阿布扎比分校的I.塞勒尼（Iván Szelényi）教授作过一次分析。他指出，与古典资本主义相比，社会和政治资本在后共产主义国家的资本原始积累过程中发挥了重要作用。在企业私有化过程中，相关的人脉和信息为发挥市场力量提供了补充，而新生的大资本更会招募前共产党的高官，把他们手中的政治资本转化为经济资产。这种公共财产私有化的方式形成了特殊的资本原始积累体制，俄罗斯在叶利钦时代基本上采用了"世袭"制，人们通过统治者恩赐的方式获得财产。但21世纪以来，后共产主义国家的资本主义在发展轨迹上又重新趋同，这种变化是从2000年普京执政后开始的，他不接受叶利钦做出的"世袭"性财产安排，而主张把寡头转化为"服务型贵族"，从"世袭制"转化为"俸禄制"。作者认为，后共产主义国家的资本主义充满了力量，显示出自由主义模式的趋势，但没人能够推断出最终的结果，正如F.福山在最新著作中坦承的那样：历史可能不会终结。

三、全球左翼运动态势

1989年柏林墙的倒塌给欧洲政治图景带来了深刻变化，苏联体制的崩溃将共产主义从苏联模式中解脱出来,并再次揭开了工人阶级寻求自身解放的序幕。然而,结构性的政治剧变和经济转型引发了全球范围内资本主义力量的再次崛起。在这种情况下,欧洲的反资本主义力量面临着巨大压力,组织和领导社会运动变得越发困难,整个左翼在意识形态上丧失了1968年之后所拥有的地位。加拿大约克大学M.默斯托(Marcello Musto)详细探讨了1989年以后欧洲激进左翼运动发展的基本情况。作者指出,从20世纪80年代起,那些信奉欧洲共产主义和仍紧跟莫斯科的政党在选举中急剧下滑,成为苏联解体后欧洲共产主义的真正溃败。随后,复兴的共产主义政治组织与尚存的反资本主义力量进行重组,进而与各种社会运动和进步工会力量联合,致力于反抗新自由主义的政策。从欧洲的现实状况看,在伊比利亚半岛和地中海流域国家中,除意大利之外,激进左翼近年来获得了巨大发展,希腊、西班牙、法国、葡萄牙和塞浦路斯的左翼势力已经联合起来,并在政治舞台上发挥着重要作用;在中欧,激进左翼在德国和荷兰已拥有相当强大的选举实力;而北欧左翼政党虽然保住了1989年之后的地位,却无力发动群众;东欧除了捷克的波西米亚和摩拉维亚共产党以及斯洛文尼亚联合左翼党之外,左翼政党几乎不存在,而且无法摆脱苏联模式的消极影响。总体上看,无论是资本主义中心还是边缘地带,左翼运动抵抗越来越脆弱、无组织性和碎片化,从而导致社会不公和贫富差距的急剧增长。近年来,反资本主义左翼在多元主义影响下建立起宽泛的政治主体,然而这种多元模式缺乏统一的纲领,组织间的政治立场各异、政治文化多样,仍然不能解决许多政治上的问题。他认为,重建未来必须在一定程度上恢复社会公正,建立一套惠及普通公民和低收入者的基本保障体系;颠覆私有化进程,重新获得为少数人谋取私利的公共财产;发起一系列政治运动,争取社会政治力量的广泛支持。总之,激进左翼改变现状的唯一出路,便是重新建构一种新的社会集团和替代性的政治模式,来引导民众对《马斯特里赫特条约》进行普遍抵抗,从而在根本上改变今天欧洲的发展路径。

  阿拉伯地区的共产主义政党虽然具有悠久的历史,然而受政治环境和宗教传统的影响,许多左翼政党在国内的政治影响力较弱,饱受政府的排斥和打压,并长期无法摆脱苏联的影响,意识形态僵化,对本国国情认识不足,在民族问题上立场摇摆,弄僵了与许多民族主义派别的关系,最终导致自身发展严重受阻。在这种背景下,2011年2月在黎巴嫩共产党的组织筹备下,在贝鲁特召开了首届"阿拉伯左翼论坛"(The Arab Left Forum),之后论坛连续6年运作,目前共有成员政党28个。论坛的成立加强了阿拉伯左翼政党之间的联系,也为左翼力量的交流合作提供了平台。华中师范大学余维海和胡延睿在介绍该论坛发展的同时,指出它在推动人民运动、反对域外大国干涉、与犹太复国主义和极端宗教势力斗争、凝聚进步和民主力量、建构和平民主阵线、实现地区和平和左翼力量新的发展等方面,已经成为阿拉伯地区一支不可忽视的政治力量。作者认为,由于阿拉伯地区复杂的历史和现实背景,面临犹太复国主义、恐怖主义、逊尼派和什叶派教派矛盾三大危险,加上政治伊斯兰力量的壮大严重挤压了阿拉伯左翼的生存空间,因此大部分左翼政党更关注基本的生存问题,从而失去了作为阿拉伯左翼的"个性",要使"阿拉伯左翼论坛"继续良好地运行与发展,依然任重而道远。

2017年6月,一年一度的"纽约左翼论坛"在城市大学J.杰伊刑事司法学院举行,主题为"抵抗:战略、策略、斗争、团结和乌托邦"。该论坛是在资本主义世界体系面临多重危机和美国新一届总统D.特朗普上台执政给世界带来极大不确定性的背景下召开的。来自全球的400多位左翼学者采用主题演讲、专题讨论、剧场演出、书报展示等形式,在这个北美最重要的左翼学者年度盛会上揭露资本主义面临的危机,商讨左翼的抵抗策略,憧憬公平和正义,并在一定程度上探索资本主义社会的替代方案。河南财经政法大学张新宁和上海社会科学院杨卫为此次论坛作了报道。从300多个专题讨论会场传出的信息看,讨论的议题涉及三方面的内容:(1)对D.特朗普政府内政外交政策的评析;(2)多方面地展示资本主义面临的经济、生态、道德和民主危机;(3)寻找替代资本主义的可行方案及其策略,突出反映了西方左翼人士对资本主义制度的反思、批判以及对未来社会的憧憬。论坛组织者声称,伴随着资本主义危机的深化以及由此带来的灾难性后果,一股强大的反抗力量正在美国形成,大规模抗议D.特朗普政权的活动层出不穷,使美国几十年来再次进入动荡不安的年代。值得关注的是,左翼学者们对资本主义社会的未来及其替代方案进行了探讨,认为应当尝试构建一个可行的社会主义替代方案;而生态社会主义是维护公平正义、处理好人与自然关系的必然选择;可以借鉴俄国十月革命的经验教训,联合工农力量开启新的革命,从而建立社会主义的新型社会关系和价值观;制定统一的战略和战术,加快美国向社会主义转变。其中重要的是建立三种结构:(1)激进的文化干预;(2)一个服务于工人阶级的政党;(3)通过群众协调的大罢工,使生产和再生产的经济实力进一步得到增强,用以摆脱异化和剥削为根基的制度。从现实的情况分析,左翼势力还处于早期,尚未大规模地动员组织,也没有制订总体战略。左翼论坛的任务是帮助组织、培育和塑造全美范围内的抵抗力量。

一盏"欧洲的社会主义明灯",曾几何时已经熄灭了。人们关心的是,它是如何熄灭的?至今又将是怎样一种局面?近年来,北京大学孔寒冰教授远赴地拉那,专访了阿尔巴尼亚前总统、原民主党领导人S.贝里沙,劳动党《人民之声报》总编M.埃莱兹,前教育部长和社会党党校校长M.拉科洛里,对阿尔巴尼亚半个多世纪社会主义制度的演变作了深入的调研。三位被访者就如何评价苏联东欧社会主义的影响、40多年阿尔巴尼亚的社会主义历史、劳动党的功过、社会变革和社会转型及其原因、实行多党制后社会发展面临的主要问题、社会党与民主党在社会发展中的各自作用、中阿两国之间友好关系的发展等问题,作了各自的分析和点评。在他们看来,阿尔巴尼亚是以悲剧的方式结束了社会主义时期,它的终结不是偶然的,是E.霍查及其领导的劳动党一系列错误政策导致的结果。在E.霍查的统治下,整个国家不可想象地陷入了大面积的饥饿状态,同时却用大量高质量的钢材和水泥在全国各地修造了76万座碉堡;为了抵制宗教挑战领袖的个人权威,还通过宪法宣布阿尔巴尼亚为无宗教信仰国家,进而对各种宗教场所进行了封杀,摧毁了全国2 160多座清真寺和教堂;在地拉那设有一个单独的区域,政治局委员以上的领导每家都有别墅,家里人有病可以去巴黎就医,享有特权阶层的福利,而平民却忍受着极度的贫穷;对中美建交深感困惑,并切断了与中国的联系,结果造成了国家的孤立和落后。他们认为,面对国家的困难,阿尔巴尼亚人希望对政治拥有不同的选择,而多党的轮流执政可以用不同的声音和角度来表达自己的意愿,这就加快了从一党制到多党制的变革。然而,不同的党派对如何处理重大问题的答案不尽相同,这就带来了协商的成本,但剧变后的制度推动了社会的全面改革,使国家经济进入良性发展的快速轨道,这也是有目共睹的。

四、国内外学界纪念十月革命100周年有感

在俄国十月革命胜利100周年前夕,"十月革命与中国特色社会主义"理论研讨会在北京举行,中宣部部长刘奇葆出席并讲话。他指出,十月革命是一个国家建立社会主义制度的第一次成功实践,深刻改变了人类历史发展进程,虽然这还不是最终的胜利,但重要的是坚冰已经打破,航路已经开通,道路已经指明。列宁深刻洞悉帝国主义时代资本主义发展的新特征,把马克思主义基本原理与俄国革命具体实际结合起来,形成了列宁主义,创造性地提出社会主义可能在一国或数国首先取得胜利等一系列社会主义革命和社会主义建设理论,为帝国主义时代的无产阶级革命提供了强大思想武器。在列宁和布尔什维克党的领导下,俄国人民将资产阶级的民主革命转变为社会主义革命,通过武装斗争,打碎旧的资产阶级国家机器,取得了震撼世界的十月社会主义革命的伟大胜利,建立了无产阶级专政的苏维埃制度,使社会主义从理论变为活生生的现实社会制度。此后,苏联开启了世界历史上从未有过的现代化模式,把一个"小农国家"建设成为世界工业强国,并为赢得世界反法西斯战争的胜利和人类和平进步作出了巨大贡献。他指出,十月革命划时代的历史功绩,苏联社会主义制度曾经取得的重大成就,并不因苏联解体而被抹杀。苏联的社会主义制度没有能够坚持下来,原因固然有很多,但背离马克思列宁主义、背离十月革命开辟的社会主义道路则是根本原因。今天纪念十月革命,必须毫不动摇坚持和发展马克思主义,坚定社会主义、共产主义理想信念,坚持和发展中国特色社会主义,坚持党对中国特色社会主义事业的坚强领导,推进人类和平与发展的崇高事业。同时,他要求理论工作者深入研究社会主义发展史、国际共产主义运动史和当代世界社会主义,从世界历史发展的高度,深刻认识十月革命的历史地位,中国特色社会主义对科学社会主义的继承、丰富和发展,中国道路与世界进步潮流的一致性;深入研究世界社会主义的500年历史、俄国十月革命以来的百年历史、中国社会主义革命建设改革的历史,更加自觉地认识共产党执政规律、社会主义建设规律、人类社会发展规律,科学阐释有关重大问题和重要事件,深刻揭示中国特色社会主义发展进程中带有方向性、根本性的趋势和规律。

随着苏联的解体，国内外敌对势力欣喜若狂，弹冠相庆，借机在舆论上发动猖狂进攻，胡说十月革命是一场政变，列宁是德国间谍，以此妖言惑众。中央党校赵曜回顾了列宁对于国际共产主义运动的杰出贡献，用历史事实证明列宁在俄国创建了不同于第二国际大多数党主张社会改良的新型无产阶级革命政党，在十月革命前的几个重要关头又起到了力挽狂澜的作用。一是提出了崭新的"一国胜利论"和"无产阶级专政论"；二是以明确的从资产阶级民主革命向社会主义革命转变的路线武装了全党；三是看到武装起义条件已经成熟，抓住机遇及时组织武装起义。他还从世界上第一个社会主义国家的诞生、西方无产阶级革命运动的高涨、民族解放运动的兴起和殖民主义体系的崩溃、中国革命和建设事业的胜利、世界进入一个崭新的时代等方面，论述了列宁主义和十月革命的世界历史意义，并强调革命后要及时把改革提上日程，对一个真正的革命者来说，最大的危险就是夸大革命的作用，忘记了恰当地和有效地运用革命方法的限度和条件。作者认为，20世纪令人眼花缭乱、惊心动魄的历史事件和社会革命层出不穷，但是真正够得上"新世纪"标志的无疑是俄国十月革命。尽管20世纪末发生苏东剧变，但这只是历史发展中的一个小插曲，它没有也不可能改变时代的性质和方向。发展中新型市场国家异军突起和社会主义中国的快速崛起，足以证明世界历史又重新回到了十月革命所开辟的航向。

俄国十月革命是继巴黎公社革命之后最伟大的革命，但是自1991年苏联亡党亡国之后，思想理论界有人频频怀疑十月革命的必然性和合理性，甚至有人认为十月革命是犯了基督教所讲的"原罪"，所以苏联在拖延了74年后"罪有应得"地灭亡了。中国人民大学高放以必然性与偶然性的哲学原理来透视俄国革命的全过程，即宏观人类社会全球化浪潮，看一次大战中沙俄战败的必然性与偶然性；中观俄国民众革命化的浪潮，看俄国二月革命胜利的必然性和偶然性；微观苏维埃布尔什维克化浪潮，看俄国十月革命胜利的必然性与偶然性。他认为，只有从剖析当时宏观世界形势、中观俄国国情和微观1917年俄国具体情况入手，把俄国1905年革命、1917年二月革命和十月革命这三次革命连贯起来考察，才能认清三者之间的内在紧密联系和系统统一发展。这三次革命都是为了解决俄国社会内在的矛盾，前两次是反封建专制制度的民主革命，后一次是反资产阶级政府统治的社会主义革命。可以说，没有1905

年的"总演习",就没有1917年二月革命的胜利,没有二月革命的胜利也就没有十月革命的胜利。以列宁为首的布尔什维克党不仅善于洞察俄国社会爆发革命的必然性,而且巧于利用革命发展中偶然性的有利时机,当沙俄在第一次世界大战期间战败时,暗中推动群众推翻沙皇专制政府,夺取二月革命胜利;之后又善于争取群众,利用资产阶级临时政府发生的严重危机,巧于公开领导十月武装起义取得胜利。可见,处理好必然性与偶然性的关系是俄国革命胜利的关键,而十月革命又是符合世界历史、世界社会主义史和俄国社会历史发展规律的原创,而不是原罪。

对于十月革命,历来有许多不同看法,有人称之为改变世界历史走向的伟大革命,开创"人类历史新纪元",有人称它为俄国版的"雾月十八日";有人以为是历史必然性和偶然性共同作用的结果,有人认定是列宁和布尔什维克纯粹主观意志的产物。华东师范大学周尚文回顾了两场革命接连爆发的历史背景,试图到历史的场景中去寻找问题的答案。他认为,十月革命打破资本主义一统天下的世界格局,建立起第一个社会主义国家,推进了民族民主革命的高潮,是值得肯定的。但"新纪元"之说,机械地用阶级划分和社会制度变化来界定社会文明程度的"新""旧",有失偏颇。就十月武装起义的性质而言,无疑是一次有组织有准备的政治革命,有革命所需要的社会氛围和群众基础,是列宁为首的布尔什维克目的明确、运筹帷幄、坚毅勇敢、公开发动的推翻旧政权的一次革命,但它具有突发性和隐秘性,因而是一次"政变式革命"。另外,十月革命胜利固然有较大的偶然性,但它是资本主义进入垄断阶段面临诸多矛盾的时代产物,俄国成为世界资本主义体系中的薄弱一环,革命自然不可避免,无法否认这场革命带来的世界性震撼。作者指出,围绕"四月提纲"的争论,涉及经济文化落后国家能否实现社会革命的重大问题:普列汉诺夫曾斥责说,俄国工人阶级远没有成熟到可以执掌政权的地步;苏汉诺夫认为列宁提出了"关于一个落后的、农民的、分散的、完全破坏的国家向社会主义神奇美妙的跳跃";K.考茨基也以"经济分析"为名,抨击布尔什维克革命所催生的是一个"早产的婴儿"。其实,列宁不是不知道社会革命需要一定的"客观经济前提",也不是不了解俄国的基本国情,但当革命已在敲门的时候,他需要提出一个激进的革命方针和动员民众的策略口号,投入战斗才是唯一的出路。该文强调,从根本上说,十月革命的意义在于开创了一条走非资本主义道路来实现现代化的探索,而这一探索是一个漫长而艰难的历史过程,至今仍在路上。

中央党校左凤荣对百年来的曲折历程作了回放式的梳理,从中留给人们深刻的启示。在作者看来,虽然当时俄国生产力水平低,很多人认为俄国不具备进行社会主义革命的条件,但在临时政府无法解决危机的情况下,布尔什维克提出了目标明确的"和平、土地、面包、自由"等口号,在国家处于危机的时刻担当起了保卫国家和人民的历史职责,为俄国开辟了一条新的发展之路;从社会主义实践的视角看,列宁虽然领导社会主义建设时间不长,但他探索出了一条落后国家建设社会主义的新路,即把国家、集体和个人的利益结合起来,与农民一道建设社会主义;从世界历史发展的视角看,它对人类发展与进步的影响也是巨大的,不仅促使许多殖民地半殖民地国家走上了新的发展道路,也使资本主义国家借鉴了社会主义的许多经验,改善了工人阶级的待遇,缓和了社会矛盾。作者指出,在实行新经济政策后,列宁对社会主义看法发生了根本性的改变,认识到发展商品、货币、市场的必要性与必然性。遗憾的是,列宁所找到的落后国家建设社会主义的新经济政策之路并没有被坚持下来。列宁一去世,党内便开始了争论。托洛茨基、季诺维也夫、加米涅夫等人主张加速工业化,打击新经济政策条件下富裕起来的人,剥削农民,通过"剪刀差"为工业化筹集资金;在政治上战胜托洛茨基、季诺维也夫等人后,斯大林接过了他们的主张,决定抛弃新经济政策。斯大林所理解的社会主义正是新经济政策所否定的"军事共产主义",这一社会主义在实质上是一个排除货币和市场关系的大合作社。该文认为,在苏联70多年的社会主义实践中,有成功也有失败,但其对人类历史发展与进步的影响是不可否认的。我们今天纪念十月革命,既要肯定布尔什维克的担当精神,更要认真总结苏共失败的教训。

关于十月革命的性质及其意义,始终是一个极具争议的话题。这次革命并非由于生产力的推动,而主要由内外部一些非经济因素的变化而导致的一种"不得不"革命的形势,进而依据革命领导力量的政治性质及其价值取向,推动社会朝着某个特定的方向发展,成为一只"强拧的瓜"。我们的历史教科书已将十月革命定性为一场改变世界历史进程的"社会主义革命",然而列宁在逝世前作为"政治遗嘱"留下的《论我国革命》却作出了不同的回答。国防大学韦定广阐述了列宁的十月革命观,用经典文献解读了落后国家走向文明的另一条道路。作者指出,列宁曾认为可以"借助于"革命很快在落后的农业国实现共产主义,在这样的认识下,十月革命顺理成章地被定性为社会主义革命。然而,在经历了革命后"战时共产主义"试验的失败以及向新经济政策的转变后,列宁重新将革命直接的迫切任务规定为"资产阶级民主性"的,同时在提到如何"一往直前地向着社会主义革命迈进"和如何"学习在一个小农国家里进一步建设社会主义大厦"的问题时,他明确地告诉人们:试图在革命后立即在俄国建成社会主义的"原先道路"已经被"证明不合适,走不通",革命最多只是为社会主义提供了政治基础,而实现社会主义则需要现代文明作为历史前提。十月革命与"西欧各国的革命"作比较,其"特殊性"仅在于"形式"或"顺序"上的"颠倒"。作者认为,在列宁最后的思想中,他分别借助于"世界历史的总进程""世界历史发展的一般规律"和"世界历史发展的总的路线"三个概念,来阐述他对十月革命的性质和意义的看法,并由此揭示了十月革命之后俄国历史发展的"总的路线"或"总的进程"的逻辑链条:通过革命实现基本制度变革→在新经济政策时期采用国家资本主义的"方法"创造与实现现代文明→在不断"走向"社会主义的基础上最终建立社会主义。可见,革命后所要达成的社会变迁任务与目标,又会使俄国历史的发展重新回归"世界历史发展的总的路线"或"一般规律",如同在长距离条件下细微的弯曲并不构成对直线的否定一样,从世界历史的总进程来看,"这种修正"似乎是"微不足道"的。

作为目前世界上最大的社会主义国家,中国对十月革命100周年持何种态度令世人关注。中联部肖枫阐述了百年纪念活动的中国基调,认为就总体而言需要抓住两个关键词,即"继承"和"发展"。从世界历史的整体看,十月革命建立了世界上第一个社会主义国家,使社会主义由革命理论变成现实的社会制度,开辟了从资本主义向社会主义过渡的新时代,并促进了亚、非、拉民族民主解放运动的蓬勃发展,沉重地打击和瓦解了帝国主义的殖民体系,极大地改变了世界的面貌和格局。对于这场革命的伟大历史意义和功绩是决不可抹杀和否定的。但是,这场革命毕竟过去了100年,历史条件和世界情况已发生了很大的变化,对十月革命开辟的道路和基本经验,决不能因循守旧、思想僵化,必须根据新的历史条件、时代特征和基本国情加以丰富和发展。社会主义"取代"资本主义的历史总趋势是不可逆转的,但"取代方式"具有多样性；对苏联亡党亡国的教训，我们也不应只强调其后期改旗易帜的右，还必须重视其长期思想僵化、破坏法制的"左"。作者指出，僵化的苏联模式已经退出历史舞台，而蓬勃崛起的中国特色社会主义新体制却为科学社会主义开辟了一片新绿洲。在新的历史条件下，结合时代特征和中国具体实际，继承、发展和创新十月革命道路和经验，这是中国共产党人对十月革命的最好纪念。

从俄罗斯传来的信息看，官方、学界及各派政治力量已将二月革命与十月革命作为一个整体，以"1917年俄国革命"的名义展开纪念活动，意在吸取教训，避免社会动荡，促进社会团结。官方的举措顺应了民众和一部分知识分子的呼声，反映了近年来俄罗斯社会对十月革命评价趋于理性的新变化，对史学界关于十月革命的研究具有导向性作用。中国社会科学院刘淑春认为，目前俄罗斯政界、学界关于十月革命若干问题的评价，反映出他们在一些重大问题上仍存在歧见，但也可从他们对各类事件的分析中，窥见100年前俄国爆发十月革命的原因及其对20世纪俄国和世界历史进程产生的重大影响。作者指出，苏联解体以来，俄罗斯社会一直流传十月革命是"少数人发动的政变"和"俄国和世界历史中的一场灾难"，断言十月革命摧毁了二月革命后产生的民主政权的萌芽，断送了俄国资本主义发展的前途，使俄国偏离了人类文明进步的轨道，并试图以法律形式将列宁、斯大林和苏共推上历史的审判台。但如今的俄罗斯官方和主流学者不仅承认十月革命不是偶然的，而有其发生的"历史根源"和客观原因，而且承认十月革命不是某些人搞的"阴谋"，而是一些"坚持自己理想的著名人物"为了"实现祖国的繁荣和世界的美好生活"而在特定环境下采取的行动，这就从道义上肯定了列宁及布尔什维克党发动十月革命的动机，从事实上肯定了十月革命是一场"俄国大革命"。她认为，此次纪念活动将二月革命和十月革命统称为"俄国大革命"，反映了俄罗斯官方既不回避这个令世界瞩目的重大日子，又试图避免由此而加重国内政治分歧和社会分裂；既避免了左翼对十月社会主义革命的定性，又与右翼所谓的十月"政变"和"阴谋"拉开了距离。然而，实际上是回避了对两次革命性质的判断，用"1917年俄国革命"的笼统提法来淡化十月革命。

不久前，为了回答与二月革命和十月革命历史有关的各类问题，俄罗斯共产党与《真理报》编辑部、"红色路线"电视台又共同举办了"自由主义的二月革命和无产阶级的十月革命"圆桌会议，俄罗斯著名政治家和公众人物、著名学者以及媒体代表等出席了会议,俄共主席久加诺夫在会上致开幕辞。8月8—9日俄罗斯《真理报》披露了这次会议的发言纪要,集中起来有这样几个观点:(1)不管是尼古拉二世、克伦斯基还是戈尔巴乔夫,均以自己的方式成为被迫或主动的改革者,但他们都滑倒在"自由主义的歧路"上,期盼"文明社会"的接纳。随着他们自身的跌倒,也拖垮了一个伟大的强国,所以把今日俄罗斯视为自由主义和布尔什维主义的双重继承者毫无根据。(2)战争极大地激化了所有的矛盾,一个腐朽颓败的政权终于奄奄一息。二月革命给俄罗斯所有政治势力带来了历史性的机遇,除了布尔什维克以外没有任何组织能为时代所需提供完美的答案。(3)二月革命的悲剧在于,在一个多数人口与资产阶级民主、议会制、三权分立、公民政治权利相差甚远的国家夺取了政权。资产阶级自由主义作为一个高度原子化城市的社会基础,注定会在一个村社型农耕国家难逃厄运,而布尔什维克关于无产阶级专政、苏维埃和土地国有化显然与农民村社的集聚方式极其类似。俄罗斯当前资产阶级现代化建设的所有方案,同样都是有害无益的乌托邦。(4)十月革命和二月革命是完全不同的革命,具有不同的目标、动力和结局,十月革命是一场与资产阶级体系脱钩的新型革命,建立起了新的苏维埃共和国体制,不能将两者混为一谈。(5)俄罗斯人最具创意的发明是强大的集权制国家管理模式,今天也须以此为起点承担起建设未来国家的重任。单凭一个党难以建立全新的社会主义,当下最关键的是要创建人民爱国力量的广泛阵线,如果没有强大的国家、社会正义、劳动光荣、高度灵性和集体主义意识,俄罗斯将不复存在。因此,纪念十月革命不应局限于对过去时代的研究,而应深刻理解当今的现实并寻求最有效的解决方案。

五、对社会主义内涵的独特阐释与实践路径的重新探索

近些年来,国内学界以发展中国特色社会主义、反思苏东剧变、回应各种非马克思主义思潮质疑为契机,形成了对"社会主义"概念的研究热潮,这将关系到社会主义的发展方向和具体实践。南京师范大学王磊拟从"社会主义"概念的提出、思想起源及基本内涵,社会主义与共产主义、资本主义的关系,社会主义概念在近代中国的兴起、诠释及影响三个方面对相关研究进行述

评。目前学界主流观点认为,现代意义上的"社会主义"一词是资本主义生产方式的产物,而初次出现是在1832年法文期刊《地球报》上。至于其思想起源,有的认为是古代空想社会主义,多数认为初始形态是人类进入资本主义社会后,作为资本主义的对立物、批判者出现的,其标志是T.莫尔《乌托邦》一书的问世。关于"社会主义"的内涵,学界普遍认为是一个多层次的概念,有资本主义超越说、社会制度说、价值观和奋斗目标说、价值和制度统一说、理论运动制度综合说、经典作家语境说等,至少有价值、思想、制度、运动、目标等多种指向。同时,学界还就经典作家关于社会主义与共产主义概念的使用及演变、现实社会主义与共产主义社会第一阶段的关系、社会主义与资本主义的关系等问题作了深入的探讨。值得关注的是,近来学者研究后指出,汉语词汇"社会主义"早在1896年《时务报》第12册题为《硕儒讣音》的译文里就已出现,作者为日本人古城贞吉,而中国人最早使用这一词汇的是梁启超。尽管早在1903年"社会主义"概念就出现在由汪荣宝、叶澜编纂的中文辞书《新尔雅》(上海文明书局1906年版)中,"废私有财产,使归公分配之主义,谓之共产主义,一名社会主义",但在此前,除梁启超等人外很少有其他中国人使用。1905年以后,"社会主义"的使用随着立宪派和革命派论战的兴起逐渐增加,并于1906年前后达到第一次高峰,新文化运动后使用频率继续大幅增加。中国人对"社会主义"的早期理解至少有三点共识,即社会主义是人类社会发展的趋势和潮流,是解决社会问题、代替资本的主义,主张公有、平等的主义。作者指出,深化社会主义概念研究要以概念史为基础增强研究的整体性、系统性,拓展研究视域,灵活运用概念史、观念史、数据库、可视化分析等方法,以中国经验为基础,修正和建构具有时代新意和世界导向的社会主义概念体系。

在考察世界历史上的帝国兴衰、朝代更替、宗教冲突、殖民扩张、阶级革命、民族解放、国家独立、民主改革等现象时,可以发现不同时代和不同国家确实存在着不同的政治主题。那么,在这些现象和主题的背后,能否发现推动世界政治发展共同的原始驱动力?换言之,在政治研究中,能否找到所有国家、所有社会、所有文明载体都追求的跨越时空的"终极政治目标"?北京大学王缉思为我们找到了这些目标,并阐明了它们之间的相互关系。他指出,自古以来,安全、财富、自由、公正、信仰就是世界政治的永恒主题、基本价值和终极目标,权力、国家、民主、法治是达到这五大终极目标的过程、手段和方式。这五大基本政治价值之间理论上应当是相互促进的,但实践上却往往不能融洽共存。为了自由、平等、公正、信仰,群体或国家之间往往不惜诉诸武力,牺牲和平、安全和财富;个人自由与人人平等也经常不能兼得,强者要求自由而弱者则主张平等,右派支持建立在经济自由、财产私有之上的市场经济,左派则主张维护社会中下层利益,创造更为平等的财富和基本权利分配;个人、群体、民族、国家各有不同的信仰体系,但都认为自己的信仰是最崇高的,并因此引发冲突和对抗。该文认为,用五大目标来衡量,一个令人向往的国家应当是:没有严重的外部安全威胁,国内政治稳定,暴力犯罪率低;国家和民众都比较富裕,经济稳步增长;公民的自由权利得到充分保障,个人自由同民族、国家的自由相一致;公民之间贫富差距较小,公民平等在教育和社会保障体系中得到较好体现,社会不公能够通过法律和政策调整得到矫正,抑止官员腐败;国家有相对统一的信仰体系、道德准则和主流价值观,同时包容少数人所奉行的其他信仰,公民对国家认同度高。从政治哲学意义上来看,能均衡达到五大政治目标的国家,是最完善的"理想国"。作者指出,寻求五大目标的分析框架,有助于理解区域国别政治的同一性和多样性,缩小比较政治与国际政治的学术分野,明确国家成功与否的判断标准,深入了解当代世界政治的发展趋势。

马克思曾经预言,资本主义的危机必然导致资产阶级与无产阶级之间的尖锐矛盾,无产阶级势必通过革命消灭资本主义,并走向更高级的历史阶段。然而,当代著名学者A.麦金太尔(Alasdair MacIntyre)对该经济规律的必然性表示怀疑,认为这一预言没有得到证实。在他看来,事实上马克思为人们所描绘的未来图景暗示着从"实质解释论"向"范式论"的转变,即根据资本主义所表征的各种危机现象和其所隐藏的阶级对立,得出了资本主义将自我毁灭的结论。这一转变错将自我毁灭的"趋势"当作一般社会发展的"规律",而正是这种对历史发展中不可预测性和偶然性的忽视、对革命未来和方向笃信的"范式论"转向,导致了经济决定论和极权主义,并引发对马克思主义的信任危机。山西大学薛勇民和骆婷指出,A.麦金太尔在对资本主义的批判中,始终坚持马克思主义的革命性,认为实现社会主义与民主集中制的组织形式不可分割,并在反抗资产阶级的斗争中支持"自下而上的社会主义模式",强调工人阶级的革命意识与自觉性,认为不能将现实的工人阶级革命降低到资本主义的逻辑层面，不再诉求推翻资本主义而单纯追求福利与工资的提升。在他看来，如果工人阶级不能摆脱个人主义和粗陋的功利主义，缺乏有关善和德性的道德观念，其反抗资产阶级的革命也会丧失有效性。为此，他不仅奠定了一个亚里士多德主义的德性观基础，而且还指明了具体的革命实践方式，即通过地方性共同体的重建，加强共同体成员的内在善建设，以弥补马克思理论中的道德空白。值得注意的是，他的这种反思是基于当时的英国社会现实是否符合当代社会的文化认同，地方性共同体构想能否在现代社会维存，仍存在着争议。

自麦卡锡主义之后一直被边缘化的"社会主义"，在新一届美国总统选举中重新刮起了一股旋风。民主党竞选人B.桑德斯（Bernie Sanders）在竞选中大谈源于F.罗斯福新政的"美国社会主义"传统，高调宣扬其"民主社会主义"，主张发动一场"政治革命"，以实现全民医疗计划、为工人提供法律保护、免费公立大学教育、充分就业等，并引发广泛热议。但对于"何谓社会主义"，美国主流思想界大都作出了带有政治偏见的反社会主义解读，而美共就社会主义的真正含义、本质承诺、对美国社会的意义及其实现途径等问题提出了新的见解。中国社会科学院于海青介绍了这场争论所涉及的一些主要观点。她指出，在一些极端保守派的眼中，社会主义等同于国有化、福利国家、中央计划和苏联社会主义，将其一些具体特征放大为唯一特征，或者将其限定在出现问题的某一历史阶段，从而否定实现社会主义替代的必要性和可行性，以为当前美国面临的挑战在自由市场体系下能够得到解决。而美共等左翼人士则认为，社会主义是一个能够对公共利益做出回应的体系，它是由各种事件、微小演进和巨大进步构成的一个社会转型过程，目标是使作为美国政治和经济命脉的石油、煤炭、大银行和金融业回归基本的社会功能，从而建立一个"现代的、以人为中心的、民主的、和平与绿色的社会主义"。他们强调绝大多数美国人民是实现社会主义变革的决定性力量，但总罢工或经济内爆已不是发动社会革命的唯一方式，而应与选举领域的投票联系起来。作者认为，金融危机爆发后，作为一种制度和意识形态的资本主义陷入了一种"机体性危机"（organic crisis），而各种反精英主义的社会思潮，实质上都是资本主义发展困境在现实政治中的一种反应。现实中的社会主义运动虽处于低潮，但作为对公平、公正社会的一种美好向往，其价值理念在西方社会民众中一直拥有较高的认同度。尤其是随着危机的发生和社会矛盾冲突的激化，普通民众反建制诉求激增，社会主义更是成为左翼政党和人士获得更大范围社会支持而高举的旗帜，然而其主张大都围绕民主、平等、正义做文章，不讲阶级关系和矛盾，更不提生产关系变革和制度替代，带有浓厚的改良主义色彩。

面对资本主义的新发展和新特点、无产阶级被资本主义所同化以及传统社会主义诸多纲领性目标的现实化，应立足新的历史条件，重新思考社会主义的实践性问题。梅茹耶夫是当今俄罗斯原创性的马克思主义者之一，他试图从文化学视阈对马克思主义进行独特探索和重新诠释，以期找到当今俄罗斯及世界范围内重建社会主义的可能性。黑龙江大学周来顺对此专门作了详细的介绍和阐述。在梅茹耶夫看来，在文明史之外还有文化史，文明发展的逻辑（与人脱离）将被文化发展的逻辑（人自身的发展）所代替。作为一种摆脱了资本与政治异化的社会主义更多地体现在文化合理性上，是一种"文化空间"，源于文化领域所遵循的道德、伦理、认知的价值，这是人类历史最深刻、最基础、最自由的层面。在对文化特性的理解上，他最具创造性之处即在于对马克思关于文化产生机理的解释性发掘，把劳动形式之间的区别作为解释文化本质的出发点，认为作为社会劳动形式的文化与作为抽象劳动形式的资本是不同的，文化是人的社会财富，而资本则是社会财富的异化。梅茹耶夫指出，在马克思那里文化是一种特殊的生产，是以生产完整的人为目标，文化培养社会人的一切属性，即从"必然王国"向"自由王国"的人的过渡。而作为文明史顶峰的资本主义社会过渡到以"个性与自由"为代表的"文化空间"的社会主义，只能采取逐步的改良方式，通过不断压缩资本主义的统治空间、不断打破资本的逻辑、不断压缩"经济必然性"的空间，不断扩展"自由王国"的空间，从而在文化中寻找超越异化世界的现实之维。不可否认，梅茹耶夫从文化学视阈对马克思主义的独特阐释与对社会主义实践路径的新探索，在当今具有重要的理论价值与现实意义。

六、在世界各地游荡的左翼激进思潮

马克思主义是人类思想发展的伟大成果，它以广阔的视野、时代的眼光、开放的思维，吸取着人类智慧的一切优秀成果，以至能够不断创新发展，保持着强大的生命力和影响力，成为欧美工人运动最强大的思想武器。中国人民大学奚广庆强调世界性的马克思主义思潮是马克思主义发展创新的历史形态，它的形成发展是时代演进、社会变革在思想观念层面的必然表现，因此必须积极关注和吸取国外马克思主义研究的最新成果，以推动新时代中国特色社会主义的发展。在他看来，当年苏共与它把持的共产国际推行一种教条、封闭、僵化的理论思维，把马克思、恩格斯的科学世界观学理化为人类社会发展的唯一路线图和建设社会主义不可越雷池一步的蓝图。社会变革道路只有十月革命一条，社会主义体制只有斯大林模式一种，工人政党形式只有苏共一个，苏共意识形态是马克思主义的正统，于是形成了一种"唯我独马、唯我独社"的霸权思维，并将其他各种马克思主义思潮、各国工人政党适应时代变化和本国发展要求进行的思想理论探索和战略策略创新，一概看作是机会主义、现代修正主义、民族共产主义等。他认为，马克思主义是任何人都不能垄断的，一切为了社会主义、人民解放、民族独立而斗争的人们，不论是成功经验，还是失败教训，都记录着认识社会、改造世界、创造历史的丰富历程，是实现人类解放事业的宝贵财富，必须理解这种探索的丰富性、多样性、创新性，尊重各国马克思主义者的开拓创新，与时俱进地发展马克思主义。尤其当中国特色社会主义进入新时代，日益走向世界中心，要担负起推进世界和平发展、破解人类发展难题，构建人类命运共同体的历史责任时，更要坚定理论信念、放宽观察视野、开阔包容胸怀，关注、研究当代世界马克思主义思潮，才能推进理论的创新和发展，并贡献中国智慧、中国力量与中国方案。

回溯19—20世纪西方世界兴盛的"主义"之争，不仅是因资本主义社会变革所造成的现代性问题而产生的激烈思想冲突，而且是最终导致一系列重大政治冲突事件的思想根源。针对资本主义所导致的"价值的颠覆""心的失序"和人类社会共同体精神的破碎，德国著名思想家M.舍勒（Max Scheler，1874—1928）基于自己的价值伦理学，提出了反资本主义的基督教社会主义，试图以此重建人类社会的共契精神。武汉理工大学吴琳旨在探讨M.舍勒基于对资本主义心性的价值意识批判而提出的基督教社会主义及其基本道德原则，并在这个基础上剖析基督教先知社会主义的独特性及其与科学社会主义之间的关系。在M.舍勒看来，资本主义世界的现代性问题归根结底是资本主义的精神气质及其所决定的社会秩序的正当性基础问题。他的伦理学不仅阐述了价值的功能性存在本质,而且论证了其中所隐藏的价值内容的秩序。在审视资本主义时,他瞄准的不是一种作为政治经济意义上的资本主义,而是一种在现象学直观中呈现出来的、以特有的价值偏好为特征的资本主义心性,因为解决现代性问题的关键在于按照基督教爱的共同体理念重建人类社会的共同体精神。作为一种心性的"基督教社会主义"(Christlicher Sozialismus)乃是回应上帝之爱的意识形态,它以充满爱意的感恩之情来透视周遭世界的万事万物,并把它们的存在和价值归因于上帝,以此来纠正资本主义心性所造成的价值情感混乱,并以"休戚与共"的道德责任共负原则,重建人心以及社会的秩序。当然,作者认为基督教社会主义与科学社会主义也存在不少分歧:前者建立在基督教的救赎史观基础之上,后者则通过对资本主义社会经济运动规律的分析而建立在唯物史观基础之上;前者认为历史生成和人的自由是一次性的,不承认有任何历史规律可供预言,后者则根据自然和历史发展规律能够预言未来社会的发展状况;前者所看到的不是人间乐园而是上帝的惩罚,并使人性在未来面临脱离其本真规定性的危险,后者则从迈向共产主义的实际趋势中看到了人性的进步和向上发展的希望。

从英国社会看,工党在社会主义思想发展过程中扮演着重要的角色,"二战"后它的社会主义理念对欧洲民主社会主义理论的演变也起到了一定的作用,甚至影响到社会党国际的章程及其政策。但是,它在变迁过程中始终保持着自身的特点,比如为什么英国工党自始至终受马克思主义的影响较弱?为什么工党在早期就坚持渐进的改良路线?为什么工党与工会的关系如此密切,以至于工会能够主导工党的起伏?清华大学罗星和中央党校白平浩对英国特色社会主义理念的表现、成因以及影响作了有意义的探寻,认为工党领袖C.艾德礼(Clement Richard Attlee)提出的思想来源的多样性、历史演进的继承性、目标手段的实用性,恰当地反映了工党的政治个性。首先,事实上,很少有一个社会民主党的思想来源像工党这样复杂,其中包括自然法学说、欧文主义、劳动价值论、基督教社会主义、马克思主义、费边社会主义等12种思想传统,主要意识形态有劳工主义、工联主义、自由主义以及费边社会主义等,因此很难说它有一种主导的思想,而更像是一个理论上的拼盘,党内左右翼之间频繁的斗争与这种思想构成的多元性也有着一定的关联。其次,英国是一个典型的内生现代化国家,自然演进的发展历程很少受到外力的干涉,而工党的社会主义理念就脱胎于这种经济社会环境,因而改良主义在英国有着广泛的市场,这与英国传统政治思想中的保守主义和渐进主义一脉相承,工联主义因此得以生根发芽,这不应该归咎于"工人贵族"的产生和资产阶级的收买,这种渐进性还体现于对马克思主义的强烈排斥。再次,工党对于社会主义目标的设定和路径的选择,从来都是高度实用主义的,它从成立以来似乎没有提出过激进的纲领,所理解的社会主义内涵与工人阶级的实际利益也有着密切的关联,在具体政策的实施上更显得灵活多变。当然,过分讲求实用性就会抹去自身意识形态的光谱,用实用主义"吞噬"社会主义的基本价值,这种身份性的丧失是导致当代社会民主主义运动处于困境的一个重要根源。作者指出,工党的三维特性也是社会民主主义的属性,这就要求在普遍性中把握特殊性,在比较的视野中把握工党社会主义理论的特色。

作为世界上第一个社会主义国家创始者的列宁及其思想,在俄罗斯始终是一个经久不衰的话题。苏联解体之后,将列宁遗体迁出红场异地安葬的呼声甚嚣尘上,列宁主义也受到一些人的指责和攻击,以列宁命名的街道和城市都被要求回归十月革命前的旧称,从上而下形成了一股"去列宁主义"的思潮。直至今日,虽然人们对历史作出更为理性的反思,但试图"擦除"列宁留下的印记以及将列宁主义"妖魔化"的做法,在俄罗斯部分民众的意识中依然有着不同程度的体现。南京大学方婷婷认为,当前俄罗斯思想界重点关注:(1)对列宁和列宁主义的评价。有学者认为他不仅是一位革命家,同时也是一位出色的思想家,他发现了资本主义政治经济发展的不平衡规律,得出社会主义可能在一国首先取得胜利的结论;有人却认为苏联集权社会的产生并不是偶然的,而是列宁主义自然发展的结果。(2)对列宁主义与马克思主义关系的争论。有学者认为他没有脱离马克思主义而新建另一个哲学思想体系;有人却认为他修正了马克思社会主义观的本意,把无产阶级专政混淆为党的专政,致使俄国革命变成了国家社会主义模式和专制政体。(3)对列宁新经济政策思想的探讨。有学者认同并强调列宁新经济政策的当代价值,认为它开创了首个结合社会主义和资本主义两大原则的历史模式;有人却以为是缓和国内阶级矛盾的权宜之计,与列宁的社会主义观自相矛盾。(4)对苏联解体原因的追溯。有学者认为是苏联领导人放弃了列宁主义,没有彻底消灭一切资产阶级及其生存空间而导致的结果;有人却认为他关于文化自治、具有广泛权力的国家自治以及自由退出苏联的权利，为苏联解体埋下了种子。作者认为，俄罗斯国内对列宁主义的争论大多充斥着情绪化的倾向，且主要不是学术性的而是一种意识形态，反映了当下各种政治势力对俄国革命与社会主义建设的看法与立场。但不管是社会主义运动反对派的恶意攻击，还是社会主义思想背叛者的肆意诋毁，都无损于列宁的思想和实践为人类社会发展所作出的贡献，关键在于要把列宁的思想放到当时的历史环境之中进行分析，才能观察到列宁主义的革命本质。

20世纪90年代以来，随着苏东社会主义的垮台、原苏联档案的最新解密以及当代世界政治经济形势的深刻变化，西方"列宁学"的研究也呈现不同的理论路径、特征和价值取向，形成了三股理论思潮：一是原来从事苏联和俄国研究的一些学者，如英国的N.哈丁（Neil Harding）和R.瑟维斯（Robert Service）都倾向于用一种"否定性"的方式改变各自对列宁主义的态度，以此作为对苏联垮台和最新公布的苏联档案的回应；二是从事政治哲学和马克思主义哲学研究的另一类学者，试图重新复活列宁的思想，以某种"肯定性"的方式把列宁思想与资本主义全球化的最新批判联系起来；三是以美国K.安德森（Kevin Anderson）为代表的一批学者，由于深受托洛茨基主义的影响，注重从批判的人道主义的角度来解读列宁的思想发展。南京大学张传平对这三股思潮的理论走向作了分析。在他看来，由于列宁所处的时代背景复杂而多变，列宁的人生经历曲折而坎坷，列宁理论和实践的深刻而丰富，加上当代西方"列宁学"家们的政治立场、理论倾向复杂而多元，或出于意识形态的偏见与束缚，各人对列宁及其思想的解读也是新奇百态，呈现多样化的理论特征。他认为，如果说"否定性"的思潮满足于运用最新解禁苏联档案的材料，来充实他们所固有的意识形态偏见的话，那么当代左翼学者对列宁主义所持有的"肯定性"理论态度，也只是他们在面对经济全球化的迅猛发展和社会政治的深刻变革时所表达的一种政治姿态。尽管人学批判学派的理论努力推动了人们对于列宁"哲学笔记"的认识和研究，不失为马克思主义人道主义化的又一次展现，但是他们的解读也不过是以"主体或主观"出发的哲学唯心主义来对抗从客体或直观出发的第二国际庸俗唯物主义，不能理解列宁哲学思想发展的内在逻辑，看不到1914年之后列宁通过阅读G.黑格尔，实现了从"正统马克思主义"向富有实践的、辩证的马克思主义精神的一次理论超越。

俄罗斯是现代世界体系中具有独特性与矛盾性的民主国家,选择社会主义还是资本主义,作为充满悖论的历史性抉择贯穿了整部近现代史。苏联解体后,俄罗斯"制度移植"资本主义的发展困境日益凸显。经过极端诋毁和客观反思,马克思主义作为非官方意识形态重新进入学术研究领域,形成了以奥伊泽尔曼为代表的"反思的马克思主义"和以布兹加林为代表的"批判的马克思主义"学派,在反思苏联社会主义实践历史经验的基础上,重估俄国革命的时代意义、剖析苏联解体的深层原因、探索21世纪社会主义的现实道路。复旦大学户晓坤汇集并评析了各派学者的诸多观点。他指出,在经历了社会转型之后,俄罗斯学界改变了苏联时代关于革命性质、意义、影响的政治化研究范式,以及苏联解体后否定革命意义的非学术化态度,并以俄国现代化道路的展开及其内外部矛盾冲突作为重新审视俄国革命当代价值的整体框架;关于苏联解体深层根源的分析,原先主要归结为专制主义的政治传统、领导者个人因素、落后国家经济现实、先天不足和后天失调等,而今则转向揭示社会主义实践的困难性、矛盾性及其过渡性,重视分析多重矛盾推动下社会变迁过程中的诸多不确定性,克服简单归因的单一分析维度或还原论思维,强调某些论断需要放到具体的历史语境和独特的现实矛盾中去进行讨论;对社会主义意识形态在当代俄罗斯的危机,主要表现在对这一概念界定的模糊、滥用和争议之中,没有严格区分社会主义理想的科学内涵和实践形态,因此需要建立"资本主义""共产主义""过渡进程中理论和实践的挑战"三个维度的动态分析,通过批判作为社会主义对立面的资本主义,确定社会主义的基本特征,通过分析作为社会主义最高阶段的共产主义,突出社会主义的过渡性质,通过回应理论和实践中的困境,努力寻求超越传统社会主义的多样性道路。由此,在批判苏联模式与回应社会现实之间形成了独特的实践取向。

随着全球生态问题的愈益凸显,一个生态激进主义的"幽灵"在世界游荡,激进生态政治成了20世纪西方政治思想中的重要思潮和政治运动中的新兴力量,值得我们高度重视。深圳大学田启波和华南师范大学关锋指出,真正的生态政治出现于20世纪60—70年代的欧美国家,先后经历了群众性"街头政治"的绿色抗议和绿党政治的萌生;80年代"国家政治性或政策性政治"的绿色回应和更多"平民政治"的绿色参与;90年代党派"议会政治"的绿色较量以及"国际政治"的泛绿化等几个阶段。就其理论路向而言,主要有三大类型,即 A. 多布森(Andrew Dobson)的政治生态主义、以 M. 布克钦(Murray Bookchin)为代表的生态无政府主义和以 D. 佩珀(David Pepper)、J. 福斯特(John Bellamy Foster)、J. 奥康纳(James O'Connor)、J. 科威尔(Joel Kovel)等为代表的生态社会主义。其中政治生态主义和生态无政府主义提出了不少值得肯定的真知灼见,但就总体而言,前者特别是其中的"基要派"过多沾染了深生态学的浪漫伤感,激进地质疑乃至否定人类中心主义、工业文明等启蒙运动以来的主流价值,这种反思的极端性也是促其裂变出"现实派"的内在因素,但现实派的生态主义本色却消退殆尽,而与资本主义提出的生态现代化趋近;后者虽然在人类中心主义和工业文明问题的处理上谨慎得多,但它却激进地批判一切等级制,消解一切权威和组织,所以在它那里看不到推翻反生态反自由的资本主义,进而建设自由和谐生态社会的现实可能性。也正是在这个意义上,生态社会主义最有可能超越资本主义而实现生态文明社会,尤其是它对资本主义反生态维度的批判、对生态理性的彰显、对各种新社会运动的吸纳,以及依据生态学对传统马克思主义和苏联社会主义模式的反思,具有启发和借鉴价值。

英国著名政治哲学家、分析马克思主义的主要代表 G. 柯亨(Gerald Allan Cohen, 1941—2009)在政治哲学领域中所做的工作,如果用一个核心命题来概括的话,就是先后通过正义原则和以慷慨和互助为核心价值的共同体原则来论证一种理想的社会主义的可欲性,并进而探讨其可行性。在 G. 柯亨看来,马克思主义的政治理想与自由主义的政治理想有着一种深刻的差异,这种差异反映出马克思主义政治理想的激进性。尽管马克思主义的正义理论在相当程度上契合于自由主义左翼的正义理论,但前者并不囿于近代正义理论,而能诉诸共同体原则实现对近代正义理论之内在缺陷的克服和超越。中山大学林育川揭示了 G. 柯亨社会主义方案三个循序递进的层次,即自由主义公平正义原则与共同体精神的内在冲突;平等主义分配正义理论中共同体精神的回归;建基于共同体原则之上的理想社会主义对正义和平等原则的超越。作者指出,从批判 R. 诺齐克基于自我所有原则的自由主义右翼正义论,到揭示 J. 罗尔斯差别原则中的激励论证背离共同体精神,再到赞同运气均等主义的分配正义观,以及最终提出一种矫正平等主义正义论的共同体原则,G. 柯亨始终将共同体原则作为引领和矫正正义原则的思想资源。他认为,G. 柯亨的理论努力揭示出现代社会从非正义社会向正义社会、再向理想社会过渡历程中的价值进阶路径,他所倡导的社会主义社会不仅是一个正义的社会,更是一个共同体原则得以彰显的社会,这一社会主义方案对于当代中国有着价值维度的指引功能。

七、全球政党政治发生的变异及其遭遇的挑战

政党政治一直是西方国家政治体系的重要构件之一。去年以来,世界各地发生的诸多政治事件,反映出以政党为组织核心和运作载体的政治形态已遭受到前所未有的挑战。中联部柴尚金用大量的案例说明当前全球政党政治发生的变异,并分析和预测了今后的发展方向。他指出,近年来西方传统大党往往以意识形态划线,思想混乱、力量下滑,在以"左"和"右"为标识的政治光谱中打转,遭遇大面积的民意寒流;而由社会民间组织演变而成的新型政党和边缘政党迅速崛起,不同纲领主张的多党联合执政、新兴政党与老牌政党共存共治现象增多,政党形式更加扁平化、松散化,政党格局日益多元化、碎片化;民粹主义和极端政党推崇大众民主,认为平民运动天然合理,放纵其中的非理性抗争行为,鼓动以反体制和保护个人权益为主要诉求的"街头政治",关注诸如女权、环境保护、地方和公民权利、反全球化、反结盟等事务,从体制外闯入体制内,"黑天鹅"现象频现,打乱了传统政治钟摆频率;西方多党博弈与制衡,多以裹挟民意、绑架国家利益、加速国家政治极化和社会分裂为代价,政客的特立独行进一步加剧了朝野矛盾和政治极化,而一种网络式、扁平化、无中心的平等参与模式日益被要求取代代议制民主模式;以网络动员为主要聚合方式的"Web 2.0革命"也迅速蔓延,依靠社交媒体创建的网络党组织与传统实体党组织并行发展,甚至部分地改变了传统政党的政治功能,成为政党争夺政治话语权的主要工具;在一些发展中国家,极端民族主义和教派势力与恐怖主义相结合,不仅冲击了传统政党格局,加速传统政党政治碎片化,而且也影响到这些国家的政局走向,成为广大发展中国家和国际秩序的不稳定因素。作者认为,随着两极解体和国际格局的深刻变化,面对英国"脱欧"公投、难民、移民、恐怖主义威胁、经济复苏疲弱等问题,当今世界的左翼指导思想多元,缺乏一致行动的意识形态基础,难以形成能够吸引民众的左翼替代方

案。他强调,"解铃还须系铃人",西方民主"失灵"和"D.特朗普现象"的答案只能从西方多党民主怪圈中求解,如此种种的"二律背反"再次表明,西方代议制民主的弊端到了该清除的时候了。

苏联解体后,人们都很关注各加盟共和国共产党的现状。中国社会科学院刘淑春概述了那些在逆境中求生存、求发展的独联体各国共产党的组织演变、理论与实践的发展及其所面临的挑战。据作者提供的资料,苏共瓦解后,各加盟共和国共产党相继恢复重建,并成立了协调组织——"共产党联盟—苏共"。在此后的20多年中,各共产党都不同程度地遭遇外部打压、内部分化、自然减员和经费匮乏等多重压力,虽然各党的阵地仍在,但整体规模呈缩减态势。据粗略统计,目前有30多个以实现共产主义理想为目标的党,总人数有70多万。其中有20个以上为合法政党,有曾重返政权并执政两届的摩尔多瓦共和国共产党人党;有多年来始终稳居第二大党的俄罗斯联邦共产党;有曾是议会第一大党后被挤出议会外的吉尔吉斯共产党人党;有被当局禁止活动的乌克兰共产党;有占议会席位不多却对国家政策有重大影响的白俄罗斯共产党等。该文指出,这些年来各国共产党经历了身份的转换,从执政党变成在野党,面临着上层对共产主义力量的钳制和下层对社会主义重振的迷茫,苏共的历史包袱始终压在各党的身上,开明的执政者允许左翼组织在法律许可的框架内生存,但不能允许共产党发展成可挑战自己的政治力量。党内又形成了走议会道路的"体制内共产党"和主张暴力革命的"体制外共产党"两大派。前者由于理论和组织问题而出现分化,后者却各自为战、相互掣肘,从最初的思想分歧演变成分道扬镳。事实上,有半数以上的党选择了议会道路,然而却陷入了两难的困境:要么放弃党的性质而成为真正的体制内政党,使党成为现政权的附庸;要么坚持党的性质退出体制而成为反对党,这就意味着党在政治上被边缘化。作者认为,虽然各国共产党均经历了重建、崛起、挫折、调整几个阶段,但是勇于理论创新和策略调整的党,其影响力及其成就普遍大于固守传统的党。就整体而言,独联体地区共产党仍是一支有政治影响力的队伍,但在各国政治力量格局中处于弱势,短期内实现突围的可能性很小,这就需要坚守阵地、扩大影响、壮大队伍、等待时机。

再来看欧洲社会民主党的近况。我们得到的最新消息,今年3月社会党国际与4年前出走的"进步联盟"分别召开了代表大会,尤其是"进步联盟"这次"一大"完成了组织建构,正式宣布脱离社会党国际。这意味着,经过多年的酝酿,社会民主主义开启了向"进步的社会民主"的转型。社会民主主义转型的动机是什么?这次转型有何新的特征及其在新的历史条件下如何重新定义"社会民主"的价值?"进步联盟"和社会党国际在价值和实践层面存在何种间隙?上海社会科学院来庆立为读者解答了这些疑问。人们知道,社会党国际在W.勃兰特主政时期,曾推行"新东方政策",广泛吸纳非洲、西亚和拉美的一些政党加入,其中大多数实行威权统治和一党制,这就极大损害了社会党国际的立基之本。这些政党在2011年"阿拉伯之春"后,遭到了国际内部西欧社会党的猛烈批评,社会党国际也被认为已经违背了成立时的民主价值观。在内部革新受阻、替代性模式无法出笼的情况下,2013年5月以德国社会民主党和英国工党为主的社会党成员在柏林另立门户,成立了"进步联盟"(Progressive Alliance),从而引发了社会党国际的内部分裂,社会民主主义形成了两个具有不同价值观的组织实体。来庆立指出,"进步联盟"自脱离了"去民主化"、僵化的社会党国际后,重塑了平等(equality)、正义(justice)、团结(solidarity)和可持续(sustainability)的价值观,并构建了包括公平的全球化、可持续发展、经济转型、超越GDP衡量标准、提升生存质量、财富和收入的公平分配、重构欧盟等在内的替代性模式框架。针对新自由主义以消除不平等为诉求,针对保守主义以防御新权威主义为导向,试图通过"进步主义"再造"社会民主",强化自身左翼标签,用"民主反对资本主义",进而建构"民主社会",通过民主消除权力与市场结合侵蚀社会的现象,用"民主战胜资本主义"。可见,它们将"社会民主"和"民主社会"统一于"进步"的概念之中,使之走向"进步的社会民主",并追求民主进步基础上的经济、社会和生态进步。当然,"进步联盟"开启的回归或复兴社会民主主义转型,其发展前景还值得我们持续关注。

　　长期执政是现代政党政治中一种较为别样的现象,有其特殊的政治生态和运行规律。许多非洲左翼政党为了适应民族意识觉醒和"二战"后国际格局调整的趋势,纷纷在民族独立大潮中创建、成长并领导本国人民实现独立,在军人政权或一党制向多党制转型过程中,形成了左翼政党长期执政的政治格局。这是非洲多种因素共同作用的结果,但它们也面临持续发展的压力、政党格局的变动、系统腐败的延续、政治民主的滞后、西方民主的输入等所带来的挑战。浙江省委党校刘力锐和季盛清考察了非洲左翼政党长期执政的基本态势，分析了当前所面临的主要挑战，并探索了未来发展的路径选择。作者指出，长期执政具有"双刃剑"效应，它既为执政党积蓄了天然的非对称性优势，又给执政党带来沉重的系统性负面遗产。因此，如何在现代政治民主场域和语境下获得人民的认同，是它们面临的共同性问题。他们认为，非洲左翼政党要保持和强化长期执政地位，必须加强自身建设，以执政的有效性和合法性为核心，实现由特殊类型的威权主义政体向团结政党、廉洁政党、现代政党和开放政党的转型，使威权体制、动员体系被民主体系、法治体系和市场体系所取代，并构建起支持执政合法性的意识形态，从而继续成为引领非洲经济社会发展的领导核心。

一年一度的共产党和工人党国际会议，于2016年10月如期在越南首都河内召开，来自49个国家、57个党派的108位代表参加了会议。本次会议的主题是"资本主义危机和帝国主义进攻——共产党和工人党为争取和平、工人和人民的权利、社会主义而斗争的战略和策略"。参会代表从资本主义经济危机、帝国主义进攻、工人阶级的斗争、社会主义国家建设道路的探索、加强彼此团结合作以及纪念十月革命胜利100周年等方面，进行了充分的讨论和交流。河南理工大学李海玉报道和分析了第18次共产党和工人党国际会议的最新动向。作者指出，资本主义经济危机爆发以来，几乎每年的国际会议都把它作为主要议题进行多角度的讨论，时至今日，世界依然没有走出这一阴影，因此本次会议仍将对其产生的根源、当前的表现和影响作进一步的探讨。会议认为，面对世界上3 000万的挨饿人群、近2亿的失业工人、为寻找美好生活而背井离乡的大量移民，只能得出一个结论："共产主义左派价值观是永远值得追求的，并需要我们在全球范围内推翻资本主义制度，在所有国家建立起社会主义制度。"会议一致通过的文件，倡导在国际共产主义运动中加强合作，共同致力于宣传十月革命在人类历史上开辟新时代、新道路的意义；促进在反对各种资本主义思想和政治强制方面、在动员工人群众反对帝国主义以及为争取劳工、社会、工会权利和社会主义而进行的斗争方面加强交流；加强捍卫民主自由权利、抵制一切反共产主义的活动；扩大反帝阵线以加强和平斗争、反对帝国主义占领以及对别国内政的干涉，并就声援乌克兰共产党、结束叙利亚战争等问题发出了呼吁。本次会议虽然发挥了各国共产党和工人党交流平台的功能，体现了彼此尊重、求同存异的原则，但在现实斗争中如何从思想、政治、组织上加强团结合作，大会并没有提出可操作性的措施，这将使上述呼吁流于形式，在实际斗争中难以收到应有的效果。

八、解答社会主义思想史之问

（一）共产主义信仰如何从幻想到理想的科学转变

共产主义是一种源远流长的信仰，在马克思主义创立之前，它已经存在了数千年，马克思为这种信仰奠定了科学的理论基础，从而完成了共产主义信仰从幻想到科学的转变。中国人民大学刘建军考察了这种社会理想的历史性存在、所经历的历史形态以及直到现在的理想呈现。在他看来，共产主义理想作为原始人类的种族记忆和集体无意识，始终潜藏于文明人类的心灵深处，漫长的原始共产主义岁月在人类心灵上打上了不可磨灭的印记，成为人类对理想社会想象的最初原型；作为文明社会初期人们的历史回忆，被安放在原始社会末期的黄金年代，表现为对原始共产主义社会的回忆和思归情绪，从中吸取理想的灵感和安顿自己理想的家园；在人们对美好生活的期待成为泡影之后，作为幻化的理想追求，融入宗教天国的想象和描绘之中，把理想转到了天上一个与现实人间完全不同的神灵世界；在社会主流舞台被私有制文明占领后，共产主义作为社会想象和文学描绘的理想图景，被挤入文明社会的边缘地带；随着资本主义日益显露疯狂本性和内在弊端，社会内部出现了新的社会因素，标示出文明核心地带对理想的追求，于是又从文明边缘拉回到文明中心地带，由资本主义内部生发和升华出来；用社会形态的范式及其依次更替的逻辑来看待共产主义理想，是马克思、恩格斯不可磨灭的功绩，实现了信仰的科学化转向，被确定为资本主义之后革命的取向；作为人类社会终极性的理想境界，它被指向人类社会发展的遥远未来，并成为社会主义建设与发展的最终目标。作者认为，人们渴望的共产主义理想境地，既不在久远的过去，也不在文明的边缘，更不在缥缈的天国，而是人类历史发展序列中一个特定的历史形态。这对于今天科学理解共产主义理想的来源、性质，坚定共产主义理想信念具有十分重要的意义。

(二)赫尔岑的俄国社会主义思想是否起源于哈克斯特豪森的著作

赫尔岑(Alexander Herzen,1812—1870)是19世纪俄国进步思想界的著名领袖,他不仅吸取俄国西欧派与斯拉夫派的思想精华,创立了俄国社会主义理论,而且是俄国民粹主义思潮的奠基人。但赫尔岑的俄国社会主义思想起源于何处,一直是学界争议的一个问题。根据马克思、恩格斯的说法,赫尔岑是通过哈克斯特豪森的著作认识到俄国村社的特殊性,并创立其俄国社会主义理论,但自普列汉诺夫一直到当今的俄罗斯学者都反对这一说法,认为村社制度在1848年以后才进入赫尔岑的视野。暨南大学张静试图从赫尔岑与西欧派、斯拉夫派、哈克斯特豪森以及1848年欧洲革命的关系入手,探寻其思想发展历程,力求回答其俄国社会主义思想的起源问题。她指出,赫尔岑对俄国村社制度的了解其实是从他自己的家庭生活开始的,后来又通过流放生活进一步加深了对农村土地和村社制度的认识,并在吸收俄国18世纪思想家理论成果和斯拉夫派村社思想的基础上,以及阅读哈克斯特豪森著作的过程中,逐渐认识到俄国村社制度不同于西方的特殊性,最终提出了把西欧社会主义思想与俄国村社制度相结合的俄国社会主义理论。在她看来,赫尔岑的理论来源于三个方面:一是19世纪30年代对西欧社会主义思想的接受和信奉;二是19世纪40年代后期对俄国斯拉夫派村社思想的吸收;三是1848年欧洲革命失败,使他坚定了对俄国不同于西方社会主义道路的信心。其实他是一只融俄国西欧派和斯拉夫派为一体的双头鹰:在他身上既有十二月党人的革命精神,也有贵族知识分子的保守性;既有对西欧文明的认同,也有对俄国历史的推崇。如果说恰达耶夫的思想使俄国思想界分化出了斯拉夫派和西欧派,那么赫尔岑的思想则成为使西欧派和斯拉夫派结合的起点,并通过车尔尼雪夫斯基最终形成了一种新的社会思潮——俄国民粹主义。

(三)马克思为何直到去世也没有完成《资本论》这一巨著的整理和定稿

《资本论》是马克思毕生为之贡献的巨著,但严格来说它并不是一部业已完成的书稿,而是一个庞大的手稿群,直到去世马克思最终也没有完成这一著述的整理和定稿。这种情况该如何解释?北京大学聂锦芳认为,大量文献表明,1867—1883年马克思的工作和思想发展呈现出5条线索交错的复杂状态:(1)由于需要对第1卷多种版本的修订,第2、3卷断断续续的写作和新的文献的发掘和补充,以及鉴于19世纪70年代以后资本世界出现的新变化超出了第1卷中的某些判断和第2、3卷内容的原定设计而引发的思考,导致整理工作的停顿。(2)1867年后马克思很重要的一项活动是参与了西欧的工人运动,包括受托起草国际工人协会的文件、发表对"巴黎公社"事件的评论以及与德国社会民主党之间复杂关系的变迁。(3)在对现代社会错综复杂的结构和境况分析遇阻的情况下,马克思试图通过对资本主义史前史的溯源,尝试用欧洲历史上大量的人类学和历史学实证材料,探究各个国家在资本主义起源和演变过程中不同的"经济—政治—宗教"状况所导致的复杂性和多样性,寻求索解现代社会的形成过程、结构要素及其逻辑关系,从而促成对《资本论》哲学基础的反省、深化和重构。(4)马克思晚年还把视野扩展到西欧之外的东方,尤其是俄国这个庞大而又落后的东方帝国。为了回答"查苏利奇之问",他颇费踌躇,先后写了4个草稿,既论述了俄国农村公社的历史命运,也思考了俄国资本主义发展的未来前景,触及了社会发展中的"跨越"与"不可跨越"的难题。(5)马克思是一个异常清醒的思想家,当看到有人对自己学说的误读、偏差和曲解,频频发出"我只知道我自己不是'马克思主义者'"的沉郁慨叹,自觉地思考了其学说未来的命运,提醒后继者不能把自己的学说演变为"超历史"的"万能钥匙""当作标签贴到各种事物上去"、作为政治斗争的工具和垄断思想的解释权。作者指出,鉴于马克思晚年没有整理、出版《资本论》定稿而断言他最终放弃了这一著述写作的结论是站不住脚的,但可以认为,围绕《资本论》持续不断的努力以及较以往具有更为宽广的研究视野、清醒的自我反省和深入的现实考量,确实延缓了马克思写作的进程和成果的完整呈现。

(四)为什么说A.葛兰西思想遗产的精髓是"文化领导权"思想

被当今欧洲公认为20世纪最早社会主义思想家之一的A.葛兰西(Antonio Gramsci),在法西斯的监狱中与世长辞至今已经80年了,各国学界对其留下的那份弥足珍贵的文献作了认真的整理和解读。中国社会科学院潘西华聚焦了来自诸多方面的学术信息。国内学者对A.葛兰西思想的研究,既有宏观上对其思想发展脉络的梳理,也有微观层面分学科领域的具体考察。在哲学领域,主要就实践哲学的性质、与马克思主义哲学的关系、存在论基础、人类学主题、认识论及现实意义等方面展开研究;在政治学领域,主要就"完整的"国家学说、市民社会的文化转向、文化领导权思想、阵地战策略、总体革命观、知识分子、党的建设、社会治理等方面展开探讨;在文学领域,主要就大众文化观、语言学、美学等方面进行研讨。国外一些学者力求在后现代语境中来理解A.葛兰西,不仅有关于他的生平传记及其考证,更多的是将其思想与现时代的实际问题结合起来,分析当代社会的各种问题,在彰显其思想生命力的同时,力求从中寻找解决现实问题的方案。当然,作者认为在A.葛兰西思想研究中也存在一些问题:一是缺少用"总体性"视角进行整体研究,这极易造成对其本人及其思想的误读和误判;二是缺少"历史性",特别缺少从国际共运视角系统梳理他对意大利社会主义道路探索的"独创性"。作者指出,A.葛兰西思想遗产的精髓是"文化领导权"思想,其他思想围绕这一核心展开,"实践哲学"为其提供哲学基础,"市民社会"为其提供实施场所,阵地战为其提供革命策略,作为"现代君主"的群众性政党为其提供阶级主体,"有机的"知识分子为其提供实施主体,"有机的"民主集中制为其提供运行机制,"民族—人民"的文学为其在市民社会提供有效载体。这些思想相互交织,构成一个有机整体,需要深入地对其"未完成的"政治思索与实践进行解读和开拓。

(五)如何评判E.伯恩施坦与R.卢森堡就资本主义信用制度进行的一场争论

在思想史上,代表社会主义运动左右两翼的R.卢森堡(Rosa Luxemburg)和E.伯恩施坦(Eduard Bernstein)曾就资本主义信用制度进行过一场争论。在E.伯恩施坦看来,资本财富大幅度增长下的现代信用制度同生产技术一样,具有根本意义的经济因素,同时也是生产和交换社会化的前提,它让资本主义变得更具适应能力,因而不要期盼现存制度的即刻崩溃;R.卢森堡则认为,信用作为交换媒介促进了交换的进行,增加了生产力的膨胀能力,使生产的扩张不断超越市场界限,从而加剧了资本主义生产过剩和有限的消费能力之间的矛盾,加速了资本主义的崩溃。山东大学聂大富对这场争论进行了梳理和分析,并探究其背后隐含的方法和策略上的差异。作者指出,E.伯恩施坦与R.卢森堡关于资本主义信用制度的争论,是他们围绕资本主义发展趋势争论的一部分。从文献上看,E.伯恩施坦竭力引证马克思关于信用二重性的论述,将它看作"新生产方式的过渡形式",而R.卢森堡却只谈信用破坏的一面,不谈它的"生产和创造的能力",这在E.伯恩施坦看来是"断章取义"。R.卢森堡对之进行了反驳:一是E.伯恩施坦所谓的信用"积极的、超越资本主义范围的特性"能否在资本主义经济中实现;二是信用能否如他设想的那样克服资本主义的无政府状态。在她看来,抛弃资本主义崩溃论这一科学社会主义的基石,逻辑上必然导致他的全部社会主义观点趋于崩溃。作者认为,争论表明了双方在方法和社会主义策略上的社会改良与社会革命之分歧。历史发展表明,在肯定信用对资本主义有限作用的同时,也应关注它给资本主义带来的新变化和新特点。在信用制度基础上成长起来的金融资本,加速了资本主义生产集中的趋势,使资本主义进入垄断的帝国主义阶段。不能像E.伯恩施坦那样,看到马克思主义理论与现实经验有不符的地方,就鲁莽地去否定它的根本方法;也不能像R.卢森堡那样,仅从马克思主义理论的一些抽象原理出发而不去关注新的发展。短视的经验主义和僵化的教条主义都无助于把握现实,在观察资本主义发展趋势时,应更多关注其复杂性和多变性,慎言"适应"或"崩溃"。

（六）第二国际左中右三派在总罢工问题上的分歧点在哪里

19世纪末,工人运动借助于议会选举的合法斗争方式不断聚集自己的政治力量,但是议会斗争的"合法性"既不完全,也绝不是工人阶级获取政治权力的捷径,于是罢工成为争夺工人运动话语权和革命策略的重要组成部分。俄国1905年革命之后,罢工的支持者、怀疑者、反对者展开了激烈的辩论,触发了第二国际理论家们深入考察俄国的罢工经验,并激化了对俄国革命普适性的论争。南京市委党校孟飞和南京大学姚顺良就第二国际左中右三派在总罢工问题上的有关历史文献作了梳理和分析。他们指出,当时左中右三派从各自的政治目的出发,在罢工性质、策略和功能上产生了意见分歧:激进的革命工团主义和无政府主义者高扬罢工的革命性,反对长期、艰苦、日常的议会政治过程,认为罢工作为政治行动理应通过一次性的总动员和总体斗争完成社会革命;保守的社会民主党理解的罢工是一种经济行为而非政治行为,总罢工的危险在于它极有可能破坏生产力和社会稳定的基础,这就促使他们远离总罢工的幻想;中派力量以奥地利马克思主义为代表,认为议会制被证明不仅是政治社会化的可行手段,也是社会主义政治模型的主要构件,而罢工承担的政治功能是保全工人阶级在议会斗争中不受威胁,要把总罢工当作一种防御性手段融合进议会政治。在他们看来,奥地利社会民主党作为一个思想流派和实践整体的瓦解,其历史流变和最终衰亡给予全球社会主义运动带来重要警示,即"第三条道路"的概念和走"中间道路"的尝试是根本行不通的。

（七）普列汉诺夫晚年为何从"俄国马克思主义之父"变成了"机会主义者"

"俄国马克思主义之父"普列汉诺夫（Георгий Валентинович Плеханов）素以学识渊博和著作等身而闻名于世，被列宁称为"教育了整整一代马克思主义者"的理论家，在马克思主义发展史上也算得上是一位承上启下的重要人物。在过去的一个世纪中，国内外学术界对他的评价颇有争议，这根植于他跌宕起伏的人生经历以及其对俄国发展道路的独特判断。中国社会科学院邓超试图回答这样一位功绩卓著的理论权威为什么到了晚年却变成了"机会主义者"？作者指出，在俄国革命的一系列问题上，普列汉诺夫与列宁始终存在着原则分歧。譬如，"一战"爆发后，列宁认为帝国主义是垄断的、腐朽的、垂死的资本主义，是无产阶级革命的前夜。普列汉诺夫则认为资本主义在欧洲尤其俄国仍有巨大的发展空间，帝国主义战争只是工业资本在高度发展时期对农业区域进行征服的扩张政策，同时他还将战争区分为民族防御战和民族征服战，认为俄国无产阶级应该与统治阶级一起共同反对侵略者，坚持他的护国立场；而列宁指责他犯了社会沙文主义错误。二月革命后，列宁提出了著名的"四月提纲"，主张在俄国国内变帝国主义战争为国内战争，并实行社会主义革命。普列汉诺夫则认为俄国当时的经济和文化相当落后，资本主义发展还很不足，远没有达到进行社会主义革命的条件，强行推进只会给俄国带来灾祸，并斥责列宁的主张为"梦话"。作者强调，理解20世纪复杂的普列之争，进而理解这场争论的意义，需要到历史的深处去寻找答案，并从分清历史趋势和局部策略的角度，对历史人物作出相对公允的评判。他指出，普列汉诺夫的过人之处在于，他较早地看清了这个逻辑，然而却在嗷嗷待哺的人民面前，将胜利推迟到遥远的未来；列宁的超凡之处在于，他敏锐地观察到电光火石的革命时机，毫不迟疑地紧紧抓住了那"震撼世界的十天"。布尔什维克的历史时刻已然到来，而普列汉诺夫却固执地给人民大讲"最简单的道理"。今天看来，列宁晚年冷静地思考了这位论敌的批评，并承认昔日老师的合理之处，普列汉诺夫似乎在一定程度上赢得了"胜利"。然而，如若他活着看到这一切，这个"胜利"却会如同昔日的失败一样令他痛苦，因为他一定不愿意看到祖国的发展被自己不幸言中，更不愿看到毕生为之奋斗的事业遭到重挫。

（八）思想史上如何记载列宁关于通过罢免来实现政权更替的重要思想

在列宁和斯大林有关十月革命的阐释中，曾多次使用переворот一词，直译是"政变"。换句话说,十月革命是武装政变加国内战争完成的一场革命。由此,以后共产国际各党都把武装斗争看作通向政权之路的唯一选择,而忽视了列宁在夺得政权之后,提出通过选举、通过罢免来实现政权更替的重要思想。中央编译局郑异凡考察了列宁关于罢免权的思想,并回答了能否通过罢免来实现政权转移的问题。他指出,布尔什维克掌权后不久,列宁在全俄中央执行委员会会议上专门就罢免权作过一个报告,提出罢免权对实施民主制具有的重要意义,以后他又多次强调"应当享有罢免权。那时政权从一个政党转到另一个政党手里,只要通过和平的方法,简单改选的办法就行了"。可见,罢免权和随时撤换权本来就是广大人民群众对官员实施监督的有效手段。可惜的是,苏联存在的70多年里并没有实施过罢免权,他们那里既没有真正的选举权,更没有什么罢免权。斯大林去世后,赫鲁晓夫利用大家对贝利亚的畏惧心理策动了一场政变,搞掉了贝利亚;而赫鲁晓夫也因其取消官员特权、废除官员终身制等措施侵犯了权贵阶层的利益,而权贵们无法通过合法程序解除赫鲁晓夫的职务,只好趁他不在莫斯科的机会发动宫廷政变;戈尔巴乔夫搞改革,触动了更多在册权贵的利益,于是高层就像当年勃列日涅夫一样,发动了"8·19"政变。这是高度集权的政权唯一能够搞掉竞争对手的办法。作者认为,罢免权是完善选举制度中的题中应有之义,也是巴黎公社的原则之一。如果苏联人民能够享有和行使罢免权,那么完全可以用合法手段让那些不称职的领导下台,这也许能让苏联逃脱覆灭之灾!

(九)20世纪40年代英国工党理论家H.拉斯基提出了怎样的解决时代难题的调和方案

时代观是关于时代划分标准、基本性质、核心问题、主要特征、根本矛盾和发展趋势的总体认识,是制定战略和政策的前提。20世纪40年代,英国工党理论家H.拉斯基(Harold Joseph Laski,1893—1950)分析了国内外的新形势、资本主义的新变化和社会主义的新发展,推出了解决时代难题的方案,从而为"二战"后英国工党政府改革和欧洲民主社会主义兴起提供了思想来源。中国政法大学吴韵曦对H.拉斯基推出的"同意的革命"和"世界联邦"作了重点介绍和考察。在他看来,两次世界大战标志着宗教改革以来的时代告一段落,其重要意义不亚于罗马帝国崩溃、宗教改革、法国大革命等重大历史阶段。H.拉斯基虽然看到了资本主义向社会主义过渡的时代趋势,把时代主题概括为"变革",把时代特征形容为"恐惧"和"不安",可是他未能运用历史、经济和阶级分析的方法,进一步剖析时代的根本性质及其发展动力,反而认为即使法国大革命和十月革命的成功,暴力也会终止"民主的程序",进入"残酷的时代"。一旦暴力革命失败,人们将被带入"可怕的丛林","自由和民主暂时告终",权力的欲望将牺牲人的尊严。因而与列宁的逻辑不同,H.拉斯基没有得出革命的结论,而是提出了"同意的革命"和"计划化民主"的解决方案,试图在资本主义框架内实现经济民主和社会民主。在他看来,社会变革应调和革命和改良,推行以阶级同意为基础,以和平协商为特征的"同意的革命"(revolution by consent),在此基础上建立的"计划化民主"(planned democracy),能够提供现有制度所没有的"机会、权力和稳定",因而是"最罕见的历史现象"和最佳的选择;再把合作理念推广到国际关系中,便要充当为共同冒险找到共同规则的中介和桥梁,从而建立调和东西方的"世界联邦"。作者认为,H.拉斯基的时代观折射出英国乃至世界的变化,对于理解民主社会主义时代观的历史演变具有较大价值,有助于拓展和深化对时代问题的研究。

(十)基于对"二战"后英国"丰裕社会"的观察和思考,英国工党理论家A.克罗斯兰描述了"后资本主义"哪些特征

英国工党另一位理论家A.克罗斯兰(Anthony Crosland)基于对"二战"后英国"丰裕社会"的观察和思考,认为英国已进入"后资本主义"社会,马克思主义已无法解释英国社会的新变化,因而关于资本主义的传统判断应受到质疑与修正。山东大学钟丽丽和蒋锐对其"后资本主义"论作了详细考察,并给予了客观的评价。在A.克罗斯兰看来,"后资本主义"具有八大特征,即个人财产权不再是经济和社会权力的重要基础;财产所有者的大部分权力已转移到经理阶层手中;国家权力实现了对经济生活的干预;社会服务水平的提高并建成了福利国家;大规模周期性失业大军的消失;国民生产和生活水平明显提高;中产阶级的崛起致使社会阶级结构更加多样化;意识形态不再强调财产权、个人动机、竞争和利润,转而强调国家责任、社会经济安全以及合作等。他认为,在实行了管理革命和混合经济的英国社会,生产资料所有制被股权所淡化,资产所有者将不再对企业决策享有绝对权力,大部分经济权力转移到了职业经理人手中,这意味着有产阶级已"不再享有传统的资本能力"。他

们指出，A.克罗斯兰的"后资本主义"论、关于国有化性质的描述以及在此基础上提出的福利和平等的社会主义目标，深刻地影响着20世纪中期英国工党的意识形态转型及其经济社会政策。然而，他所谓的英国社会已克服传统资本主义的弊端和固有矛盾，使经济在不改变社会性质的条件下实现持续增长、财富公平分配和充分就业，最终实现社会平等这一社会主义最终目标，这在理论上是站不住脚的。他在"修正"马克思主义基础上所形成的社会主义观，也只是淡化了传统社会主义的一些色彩，并没有建立起新的理论框架。事实上，英国经济的增长并不会自动带来公平分配和高福利，再加上工党在竞选中的连续失利，使他"修正"的社会主义理论在党内逐渐边缘化。

（十一）三次"去斯大林化"浪潮为何加剧了俄罗斯社会意识形态的分裂

来自西方的De-Stalinization一词即"去斯大林化"，又称"非斯大林化"，最早出现在西方20世纪60年代的文学作品中，然而现实的运动却在此前已经启动。历史上曾出现过三次"去斯大林化"的浪潮：第一次始见于赫鲁晓夫在苏共"二十大"上所作的反对斯大林的秘密报告，以及苏共"二十二大"决定把斯大林的遗体迁出红场，这就为公众对斯大林态度的分裂埋下了种子；第二次浪潮出现在戈尔巴乔夫宣扬公开性和自由化政策的改革时期，堆积如山的反斯大林文学作品逐步转变为对整个苏联时期的完全否定，起先用列宁的权威打击斯大林，然后用普列汉诺夫和社会民主主义打击列宁，再用人道的社会主义从根本上打击主张暴力的十月革命；第三次浪潮从2008年梅德韦杰夫就任总统后宣布实现俄罗斯社会现代化开始，当时启动了一项出版100册有关斯大林主义历史的书籍，试图通过克服苏联的意识形态和政治遗产，在俄罗斯建立起现代文明的社会意识，具有明显的系统怀疑苏联历史的倾向，从而对历史记忆甚至对国家体制的认同带来灾难性的后果。俄罗斯科学院弗·舍甫琴科（В. Шевченко）和北京体育大学李红霞对以上三次浪潮的来龙去脉作了详细的介绍，并试图就这一历史现象及其背后的深层原因作出分析和解读。他们认为，三次"去斯大林化"浪潮是加剧社会意识形态分裂的一个重要因素，而且偏离了反思斯大林历史作用的进程，走向了负面评价的极端。在21世纪的今天，不该留下过多对斯大林的诅咒或者重回斯大林时代的狂热，而要学会辩证地看待历史人物，在俄罗斯历史逻辑框架下尊重过去的每一页记录。

(十二)英国新左翼两代学人如何就历史主义还是结构主义的研究方法进行交锋的

1956年发生了两大事件,一是苏联镇压匈牙利革命,二是英法入侵苏伊士运河,它们打破了社会主义的某种纯洁性,也意味着帝国主义并没有因在几个前殖民地降下国旗而宣告终结,加上赫鲁晓夫在苏共"二十大"所作的秘密报告,更促成了英国新左翼的形成。以E.汤普森(Edward Thompson)为代表的第一代新左翼与以P.安德森(Perry Anderson)为代表的第二代新左翼在个人经历、学术旨趣和政治立场上存在着许多差异和分歧,这就为以后的争论埋下了伏笔。作为史学家的E.汤普森,采取了一种历史主义的研究方法,强调经验事实、主体意识和个体特征,不太重视理论、模式和整体结构。在他看来,结构主义是历史探究的障碍,而且始终对理论体系持怀疑和排斥态度。P.安德森则相反,更强调结构、模式和共时性等因素,但忽略了个体和特殊性。这种方法论上的显著差异,使他们对一系列问题的看法出现分歧和冲突。重庆师范大学刘耀辉在介绍两代学人解读英国历史过程中不同的研究方式及其基本观点时指出,两派之争不仅是学术争鸣,也是英国马克思主义内部两条理论路线与政治实践的探索。E.汤普森立足英国,强调英国的经验和激进传统,重视人的意志和能动性,注重分析工人阶级的文化和意识,却忽略资本主义的结构性障碍;P.安德森关注欧陆马克思主义,主张对英国社会和历史进行一种结构性的分析,强调英国社会结构的稳定性、统治阶级的霸权以及意识在社会主义转变过程中的作用。他们就英国历史发展、工人阶级革命意识、社会主义策略以及英国马克思主义传统等方面展开了长达20余年的争论,丰富了英国马克思主义理论,也为欧洲左翼留下了诸多思想文化资源。尤其是重新开启的马克思主义关于人道主义的讨论,为社会主义研究拓展出一个新的空间,同时他们也强调历史上激进传统的复兴,这对于改变潜在的社会主义改良意识具有重要作用。

九、中国特色社会主义进入了新时代

社会主义发展到今天,可以说它一直是一个困扰中外学术界的"司芬克斯之谜"。现实社会主义国家在特定的历史条件下,成功地跨越了资本主义制度的"卡夫丁峡谷",之后却很少有人去探究跨越后的社会形态的质的规定性,这个初级阶段到底是一种怎样的社会经济形态,是一种什么"特色"的社会主义。上海社会科学院徐觉哉从学术史的角度,强调了后发国家建设社会主义必须重视的资本问题。他认为,要明确中国特色社会主义的历史方位,必须把它提到人类社会发展规律上去加以把握,即把社会形态的发展理解为一种自然史的过程。只要资本的运动尚未完成它的历史普遍性,那么还必须在新的历史条件下继续完成发展和占有资本文明这一前提性历史任务。这就需要经历一个"市场社会主义"时期,在社会主义制度下进行资本的运动和资本的积累,完成工业化、商品化、社会化和现代化的痛苦历程,为社会主义奠定坚实的物质基础。这一理论继承和发展了列宁的新经济政策开始的社会主义如何占有资本文明的探索,回归和丰富了马克思以资本的力量推动文明进程的理论。按照这一逻辑,社会主义国家的改革开放,就要在继续保持社会主义作为资本主义边界的同时,消除社会主义作为资本的边界,从而做出引进和发展资本文明的战略选择。作者指出,在当前阶段,姓"公"还是姓"私"、姓"社"还是姓"资",都不会以纯粹的形式表现出来,因此我们在讨论关于劳动、市场、资本、剥削、阶级等问题时,都不能视作抽象的"社会主义"的一般性问题,而是"走上非资本主义发展道路的后发国家在其初级阶段"的特殊性问题,是跨越后的社会形态在自然历史进程中的"返祖现象",是资本追求其本身普遍性的必然反映。有人用资本运作过程中出现的一系列反面现象,例如剥削问题、两极分化等问题来否定社会主义的改革,否定社会主义制度的实质,这是错误的。

在西方学界看来,中国是一个列宁主义的政党—国家体制、一个僵化的专制系统,在市场经济、多元化的社会结构、全球化等新环境下,这样的系统必然难以运转,面临解体。然而,20世纪90年代以来,中国保持了持续的经济增长和政治社会的稳定,"中国崛起""中国模式"成为世界性的焦点话题,于是"自我调适"逐步成为主流范式进入新的解释框架。中央党校唐爱军重点考察了我党如何借助于调适性分析框架,对市场经济、民主政治和风险社会挑战进行自我调适的。他指出,改革开放的新实践在本质上是与"革命型意识形态""超越性理想主义"相矛盾的,面对意识形态与现实之间的"二元悖论",我党没有追求意识形态的"纯洁性",而是基于改革开放和市场经济等"世俗化实践"对意识形态做出调适,来摆脱由"消灭私有制""消灭剥削者"等思想元素构成的传统话语束缚,从而论证私营企业主进入政治程序的合理性和合法性,有效地应对了利益多元化的挑战;在自主性社会不断成长、民众诉求不断增强的背景下,主流意识形态通过民主与法治的框架理解人民民主专政,将专政融化于民主的制度化与法律化之中,并在人民整体上当家作主前提下,强调个体的自由与独立、公民权利,突出法制在处理社会利益纠纷、化解社会矛盾、维护社会秩序等方面的建构功能,并强调"党的领导""人民民主""依法治国"三者的有机统一;在社会分化、贫富差距日益严重的情况下,抵制意识形态的过度世俗化、功利化,对以往的"发展主义""效率优先,兼顾公平""现代性话语"进行必要的调整,强化了"以人为本""科学发展观""公平正义"等针对社会挑战进行自我修正的价值维度;在社会矛盾逐步上升的转型期,通过"和谐社会论""核心价值体系论""民族复兴论"等理论创新,实现对社会冲突的有效解释,建构广泛的共识系统,发挥意识形态的整合功能。唐爱军认为,中共作出的这一系列意识形态上的自我调适,保证了主流意识形态的有效性,为党的执政建构起新的合法性体系。

党的十八大以来,以习近平同志为核心的党中央始终坚持和发展中国特色社会主义,为实现中华民族伟大复兴的中国梦,锐意进取、励精图治,形成了一系列治国理政新理念新思想新战略,开创了中国特色社会主义伟大事业的全新局面。南京大学尚庆飞阐明了治国理政科学体系形成的条件及其过程,并将其概括为"新的历史特点论"。他认为,正如毛泽东思想的诞生离不开"新民主主义革命论",邓小平理论的提出需要依托"社会主义初级阶段论"一样,治国理政科学体系的历史基座便是"新的历史特点论"。随着改革开放30多年来世情、国情、党情发生的深刻变化,治国理政实践面临着应对重大挑战、抵御重大风险、克服重大阻力、解决重大矛盾的考验。所谓"新",主要体现在推动全球治理破解发展困境亟须新理念;经济发展步入新常态提出新考验;全面建成小康社会攻坚阶段形成新挑战;推进党的建设"伟大工程"提出新要求。正是在回应实践提出的挑战中,逐步形成了具有内在完整逻辑结构和内涵丰富的科学体系,构成了当前治国理政实践赖以科学推进的历史基座,这里的关键就在于科学地回答了治国理政实践的历史方位与时代特征。作者指出,以中国特色社会主义道路为代表的中国现代性方案,与中国特色社会主义制度一道,共同构成了人类探索现代性与理想社会制度的重要组成部分,提供了一种多元可能的发展空间,并上升到从整体性高度通盘考虑战略布局,以总体性思维为指导统筹谋划中国特色社会主义事业的全局。可以说,这是在新的时代条件下,对"社会主义初级阶段论"的重大继承、创新与发展。

进入21世纪后,中国与世界的关系发生了根本性变化。今天的中国,前所未有地走到了世界舞台的中心,前所未有地接近了实现中华民族伟大复兴的目标,前所未有地具有实现这个目标的能力和信心。在这样的大背景下,坚持和发展中国特色社会主义,必须具有世界眼光,培育世界胸怀,作出世界贡献。中国社会科学院姜辉从中国特色社会主义开辟了科学社会主义在21世纪新发展的高度现实性和可行性的正确道路、创造性回答了"如何治理社会主义社会"的历史课题、为人类发展开辟了一条现代化新路、为人类社会发展提供了中国方案4个方面,阐述了中国特色社会主义的世界意义。他指出,人类发展迫切需要呼唤一条不同于西方现代化的新道路,而中国共产党立足国情和历史传统,汲取各国的经验,借鉴但不照搬,开辟了一条以民族复兴为目标的社会主义现代化道路。当代中国的伟大社会变革,不是简单延续我国历史文化的母版,不是简单套用马克思主义经典作家设想的模板,不是其他国家社会主义实践的再版,也不是国外现代化发展的翻版,而是符合中国当今实际的最鲜活的独创版和现实版,必将为人类对更好社会制度的探索提供中国方案。

十、社会主义传播史上留下的印迹

T.莫尔的《乌托邦》一书是近代空想社会主义思想的开山之作,对中国的学界产生过很大的影响。除了早期在书刊中介绍过T.莫尔及其《乌托邦》的片断外,还推出过20个中译本,在我国社会主义思想传播史上留下了不可磨灭的一笔。中国人民大学高放对《乌托邦》在中国的百年传播作了学术考察,对该书的翻译和出版作了全面的述评。据作者考证,"乌托邦"一词最早出现在1898年严复翻译的《天演论》中,而首次对《乌托邦》作简要介绍的要数1903年作新社编译出版的《最新经济学》,同年《译书汇编》还简要介绍了T.莫尔的生平,并把书名译为《华严界》;1920年上海商务印书馆出版的《综合研究各国社会思潮》最初肯定了《乌托邦》是近代欧洲社会主义思潮的起源；次年，《解放与改造》发表的《社会改造家传略》一文，是中国人写的第一篇专门介绍T.莫尔的文章，《改造》还最早刊出《乌托邦》的中文节译本；吴黎平著的《社会主义史》，是第一本用马克思主义观点评说《乌托邦》的论著；1933年在上海黎明书局出版的《社会主义思想史》中，第一次出现了T.莫尔的图像；《乌托邦》首部中文全译本是1935年商务印书馆作为"万有文库"出版的刘麟生译本，而1956年三联书店出版的戴镏龄译本可说是我国印数最多、影响最大的中译本，对传播社会主义理想起了重要的作用。译者认为，鉴于Utopia第一个字母的英文发音是ju（优）而不是u（乌）；"乌托邦"（utopia）一词是依据两个希腊文字根连接而成，它们具有相互矛盾的双重含义，即"优美之邦"（eu-topia）和"乌有之邦"（ou-topia），而它吸引人们的不在于它的"乌有"，而在于它的"优美"；Utopia一词意为不可能实现的理想的社会制度和政治制度，内含不可能实现的空想（dream, tantsy）或理想（ideal），显然空想是贬义，理想是褒义。由此，译者期待以后出版的《乌托邦》新译本理应改名为《优托邦》。他指出，马克思恩格斯批判了"乌托邦"，继承了"优托邦"，才把社会主义发展为"科托邦"（scien-topia=science+utopia）。因此，从批判的角度把乌托邦社会主义译为空想社会主义是合适的，但是从继承的角度把它译为理想社会主义也是恰当的，而且更为精准。

《资本论》是马克思倾其毕生精力完成的巨著，被誉为"工人阶级的圣经"。这部伟大的著作传入中国经历了漫长的岁月，它的翻译与传播充满了艰难险阻甚至带着不少传奇色彩。今年是《资本论》问世150周年，回顾这一巨著从1899年4月《万国公报》首次提到"德国之马克偲，主于资本也"开始，在中国的翻译和传播也有100多年的历程了。最近，中央编译局徐洋、林芳芳发文，系统梳理了《资本论》在中国的翻译与出版、研究与教学、宣传与运用的概貌，总结了百年传播史的特点和经验。根据作者的考证，在《资本论》中译本出版前，这本书的书名及其基本思想已经通过《马克思经济学说》《马克思资本论入门》等通俗读物传播进来了；至于该书最早的部分中译文字，应是1920年上海出版的《国民》月刊第2卷第3号上刊载的一篇署名"费觉天"译的《马克思底资本论自叙》；10年以后，上海昆仑书店出版了陈启修（即陈豹隐）翻译的第1卷第1分册，这是我国出版的最早的《资本论》中译本，以后又有潘冬舟对第1卷补缺的版本问世；1936年欧美同学会的侯外庐和王思华合作翻译了第1卷的首个中文全译本，后用"玉枢、右铭"笔名在世界名著译社出版；直到两年后，郭大力和王亚南才最后完成了《资本论》3卷第一个中文全译本，由上海读书生活出版社公开发行；以后，郭大力又根据K.考茨基编辑的《剩余价值学说史》，继续翻译了《资本论》第4卷，交上海三联书店和长春新中国书局同时出版。至此，马克思这部科学巨著在我国全部翻译出齐。作者指出，随着改革开放的推进，《资本论》所揭示的范畴和规律很适用于市场经济的情况，在世界观和方法论、社会生产与再生产以及经济发展的规律、商品生产和市场经济的一般规律等方面，为社会主义市场经济建设提供了宝贵的思想资源和学理支撑，从而引导人们不断续写《资本论》传播史的新篇章。

在中国早期马克思主义传播史上，中国近代资产阶级革命家、思想家朱执信占有重要的地位，这不仅在于他发表过《德意志社会革命家小传》《社会主义大家马儿克之学说》等社会主义早期译文，毛泽东评价他是"马克思主义在中国传播的拓荒者"，更在于他选择从中国实际出发，走社会主义道路来完成近代中国社会的改造。上海交通大学何伟楠专门撰文介绍了朱执信借助于社会主义学说论证三民主义、在三民主义中糅入无政府主义、糅合社会主义学说提出新的改造方案等思想转变过程。他指出，学界从朱执信为民生主义寻找理论依据的译介目的出发，强调其孙中山信徒的身份以及囿于三民主义的局限性。然而，这就存在以下两个矛盾：一是辛亥革命前朱执信与孙中山一致主张实行国家社会主义的民生主义，而"五四"时期却赞成与国家社会主义所对立的无政府主义；二是1920年朱执信牺牲前提出的具有思想总结性质的社会改造方案"寓兵于工"，主张仿照苏俄赤卫军建立"理想军队"和"理想地区"，其中并不包括三民主义的内容，而是具有鲜明的社会主义性质。事实上，朱执信的思想是随着他对近代中国社会道路的探索而不断变化发展的，并且呈现出从信仰三民主义到无政府主义，再到倾向于社会主义转变的特点。何伟楠认为，朱执信的这种选择是他从信仰三民主义，到受无政府主义的影响，再到糅合各种社会主义学说的探索实践中逐步确定的。以效仿西方资本主义制度为主体的三民主义在推翻封建君主专制方面曾发挥过积极作用，但很快在反抗专制统治失利以及无力消除资本主义弊病的历程中日渐黯然；与此同时，十月革命开辟的社会主义制度优势不断凸显，使朱执信从三民主义逐渐转向社会主义。这种选择顺应了历史潮流,朱执信也以其独特的探索过程展现了中国走社会主义道路的历史必然性。

列宁主义在中国的早期传播,是马克思主义传播史上一个重要的板块,它给历史留下了诸多的"第一":1917年5月19日上海《民国日报》在《最近俄国内部纷扰之传闻》中,最早报道了"烈银"(即列宁)的消息;俄国十月革命爆发后的第三天,上海《民国日报》《中华新报》《时报》等首次作了报道,"里林""李宁""雷林""黎雷氏"等名字在境内报刊频繁出现;同年11月16日《盛京时报》东京专电,第一次出现"列宁"的译名;1918年3月,《东方杂志》第15卷第3号首次刊载《述俄国过激派领袖李宁》,介绍列宁的生平事业;1918年,李大钊第一次在报刊上公开发表热情赞美十月革命的《法俄革命之比较观》和《庶民的胜利》;1919年9月,《解放与改造》创刊号发表第一篇列宁中译文《鲍尔雪佛克之排斥与要求》;1920年底,《晨报》特派记者瞿秋白首次到苏俄对列宁进行采访和报道;等等。湖北工业大学曾银慧和孙厚权追溯了列宁主义在中国早期传播经历的自发传播(十月革命—1920年9月)、有组织传播(1920年9月—1923年6月)、与中国革命相结合(1923年6月—1927年)三个阶段,内容涉及民族与殖民地问题理论、帝国主义理论和新经济政策等。他们指出,中共一大后,《先驱》创刊号发表了《第三国际对民族问题和殖民地问题所采的原则》,首次传播了列宁的民族与殖民地问题理论,中共二大受此影响,认识到近代中国是半殖民地半封建社会,提出了中国革命分两步走的战略即最低纲领和最高纲领,制定了与国民党建立统一战线的策略。中共能在短暂的一年之内实现革命战略的历史性跨越,这与列宁主义的指导有直接的关系。他们认为,列宁主义的传入启蒙了中共对国情和革命的认知,初步探索到中国特殊的社会发展规律,制定了适合中国国情的战略和战术,成了毛泽东思想萌芽的直接理论来源,列宁主义中国化也逐渐成为早期中国共产党人的旗帜。

在以后的革命历程中,中共高度重视对十月革命的纪念,采取了多种形式开展各类活动,因而对中国社会产生了巨大的影响。上海政法学院张远新和吴素霞结合历史背景,梳理了中共纪念十月革命的缘由、纪念活动的历史脉络及其主要形式、纪念活动的社会功能。他们认为,这些纪念活动可分为三个阶段,即二十世纪二三十年代初的早期兴起阶段、20世纪40年代后走向中期的常态化阶段以及20世纪60年代走向末期的式微阶段。在这期间,中共主要通过发布纪念公告或宣言、举行纪念大会或晚会、刊发纪念文章或社论、向苏共领导人致贺电及出席苏方庆典或宴会等形式,表达对十月革命的敬意以及对十月革命精神和原则的坚持。从总体上看,第一阶段开展的频次不高、范围较小、组织力度较弱、影响程度不大;第二阶段由于中苏两党、两国关系较为正常甚至一度十分密切,同时中国革命和建设也需要借纪念来组织动员,并寻求苏联的支持,因而显得主动积极;第三阶段由于苏共以"老子党"自居,推行大国沙文主义,中共与苏共在国际共运一系列问题上产生分歧,两党两国关系急剧恶化,因而较少举行大型的十月革命纪念活动。中共借助于十月革命纪念活动,阐释十月革命的伟大意义及其对中国革命和建设的重要启示,探索中国革命的相关问题,进行最广泛的政治动员,协调中共与共产国际、苏联共产党的关系,充分彰显和释放了十月革命纪念活动的社会功能。

十一、解密的文献档案还原历史真相

(一)马克思与"英国社会主义之父"H.海德门绝交原因探析

H.海德门(Henry Mayers Hyndman)是英国第一个公开宣传马克思主义的社会主义者。作为英国社会民主联盟的创始人,他是英国工人运动著名的理论家和活动家,同时又是一个备受争议的人物,有人尊称其为"英国社会主义之父",也有人批判他是英国社会主义发展道路上的"绊脚石"。H.海德门曾亲自上门拜访马克思,也曾多次邀请马克思及其女儿到家里做客,并与马克思保持着频繁的书信往来,然而最终他并没有获得马克思的认可。临沂大学刘慧和中央编译局王学东对马克思与H.海德门绝交的原因作了考察。在他们看来,H.海德门和马克思的关系经历了从相识、相知到破裂的复杂过程。他们之间最早的书信往来时间为1880年2月25日,主要讨论英国的革命问题,频繁的交往和沟通使得H.海德门对马克思愈发敬佩,但马克思对他的印象并不好,把他描述成一个"自满而且喋喋不休"的人。在次年的民主联盟成立大会上,H.海德门曾给与会者分发自己写的小册子《大家的英国》,书中个别章节直接引用了《资本论》的内容,但是并没有提马克思的名字,只是在前言中简单地提及书中第2、3章的内容来自"一位伟大的思想家和卓有创见的作家的著作"。这件事让马克思很恼火。事后，H.海德门曾解释说，许多英国人"对社会主义和这个字眼感到恐惧"，并且"害怕外国人教训他们"，所以才没在书中提马克思的名字。7月2日，马克思给H.海德门写了一封"非常尖刻"的复信，这可能被认为是他们关系彻底破裂的绝交信。刘慧、王学东认为，根据两人的通信和相关文献资料，不难看出H.海德门与马克思关系破裂的真正原因：一是政治观点的差异，H.海德门并不认同马克思关于暴力革命和无产阶级专政的理论，反而更认同F.拉萨尔关于通过和平合法的议会斗争和宪政改革争得普选权的说教；二是H.海德门固执己见、骄傲自大的处世风格与马克思缜密、沉稳的性格差异导致了两人之间的分手。

（二）还原列宁、布哈林共产革命思想的列宁批注本《过渡时期经济学》最新出版

1920年，布哈林完成了自己的开创性经济学新作《过渡时期经济学》，并把此书作为生日礼物献给列宁。列宁在阅读过程中还在书的边角写下了详细的批注，总体上给予良好的评价。1929年，斯大林为了打倒"党的最宝贵的和最大的理论家"布哈林，首次公布了列宁对他《过渡时期经济学》的批注。中文版虽然全文收入了列宁的批注，但布哈林的原文只选取有列宁批注的段落和句子，这是因为反对派分子的著作是不能公开出版的。因此，列宁的批注从来没有同布哈林的原著完整地合排在一起出版，这就使得读者既无法从中看到原作的全貌，更难以从中看到列宁本人的完整思想。最近，国内重庆出版社终于推出了合排的"列批版"。中央编译局郑异凡指出，布哈林在该书中肯定了当时实行的军事共产主义思想和实践，并把它当作过渡时期的必然特征，而从列宁的批注看，这一时期他也完全赞同布哈林的"超经济强制"，而且有关否定商品、货币、市场关系的论述也得到了列宁的赞同。所以，要研究列宁和布尔什维克党在这段时间里对社会主义和共产主义、市场机制和商品买卖的真实看法，这本书及其列宁的批注是很重要的一份资料。值得关注的是，布哈林在列宁逝世后维护并发展了新经济政策，承认了价值规律的作用，反对实施强制的"非常措施"。正因为如此，在20世纪20年代末同斯大林发生了尖锐的冲突，最后布哈林失败了，斯大林重新捡起的全盘集体化、大规模镇压、高度集中的计划体制，都是军事共产主义体制的翻版。作者认为，布哈林的这本书以及列宁的批注是社会主义初创时期的产物，那时候什么是社会主义，怎样建

设社会主义都是正在探索中的问题。对一个时段中的错误,后人毋须讳言,毋须苛责,但需要认识和记取他们留下的教训,这是历史唯物主义的态度。

(三)中共一大纲领和决议等珍贵历史文献海外惊现记

中共一大之后30年,费尽周折总算找到了一大会址,然而这次会议诞生的中共第一个纲领和决议却不知所终。在动荡的岁月,几份丢失的手稿能保存下来吗?作家叶永烈对寻找这两篇珍贵的历史文献,作了系统的记述。1927年4月6日清晨,奉系军阀张作霖突然袭击了苏联驻华大使馆,非法搜去许多文件,其中有葛萨廖夫用俄文写的《中国共产党的成立》一文。张作霖下令把搜到的文件译成文言文,编成《苏联阴谋文证汇编》。中华人民共和国成立后这本印数很少的线装奇书被找到一套,于是那篇详细记述中共成立经过的文章得以重见天日,可惜的是没有收入第一个纲领的原文。重大的进展是在1956年9月中共八大之后,时任中共中央办公厅主任的杨尚昆前往莫斯科,就共产国际有关中共档案归还一事与苏共交涉,结果对方答应交还一部分。从莫斯科运回的几箱档案中,居然找到了被当时共产国际代表带回去的中共一大文件的俄译稿。4年之后,哥伦比亚大学中国史教授韦慕庭(C. Martin Wilbur)得知东亚图书馆在整理资料时,从尘封已久的故纸堆里发现一篇1924年1月该校一名学生的硕士论文,论文是用英文打字机打印的,署名为"Chen—Kungpo"(陈公博),题目是"The Communist Movement In China"(《共产主义运动在中国》)。此文的重要性还在于它的附录收入了6篇文献,其中包括散失多年的两篇历史文献。当他得知陈公博曾写过一本回忆录,其中谈及参加中共一大的经过后,就设法从栖身香港的张国焘处得到了1944年由上海申报社刊印的《寒风集》。其中谈及中共一大纲领和决议案由他带到广州去请示陈独秀是否印发,结果遭到否决,这就使陈公博所抄录的那份成了留存于世的唯一手稿。1960年哥伦比亚大学出版了陈公博论文的英文原版,中共一大文献终于在大洋彼岸被披露。1972年,中国革命博物馆李俊臣看到日本《东洋文化》刊载藤田正典教授的论文《关于中国共产党一全大会、二全大会、三全大会文件的研究》,他从一条注释中得知哥伦比亚大学出版了陈公博的书,而且北京图书馆居然也被收藏,于是该书被译成了中文。不过他的发现过了12年之久,才传到大洋此岸来。令人惊讶的是,对照俄文稿和英文稿后发现《中国共产党的第一个纲领》英文稿缺了第11条,而俄文稿同样缺了第11条,这表明两种外文稿源于同一中文稿。当然,中文原稿中为什么会缺少第11条,则成了历史之谜。

(四)中国国民党党史馆收藏的档案表明1924年瞿秋白曾提出编译《列宁文集》

国内许多研究瞿秋白的学术成果很少提及其试图编译《列宁文集》一事。近期,扬州大学周一平等在台湾地区中国国民党党史馆收藏的档案中,发现了1924年4月5日瞿秋白为编译《列宁文集》给廖仲恺、谭平山的信。从内容上看,瞿秋白不仅认为"关于主义之阐明,西欧学说中最足以做参考的莫如列宁",而且提出了组织成立"列宁文集编译委员会"并自任总校订的详细方案。中共成立以后,曾有编译出版《列宁文集》的计划,但鉴于各方面的情况难以实施。瞿秋白看到以孙中山为首的国民党实行"联俄、联共、扶助农工"的方针政策,而且经济、人才实力相对雄厚,作为国民党中央执行候补委员和上海执行部委员的他,便给当时国民党左派廖仲恺和中共党员的谭平山写信提出编译《列宁文集》。信中谈到"没有来得及"与当时国民党中央宣传部长戴季陶谈这事,是出于当时其已成为国民党右派的重要人物。瞿秋白的建言很快由廖仲恺、谭平山转达孙中山,并在4月14日中央执行委员会第21次会议上作了讨论。戴季陶对瞿秋白的建言提出了修正案,决定先编译《苏俄法制全集》,并强调这已包含了《俄国法制及列宁文集》的编译。这样就把孙中山主持会议通过的决议否定了,说明国民党内从地方到中央右派势力的抬头。

(五)苏共1957年"六月事件"中朱可夫元帅站在赫鲁晓夫一边反被其赶下台

1957年6月,身任苏共中央主席团委员且为苏共元老的马林科夫、莫洛托夫、卡冈诺维奇等人联合发起推翻中央第一书记赫鲁晓夫的行动,并曾几度将他逼入险境,但最终的结果却是赫鲁晓夫反败为胜,将这些人统统赶下了台。这一颇带戏剧性的事件被称作苏共1957年"六月事件"。时任国防部部长的朱可夫元帅在这一事件中扮演了怎样的角色,一直是一个令人感兴趣的话题。潍坊学院徐隆彬披露了其中的详细内幕。他指出,在朱可夫参与该事件之前,斗争双方都曾争取过他,但他因1946年遭受斯大林打击时,马林科夫一派曾对他落井下石,更重要的是担心他们扳倒赫鲁晓夫后有可能改变苏共"二十大"的路线,令人不堪回首的那些历史悲剧就有可能重新上演。于是,当赫鲁晓夫遭遇危险时,朱可夫便决定对他出手相助。他先是表达了军队对以赫鲁晓夫为首的党中央的忠诚,接着又利用历史档案列举了马林科夫等人在大清洗年代所制造的冤案和滥杀无辜,这对马林科夫一派造成的打击是致命的,从而为赫鲁晓夫一方的获胜起到了关键性的作用。然而,尽管朱可夫为赫鲁晓夫立下了汗马之功,但该事件刚过去4个月,赫鲁晓夫却把他从台上赶了下去,其中的原因恰恰是在"六月事件"中,他直观地看到中央领导人在生死攸关的政治角逐中,很大程度上取决于国防部部长的立场,加上朱可夫曾发出通过武装力量的党组织向全党呼吁那样的狂妄犯忌之语,这对他是个威胁。同时,在赫鲁晓夫看来,朱可夫已把军队当成了私人领地并怀有某种"波拿巴式的意图",随即他利用朱可夫出访的机会,策划解除了朱可夫的职务。

(六)解密的文献档案披露东欧剧变的国际背景

1989年,苏联东欧社会主义阵营出人意料地发生了"剧变",绝大多数原先由共产党执政的东欧及中欧国家都相继放弃了苏联模式的一党体制,转而实行西方式的议会民主制度。人们都在猜疑这场剧变的国际背景及其深层动因,甚至认为这是苏联放弃控制东欧以及西方国家推行和平演变策略直接催生的结果。复旦大学郝浴日以若干解密的文献档案,准确而详尽地揭示了当时的历史真实。作者指出,匈牙利之所以能在20世纪80年代末实现政治剧变,与国际上的各种因素有着复杂的关系。首先,当时东欧各国是在对苏联的真实意图并不十分确定的情况下逐步尝试本国政治变革的,而苏联当局于1989年初决定不对东欧各国进行军事干预又极力对此予以保密的决策,在客观上为匈牙利等东欧国家实现和平的政治转型创造了一个有利的国际条件;其次,西方国家对东欧各国变革所产生的实际影响并没有想象的那么大,这是由当时美苏缓和的国际大环境以及各国民选政府较为现实的政策取向所共同决定的。不过,西方国家在东欧政策上的谨慎和克制,也同时避免了对苏联当局的过分刺激以及对于各国反对派的不当鼓励,从而客观上为东欧各国政治变革的持续推进提供了较为宽松的政治环境;最后,匈牙利此次剧变还受到其他一些国家尤其是波兰政治转型进程的启发。总之,正是由于各方势力的持续互动乃至艰难博弈而产生的某种合力,共同促成了这场"通过谈判的革命"的实现。

（七）俄总统普京用来指责列宁的《致莫洛托夫的信》是一份伪造的假文件

去年列宁逝世92周年之际，俄总统普京先后两次抨击世界第一个社会主义国家的缔造者列宁。普京在历数苏维埃政权大肆镇压神职人员后称，"弗拉基米尔·伊里奇·列宁在其中一封信（好像是写给莫洛托夫的）中写道，我们对反动资产阶级代表和神职人员，枪决得越多越好"。普京的这一讲话在俄罗斯社会引起强烈反响，不少人指出俄总统引用的列宁《致莫洛托夫的信》是伪造的。中国社会科学院马维先披露了该信炮制的来龙去脉。他指出，自2016年1月25日至今，普京遭到了许多俄罗斯人的质疑，俄网站争相转载，大有对俄总统"群起而攻之"之势。俄媒体发表的大量论据，即该信为打印件，没有列宁的签字；没有抄件的信却出现在西方的刊物上；列宁要求政治局委员在信上直接写上自己的意见，但却由时任非政治局委员的莫洛托夫作了批注；当时真正让列宁焦虑的根本不是没收教会的珍宝问题；信的内容与同一时期列宁的其他所有信件、文章和讲话精神不符；该信始终没有收进《列宁全集》等，足以证明该信是伪造的文件。作者认为，信件很可能是1964年之前赫鲁晓夫执政时炮制的，当时他发动了一场与宗教势力斗争的大张旗鼓的运动，包括没收宗教组织财产、强行关闭宗教活动场所，甚至限制宗教人员的人身自由等。为了给这一运动制造合法依据，赫鲁晓夫更愿意"遵循伊里奇的教导"，而《致莫洛托夫的信》阐述的思想成了赫鲁晓夫与宗教势力斗争的理论武器。

（八）英国《卫报》和西班牙《起义报》推荐有关十月革命的佳作和电影

在怀念十月革命100周年之际，为了让人们更多地了解那段历史及其意义，2017年4月12日英国《卫报》发表著名历史学家T.阿里（Tariq Ali）向人们推荐的有关十月革命的10本图书：L.托洛茨基（Leon Trotsky）的《俄国革命史》、N.苏汉诺夫的（N. N. Sukhanov）《俄国革命1917：一部个人回忆录》、J.里德（John Reed）的《震撼世界的十天》、A.威廉斯（Albert Rhys Williams）的《穿越俄国革命》、V.谢尔盖（Victor Serge）的《俄国革命后的第一年》、S.菲茨帕屈克（Sheila Fitzpatrick）的《启蒙的人民委员会：卢那察尔斯基治下的苏联教育和艺术组织》、A.柯伦泰（Alexandra Kollontai）的《性别解放后的女共产主义者自传》、F.文丘里（Franco Venturi）的《革命的根源：19世纪俄罗斯的民粹主义与社会主义运动史》、D.列文(Dominic Lieven)的《玩火自焚：帝国、战争与沙俄的终结》、列宁(Vladimir Ilyich Ulyanov Lenin)的《论无产阶级在这次革命中的任务》/《四月提纲》；9月27日西班牙《起义报》又刊登了S.爱森斯坦(Sergei Eisenstein)的《十月》(电影)、K.埃文斯(Kate Evans)的《红色罗莎：R.卢森堡画传》、I.巴别尔(Isaac Babel)的《红色骑兵军》、M.茨维塔耶娃(Цветаева Марина Ивановна)的《1917年革命日记》、I.布宁(Ivan Bunin)的《受诅咒的岁月：革命日记》、W.比蒂(Warren Beatty)的《赤色分子》(电影)、W.佩列温(Victor Pelewin)的《佛陀的小指》、M.米洛舍维奇(Mira Milosevich)的《俄国革命简史》、D.利恩(David Lean)的《日瓦戈医生》(电影)、C.米维尔(China Miéville)的《十月：俄国革命的故事》、《列宁，十月革命的故事》(电视纪录片)等有关十月革命的7本图书和4部电影及电视纪录片，让我们一起回味那激情动荡的年代。T.阿里认为，要将列宁置于特定的历史语境之中，考察这位天才的革命家和思想家是如何以一种比其他历史人物要深刻得多的方式来形塑20世纪的历史的。不带功利目地重读一下1917年的历史以及列宁自己的一些著作，不仅可以唤起许多记忆，也能有许多新的发现，均有助于深化及拓展人们对俄国革命的理解。

附录：

国际资讯（2013）

《旧制度与大革命》在华热销"令人吃惊"

A.托克维尔

100多年前诞生的一本老书，却在当今的中国引发了阅读和讨论的热潮。尤其是时任中纪委书记王岐山在去年的一次专家会上推荐说："我们现在很多的学者看的是后资本主义时期的书，应该看一下前期的东西，希望大家看一下《旧制度与大革命》。"之后，该书在高校中、在民间研究人士的言谈中成为"时尚"，在各大网络书店中很快断货，堪称一个现象。

《旧制度与大革命》是法国历史学家A.托克维尔的著作，该书在1870年之后被冷落了七八十年，近几十年来在西方突然走运。这不是偶然的。因为保守的自由主义的思想抬头，A.托克维尔的政治观点重新受到了重视。A.托克维尔在中国也越来越受到重视，不仅中国内地有好几个中译本，在香港地区也有中译本，台湾地区也有中译本出现，可见中国人都很重视这本书的作用，因为它可以引人作深入的思考。

该书主要讨论的是18世纪末法国大革命的起源,尤其是法国革命那种特殊的暴烈性或狂暴性的原因。实际上托氏想说的是,法国大革命的民主政治实践,体现了一种为追求社会平等而不惜牺牲个人自由的政治文化,而这种政治文化恰恰是从革命前的"旧制度"政治文化中蜕变出来的。由此,托氏首次揭露了旧制度与大革命之间的内在联系,开辟了大革命研究的一条新的思路:它试图在事实与思想、历史与历史哲学相结合的基础上,回答如下几个主要问题:为什么革命在法国比在其他欧洲国家更早发生?为什么路易十六时期是旧王朝最繁荣时期,这种繁荣却加速了革命的到来?为什么法国人民比其他欧洲国家人民更加憎恨封建特权?为什么在18世纪法国文人成为国家的主要政治人物?为什么说中央集权体制并非大革命的创造,而是旧制度的体制,等等。

《旧制度与大革命》一书封面

现在人们重读A.托克维尔的《旧制度与大革命》一书,思考的重点已经和20年前发生了重大变化。如果说,在20年前,人们普遍反思革命,清算革命谱系,确信应当"告别革命",现在人们则在思考,革命能避免吗? A.托克维尔的著作告诉人们,旧制度最大的弊端是统治者的腐败,只是在旧制度末期的时代条件下,这种腐败没有带来经济的凋敝,相反却促成了前所未有的物质繁荣,然而也正是这种腐败的旧制度下的经济繁荣,成了大革命的催生婆。人们发现,革命何以发生、何时发生、有何后果,对于那些仍然坚持中央集权体制的国家来说,依然是无法预料的事情。要彻底打破革命和集权循环相连的怪圈,彻底走出社会周期性震荡的发展轨道,规避革命的破坏性后果,必须进行制度创新和制度改革。要从根本上告别革命,只有建立起革命要素无法生长的社会制度，把革命关进制度的笼子里，找到足以替代革命的社会变革方式。

土耳其解禁《共产党宣言》等马列著作

虽然冷战早在20年前就已结束，但是其阴影一直在土耳其挥之不去。过往几十年，土耳其查禁的图书多达数万种，包括共产主义导师的经典著作、左翼诗歌和情色文学，它们一直被视为"具有颠覆性"的书籍。但从今年1月5日开始，它们已不再是禁书。在伊斯坦布尔的书店里，《共产党宣言》明目张胆地登上了货架。

这一切要归功于土耳其政府决心进行法制化禁书的重大改革，过去有关部门多头掌控的禁书权，现已交还法庭。去年7月，土耳其议会通过法案，规定2012年前各地各有关部门作出的所有禁书决定，若无法庭在6个月内予以确认，便将自动失效。在今年1月5日的限期到来之前，没有任何一家法庭认可对任何一本书的禁令。因此，一夜之间，禁书令全部作废，这批解禁图书及期刊多达2.3万种。首都检察官K.卡亚勒告诉法新社"安卡拉的所有禁书令

2013年1月，伊斯坦布尔一家书店公开售卖《共产党宣言》

都将在1月5日解除",他已在上个月宣布,在他管辖权所及的范围内,将使所有禁令自动失效。这意味着仅在首都一地,便有453种图书和645份报刊被解禁,其中包括马克思和恩格斯的《共产党宣言》和列宁的《国家与革命》等著作,还包括土耳其现代伟大诗人之一、共产主义者希克梅特的著作。社会主义作家A.纳辛和革命人民解放党/阵线领导人M.恰扬的作品也被解禁。法新社的报道没有提及毛泽东的著作,但有资料表明,该书也曾经是土耳其的禁书。

从某种意义上而言,土耳其的审查和禁书改革只是象征性的。出版商O.法鲁克说:"政府的心态没变,那些人还会继续为所欲为,只要他们认为自己做的有理。"但无论如何,禁书令的大规模废除也有其积极的一面。土版联的泽伊尼奥卢说,一个实实在在的效果是,"过去有许多学生在示威中被捕,现在还在狱中,就因为他们藏有禁书。从现在开始,我们不能再把这个当成罪名了"。土耳其一位负责审查禁书名单的检察官表示,取消禁令将给土耳其带来全新的未来。他还表示,土耳其政府的此项决议符合在司法改革过程中制定的思想和言论自由原则。

国际劳工组织报告称今年全球失业人口将突破两亿

1月21日,国际劳工组织发表全球就业趋势报告指出,2013年就业仍将是世界经济持续不稳定的巨大牺牲品,全球失业人口将增加510万,达到2.02亿。去年有420万人加入失业大军,其中3/4是在发展中地区,特别是东亚(中国)、南亚(印度)和撒哈拉以南非洲地区。国际劳工组织总干事G.赖德在记者会上说:"不确定的经济前景和遏制这一形势的政策不当,进一步削弱了需求,阻碍了投资和人员聘用。"

经济危机爆发5年以来,全球失业人口累计增加2 800万人。根据国际劳工组织的数字,目前全世界的失业人口总数为1.97亿,占劳动力总数的5.9%。此外,还有非正规就业和虽然有工作但生活在贫困状态下的人群。另有3 900万处于就业年龄并具备劳动能力的人"心灰意冷",决定放弃寻找工作,因为这种情况退出就业市场的人主要分布在发达国家,特别是欧盟。

国际劳工组织指出,在发达经济体,半数失业者从一年前或更早前开始就

美国纽约等待招聘的失业人员

一直在找工作。G.赖德希望人们不要将所有注意力都放在发达经济体的恶劣形势上,还应该看到发展中经济体的情况,这些经济体对危机的应对"比预期的要糟糕得多",就业市场的发展大幅度放缓。但有一个好消息是,在整个发展中世界,可以被看作"中产阶层"的劳动者(人均日收入在4美元以上)有所增加,这一趋势在中国尤为明显。

总的来说,就业危机继续困扰15—24岁的年轻人,目前这个群体的失业率为12.6%,失业人口在7 400万人左右。今年他们仍将是受到就业市场严峻形势影响最大的群体。国际劳工组织预计,经济活动放缓可能会导致从现在到2014年又有50万年轻人成为新增失业人口。

俄罗斯拟修复"阿芙乐尔"号巡洋舰

今年1月26日,俄罗斯国防部长谢尔盖·绍伊古在接受媒体采访时表示,俄政府将争取修复"阿芙乐尔"号巡洋舰,并让这艘以"十月革命一声炮响"闻名的巡洋舰出海航行。两年前曾签署了关于解散"阿芙乐尔"号巡洋舰船员并使其从海军退役的指示,这引起众多政治家和市民的担忧。

1917年,"阿芙乐尔"号巡洋舰打响了进攻冬宫的第一炮

谢尔盖·绍伊古指出,受国家领导人委托,俄将尝试修复"阿芙乐尔"号巡洋舰,使其恢复到苏联时期的原貌。"至于船员和制服,这都能够做到。我们现在研究如何修复,使其能够航行,而不是停靠在岸边。专家们正在研究和评估,现在是否拥有条件做到这一点。他们认为能够做到。如果修复,使其恢复原样,包括蒸汽锅炉。如果拥有这种可能,那么我们将修复它。我深信,我们的军队以及我们的国家,应当拥有不受侵犯的标志,我们应当以此为衡量标准,并以此学习。"

"阿芙乐尔"号巡洋舰是十月革命的标志之一。1917年这艘巡洋舰打响了进攻冬宫的第一炮。1944年这艘巡洋舰被作为舰队历史博物馆停靠在涅瓦河畔。从20世纪中叶开始成为俄罗斯中央海军博物馆的分部。

俄罗斯纪念斯大林格勒保卫战胜利70周年

2月2日,俄罗斯多个城市举行活动,纪念斯大林格勒保卫战胜利70周年。当天上午,伏尔加格勒市在市中心烈士广场举行阅兵式,650多名俄南方军区士兵和军事院校学员身着"二战"时期苏联军人服装列队接受检阅,"二

伏尔加格勒市在烈士广场举行阅兵式 　　　　"二战"老兵手持鲜花参加纪念活动

战"时期苏军主战坦克T-34也在阅兵式上亮相，2万多名市民和来宾现场观看了阅兵式盛况。

斯大林格勒保卫战是"二战"转折点之一，战役从1942年7月开始，至1943年2月结束，历时六个半月。一面纪念墙同日在伏尔加格勒市马马耶夫高地揭幕，纪念墙上刻有1.7万名在斯大林格勒保卫战中阵亡的苏军官兵名字。该市举行的纪念活动还包括向长明火献花、战争题材歌曲演唱会、"二战"老兵招待会、鸣放礼炮和焰火表演。2日上午，莫斯科市市长索比亚宁向亚历山大花园内的无名烈士墓和"英雄城市斯大林格勒"纪念碑献花。莫斯科市政府还举行了"二战"老兵见面会。俄罗斯各大电视台当天不断插播有关斯大林格勒保卫战的纪录片，以及各地为纪念这场战役胜利70周年而举行的纪念活动。

伏尔加格勒市始建于16世纪，原名察里津，1925年改名为斯大林格勒，1961年改名为伏尔加格勒。伏尔加格勒市上月末决定，该市将在每年中的6

斯大林格勒保卫战情景

个"二战"纪念日暂时更名为"英雄城市斯大林格勒"。

标志苏联解体的《别洛韦日协定》原件下落不明

据俄罗斯《晨报》2月8日报道，宣告苏联解体的标志性文件《别洛韦日协定》的原件竟然不知所终，媒体纷纷报道了这一消息。总部设在明斯克的独联体执行委员会的职能之一便是保存这份协定，但它却宣称原件不在那里，"协议签署之日，独联体尚未成立，我们只是后来从外交部获得了经过公证的复印件"。

白俄罗斯独立后的首任元首舒什克维奇说，他最后一次接触协定原件是在1991年，即在上面签字，而后外长克拉夫琴科就把文件接过去了，"我们很可能签了3份，白俄罗斯、俄罗斯和乌克兰各一份，但也可能只签了一份"。此前，俄罗斯《共青团真理报》曾载文称，经考证，该协议仅用俄文写成，但文件原文却显示，它一式三份、用三种语言书就。白俄罗斯前总理克比奇则坚持认为，当时只签署了一份俄文版的文件。白俄罗斯外交部发言人承诺"会处理此事"，"我们注意到各界对此很有兴趣，要弄清事实，需要在档案方面下功夫"。

叶利钦（右）、克拉夫丘克（左）和舒什克维奇在别洛韦日签订协定

1991年12月8日，时任白俄罗斯最高苏维埃主席的舒什克维奇在别洛韦日附近的狩猎行宫接待了俄罗斯总统叶利钦和乌克兰总统克拉夫丘克，并举行秘密会谈，三人在那里签署了《别洛韦日协定》这份重要文件，宣告"苏联作为国际法主体和地缘政治现实将停止其存在"。但是，德国《世界报》网站2月7日报道称，曾经强大的苏联也许仍然存在，至少没有文件能否认这点：1991年标志苏联解体的历史性文件消失得无影无踪。

舒什克维奇正在撰写回忆录。他说，在明斯克的档案馆里找不到它，文件很可能被偷走并卖给了收藏家。白俄罗斯政府和独联体方面证实说，它们目前只持有文件的副本。

法共"三十六大"宣布党员证上不再印有镰刀斧头标志

法国共产党（法语：Parti communiste français，英语：Communist party of France）曾是法国一支强大的无产阶级政党，简称法共（PCF），1920年12月成立。"二战"后初期政治实力达到顶峰，拥有党员80多万人，曾为法国第一大党，现为法国第五大党，党员约7万—8万人。1968年12月，法国共产党明确提出通过议会斗争道路实行社会主义和平过渡。1972年，G.马歇担任总书记。20世纪70年代中期，法共提出放弃无产阶级专政的论调。1979年，法国共产党第23次全国代表大会删去了党章中有关"马克思列宁主义"的字眼，代之以"科学社会主义"的提法。1994年，法国共产党第28次全国代表大会宣布放弃民主集中制，代之以"民主"的运转原则；1996年底，法国共产党第29次全国代表大会放弃"法国特色的社会主义"的提法，代之以"新共产主义"，主张实行共产主义变革。虽然法共仍然维持着其共产党的称谓，但是它已经同传统的共产主义组织相差甚远。

法国共产党第36届代表大会于2013年2月10日刚刚结束。会议通过了《本世纪法共人文纲领文件》，确定了法共今后适应和面对国内外新局势的方针政策。同时,继1999年法共机关报《人道报》头版取消了共产党传统的镰刀斧头标志之后,这次会议又宣布新的党员证上也不再印有镰刀斧头标志。法共国际联络部主任J.法特指出:"取消传统符号可能会引发争论,但更重要的是我们今天能给人民带来什么。我们今天提出的理念与柏林墙倒塌前西欧国家的共产主义提出的理念完全不一样。所有这些都早已结束,我们已经放弃了十几年前共产主义的一些僵硬刻板的形式,我们希望法共的未来发展能够符合法国、欧洲人民的期望。镰刀与斧头已经是过去式,我们现在已经是另一个时代。"

会议宣布新的党员证上不再印有镰刀斧头标志

匈牙利解除对红星标志禁令

匈牙利左翼政党"匈牙利工人党2006"成立于2006年1月,是从"匈牙利工人党"分离组建的。该党副主席沃伊瑙伊等曾因在布达佩斯广场马克思和恩格斯塑像原址前的集会上佩戴红五星标志而受到起诉,最后布达佩斯法院认定沃伊瑙伊的行为非法,处以他假释1年并罚款12万福林(时合750美元)。沃伊瑙伊拒绝交付罚款,在此期间也多次上诉,并向设在卢森堡的欧洲法院请求援助。近几年在布达佩斯等地进行的多次集会和游行中,沃伊瑙伊依然佩戴红五星。他表示,红五星是反

匈牙利宪法法院

法西斯主义和反资本主义剥削的象征和标志，匈牙利仍然需要一个为此而斗争的政党，"匈牙利工人党2006"将为恢复使用红五星的合法性继续作出努力。

沃伊瑙伊喜欢戴着红星为他的共产主义党派在匈牙利的电视媒体中做广告。尽管如此，匈牙利共产主义工人党在最近一次选举中只获得了0.11%匈牙利人的支持。沃伊瑙伊多年来不仅为其政治派别的生存四处奔走，也尽力争取红星重新获准使用。

匈牙利解除对红星标志的禁令

据奥地利《标准报》今年2月20日报道，2月19日，匈牙利宪法法院废除了一项自1994年开始实施的相关禁令。不过随之解禁的不仅仅是红星，还包括纳粹卐字和箭十字。匈牙利1937年禁止使用卐字后，箭十字被视为纳粹标志。"宪法法院也不同寻常地评估了卐字禁令，并宣布整个规定违宪，尽管申请者只向法院提出了解除红星禁令的要求"，匈牙利宪法专家G.豪尔毛伊评价法院的这一决定时说。匈牙利至今禁止佩戴的标志包括纳粹卐字、党卫军徽章、箭十字、镰刀和斧头以及红星。

在一些后共产主义国家，红星因被视作极权主义和国家恐怖的标志而遭禁用，例如在拉脱维亚。而在立陶宛，共产主义和纳粹的标志都被禁用。同样情况也出现在乌克兰的伦贝格。不久前，摩尔多瓦共和国也颁布了相关禁令。

白俄罗斯有座"共产主义小屋"

今年是俄罗斯社会民主工党——苏联共产党的前身，成立115周年。作为一个影响俄罗斯乃至全世界发展走向的马克思主义政党，它的诞生地是许多人想去参观的地方。

白俄罗斯首都明斯克市胜利广场东侧苏维埃街有一座绿色木屋，这就是俄罗斯社会民主工党的诞生地，"一大会址博物馆"。这木屋原名扎哈罗夫街133号，后来改名为苏维埃街135号。由于木屋左侧是共产主义街，也被称为"共产主义小屋"。

俄罗斯社会民主工党"一大"会址博物馆

木屋共有6个房间、1个厅堂和2个厨房。屋子当年的主人是位贵妇人，她自己占了2个房间，而把另外4个房间出租给了鲁缅采夫夫妇。屋子对面是明斯克市骑警队的马厩。1898年鲁缅采夫30岁，他是明斯克社会民主主义小组成员。他的夫人叫奥尔加。19世纪下半叶，随着西方民主主义思想的传播，俄国出现了一些社会民主主义小组。各地社会民主主义小组代表大会原定在基辅举行，后因基辅社会民主主义小组的活动被警察发觉，维尔诺的"俄罗斯和波兰犹太工人联盟"便建议代表大会在明斯克举行，一则明斯克当时已是白俄罗斯的工业、商业和金融中心，工人运动和社会民主主义小组比较活跃；二则明斯克是莫斯科和华沙之间的重要铁路枢纽，代表们集合比较方便，最终选定鲁缅采夫家。

1898年3月1日，9名代表在不同时间走进了明斯克市扎哈罗夫街133号鲁缅采夫家。他们是基辅"工人事业"的代表艾捷利曼和维格多尔契克、基辅"斗争协会"代表图恰普斯基、彼得堡"斗争协会"代表拉特琴科、莫斯科"斗争协会"代表万诺夫斯基、叶卡捷琳诺斯拉夫"斗争协会"代表佩特鲁谢维奇,以及"俄罗斯和波兰犹太工人协会"的代表克雷梅尔、卡茨、穆特尼克等。聚会以给鲁缅采夫的夫人奥尔加过生日的名义举行,会议所用的桌子上摆了许多食品和茶炊,还有扑克牌。壁炉里火烧得很旺,万一警察闯进,可以烧掉会议文件。房间的一扇窗是打开的,遇到危险,代表们可以跳出窗外,穿过花园到河边,河的那边就是茂密的森林。

会议由艾捷利曼主持,维格多尔契克和图恰普斯基做记录。总共开了3天,作出了一些重要决定。首先讨论的是党的名称。当有人建议以后再确定党的名称时,艾捷利曼说:

博物馆展览内容

博物馆内景

"孩子出生了，就得洗礼。"代表们提出了各种名称：俄罗斯工人协会、俄罗斯工人党、俄罗斯社会党等。最后确定为"俄国社会民主党"。鉴于代表中只有卡茨是工人，多数代表反对党的名称中有"工人"一词。但是后来在发表该党成立宣言时，在征得2名大会代表同意后，增添了"工人"一词，即为"俄国社会民主工党"。

1922年12月苏联成立后，次年1月苏共中央决定把当年鲁缅采夫租用的这座小屋收归国家财产。3月14日在小屋旁举行群众集会，纪念俄国社会民主工党成立25周年，小屋被辟为博物馆。但是，1941年6月底，博物馆被战火烧毁，直到1948年1月才重新修复。1953年，由于重建斯大林大街和胜利广场，苏维埃街上的这座屋子被迁移到河边，毗邻共产主义街。但是，1991年"8·19"事件后，"一大"会址博物馆被关闭。1992年2月10日，博物馆转交白俄罗斯文化部，成为历史和文化博物馆的分馆。1995年7月25日，俄国社会民主工党"一大"会址博物馆才重新开放。

德媒首次披露斯大林尸检报告：系自然死亡

据英国《每日邮报》3月12日报道，苏联领导人斯大林（Joseph Stalin）已经去世60年，但有关其死因依然有许多疑点。《柏林信使报》（Berliner Kurier）日前公布其获得的11页尸检报告，结果显示斯大林是自然死亡。

报道称，斯大林死于1953年3月5日晚上9点50分，他的去世引发了政治危机，最终以赫鲁晓夫的上台告终。斯大林的尸检报告一直锁在俄罗斯社会政治史国家档案馆中。德国历史研究所历史学家M.乌尔（Matthias Uhl）找到它，并宣称："有关斯大林死因的阴谋论不是真的，他因身体原因在莫斯科附近别墅中去世。"

在尸检报告中，斯大林被称为"1号病人"，文件显示1953年3月1日下午6点30分，斯大林因中风摔

苏联领导人斯大林

倒。最后被发现时,他穿着睡裤和背心坐在毯子中打鼾。斯大林的助手最初以为他只是喝醉了,但随后发现他可能陷入昏迷。

斯大林去世后的第二天,他的尸体被解剖。结果发现,他患有严重高血压,脑部和心脏动脉硬化,脂肪肝已经快要病变为肝硬化。其左侧大脑中风,伴随胃出血,导致其最终窒息死亡。M.乌尔解释称:"斯大林的死并不出人意料,他的身体状况已经极为糟糕。"

习近平启动莫斯科中共六大纪念馆建馆仪式

3月23日,中共中央总书记、国家主席习近平在莫斯科出席中国共产党第六次全国代表大会纪念馆建馆启动仪式。俄罗斯联邦副总理戈洛杰茨出席。习近平在仪式上发表重要讲话。他表示,85年前,在中国人民饱受磨难的时候,在中国革命最艰难的关头,来自中国各地的140多名中共代表,为了国家和民族的前途命运,在俄罗斯人民和国际组织帮助下,冒着生命危险,冲破重重险阻,远涉万里来到莫斯科,召开了中共六大。中共六大在党的建

中共六大纪念馆建馆启动仪式

设和发展、在中国革命和中国人民解放事业征程中发挥了重要作用。这是中共历史上唯一在境外召开的全国代表大会,具有重大历史意义。最后,他表示,建立中共六大纪念馆是要铭记历史,是要继承和发扬中俄传统友谊,促进两国世代友好。3年前,时任国家副主席的习近平在访问俄罗斯时,曾向时任俄罗斯总理普京提出在中共六大会址建立纪念馆,得到普京热情的支持。

1927年大革命失败后,中国共产党开始走上独立领导中国革命的道路。由于国内当时正处在极为严重的白色恐怖中,很难找到一个安全的开会地点,加上1928年春夏间将相继在莫斯科召开赤色职工国际第四次大会和共产国际第六次大会,考虑到届时中国共产党将派代表与会,而且中共中央也迫切希望能够得到共产国际的及时指导,遂决定党的六大在莫斯科召开。1928年6月18日—7月11日,中共六大在今天的五一村召开,出席大会的代表共有142人。瞿秋白、周恩来和共产国际代表布哈林在大会上作了报告。

中共六大遗址位于莫斯科郊外30千米处的"五一"村帕尔科瓦亚大街18号。这是一栋3层建筑,曾是俄罗斯沙皇时代大贵族穆辛·普希金的庄园。1928年,中国共产党在国内处境异常严峻的情况下,于庄园主楼内秘密召开了第六次代表大会。此后几十年,虽然这座建筑已经渐渐老化残破,但仍然一直

经历了两次火灾之后,中共六大遗址已经破败不堪

被用作居住用房。然而，2009年和2010年的两场大火将这一建筑彻底损毁，现已残败不堪，无法使用。曾经豪华的贵族庄园如今也只剩下一点点残垣断壁。除了这栋被烧毁的建筑外，"五一"村还保留下了其他一些建筑，出席中共六大的代表曾在里面居住，现在这些被保留下来的建筑成为商店所在地。如今，铺路机的轰鸣声打破了村子的宁静。来自莫斯科市内的施工人员正顶风冒雪为通往该建筑的道路铺沥青……

委内瑞拉推出《H.查韦斯在天堂》动画片

《H.查韦斯在天堂》动画片

H.查韦斯升天后遇到了拉美著名左翼人士

西班牙《世界报》网站3月30日报道，近日委内瑞拉国家电视台播出了一段一分钟长的动画片，内容是已故总统H.查韦斯升上天堂后，遇到了S.玻利瓦尔、E.贝隆、S.阿连德、C.格瓦拉等拉美左派著名代表人物。

片中H.查韦斯脚上穿着布鞋，上身穿着跟委内瑞拉国旗图案一致的三色夹克，走在一片像H.查韦斯家乡、位于委内瑞拉西南部巴里那斯州的萨瓦内塔大草原一样的草地上。不难理解，对H.查韦斯而言，故乡就是天堂，是他渴望有朝一日能够隐居的地方。他还说过希望被埋葬在那里，这是他最后一个尚未完成的愿望。显而易见，站在草地上迎接他的人的身份，说明了这是一个只有拉丁美洲左翼和民族主义者存在的天堂。

这是委内瑞拉为了"神圣化"已故总统H.查韦斯并将其塑造为玻利瓦尔革命"最高和最重要领导人"的最新宣传手段，借此动员H.查韦斯的支持者参与即将到来的选举。

戈尔巴乔夫说把苏联解体归罪于他是"不负责任的"

据俄罗斯新闻网报道,苏联首位总统、同时也是最后一位领导人的戈尔巴乔夫3月30日在莫斯科举行的"人类改变历史还是历史改变人类"的讲座上表示,单纯地把苏联解体归罪于他,是"不负责任,毫无根据和虚假的"。

这是已82岁高龄的戈尔巴乔夫近年首次在公共场合发表演讲,称"人不能影响历史进程,因此不需要研究历史"。他回忆了自己的从政历程,说1989年苏联的国家生活发生了巨大变化,首次举行了自由的、竞争性的选举,"当局没有进行任何干涉,没有向选民施压,没有舞弊行为。结果政治领域迎来了新人,但改革进行得并不简单"。讲到苏联从"改革"到解体阶段时说,正是他给这个国家带来了"自由",使得苏军撤离阿富汗,所以单纯把苏联解体归罪于他是不负责任的。

戈尔巴乔夫说,尽管他认为下放权力和"重建"是必须的,但他仍主张保留苏维埃联盟,将苏联解体一股脑归罪于他是十分不负责任也是毫无依据的做法。戈尔巴乔夫称自己与叶利钦的分歧是原则性的,而叶氏的行为是毁灭性的,他所主张的改革方针才是"不负责任的"。

由于俄罗斯人对这个讲座很感兴趣,整个演讲大厅座无虚席,大家表示"苏联帝国的最后一位领导者的经历本身就是有趣的""他为这个国家做了很多,尽管没什么人认同""他是一个改变世界和历史的人,没有他我们的生活不会这样"。而俄罗斯网友的留言就尖锐得多:有网友说戈尔巴乔夫和叶利钦一个是为苏联掘墓的,一个是给棺材盖上盖子的;也有人说戈尔巴乔夫和叶利钦的良心将永远受到苏联解体的拷问:1985—2000年俄罗斯人口下降了3 000万人,跟"二战"时期的损失差不多。

古巴大学开设"H.查韦斯思想和著作"课程

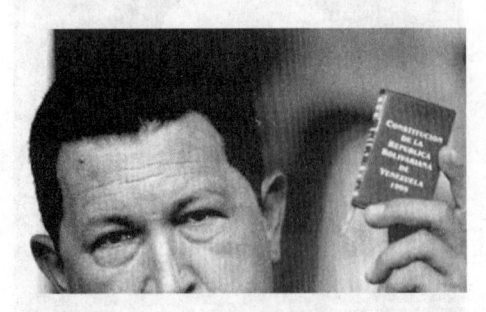

哈瓦那科学师范大学开设"H.查韦斯思想和著作"课程

据埃菲社哈瓦那4月7日报道，位于哈瓦那的科学师范大学设立了一门研究委内瑞拉已故总统H.查韦斯"思想和著作"的课程，这是古巴首次设立该课程。

H.查韦斯与癌症抗争了20多个月，先后4次赴古巴接受手术治疗，于今年3月5日逝世。科学师范大学管理方在H.查韦斯逝世1个月时，宣布设立这门课程，委内瑞拉驻古巴大使E.拉米雷斯出席了成立仪式。科学师范大学的教师、学生、领导及其他工作人员将参与这门以H.查韦斯命名的课程，授课地点设在哈瓦那识字博物馆。

五一国际劳动节多个国家劳动者"忙游行"

五一国际劳动节是世界劳动者的节日，不少国家的"劳模"和普通劳动者走上街头，用鲜花与欢笑庆祝自己的节日。与之形成鲜明对比的是，这一天，也有不少国家的劳动者走上街头捍卫自己的权益，甚至不惜与警方发生冲突。有评论称，同一个节日的不同表情成为今年劳动节最大的特点。

据俄新网5月1日报道，俄罗斯独立工会联合会当天表示，在"五一"当天，全国有1 040多座城市举行了不同规模的游行和集会，共有约200万人参加了各种活动。游行在"应有的劳动——应有的报酬"口号下举行，活动的宗旨是尊重劳动者权利和不准违反俄联邦劳动法。但俄国家杜马议员莫伊谢耶夫表示，节日活动旨在团结全国民众。今天所有活动进行得都很有组织性、很积极，人们都带着微笑，快乐着。俄罗斯总统普京没有参加今天的游行，他在圣彼得堡首次授予5名俄罗斯人"劳动英雄"称号。

但是，在很多国家，"五一"节是在大游行中度过的。在东南亚，数万名工人5月1日上午在印度尼西亚首都雅加达市中心游行。罢工的公交车队夹在

在莫斯科市中心人们参加五一劳动节大游行

土耳其伊斯坦布尔的游行队伍

游行队伍中。雅加达警方当天派出大批警察维持交通秩序,并临时关闭了通往总统府的谭林大道。当天,印度尼西亚全国20个城市逾百万工人举行大规模游行示威,参加游行的有印度尼西亚劳工联盟等16个全国性工人组织,仅首都雅加达就有12个地点有示威活动。游行工人提出的5项要求包括:取消外包制度,拒绝暂缓实行最低工资规定,拒绝调涨燃油价格,拒绝从工资中扣除社会保险费,把"五一"列为全国公共假日。

在阴云不散的欧洲,德国工会提出了"好的工作,好的退休保障,拥有社会福利的欧洲"这一口号。在今年的五一国际劳动节号召欧洲工人大团结。5月1日上午,德国联邦工会主席M.夏莫在慕尼黑宣布五一国际劳动节集会正式开始。他认为,今年德国各地举行的"五一"集会是为了欧元国家的工人们在危机中依然紧密团结,同时工会提出在全德国范围内实行每小时8.5欧元的最低工资制度。他认为,这样做能够增强购买力,起到扩大内需的作用。

尽管加拿大的劳动节是在9月的第一个星期一,但是加拿大的工会组织、雇主组织以及工作健康与安全委员会决定在今年5月1日纪念所有因工伤亡的工人们。根据加拿大劳工大会的统计,每天有大约4名工人因工殉职。这样的纪念活动是对劳动者的尊重。

500座马克思雕塑亮相特里尔

5月5日,德国特里尔尼格拉城门(又称"黑城门")前,展出了500座马克思雕塑。这些雕像由艺术家O.赫尔(Ottmar Hoerl)创作,每座雕像均约为1米高,外面涂上不同的红色颜料。O.赫尔想通过展览,让人们重新思考马克思这位被误解的哲学家。当地人也希望借此表达对这位"特里尔最著名的儿子"诞辰195周年的纪念。

艺术家O.赫尔与马克思雕塑合影

据特里尔当地报纸《人民之友》13日报道,雕像5日正式展出后,来参观的人络绎不绝,但也发生多起被盗事件,30多个雕像不翼而飞。当地媒体称,

德国特里尔黑城门前展出500个1米高的马克思雕塑

马克思雕像频频失窃或许是因为"小偷偏爱红色"。报道称,因这些雕像每座价值350欧元,特里尔市已损失不少。

北京卫视播出50集电视系列片《正道沧桑——社会主义500年》

5月6日起,北京卫视、北京电视台新闻频道播出大型电视系列片《正道沧桑——社会主义500年》。该片以500年来社会主义发展的历史脉络为叙述骨架,通过丰富的历史事实、系统的思想脉络,以及鲜为人知的历史资料、珍贵镜头和精到的专家解读,向电视观众展示了社会主义在发展进程中的探索和实践,对重大的历史事件和历史任务做了生动而准确的诠释,揭示了社会主义从空想到科学、从理论到现实及社会主义在中国的发展阶段和历史必然,展望了社会主义的美好未来。电视系列片将集观赏性、思想性于一体,形成了一部

展示社会主义500年波澜壮阔历程的视听大辞典。

该系列片总共50集,内容分别为:(1)乌托邦岛(莫尔和《乌托邦》);(2)太阳之城(康帕内拉与"太阳城");(3)叛逆贵族(圣西门与《实业制度》);(4)法郎吉传(傅立叶与"法郎吉"试验);(5)孤岛沉没(欧文和"新和谐公社");(6)哲人转身(青年马克思恩格斯的转变);(7)一个幽灵(《共产党宣言》问世);(8)铁血学者(1848年革命实践);(9)资本揭秘(《资本论》问世);(10)巴黎公社("第一国际"与"巴黎公社");(11)拓荒之路(马克思对未来社会的设想);(12)暮年壮怀(恩格斯晚年的思考);(13)世纪曙光(列宁主义的产生);(14)冬宫炮声(十月革命的胜利);(15)再造国际(共产国际的建立);(16)硝烟铁腕(战时共产主义政策);(17)新政繁荣(新经济政策);(18)病榻绝笔(列宁的社会主义之梦);(19)路的博弈(联共(布)的道路论争);(20)奇迹诞生(国家工业化与农业集体化);(21)绝地反击(卫国战争的胜利);(22)大国模式(苏联模式的形成);(23)花开遍地(社会主义的全球发展);(24)秘密报告(苏共"二十大"的召开);(25)波匈悲情(波匈事件、布拉格之春);(26)红场易帜(苏联解体、东欧剧变);(27)苦难求索(中华民族在迷茫中上下求索);(28)开天辟地(中国共产党成立);(29)烽火岁月(抗日战争);(30)命运决战(社会主义道路的选择);(31)新的纪元(中华人民共和国的成立);(32)铁树银花(社会主义"三大改造");(33)天公抖擞(中共八大的召开);(34)千回百转(社会主义建设的艰辛探索);(35)冲破藩篱(真理标准大讨论);(36)路的抉择(党的十一届三中全会);(37)惊世一步(改革开放扬帆起航);(38)伟人功过(毛泽东思想及历史地位);(39)柳暗花明(提出建设中国特色社会主义);(40)冷眼向洋(对时代认识的重大判断);(41)精彩布局(发展阶段三步走战略);(42)天才设计(一国两制构想);(43)中国定位(走和平发展道路);(44)异曲同工(社会主义市场经济);(45)走出迷雾(揭示社会主义的本质);(46)春天故事(南方谈话和邓小平理论);(47)薪火传承(三个代表重要思想);(48)发展铁律(科学发展观);(49)复兴之梦(为实现中国梦而奋斗);(50)天下大势(世界社会主义运动)等。

呈现在观众面前的《正道沧桑——社会主义500年》,是一部弘扬主旋律,传达正能量的电视片,对于全社会学习中国特色社会主义理论,加强道路自信、理论自信和制度自信具有重大的理论学习价值。

雅库茨克市为斯大林立铜像

5月8日,俄罗斯雅库茨克市隆重举行了斯大林纪念像揭幕仪式。这对于共产党人和老兵意义重大:他们从2007年起就上书要求在共和国首府为斯大林立像。但时任市长尤里·扎博列夫拒绝了这一请求,他认为斯大林不值得被人们永远铭记。现任市长艾先·尼古拉耶夫满足了共产党人的要求,但有一个条件:纪念像应坐落在企业内,而非早前计划的老兵街心公园。铜像的设立地点很快就确定为金刚石开采企业阿纳巴尔金刚石公司内。

许多人前来参加揭幕式,其中大部分为老一代共产党员和少先队员。基

重新矗立的斯大林铜像

于花岗岩底座的铜制半身像高2.5米,刻有"约·维·斯大林"题字。阿纳巴尔金刚石公司总经理马特维·叶夫谢耶夫指出,评价斯大林不应根据主观情感,而应依据他的工作成就,他强调:"如果我们抛弃斯大林,那就是否认俄罗斯的伟大。"

伴着高昂的乐曲和人群的欢呼声,俄共中央委员会书记、国家杜马议员卡兹别克·泰萨耶夫、阿纳巴尔金刚石公司总经理马特维·叶夫谢耶夫和老兵格奥尔吉·阿普罗西莫夫共同为铜像揭幕。当从半身像揭下白缎的那一刻,所有人一齐鼓掌,还有人悄声说:"这是历史性一刻。"老人们擦拭着喜悦的泪水。人们向铜像敬献鲜花。但也有人反对设立铜像,雅库茨克许多人权保护者对此提出强烈批评。

阿纳巴尔金刚石公司内的斯大林铜像

这并非雅库特共和国的第一座斯大林塑像,2005年米尔内市和2009年阿姆加镇都曾为斯大林立铜像。

斯大林曾和W.丘吉尔在莫斯科彻夜豪饮

5月23日,路透社报道称,解密文件显示,在"二战"进行期间,苏联领导人斯大林和英国战时首相W.丘吉尔之间的关系不太友善,直到1942年W.丘吉尔在翻译的帮助下安排了一次和斯大林的私下会面,两人在莫斯科深夜饮酒欢宴。

英国外交部官员A.卡多根爵士谈到这次访问时写道:"我在那儿找到了斯大林和W.丘吉尔,莫洛托夫也加入了他们,他们坐在摆得满满的桌子两旁:各种食物,最醒目的是一只乳猪和无数酒瓶。"他补充道,气氛"像婚礼钟声

斯大林、H.杜鲁门（中）和W.丘吉尔在波茨坦握手

一样欢乐"。会面一直持续到凌晨3点，两位领导人在会面中没有过多谈论军事，但是W.丘吉尔的确查证了这位格鲁吉亚出生的领导人的国内政策。当问到他发誓根除的相对富裕的富农阶层怎么样时，斯大林"非常坦率"地回应道，西伯利亚富农被给予了土地，但是"其他人非常不喜欢他们"。写下这段话的作者认为这个晚上非常成功："毫无疑问，W.丘吉尔很受感动，我认为这种感情得到了回应。"

1945年7月17日，美、苏、英三国首脑在柏林郊外的波茨坦举行会议。H.杜鲁门、斯大林、W.丘吉尔和三国外长等参加了会议。会议通过了《波茨坦公告》，敦促"日本政府立即宣布所有日本武装部队无条件投降"；在8月2日达成的《波茨坦协定》，主要确定了占领德国的原则。波茨坦会议对夺取反法西斯战争的最后胜利意义重大，对战后建立新秩序以及国际关系的发展产生了重要影响。

列宁告知从瑞士回国的电报在伦敦拍出高价

6月12日，在伦敦佳士得举行的"书籍和手稿"拍卖会上，列宁给法国共产党人、诗人H.吉尔博的一封信和电报分别以19万美元和7.7万美元成交,成交价比估价高出1倍。

这封信是1920年用左手写的,而1917年的电报是用机打的,内容是告知他要乘"密封车厢"从瑞士回俄罗斯。当列宁得知俄罗斯发生了二月革命,就立即决定回国。德国外交部同意列宁和他的大约30名战友乘坐密封车厢穿越德国境内回到俄罗斯。1917年4月9日,这组革命人士离开伯尔尼。1周后列宁抵达了彼得格勒(圣彼得堡)芬兰火车站,半年后爆发了十月革命。拍卖行指出:"列宁乘火车从瑞典回国无疑是他一生的转折点和20世纪历史的决定关头。"

回国时的列宁

列宁告知从瑞士回国的一份电报

H.吉尔博是法国诗人、文学理论家和政治活动家。他反对第一次世界大战,由于从事反战活动在法国曾被判死刑,他与列宁一样流亡到瑞士。

在电报中,列宁邀请H.吉尔博和法国作家、诺贝尔奖获得者L.罗兰与他们这些革命者一起乘火车去俄国,但是无论H.吉尔博还是L.罗兰1917年都没有去成,但后来他们都访问过俄国和苏联。1919年H.吉尔博在莫斯科参加了

列宁和一批政治流亡者离开瑞士,途经斯德哥尔摩

共产国际成立大会。

古巴庆祝切·格瓦拉文献收入《世界记忆名录》

6月18—21日,联合国教科文组织"世界记忆项目"国际咨询委员会在韩

古巴庆祝切·格瓦拉文献收入《世界记忆名录》

国光州召开第11次会议，审议来自54个国家和组织提交的84项申请。最终，被通过的54项文献遗产作为新增项目，列入联合国教科文组织《世界记忆名录》。

联合国教科文组织有3个致力于保护文化遗产的项目：保护具有杰出普遍价值的建筑物和自然遗址的《世界遗产名录》、关注口述传统和文化传承的《非物质文化遗产名录》以及关注世界文献遗产的《世界记忆名录》。列入《世界记忆名录》的文献遗产与列入其他两种名录的遗产具有同等价值。根据世界记忆项目的定义，文献遗产指的是具有信息内容和载体的一份，或有逻辑连贯性的一组文献（如一个集合、馆藏或档案全宗）。与《世界遗产名录》中宏伟的建筑和《非物质文化遗产名录》中看不见摸不着的文化现象不一样，人们在日常生活中经常接触到的手稿、书籍、信件、绘图、乐谱、光盘、照片等，只要满足一定的文献价值，都有机会成为名录中的一员。

年轻时的切·格瓦拉

1957年，切·格瓦拉用驴拉着食物去前线庆祝圣诞节

由南美洲国家玻利维亚和古巴联合申报的切·格瓦拉生平及著作文献集，包括这位古巴革命领导人少年和青年时期的手稿，以及他在玻利维亚写下的战争日记。文献共计1 007份，8 197页，涵盖了1928—1967年切·格瓦拉创作的或与他有关的革命文章、散文、新闻作品、履历材料以及他与家人、朋友的书信，还有他本人参与或与他有关的十分珍贵的图片、影像材料。

古巴发起"精神文明"运动

据拉美社7月7日报道,在第八届全国人民政权代表大会第一次会议的开幕式上,劳尔·卡斯特罗指出,古巴现行的社会经济模式需要长期保持遵守秩序、纪律和要求的氛围。第一步是承认问题的存在,并找到其成因。

劳尔说,在20多年的特殊时期里形成的诚实、正派、知耻、自尊、正直和认知他人问题的敏感度等道德和公民价值观正日益遭到损害。他指出,一部分人将这些问题看作正常现象,使得很多违法乱纪现象亵渎了维持人们和谐生活的法律和法规。

劳尔·卡斯特罗

报道称,违章搭建、非法商品和服务交易、非法屠宰和偷盗牲畜、森林资源砍伐、短缺产品囤积和高价倒卖、收受贿赂和好处以及信息安全领域的违法违规行为都被包含在打击对象中。此外,劳尔也呼吁抵制那些"擦边球式的行

在第八届全国人民政权代表大会上劳尔呼吁发起"精神文明"运动

为",例如使用下流粗俗的语言,这一现象在不同文化水平和年龄层的古巴民众中间都存在。劳尔认为,家庭和学校在传播和教导道德价值观上起着至关重要的作用。他指出,生活在社会中意味着遵守那些关乎他人权利和表现自身体面的规则,而这"与我们古巴人应当传承和发扬的快乐天性并不矛盾"。劳尔强调,包括警察局、审计部门、纪检部门和法院等在内的国家和政府各机构应当在这一进程中起到作用,在严格遵守法律法规方面树立表率。劳尔说,古巴革命拥有足够的力量取得这场战斗的胜利,前提是全体国民的加入和支持。

日共借卡通代言人为选举造势

7月,随着参议院选举临近,日本共产党推出了一系列卡通形象代言人,其构成可谓三教九流。其中包括10个孩子的母亲"育子",只见她剑眉倒竖,身后还背着一个婴儿。根据日共的介绍,她正"打算再生一个孩子,这样以后就能组成一支家庭足球队了"。此外还有一位原则性极强的功夫大师——"保宪"师傅。另外还有25岁的"叶子"———一位"神秘兮兮"的跳槽专业户,她"常年戴墨镜、穿军装款风衣,而且据传在衣服里藏着一根皮鞭",他们全都是"扩散局"的成员。这是由8位卡通代言人组成的一个组织,是已经有91年

日共在东京户外大屏幕上推介卡通代言人形象

历史的日共企图重新包装自己、以吸引精通技术的新一代选民的努力的核心。

日本共产党把卡通代言人的形象印在T恤和硬纸板做的喇叭上，还通过广告在东京的户外大屏幕上推介。"扩散局"成员还有自己的推特账号，并且在该党官员组成的幕后团队的帮助下，不时推送《共产党宣言》上摘录的只言片语。该局甚至有自己的主题歌，或者至少说是主题歌的歌词。其中有两句歌词是："我们没有你们想的那么可怕——嘿！/我们都是脚踏实地的好人——嘿！"支持者可以为这首歌谱曲并上传到网上。现在已经有包括说唱版、钢琴版和混音版在内的7个版本上传。

日共的支持者日益减少，党员基本来自工会和教师队伍，就是无法吸引赶时髦的年轻人。根据日共在2004年颁布的最新党纲，它需要借助于年轻人来"战胜资本主义并推行社会主义改革"，因此，它需要借助于卡通来解决自身的形象问题。

委内瑞拉政府宣布成立"H.查韦斯思想高级研究所"

7月31日是H.查韦斯诞辰59周年。委内瑞拉政府在H.查韦斯的故乡、巴里纳斯州的萨巴纳塔市，举行庆祝H.查韦斯诞辰的大型群众集会。N.马杜罗总统在集会上说，"H.查韦斯的伟大功绩就是发动了一场21世纪真正的和深入的革命。他唤醒了民众，唤起了玻利瓦尔觉悟，举起社会主义大旗，将社会主义作为人类未来（发展）的唯一选择"，并宣布委内瑞拉政府决定建立"H.查韦斯思想高级研究所"，并任命H.查韦斯的哥哥亚当出任这个研究所的所长。

N.马杜罗总统说，他签署法令，建立H.查韦斯思想高级研究所，"目的就是对H.查韦斯的思想和革命实践活动进行深入的研究"。亚当在集会上也表示，担任H.查韦斯思想高级研究所所长是一项艰巨的任务，"是为了让后人能够继承H.查韦斯遗志，继续进行社会主义革命和建设的重要方式"。

委内瑞拉还在西部城市梅里达

H.查韦斯画像

为已故总统H.查韦斯建造第一个矗立着的雕像。这座矗立的雕像高达2.2米，重约330千克。铜身雕像将展现H.查韦斯军人面貌：他身穿一袭军装，头戴贝雷帽，腰上缠绕总统腰带，右手放在胸前，左手高高举起。诗人兼雕刻家曼纽尔（Manuel Suescun）负责查韦斯雕像的这项工作。待完工后，这也会是查韦斯在委内瑞拉第一尊站立的雕塑。现在，委内瑞拉许多地方都在筹划将当地道路、学校或是城市广场用"H.查韦斯"命名。N.马杜罗总统指出，"纪念H.查韦斯的活动要有组织和计划"，用"H.查韦斯"命名的计划项目必须提交政府有关部门批准后方能实施。他强调："我们必须保护好H.查韦斯的形象。"

一部极具震撼力的3D大片《斯大林格勒》在俄全境上映

俄著名电影导演F.邦达尔丘克

10月10日，时值苏联卫国战争"斯大林格勒战役"胜利70周年，一部极具震撼力的3D战争大片《斯大林格勒》在俄罗斯境内全线上映。这部影片由执导过《第九突击队》《人烟之岛》等多部战争动作片的俄罗斯国宝级导演F.邦达尔丘克亲自掌镜，耗资3 000万美元，也是俄罗斯首次出产的3D影片。

《斯大林格勒》根据"二战"时期真实事件改编，影片讲述的是1942年秋苏联红军在跨越伏尔加河，向伏尔加河左岸的德军发起反攻后失利，几名苏联士兵却在这次行动中得以到达伏尔加河左岸，并潜进了一座被德军占领的房屋。在这里他们遇到了一位未能跑掉的俄罗斯姑娘，并与德军展开了一场惊心动魄的斗争。在这部真实还原"二战"历史的作品中，既有炮火轰炸的恢宏场景，也有"让子弹飞"式的慢镜头；既有男儿征战沙场的铁血豪情，也有美人相伴的柔情画面。残酷真实与精准特效水乳交融，凭借巨幕3D的表现力，令观众获得亲临现场般的震撼。

擅长处理大场面影片的F.邦达尔丘克导演表示，卫国战争题材历来是俄罗斯电影永不枯竭的源泉，自苏联时期以来，讲述斯大林格勒保卫战的电影不胜枚举。而对于当代年轻人来说，饱受好莱坞大片洗礼之后，他们需要的是属于这个时代的、以独特语言来讲述历史的电影。《斯大林格勒》基于这样的创作初衷而产生，并选择以更富表现力的IMAX-3D制式来呈现。他希望，影片宣泄的那种可怕、压抑和不可思议的3D效果能引起广大观众特别是青年人一种特殊情感上的共鸣。《共青团真理报》的评论指出，《斯大林格勒》所表现的不仅是气势恢宏的战争场面，电影中的人物绝不是杜撰出来的，而是我

《斯大林格勒》海报

影片中的场景

们的父母和爷爷奶奶们的经历,并认为这样的恢宏场面、具有强烈的视觉和听觉效果的影片在俄罗斯还是第一次拍摄。

俄罗斯红场阅兵纪念卫国战争72周年

11月7日,莫斯科红场举行阅兵式,纪念在1941年卫国战争最艰难阶段举行的红场阅兵72周年。一些身着"二战"时期苏军制服的俄军士兵参加了阅兵式,让人感觉仿佛回到了1941年的莫斯科。

在阅兵仪式开始之前,莫斯科市长索比亚宁、莫斯科市杜马议员、莫斯科市政府成员、"二战"老兵、神职人员和青年组织代表等,共同向位于克里姆林宫墙外的无名烈士墓敬献花圈。

参加阅兵活动的士兵方阵走过红场

阅兵式从当地时间上午10时开始。索比亚宁首先发表讲话,他回顾了1941年红场阅兵的历史,并对"二战"老兵为国家和人民所作的贡献表示感谢。1941年苏德战争爆发后,德军兵锋直指莫斯科,苏联局势危急。11月7日,斯大林为了鼓舞士气,在红场举行盛大阅兵,从远东地区赶来的士兵受阅后立即赶赴几十千米外的莫斯科郊外与侵略者作战,成功击退德军重兵集团对莫斯科的围攻,打破了所谓"德军不可战胜"的神话。该事件也成了伟大卫国战争胜利的一个良好开端。

坦克部队接受检阅

总统骑兵团以及三军仪仗队和来自俄罗斯军事俱乐部、武器装备学校的青少年代表共同参加了此次盛大的阅兵式活动,共有约6 000人,28名"二战"老兵受邀观看阅兵式。

有百年历史的以色列公社

以色列的公社已有百年历史。"基布兹"在希伯来语中的意思为"集体定居点",也可以称为人民公社或集体农庄。最早成立于1909年,当时还没有以色列这个国家,一些俄国、波兰等国家的犹太移民到中东开展犹太复国运动。他们看见的并不是《圣经》上所说的"流着奶和蜜"的地方,而是一片贫瘠的土地。怀抱社会主义的理想,他们在当时巴勒斯坦北部加利利湖地区的德加尼亚建立了一些集体拥有的独立农场,从那时开始直到现在,这种经济体

公社人家居所

一直运作下来。目前以色列有300个左右的基布兹,人口约占全国总人口的3%。

公社最突出的特点是"共存"。成员的生活水平大致接近,没有巨富,也没有赤贫。社员们没有工资,只领取有限的"零花钱"。所有的大开支都由集体负担,吃饭、住房、汽车、大件家电、医疗、养老、儿童教育、继续教育全部由集体负担。在以色列的公社中,绝对不存在强制,谁也没有权力强制他人做什么或不做什么,谁也不可能强制他人做什么或不做什么。

百年来,以色列人不仅在探索着穷人与富人的共存道路,也在艰难地探索着信奉不同宗教的不同族群之间的共存之路,探索着人与自然的共存之路。以色列的公社固然是一种经济组织,但更是一种生活方式,是一种非资本主义的生活方式,是一种不以积聚财富为目标的生活方式。这种生活的意义主要不是对物质财富的分享,不是避免生活水平的两极分化,而是保持每个成员的尊严。在公社中,大家都是平等的社员,没有"老板"和"打工仔"之间的区别。对于平等,人表现出明显不同的偏好。一些人很享受"左呼右拥、颐指气使"的威严;另一些人对此却并无兴趣,甚至对这种鹤立鸡群的局面感到不安。一些人很容易适应"顺从雇主、效忠老板"的局面,并不会为此感到不安和屈辱;另一些人,却对这种"尊卑上下"的局面很不适应。对于那些对"君临众生"不感兴趣的人,对于那些更偏爱平等和尊严的人,公社是一种更符合他们的偏好和个性的选择。

公社共存的生活方式,不仅可以使人避免异化为"房奴""车奴""子女教育奴""财奴",而且是一种更有利于维系地球生存环境的生活方式。

以色列西部凯撒利亚附近的公社食堂

国际资讯（2014）

俄共隆重纪念列宁逝世90周年

俄共支持者隆重纪念列宁逝世90周年

1月21日是列宁逝世90周年纪念日，俄共党员组织了各种纪念活动以怀念这位革命领袖。俄新网称，俄共在莫斯科红场组织了向列宁墓敬献花圈活动，总计有100—150名俄共党员参加，俄共主席久加诺夫亲自出席了仪式。在南萨哈林斯克，俄共地区分部也举行纪念仪式，有20多人到列宁广场向列宁纪念碑献花。俄共地区分部领导人维塔里·叶里扎利耶夫表示："列宁在世界上创建了第一个社会主义国家。在随后的70多年里，苏联成为一个超级大国。目前许多人仍记得苏联时代，并怀念社会主义带给他们的美好生活。由此，许多人怀念列宁。"在巴尔瑙尔，俄共也在苏维埃广场举行了隆重的纪念仪式，并对列宁创建布尔什维克党及为国家建设作出的巨大贡献给予高度评价。"全俄妇女联合会"城市分部领导人柳德米拉·波波娃表示，之所以参加纪念仪式，是因为列宁一直活在她的心中。

但在列宁逝世纪念日的当天，俄罗斯自由民主党主席日里诺夫斯基却建议把列宁遗体从红场上的列宁陵墓内迁出，移到莫斯科郊外下葬。他说："我们一向坚持把所有人的坟墓从红场迁走——不仅包括列宁的，还包括埋葬在列宁墓后面和红墙里所有人的遗骨迁走。"他还称，在红场的陵墓里保存列宁遗体费用太高，已经花去数亿卢布，"应当尽快安葬他"。

人们向列宁墓敬献花圈

近年来，俄罗斯社会不断有人发出迁葬列宁遗体的呼声，但遭到俄共强烈反对。21日，俄总统人权全权代表弗拉基米尔·卢金表示，有关迁移列宁遗体的问题将在可预见的未来解决，可能还需要5—10年，但现在这样做会造成俄社会局势紧张，"只有当整个社会变得更加顺畅时才能实施"。

智利共产党40年后重返政府

西班牙《国家报》3月7日报道，M.巴切莱特将再次就任智利总统，但与2006—2010年的上一个任期不同的是，此番为她保驾护航的是由多个政党组成的更为多样化的伙伴群，其中最大的新闻是智利共产党的加入。智利共产党将负责妇女事务，这将是自1973年军事政变以来共产党首次重返总统府，智利共产党领导人、70岁的

智利共产党党徽

G.泰列尔功不可没。

在A.皮诺切特执政时期，G.泰列尔化名进行地下活动。他不断更换姓名和住所，多年无法与孩子们相见。他曾经被捕并遭受严刑拷打，但他的运气比自己的很多同志要好一些：300多名党员被处决，数百人在40年之后仍下落不明。G.泰列尔曾担任智利共产党的军事领导人，负责颠覆行动。1986年策划了针对A.皮诺切特的暗杀未遂。

智利共产党重返政坛第一线的道路是漫长的。2005年在G.泰列尔的领导下开始了逐步恢复政治地位的战略进程，2008年赢得两个市长职位，2009年获得3个议席，G.泰列尔本人成为议员。智利共产党代表6%的选民，在2013年选举中，共产党的议席增加了1倍，并取得了标志性的胜利：前学生运动领袖、25岁的C.巴列霍当选议员。

当记者提问共产党进入政府的目标时，G.泰列尔回答："尽一切可能推动政府计划的实施。1990年推翻独裁之后，智利首次提出大规模结构改革，如免费教育、改善公共卫生和税制改革。"针对是否放弃武装斗争的问题，他答道："不能放弃。当有人向你宣战时你有权保护自己。我赞同'起义'这个概念，我认为在以前这是合理的。以前的智利不是法治国家。但现在我们不鼓励这么做。"预测拉美未来的政治形势，他认为无疑会有"左"倾化，指出不是所有人都想搞社会主义，但的确希望建设更进步的民主社会。在欧洲社会主义垮台之后，我们正在建设我们自己的理念。

G.泰列尔　　　　　　　　　　　　C.巴列霍

俄议员要求就苏联解体对戈尔巴乔夫刑事立案

俄罗斯国家杜马（议会下院）的部分议员4月9日致函总检察长柴卡，要求其对苏联解体事件展开调查。一旦俄总检察院认定苏联解体非法，就会追究造成这一后果的相关人士的责任。原苏联总统戈尔巴乔夫可能面临刑事指控。

俄罗斯议员要求对苏联解体事件展开调查

俄罗斯《消息报》10日报道称，杜马议员认为，在当年举行的全民公决中，绝大多数苏联公民赞成保持国家统一，但几名党政高官的非法活动导致了苏联解体。当时戈尔巴乔夫建立了他所领导的苏联国家委员会，这一机构违反了苏联宪法，正是该委员会通过了波罗的海三国独立的决议。议员强调，起诉这种罪行不受时间限制，任何事情都不会妨碍对戈尔巴乔夫进行刑事调查，他也不会得到任何豁免。

对于此事，戈尔巴乔夫表示，这是某些议员的一种个人公关行为，他们希望被公众所关注。他们的行为

戈尔巴乔夫表示愿意配合检察院调查

是草率的，也是毫无历史依据的。戈尔巴乔夫在接受"莫斯科回声"电台采访时表示，"如果检察院认真对待此事，我愿意配合检察院，给议员们一个答复。应该召集当时投票批准《别洛韦日协议》的所有杜马议员，以及协议的所有各方。一切都很清楚，不需要调查，直接作出决定，上车送到马加丹州的集中营"。他在回答议员们为什么会针对这一事件时回答道，"俄罗斯的所有问题都解决了，不存在问题了，于是都可以做这件事"。

俄罗斯社会院成员斯瓦尼泽认为，不知何因对一个十分年长的人进行刑事立案很愚蠢。他补充道，"好吧，就让我们对1917年俄罗斯帝国的瓦解刑事立案，但该事件的人士都不在了"。

戈尔巴乔夫系第一任也是最后一任苏联总统。1991年12月苏联11个加盟共和国元首签署《别洛韦日协议》及该协议备忘录《阿拉木图宣言》后，戈尔巴乔夫辞去总统职务。

"重返苏联"在俄罗斯不再虚幻

到俄罗斯后，你会意外地发现"后苏联"空间内的百姓对老苏联的态度与以往相比已大相径庭，再不是以"难忘苏联"为题来讲述今天俄罗斯人对苏联的想法和态度，而是直接可以听到"重返苏联"的脚步声声。事实上，"重返苏联"正成为一个节奏很强的话题，它真实地摆在那里，不再像以往那样虚幻。有人说它是眼下乌克兰冲突的病根，是俄罗斯与西方战略冲突的焦点；也有人说它是俄罗斯人的梦想与光荣，并很可能成为一把钥匙，为世人打开通向俄罗斯灵魂的大门。

电视画面上一位被采访的老人

莫斯科街头书摊有斯大林肖像的挂历

感慨道,"俄罗斯人在没有苏联的日子里已经熬过23年,苏联是我人生中最美好的阶段"。"苏联时期"这几个字,甚至成了一些人表达观点时的口头禅。人们喜欢谈论苏联的原因各不相同,相同的是,俄罗斯全社会都对苏联充满思念之情。在感叹"苏联时尚"回归、"苏联物件"值钱的同时,人们恐怕难以否认那些旧时尚、老物件里的精神遗产。在今天的俄罗斯,苏联并不属于过去,它遍布社会生活的各个角落。

俄罗斯200万人游行庆祝"五一"

俄罗斯200万人游行庆祝"五一"

对不少俄罗斯人来说,它不仅是一大批博物馆,不仅是美轮美奂的莫斯科大学和乌克兰饭店,也不仅仅是人们内心深处对美好生活的寄托,它还是俄罗斯的推动力,是一个民族的自信。俄罗斯民调机构年初进行的一项调查显示,57%的俄罗斯人对苏联解体表示遗憾。其中有86%的老年人表示怀念苏联时代。而在25—37岁的受访者中,非常怀念苏联时代的受访者也高达37%。53%的人认为苏联解体完全可以避免。

俄罗斯著名汉学家季塔连科院士表示,苏联是人类文明史上一场伟大的社会实验,它试图建立人类历史上最公正、最有保障、最能让人感受幸福的社会制度。他说,苏联教会人们彼此信任、合作和相互支持。莫斯科一名大学教授说,苏联是俄罗斯人失去的家园,故园回首,定是一腔思乡之情。他认为,苏联已经成了一种思想,正在影响当代俄罗斯人的生活。老一代思念自己的青春岁月,中年人感叹自己曾是"欢乐的苏联儿童",年轻人谈论苏联或是囿于血液记忆,或是沉醉于"生活在别处"的小资心情。但是,政治家、知识分子、媒体人为何也会时常"言必称苏联"?

日本《产经新闻》5月3日的一篇文章写道,"普京政府美化苏联意识形态的路线越发明显。1日,红场举办了苏联解体后首个苏联形式的'劳动者盛典'"。文章称,苏联时期五一劳动节与5月9日"二战"胜利日同被视为最重要的节日。俄罗斯人再次看到了苏军战旗,重新听到了苏联国歌的美妙之声。普京还亲自签署命令,恢复"劳动英雄"称号,重塑苏联人忘我无私的奉献精神。

俄罗斯政治精英为何对苏联一往情深?怀念过去首先意味着对过去的认同。西方认为,俄罗斯正在以更强硬的姿态重返国际舞台,展示出构建"俄罗斯帝国"的壮志雄心。当克里姆林宫开始对西方说"不"时,在西方看来,就必然意味着苏联的再次崛起。乌克兰危机让西方看到,俄罗斯已经着手全面反击,开始实现"重建帝国之梦"。俄罗斯战略学家们也承认,俄罗斯人对苏联的怀念,正是为了寻找重建一个强大国家的信心,而苏联

普京签署歪曲苏联历史将严惩的新法案

意味着联合,人们思念"联合在一起的岁月"。正是在这样的背景下,俄政府开始把民众对苏联的思念之情视为一种联合一切的强大动力。

波兰社会主义政权最后一任总统W.雅鲁泽尔斯基去世

西班牙《国家报》网站5月25日报道称,波兰社会主义政权最后一任总统W.雅鲁泽尔斯基在脑血栓发病数日后于25日去世,享年91岁。

W.雅鲁泽尔斯基是波兰当代史上的一个关键人物。在一些人看来,他捍卫共产党政权到最后一刻并无情地镇压了L.瓦文萨的团结工会运动;在另一些人眼中,他在1981年宣布实行军事管制以避免苏联入侵,并为国家未来的民主化奠定了基础。

W.雅鲁泽尔斯基

永远戴着一副深色眼镜的W.雅鲁泽尔斯基的形象成为共产主义波兰的象征。1923年7月,他出生于西里西亚,是20世纪波兰大部分悲剧的缩影。由于希特勒和斯大林签署了互不侵犯条约,苏联侵略了波兰部分地区,W.雅鲁泽尔斯基与家人被流放,父亲死在了西伯利亚,他本人被判强制劳动。纳粹侵略苏联后,W.雅鲁泽尔斯基加入了苏联红军,参加了1945年的柏林战役。他先后在军队和党内担任过多项职务,1968年任国防部部长,1981年10月任波兰统一工人党中央委员会第一书记,1981—1985年任部长会议主席,1985—1989年任国务委员会主席,1989—1990年任总统。W.雅鲁泽尔斯基1989年承认了团结工会的合法性并举行了大选,从而结束了统一工人党的专政地位和共产主义政权。

其一生功过无法简单评价,而且在共产主义垮台近1/4个世纪后仍令波兰人对其毁誉参半。曾被W.雅鲁泽尔斯基作为团结工会领导人拘禁、但最终代替其担任总统的L.瓦文萨说,这名共产主义者是个悲剧人物,应该只由上帝来予以评判。对于许多波兰人而言,W.雅鲁泽尔斯基是苏联的傀儡,在第一个独立的团结工会威胁到共产主义统治后,在莫斯科的支持下,于1981年12月13日宣布实行军事管制。其他人则接受了W.雅鲁泽尔斯基的说法,即这一决定有助于避免以苏联为首的军事干预。

任国防部部长时的W.雅鲁泽尔斯基

苏联前总统戈尔巴乔夫对波兰前领导人W.雅鲁泽尔斯基去世表示深切哀悼,称其为"杰出人物,命运非同一般,为波兰作了许多贡献"。戈尔巴乔夫说:"他是一名战士,与我们并肩反法西斯,直到最后仍忠于自己的社会主义选择。"

国际劳工组织对世界劳动者境况作出基本估计

国际劳工组织徽标

5月27日,国际劳工组织表示,发展中国家有越来越多的劳动者得到了更好的工作,加入了中产阶级行列,但仍有8.39亿劳动者的日收入不足2美元。在国际劳工组织发布年度《劳动世界报告》之前,该组织总干事G.赖德在日内瓦接受采访时说:"总体来讲,发展中国家正处在追赶发达经济体的过程当中。"

这份报告指出，从1980—2011年，像塞内加尔、越南和突尼斯这样的发展中国家的人均收入实现了3.3%的年均增速，远高于发达经济体1.8%的水平。如今，这些发展中国家四成以上的劳动者被划入所谓的"发展中中产阶级"（意味着他们的日收入达到4美元以上），这一比例在20年前还不足两成。然而，超过半数的发展中国家劳动者，即大约15亿人，缺乏稳定的工作条件。他们没有签订劳动合同，没有社会保障，常常过着贫苦的日子。大约有8.39亿人，即发展中国家劳动者总数的1/3，每日所得不足2美元。但这份报告同时指出，这一比例在21世纪初还高达1/2以上。国际劳工组织在分析了140个发展中国家和新兴经济体的国情后得出结论说，那些努力解决劳动贫困问题、投资创造高质量就业岗位、帮助劳动者摆脱不稳定就业状态的国家更有能力安然度过全球金融危机。

自2007年爆发金融危机以来，发达国家与发展中国家的劳动者境况呈现出加速趋同化的特点。自危机以来，又有3060万人加入全球失业大军，导致去年全球失业总人数达到1.998亿人，而且到2019年预计将增加到2.13亿人。全球失业率稳定在6%左右，这一水平预计将维持到2017年，其中发达经济体

国际劳工组织总部

的失业率增幅最大。该报告指出,眼下发达国家的平均失业率稳定在8.5%左右,高于危机前的5.8%;而发展中国家失业率只出现过短暂升高,现在已回落至危机前水平,即5.4%。报告主要撰稿人M.马哈茂德说:"许多发展中国家(尤其是拉美和亚洲国家)正在努力应对收入不均,提高就业岗位质量和社会保障水平。与此相比,一些发达经济体(尤其是欧洲国家)似乎正在朝相反的方向发展。"

机遇的转变同时也影响到移民模式。报告指出,去年全球有2.315亿人生活在出生地以外的国家。国际劳工组织表示,虽然欧盟到目前为止依然是最受欢迎的移民目的地,吸引了51%的全球移民,但自金融危机爆发以来,移民现象越来越多地出现在发展中国家之间。此外,越来越多受过良好教育的年轻人正离开遭受危机重创的发达国家,前往新兴经济体。

未来5年将有2.13亿人进入劳动市场,其中2亿人将来自新兴经济体和发展中国家。国际劳工组织乐观地认为,绝大多数的新增工作岗位将为劳动者提供体面的生活。报告写道:"历史上将首次出现这样的情况:在未来几年里,发展中国家的大多数新增岗位将很可能具有较高的质量,足以让劳动者及其家庭过上相当于美国贫困线(日收入13美元)以上的生活。"尽管如此乐观,国际劳工组织还是坦言,到2018年,发展中国家劳动者中仍将有85%的人过着相当于美国贫困线以下的日子。

俄白哈组建"欧亚经济联盟"令西方担心"重建苏联"

普京试图"重建苏联帝国"

5月29日,负责俄罗斯、白俄罗斯、哈萨克斯坦三国一体化进程的超国家机构——欧亚经济委员会最高理事会会议在哈萨克斯坦首都阿斯塔纳举行。俄罗斯总统普京、白俄罗斯总统卢卡申科、哈萨克斯坦总统纳扎尔巴耶夫在会上正式签署《欧亚经济联盟条约》,条约从2015年1月1日起生效。亚美尼亚总统表示,7

月 1 日前签署并加入《欧亚经济联盟条约》，吉尔吉斯斯坦总统希望今年年底前加入联盟。西方担心普京此举试图"恢复苏联"或者"重建苏联帝国"。但俄白哈三国官方多次强调联盟的经济属性，不掺杂政治成分。

据"俄罗斯之声"29 日报道，普京表示，条约的签署为俄白哈三国经济发展和公民福利的提高开辟了广阔前景。三国将在关键经济领域实施共同政策，包括能源、工业和交通运输领域，将保障商品、服务、资本和劳动力在三国境内自由流通，并推行协调一致的经济政策。从实质上看，三国在独联体空间内组建一个规模巨大的统一市场，具有强大的生产、科研和技术潜力，拥有庞大的自然资源储备。他说，世界舞台出现新型经济组织，该组织具备全面充分的国际法人资格，以世贸组织原则为基础运作，向该联盟机构移交某些权力绝对不会对国家主权造成任何损失。俄总统助理乌沙科夫表示，欧亚经济联盟委员会总部将设在莫斯科，法院设在明斯克，金融监管机构设在阿斯塔纳。

英国广播公司称，西方把这次签约仪式视为普京"重建苏联"这一宏伟计划的开始，虽然这个梦想目前看来还很遥远。批评者认为，"俄罗斯吞并乌克

俄白哈三国总统步入签署《欧亚经济联盟条约》的殿堂

兰的克里米亚，就是企图重新控制原来苏联的领土"。美国防长C.哈格尔曾对美国媒体表示，"普京并不想掩饰，他在最近几年曾经不止一次公开表示，苏联的垮台是一个极大的错误"。但普京明确反驳称，俄罗斯致力于在苏联地区推动一体化进程，绝不是为了"复辟苏联或者建立某个帝国"，而是要充分集聚本地区各国的竞争优势；本次签署的条约内容纯粹是经济领域的合作，没有任何"复兴帝国"的成分。

恩格斯故居竖起一座由中国赠送的伟人雕像

6月12日，德国《西德意志报》以《恩格斯连接北威州和中国！》为题，报道了中方赠送给德国北威州伍珀塔尔市的恩格斯雕像，11日在恩格斯故居外落成。中国驻德大使史明德和伍珀塔尔市市长P.荣等出席了雕像揭幕仪式。

这座恩格斯铜像为立像，高5米，青铜铸造，重约2吨。由中国雕塑学会会长、著名雕塑家曾成钢创作，写实的手法艺术地表现了恩格斯睿智光辉的形

恩格斯故居

象和恒久的人格魅力。为创作雕像，作者几易其稿，构思了各个年龄段的不同构图，最终选定了一个为中国人民熟悉的、在行走中思考的中年恩格斯形象。P.荣市长给予惊奇的艺术以好评，表示中国的礼物，将强化中国和德国及伍珀塔尔市的特殊关系。恩格斯被称为"伍珀塔尔的儿子"，小城为他而骄傲。多年来，该市一直希望修缮恩格斯故居，增加一些设施。由于经济不景气，修缮方案迟迟不能进行。2010年11月，一个中国官方代表团的到访成了"转折点"。市政府表示，"中国人对恩格斯有发自内心的感激之情。为了纪念这位伟大的经济学家和哲学家，中国代表团希望赠送给伍珀塔尔一座恩格斯雕像"。

中国造雕像在恩格斯故居揭幕

《西德意志报》称，恩格斯雕像的落成象征着北威州和中国的合作进入新阶段。近年来，伍珀塔尔市惊讶地发现，"共产主义创始人之一的故居"已成为一个旅游景点。据史明德大使介绍，恩格斯故居是众多中国游客必选目的地之一，也是伍珀塔尔市吸引中国游客的一处重要景点，中国将恩格斯铜像赠给他的家乡，不仅表达对伟人恩格斯的崇敬和纪念，也表明中国愿积极发展同伍珀塔尔市以及德国北威州的友好互利合作。

今日美共整装再出发

6月13—15日，美国共产党（Communist Party USA）第30届全体会议在芝加哥举行，会议发出号召"将人与自然的利益置于利润之上"。

成立于1919年的美国共产党，与世界其他国家的共产主义运动组织一样，曾于1991年苏联解体后受到沉重打击，但它至今仍健在。据美共的数据

美国共产党党徽

显示,美共如今在全国有2 000—3 000名党员,如今面临的最大挑战是大多数成员年事已高,候补力量不足。美共的目标是在"可预见的未来"争取在美国实现社会主义。

美共总部在纽约曼哈顿西23街一幢8层楼房里。这栋楼是20世纪70年代这片街区尚未红火、房价较低的时候买下作为党总部的。在装潢现代、整洁明亮的办公室里,白墙上挂着党的历史上重要领袖人物的肖像,书架上整齐码放着马恩列斯著作。现任秘书长兼财务总管R.伍德介绍说,当初买这楼确实划算,这些年下来,也对资本主义的现实作了些让步,把楼里的2层出租,租金收入用来办网上刊物《人民的世界》。这份网刊的前身是很久以前就停刊的美共报纸《每日工人》。

美国历史上,共产党曾经是政坛的重要一分子。二十世纪三四十年代是美共的鼎盛时期,网络一度遍布全国,还在一些地方选举中夺得议席。有3位民主党众议员同时也是共产党员,但没有公开。虽然美共党员人数从未超过10万人,其影响却相当广泛。冷战爆发后,美国麦卡锡当局开始清洗共产党及其同情者。那段时间,美共"十分艰难"。冷战期间,美共建立了一个平行的地下组织,部分成员曾为莫斯科当间谍。到了20世纪80年代,美共得到来自莫斯科的大笔资金。亚特兰大的艾默里大学政治学教授H.克莱尔说,美国联邦调查局(FBI)知道这些钱的走向,一直盯着。1956年苏联在匈牙利搞大清洗大迫害,1968年又在捷克斯洛伐克清党,导致许多美国共产党员退党。美共当时坚持与莫斯科保持一致。蒙大拿州大瀑布大学历史教授F.佩德森说,对于美共能够从共产阵营解体的大震荡中存活下来,这令他"略感惊讶",但承认这应归功于美共的几名核心骨干,无论前途多么黑暗,他们就是不放弃。

现任党主席S.韦伯说,美共的首要任务是与广泛的左翼团体联合,为它们抗议经济不平等、为少数族裔维权的努力提供支持,由此来击败美国的"极右"势力。不过,党面临的重大挑战是党员年事渐高,候补力量不足的问题。一名前纽约支部的负责人记得,进入21世纪后的头几年,他参加了100多场葬礼。2008年金融危机爆发后,美共发现党员人数和党费缴纳金额略有上扬。

除了金融危机导致一部分人信仰发生转变,美共认为另一个原因是右翼政客对"社会主义"民主党人的攻击也把一些人推向左翼阵营。

S.韦伯提到近年来一些较重大的事件,比如各国主要城市发生的"占领"行动(如占领华尔街、占领伦敦金融城等),西雅图市议会选举中一名社会主义人士当选。就连共和党人现在也开始谈论贫困问题了。"这个国家的气氛正在改变,人们正在思考经济不平等问题",而美共的目标是在"可预见的未来"争取在美国实现社会主义。当然,共产主义可能还十分遥远。美共干部T.佩西诺夫斯基说,冷战记忆逐渐被淡忘,美共现在又采取务实的、草根活动路线,使得它的形象正在改观。

美共主席S.韦伯

和平共处五项原则发表60周年纪念大会在北京召开

6月28日,和平共处五项原则发表60周年纪念大会在北京人民大会堂隆重举行。国家主席习近平出席大会并发表题为"弘扬和平共处五项原则　建设合作共赢美好世界"的主旨讲话,深刻阐述和平共处五项原则的历史性贡献和重大现实意义,强调中国将继续做弘扬和平共处五项原则的表率,同国际社会一道,推动建设新型国际关系和持久和平、共同繁荣的和谐世界。

习近平表示,60年前,中国、印度、缅甸顺应历史潮流,共同倡导了互相尊重主权和领土完整、互不侵犯、互不干涉内政、平等互利、和平共处五项原则,这是国际关系史上的重大创举,为推动建立公正合理的新型国际关系作出了历史性贡献。

习近平强调,和平共处五项原则传承了亚洲人民崇尚和平的思想传统,生动反映了联合国宪章宗旨和原则并赋予可见、可行、可依循的内涵,体现了各国权利、义务、责任相统一的国际法治精神。60年来,和平共处五项原则走向亚洲、走向世界,历经国际风云变幻的考验,具有强大生命力。和平共处五项

和平共处五项原则发表60周年纪念大会在北京隆重举行

原则作为一个开放包容的国际法原则,集中体现了主权、正义、民主、法治的价值观,已经成为国际关系基本准则和国际法基本原则,有力维护了广大发展中国家权益,为推动建立更加公正合理的国际政治经济秩序发挥了积极作用。

习近平指出,当今世界正在发生深刻复杂的变化,和平、发展、合作、共赢的时代潮流更加强劲,维护世界和平、促进共同发展,依然任重道远。新形势下,和平共处五项原则的精神历久弥新,意义历久弥深,作用历久弥坚。我们共同纪念和平共处五项原则发表60周年,就是要探讨新形势下如何更好弘扬这五项原则,推动建立新型国际关系,共同建设合作共赢的美好世界。习近平提出:第一,坚持主权平等。主权和领土完整不容侵犯,各国应该尊重彼此核心利益和重大关切。各国都是国际社会平等成员,各国的事务应该由各国人民自己来管,要尊重各国自主选择的社会制度和发展道路。第二,坚持共同安全。我们要倡导共同、综合、合作、可持续安全的理念,坚持通过对话协商,以和平方式解决国家间存在的分歧和争端,推动建设开放、透明、平等的亚太安全合作新架构。第三,坚持共同发展。我们要共同维护和发展开放型世界经济,反对各种形式的保护主义,推动南南合作和南北对话,建立更加平等均衡的新型全球发展伙伴关系。第四,坚持合作共赢。我们应该把本国利益同各国共同利益结合起来,树立双赢、多赢、共赢的新理念,坚持同舟共济、权责共担,携手应对全球性问题。第五,坚持包容互鉴。我们要尊重文明多样性,推动不同文明交流互鉴、取长补短、和平共处、和谐共生。第六,坚持公平正义。我们应该共同推动国际关系民主化,世界上的事情由各国政府和人民共同商量办。我们应该共同推动国际关系法治化,推动各方遵守国际法和公认的国际关系基本原则。我们应该共同推动国际关系合理化,推进全球治理体系改革。

习近平强调,中国是和平共处五项原则的积极倡导者和坚定实践者。和平共处五项原则是中国外交政策的基石。中国是当代国际体系的参与者、建设者、贡献者。中国将坚定不移走和平发展道路,坚定不移在和平共处五项原则基础上发展同世界各国的友好合作,坚定不移奉行互利共赢的开放战略。当前,中国人民正在为实现中华民族伟大复兴的中国梦而奋斗。中国梦同世界各国人民的美好梦想息息相通,中国人民愿意同各国人民在实现各自梦想的过程中相互支持、相互帮助,中国愿意同各国尤其是周边邻国共同发展、共同繁荣。

习近平宣布,为表彰和鼓励更多人士和团体坚持和弘扬和平共处五项原则,中国政府决定设立"和平共处五项原则友谊奖"和"和平共处五项原则卓越奖学金"。

苏联"末代外长"走完争议人生

7月7日,原苏联外长、格鲁吉亚总统爱德华·谢瓦尔德纳泽因病去世,享年87岁。作为苏联的"末代"外长,谢瓦尔德纳泽对两德统一、苏联解体、东欧剧变等重大历史事件产生过巨大影响,使他在世界政治历史上的巨大争议不断被延续。

在得知谢瓦尔德纳泽去世后,俄罗斯总统普京第一时间向他的亲属及所有格鲁吉亚人民表示沉痛的哀悼。原苏联总统戈

谢瓦尔德纳泽

尔巴乔夫也称:"我们曾是朋友,我对他的离去感到非常遗憾。他是一位非凡、有才华的人物。他善于与各种人打交道,具有鲜明的特性和格鲁吉亚人的气质。"他称,当年任命谢瓦尔德纳泽出任外长出乎许多人的意料,但各界对于他的外交工作给予了极高评价。他当时在两德统一、改善苏联与中国关系、与美国进行对话及停止核军备竞赛等问题上发挥了重要的作用。而俄共议员则对他持不同看法,国家杜马第一副主席梅利尼科夫认为,他将作为一个葬送了苏联的人物被载入史册。

谢瓦尔德纳泽1928年1月25日出生于格鲁吉亚黑海沿岸的一个教师家庭,年仅18岁就出任共青团库塔伊西区委部长,后任区委第二书记。1957年任格鲁吉亚共青团中央第一书记。1964年任格鲁吉亚内务部第一副部长。他在任的4年内以打击格鲁吉亚国内严重的贪污著称,上百官员被撤职或关入监狱。1972年当选为格鲁吉亚共产党中央第一书记。1985年苏联外长葛罗米柯退休,最高苏维埃主席戈尔巴乔夫任命他为苏联外长来加强他身边年轻的改革力量。在谢瓦尔德纳泽的支持下,东欧国家被允许走自己的道路而不再置于苏联的控制下。当东欧共产党呼吁苏联采取军事介入来解决开始席卷东欧的民主化运动时他拒绝了,这为东欧大多数地区和平完成其民主化运动铺平了道路。

20世纪80年代末,当苏联危机越来越严重时,谢瓦尔德纳泽与戈尔巴乔夫之间的政治分歧开始越来越大。戈尔巴乔夫试图维持社会主义政府和苏联

戈尔巴乔夫任命谢瓦尔德纳泽出任外长

的统一,而谢瓦尔德纳泽则主张继续政治和经济的开放。1990年12月,谢瓦尔德纳泽因反对戈尔巴乔夫的政策而辞职。次年11月,谢瓦尔德纳泽再任苏联外长,但一个月后苏联正式解体,他与戈尔巴乔夫一同辞职。

苏联解体后,他以压倒性选票当选为独立后的格鲁吉亚首任民选总统。在2000年4月举行的总统选举中,他以多数票再次当选总统。2003年11月格鲁吉亚举行议会选举,反对派以当局在选举中舞弊为由,拒绝承认选举结果,并组织大规模示威游行,要求谢瓦尔德纳泽辞职,从而引发政局动荡。他被迫于11月23日宣布辞去总统职务。他一生遭多次暗杀,但每次都能逃脱,当时每天对他来说都可能是其生命的最后一天。俄罗斯一些媒体评价认为,谢瓦尔德纳泽的政治生涯可谓矛盾重重:他虽然是苏联制度的产物,但同时他在摧毁这个制度中发挥了至关重要的作用;他打击腐败而起家,但最后却因为腐败而倒台。

习近平与古巴革命领袖F.卡斯特罗共叙肝胆情谊

先后访问了巴西、阿根廷和委内瑞拉的中国国家主席习近平,到达拉美之行的最后一站——古巴之后,7月22日在哈瓦那亲切探望了古巴革命领袖F.卡斯特罗。

习近平来到F.卡斯特罗寓所,两人在亲密友好的气氛中,就中古关系、国际形势等共同关心的问题进行了交谈。习近平表示,"2011年我访问古巴时拜访了你,我们进行了长时间交谈。今天看到你精神矍铄,我感到十分欣慰。你是古巴革命和建设事业的缔造者,也是中古关系的缔造者,深受古巴人民爱戴,也赢得中国人民的尊敬,我们不会忘记你为两国关系发展作出的重要贡献。"习近平强调,这次访问古巴的目的是继承和弘扬菲德尔同志和中国老一辈领导人共同建立起来的中古传统友谊,为两国友好合作关系注入新动力。习近平还介绍了这次访问拉美并出席金砖国家领导人会晤和中拉领导人会晤情况。F.卡斯特罗欢迎习近平访问古巴。他表示:"我怀念同中国的友好交往,相信在习近平主席和古巴领导人引领下,古中关系将取得更加丰硕成果。"他指出,当前国际格局正在发生深刻变化,新兴市场国家和广大发展中国家群体性崛起,将对世界产生重大而深远影响。中国是伟大的国家,中国发展必将为促进世界和平与发展发挥重要作用。

F.卡斯特罗还邀请习近平参观庭院和农庄。看到中方赠送的辣木、桑树种子如今已经生根发芽、枝繁叶茂,两人十分高兴。F.卡斯特罗告诉习近平,辣木和桑树目前正在古巴推广种植,这有助于解决粮食和牲畜饲料问题。习近平说:"我这次特意又带来些辣木和桑树种子,希望它们茁壮成长,成为中古友谊新的见证。"法新社报道,在习近平访问古巴10天前,俄罗斯总统普京访问了哈瓦那,并会晤F.卡斯特罗。F.卡斯特罗在古巴共产党机关报《格拉玛报》撰文称赞这两次访问是"历史性"的,"人们呼唤中国和俄罗斯来领导一个能确保人类生存的新世界"。

结束哈瓦那的访问后,23日习近平在L.卡斯特罗的亲自陪同下,前往古巴民族英雄H.马蒂的家乡圣地亚哥,向这位英雄的墓地敬献花圈,并前往F.卡斯特罗打响古巴革命第一枪的蒙卡达军营参观。古巴舆论认为,访问革命圣地圣地亚哥,代表了对古巴历史和古巴维护民族独立的承认。

马克思亲笔信起拍价800万元在上海流拍

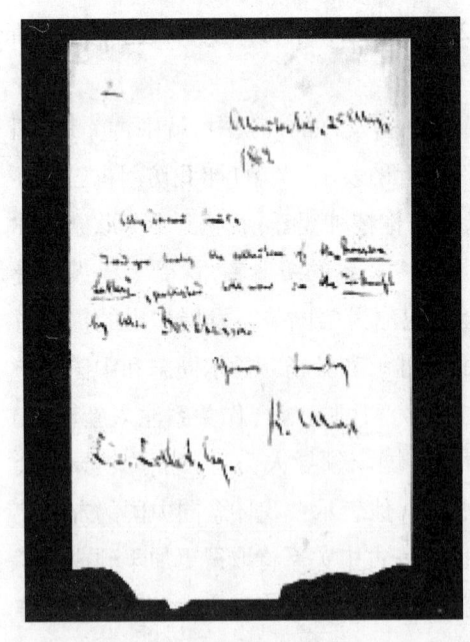

马克思手札正面

7月22日,1页马克思亲笔信札在上海泓盛拍卖会上亮相,这是全球近40年来首次公开拍卖马克思信札,但由于起拍价高达800万元而遭流拍。拍卖公司告诉记者,对此结果之前有所预料,流拍主要还是因为起价高了。

该页马克思亲笔信只有寥寥几行字,是马克思1869年5月28日在英国曼彻斯特写给他一位朋友的,内容主要是想了解自己的理论在俄国的反馈。根据相关背景,1867年《资本论》在汉堡首发,1872年出版了修订版及俄文首版《资本论》,写这封信的时间正在两者之间。拍卖公司表示，这是马克思手稿信札在国内的首次公开拍卖，也是全球40年来第一次拍卖马克思亲笔信。至于上拍价格，是拍卖公司和藏家事先商定的，主要的依据是四五年前一次欧洲古旧图书资料展中的1页马克思《资本论》手稿，当时标价250万欧元，因为最终的销售情况无法确知，所以这件马克思亲笔信最后定下800万元的起拍价。

由于这件信札从藏家愿意提供到正式拍卖之间只有一个多月的时间，市场铺垫的时间不够，对信的研究也不够，预展中也有些买家来询过价，但并没有表示出强烈的购买意愿。拍卖方事先估计，国内马克思等世界名人手稿、信札的收藏市场还比较小，这件信札最可能的藏家应该是国家有关收藏研究机构或者对红色经典文献有特殊兴趣和实力的私人藏家。对于这封马克思亲笔信，拍卖公司表示，虽然遗憾没有成交，但将与原藏家一起做进一步的研究考证。

这封信的藏家是上海人，20多年来一直致力于搜求红色文献以及名人手札，数年前在海外得到机会，拿自己的一件中国古画同另一位藏家换的这封马克思亲笔信，此次是为了支持泓盛纸杂文献专场而特别提供的，该藏家还提供了一本1848年3月荷兰阿姆斯特丹版的《共产党宣言》，属于市场极为罕见的版本，起拍价150万元，也遗憾流拍了。

委内瑞拉统一社会主义党在加拉加斯召开"三大"

7月26日—31日，委内瑞拉统一社会主义党（Partido Socialista Unido de Venezuela, PSUV）在加拉加斯召开"三大"。这次代表大会是在党的主席和国家主席H.查韦斯去世后召开的第一次党的代表大会。大会的主要成果：(1) N.马杜罗顺利当选为党的主席，其领袖地位得以确认；(2) 确立了党的基本方针、路线，大会决定把H.查韦斯思想作为党的主要思想来源之一，强调今后党和国家将继续进行玻利瓦尔社会主义革命，坚持H.查韦斯确定的基本方针、路线和"祖国计划"；(3) 强调经济工作是党今后工作的重点；(4) 重视干部，特别是青年干部的培训工作；(5) 强调要开展批评与自我批评，维护党内团结、军民团结；(6) 坚持H.查韦斯确立的外交政策。

在开幕式讲话中，N.马杜罗提出了党今后主要落实"1+5+8"公式："1"，

"三大"会场

N. 马杜罗向大会作报告

是指一项计划,即"祖国计划"。"5"即巩固党的5点主张:(1)没有社会主义,21世纪委内瑞拉的独立和主权就不能维持,就会丧失玻利瓦尔革命的成果;(2)建设一个社会主义的、生产的经济;(3)社会主义是民主,民主是社会主义;(4)进行精神革命、爱的革命,树立爱的文化、新的社会模式和新的价值观,包括互助、克服自私自利和抛弃个人主义;(5)为实现多中心和多极世界的平衡、为拉美和加勒比的团结而斗争。"8"即8项任务:(1)确认H.查韦斯是党的永远的领袖和创始人;(2)将资产阶级国家转变为社会法制和公正的国家;(3)建立培养党和玻利瓦尔革命干部和领导人的学校系统;(4)根据革命的民主精神,调整党的全国领导成员,为此必须修改党的有关规定,给予"玻利瓦尔—H.查韦斯战斗队"和人民政权权力;(5)通过今后6个月内(从2014年7月31日—2015

年1月28日)党的所有政治行动的日程,以便重组、更新和合法产生从基层组织"玻利瓦尔-H.查韦斯战斗队"到全国领导委员会的各级党组织机构;(6)在革命实践中体现玻利瓦尔革命的军民性质;(7)确认党的反资本主义性质,重申社会主义替代贪婪的帝国主义的信念;(8)重申玻利瓦尔革命是反对帝国主义对各国人民干涉的承诺。N.马杜罗号召,党的"三大"后,将为在委内瑞拉建立21世纪社会主义模式而奋斗。

柏林墙倒塌25周年后的今天,民主德国与联邦德国仍未完全融合

11月9日,德国迎来标志着冷战结束的里程碑事件——柏林墙倒塌25周年纪念日。由8 000个发光的氢气球沿着当年柏林墙横穿柏林市中心的线路,组成一道15千米长的"灯光边界"。德国总理A.默克尔、柏林市市长K.沃维莱特与柏林各界的代表沿着"光界"重走柏林墙,以示纪念。一些德国民众也自发前往柏林墙遗址献花。A.默克尔在这座冷战屏障的遗址处献上玫瑰花,以纪念那些在试图逃离民主德国时被杀的人,她还为贝尔瑙尔街柏林墙纪念

一些德国民众自发前往柏林墙遗址献花

馆新开的一个常设展览剪彩。当年，为了阻止民主德国人大量逃到联邦德国，柏林墙被建了起来，贝尔瑙尔街一夜之间被隔成了两段。A.默克尔说："今天这个自由之日将作为遇难者纪念日被永远铭记。"她还说，当前世界面临着一系列危机，而柏林墙的倒塌是解决这些危机的希望之光，"我们能让事情往好的方向发展——这是柏林墙倒塌传递出的信息"。她指的是乌克兰、叙利亚和伊拉克等国人民的人权遭到侵犯的状况。

纪念活动于晚7时达到高潮，柏林举行题为"通往自由的勇气"的大型纪念活动，包括德国总理A.默克尔、原苏联领导人戈尔巴乔夫在内的多国政要出席，并与出席活动的柏林市民一道，同时释放了8 000个发光球，象征柏林墙的消失。柏林墙1961年由民主德国动工修建，1989年11月9日拆除。

对于此次纪念活动，国际媒体大多评价积极。英国《每日电讯报》称，柏林墙的倒塌开启了一个充满机遇的新世界。根据德国电视一台委托民意调查机构Infratest Dimap进行的调查显示，77%的德国人对柏林墙倒塌后统一的"新德国"感到"满意"。15年前，表示"满意"的比例仅有65%。该机构所作的另一项调查表明，89%的德国人认为，"德国应该把柏林墙倒塌日作为国家纪念日"。

柏林墙的突然倒塌也给统一后的"新德国"遗留下了民主德国与联邦德

德国总理A.默克尔参加纪念柏林墙倒塌25周年仪式

国发展不平衡的问题。根据最近公布的德国官方调查,63%来自德国东部地区的民众称"不满东部发展落后于西部",实际上柏林墙倒塌25年间,民主德国和联邦德国并未完全融合,两德之间差异尚突出,联邦德国在工资和养老金等方面仍较民主德国占有优势。戈尔巴乔夫也指责西方国家,称西方没有兑现1989年巨变后所做出的承诺,而是一味强调自己是"冷战的胜利者"。

西班牙发现从未发表的切·格瓦拉遗照

11月19日西班牙《先锋报》报道,在拉美著名革命领导人切·格瓦拉去世47年后,西班牙里克拉市官员I.阿特亚加(Imanol Arteaga)在整理其叔叔L.夸尔特罗(Luis Cartero)的遗物时,发现了8张从未发表过的切·格瓦拉被行刑后的遗照,其中包括2张追随切·格瓦拉的德国女性塔尼娅的生平照和遗体照。L.夸尔特罗于20世纪60年代在玻利维亚传教,当时一名法国记者把照片交给他,因为他"是当时唯一居住在玻利维亚的欧洲人",也许这样可以让照片迅速传到外界。L.夸尔特罗已于2012年去世。

切·格瓦拉被行刑后的遗照

与已经公布的彩色遗照一样,新的黑白照片据信也为法新社当年驻玻利维亚的杰出摄影记者、法国人M.胡滕(Marc Hutten)拍摄,不过拍摄时间略有先后,从照片可以看到切·格瓦拉遗体上还残留着泥土。

切·格瓦拉1967年10月8日在玻利维亚被政府军俘获,次日遇害。美国中情局因为担心切·格瓦拉在法庭上宣传革命,所以暗示玻利维亚政府军取消对切·格瓦拉的审判,就地执行处决。1967年10月9日,刽子手先是举枪瞄准格瓦拉的肚子开了9枪,接着又对他的四肢扫射一通,以制造他在战场中弹而死的假象,掩盖屠杀俘虏的罪恶。把他埋葬到秘密地点前,玻利维亚当局用直升机

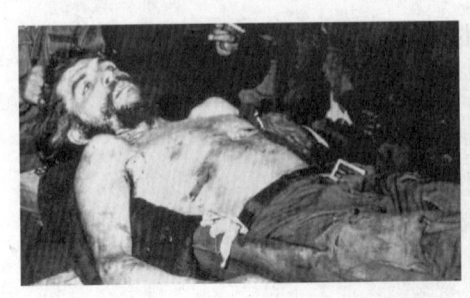

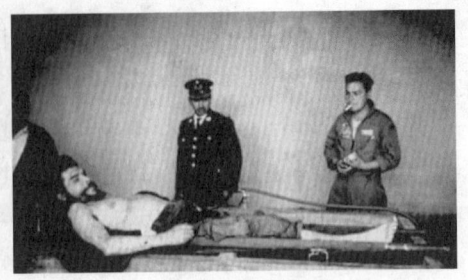

切·格瓦拉被行刑后的遗照

将遗体运至一家医院,向外国记者短暂展示,以证实这位拉美革命者已经死亡。

发现照片的I.阿特亚加说:"我们一直听说家里有格瓦拉的照片,这就像一个传说。"据了解,M.胡藤拍摄完后,曾寄出了四五批照片,但数月后他抵达巴黎时,发现编辑只收到"少许",其余照片不知所终。在切·格瓦拉死后不久,L.夸尔特罗将照片装在手提箱里,从玻利维亚带回了西班牙萨拉戈萨。

《国际共产主义运动历史文献》在我国陆续出版

主编王学东

以中央编译局副局长、中国国际共运史研究会会长王学东任主编的《国际共产主义运动历史文献》的翻译、编辑、出版工作正在顺利进行中。编委会对共产主义者同盟、第一国际、第二国际、第三国际、共产党和工人党情报局这5个国际组织用英文、俄文、德文、法文等文种出版的材料进行了全面普查,同时从俄罗斯档案馆复制了部分短缺的材料,使这套文献规模达到62—63卷,总字数约3 000万字。2011年出版了12卷、2012年出版了13卷、2013年又出版了12卷。

这套文献具有较高的学术价值。5个国际组织的文献内容安排如下:

(1)共产主义者同盟文献共4卷,主要内容为:同盟的纲领、章程和通告信;同盟各级组织的会议记录和决议;包括马克思、恩格斯在内的同盟领导人和重要活动家的有关书信、著作和回忆录等。

（2）第一国际文献共9卷，主要有两方面的内容：国际总委员会文献（1864—1872）共4卷，包括第一国际总委员会会议记录、总委员会文件、小委员会会议记录、马克思和恩格斯撰写的有关文件报告和著作信件等；第一国际代表大会文献共5卷，主要收录第1—6次代表大会和伦敦代表会议的有关会议记录、大会决议的审议情况以及大会正式通过的决议等。

（3）第二国际文献共15卷，主要有两方面的内容：第二国际代表大会文献共13卷，包括第二国际8次代表大会和1次非常代表大会的会议记录、大会决议的审议情况以及大会正式通过的决议；社会党国际局文献（1900—1907、1909—1913）共2卷，主要收录第二国际的常设执行机关社会党国际局1900—1913年的会议记录，通过的决议、宣言、号召书以及对当时有关重大事件的声明、通告等。在附录部分，还收录了社会党国际局书记处的月度报告。

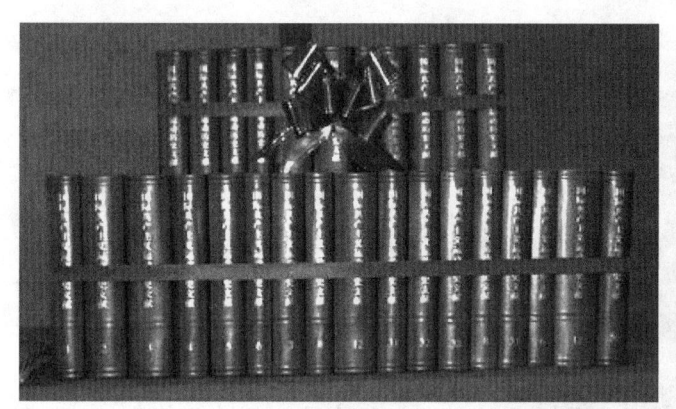

已出版的《国际共产主义运动历史文献》

（4）共产国际文献共30卷，主要有三方面内容：共产国际代表大会文献共15卷，收录共产国际第1—7次代表大会的会议速记记录、大会通过的决议以及共产国际领导人的报告等；共产国际执委会全会文献共14卷，收录共产国际执委会第1—13次全会的会议速记记录、大会通过的决议以及共产国际领导人的报告等内容；第7次代表大会前的共产国际文献共1卷，主要收录关于第7次代表大会前共产国际执行委员会及其各工作机构的决议、共产国际各支部活动情况的资料以及青年共产国际、国际妇女书记处、国际监察委员会的有关文件。

（5）共产党工人党情报局文献共3—4卷，主要收录共产党工人党情报局筹备、成立、解散的过程，4次会议有关领导人所作的报告、大会讨论的情况以及通过的决议等原始档案文献，还包括苏南冲突中双方往来的函件、电报、双方领导人会谈纪要以及其他国家的党通过的相关决议的档案文件。

上面收录的这些文献具有很高的史料价值和学术价值。比如，从共产主义者同盟和第一国际的文献中，不仅可以掌握这两个国际组织的第一手材料，对它们展开更加深入、细致的研究，而且展现了马克思主义、科学社会主义的形成过程；从第二国际的文献中，不仅对研究第二国际提供了丰富的原始材料，而且可以更加深入、全面地研究各种社会主义流派，弄清楚所谓修正主义的真正内涵。从共产党工人党情报局的文献中，全部是苏联解体后新公布的档案文件，很多文件是第一次用中文出版，其学术价值就更加不言而喻。

日本三重县的共产主义"理想国"——"山岸主义"实验地

日本"山岸主义幸福会"会旗

据报道，诞生于1961年的日本"山岸主义"实验地，位于三重县津市郊区。其创始人山岸巳代藏（1902—1961）年轻时对共产主义思想有所共鸣，受无政府主义思潮影响，热衷于探索什么是真正的理想社会。他原是一位养鸡能手，一生都在钻研养鸡方法，留下的6卷本全集中，除了山岸会的相关文稿、演讲稿、资料以外，大部分都是与养鸡有关。日本"二战"后物质匮乏，农产品单一，作为主食的大米需要依靠进口。山岸巳代藏使用鸡粪肥土，促进稻米增产，将稻米屑、米糠，作物的茎、叶等不要的部分作为鸡饲料，摸索出一个动物、植物、人类和谐循环的饲养法。1956年，他在京都光明寺举办"山岸主义特别讲习会"，将养鸡法与他的农本主义、大自然人思想、社会革命、幸福理想结合在一起。同时，他与20多位志同道合者一起变卖所有的家产，集资购买土地，并创

"山岸主义"实验地

"山岸主义"实验地食堂

建了"生活一体化、经营一体化"的独特的生活模式——农业公社,即山岸会。其宗旨强调人与自然的和谐与统一,用劳动创造财富,消灭私有,铲除私欲,各尽所能,各取所需,共同富裕。

山岸会在三重县伊贺市春日山建立了第一个相当于集体农庄的"实显地",意为"山岸理念实践精神的显示"。自那以后,"实显地"日益发展,南至九州,北至北海道,共有30多个"实显地"村落,生产及生活资料全部公有,村民共有"一只钱包",没有官位,人人平等,各尽其才,各显其能,完全共产,不计报酬,没有法规、条文,没有监督,全靠自觉。"建立不需要钱的和谐愉快的农村",是山岸会现阶段的目标。集体的财富为村民的衣、食、住、行、生、老、病、死提供了可靠保障。

山岸主义彻底否定了私有财产,因此要成为"实显地"的村民,首先要参加集体培训,接受山岸主义的精神理念。所谓山岸主义精神,即以"实现人人幸福的社会"为目标,以人与人的和谐、人与自然协调的"一体"观,彻底废除私有制,其主张宇宙间存在的一切有形、无形的财和物(包括人)都不属于特定的个人,追求达到"无所有""无我执"的境界。村民要捐出一切个人财产,有钱大家花,有债大家还。由于日本的法律并不承认"捐赠",因此,山岸会对外是以共同投资的名义。

山岸会以农业为主,产业包括牧业、养殖、乳制品、肉类、蔬菜、水果、木材加工、有机肥料制造、建筑、运输、出版、印刷等。看似世外桃源的山岸会,也并非游离于日本社会之外,它依然按照市场经济的基本规范进行贸易和金融,并成为日本国内最大的多种经营农业组合会。其生产的"山岸牌"的大米、绿色食品、肉类、牛奶均对外流通,"山岸牌"成为日本的一个健康、安全、高质量的品牌。产业收入用于"实显地"的公共消费。"实显地"构成一个完整的小社会,从医疗诊所到教育机构、婚礼会场、公共墓地、生产机构,样样具备。村民们可以从出生到求学、婚育、生病直至丧葬,脚不出村,并在此终老。那里财富共享,人人平等,培养乐于奉献、全面发展的人。经常举办的"朋友研讨会"让大家沟通心灵、互相帮助。现在,山岸播下的理想国种子已在日本47个县及德国、瑞士、美国、澳大利亚、巴西、韩国、泰国等国家开花结果。"理想国"的本部设在村民最多的丰里,47个县与7国互派村民交流。山岸会在日本社会持续存在了半个世纪,足以说明其顽强的生命力。

在日本,对山岸会的评价众说纷纭,有说是一种宗教团体,有说是一种共产主义模式,有说只是一种生活共同体,有学者认为其是"乌托邦的变种",视其为现代化在西方发达国家高度成熟情况下克服私有制和商品经济为基础的资本主义的缺失与弊端的一种尝试,而激烈抨击山岸会的则是日本共产党,其理论刊物《赤旗》曾对山岸会进行过狂轰滥炸。

为"资本主义病"诊断的著作成为中文图书市场的热点

关于资本主义现状和危机的著作,是中文出版市场最近的一个热点,一批相关著作陆续上市。今年全世界都在谈论一本书和一个人,那就是法国经济学家T.皮克迪(Thomas Piketty)和他700多页的最新学术著作《21世纪资本论》。在这本书中,T.皮克迪指出贫富分化是资本主义无法避免的致命缺陷,而贫富差距最终会威胁到民主社会。《21世纪资本论》中文版权现已确定于今秋出版。

《21世纪资本论》一书至今仍在被媒体热议。诺贝尔经济学奖获得者B.克鲁格曼已经写了多篇评论谈论《21世纪资本论》,他认为:"我们可以有把握地说,法国经济学家T.皮克迪的代表作《21世纪资本论》,将成为本年度最重要的经济学著作,甚至将是近10年里最重要的一本。"T.皮克迪在书中指出,资本回报率总是倾向于高出经济增长率,所以贫富不均是资本主义固有的东西,最富有的那批人不是因为劳动创造了财富,只是因为他们本来就富有。也就是说,贫富差距在资本主义体系里无法解决。2012年,美国收入最高的1%家庭获得了全国收入的22.5%,

是自1928年之后的最高值。现在10%最富有的美国人占有全国财富的70%不止,比1913年镀金时代结束时的比例更高。而且其中一半是由最富有的1%的人占有的。在这本书中,T.皮克迪通过数据和模型挑战了著名的库兹涅茨曲线。在T.皮克迪看来,资本主义世界正退回到"拼爹时代",财富来自世代积累而非劳动创造。

柄谷行人

对于资本主义体系这样一种反复,日本思想家柄谷行人在他最重要的著作《历史与反复》中也有论述。在该书中,他把19世纪资本主义体系称为"帝国时代",现在的资本主义则是"新自由主义时代"。他认为:"新自由主义与帝国主义时代一样具有贫富差距悬殊的特征,这也是新自由主义与帝国主义相类似的一个证据。"他还提到:"在现代世界体系中,这样的霸权国家只有三个,即荷兰、英国、美国。在这些国家当中,存在着自由主义、帝国主义、自由主义、帝国主义……这样持续的反复。这并非线性的发展,而是一种循环。一个阶段的持续时间大约在60年,那么每120年就会面临相似的状况。例如,19世纪末的帝国主义的发生,就是随着英国的没落,德国和美国开始争夺下一个霸权国家的地位。第一次世界大战后,美国成为霸权国家,其后迎来了自由主义的阶段。1990年以后,美国经济衰退,不再是霸权国家,下一轮的争夺战又开始了——也就是说,帝国主义的时代又开始了。我们现在所说的新自由主义,已经与自由主义几乎完全脱离了关系,应该称其为新帝国主义。"

D.哈维

在T.皮克迪《21世纪资本论》

英文版出版的同时，多产的 D.哈维也出版了一部诊断资本主义的新作《资本主义的17个矛盾及其终结》，试图说明资本存在多面性，蕴含了环环相扣的多种矛盾。该书从2008年金融危机的事件说起，指出了当今资本主义体系存在的17个矛盾，认为应该"把革命性的人道主义与基于宗教信仰的人道主义结合起来"，如此才能对抗各种形式的异化，并从根本上将世界从如今盛行的资本主义方式中纠正过来。

J.斯蒂格利茨

诺贝尔经济学奖得主J.斯蒂格利茨的新作《不平等的代价》讨论的话题与《21世纪资本论》相似。事实上，对于发展能否解决贫困和缩小财富分配差距问题，J.斯蒂格利茨和T.皮克迪持有同样的观点，他用的是"涓滴经济学"（trickle down economics）不起作用这个论断，认为社会经济整体的发展并不必然带来下层的"脱贫"，相反"聚集到上层群体的财富是以牺牲中下层群体为代价的"。他在书中阐述当今有三大主题响彻全球，即"第一，市场并没有发挥应有的作用，因为它们显然既无效率也不稳定；第二，政治体制并没有纠正市场失灵；第三，经济体制和政治体制在根本上都是不公平的"。而斯蒂格利茨的这本《不平等的代价》也试图解释这三大主题是如何密切相连的。在他看来，机会的不平等在美国已经到了我们不得不采取一切手段来解决的程度，他甚至还提出稍微减少1%群体的政治势力。

除了斯蒂格利茨的这本书，I.沃勒斯坦、L.柯林斯、M.曼、G.杰尔卢吉扬、C.卡尔霍恩5位学者合著的《资本主义还有未来吗？》也十分具

I.沃勒斯坦

有针对性,他们从历史社会学的视角切入问题,考察宏大的历史结构性因素和趋势,通过分析资本主义系统性的矛盾和弊病来推演未来,并发出质疑:资本主义还有未来吗？I.沃勒斯坦认为资本主义体系将进入结构性危机阶段,最终走向衰亡;L.柯林斯着眼于科技更新,推断中产阶级的结构性失业将使资本主义难以维系;M.曼将资本主义的未来寄望于社会民主主义式的改良;G.杰尔卢吉扬否定了苏联共产主义替代资本主义的可能性;C.卡尔霍恩则着重探讨未来资本主义出现漫长停滞、改良或被全新制度代替的可能性。

国际资讯（2015）

乐施会报告称2016年1%人口将拥有全球过半财富

1月19日法新社报道称，在全球最有权势的人即将齐聚瑞士达沃斯年会前，具有国际影响力的英国慈善组织乐施会（Oxfam）表示，2016年最富有的1%的人累积的财富将超过剩余99%的人。这一数据对参加该论坛的政界人士及商界大亨如何采取措施应对不平等的问题将造成压力。

乐施会首席执行官W.拜厄尼马（Winnie Byanyima）表示："全球不平等的程度令人震惊，尽管这一问题正在成为全球主要议题，但是最富有人群和其余人群之间的差距仍在迅速扩大。"据统计，最富有的1%的人口占全球财富的比重从2009年的44%增长至2014年的48%，2016年估计将增至50%以上。在这个群体中，每个成年人的平均财富是270万美元。在剩下的52%的财富中，几乎全部（46%）是由全球其余20%的富裕人口所占有，另外近80%的人口分享剩下的仅仅5.5%的财富，人均财富量仅为3 851美元。报道称，顶层财富集中偏向北美和欧洲，在1%最富成年人群中，北美和欧洲占了77%。这种忧虑情绪笼罩在整个欧洲和美国，欧洲失业率仍徘徊在11%以上的高位，而美国经济增长至今未能帮助提高中等收入家庭的生活水平。

乐施会呼吁世界各国解决逃税问题、改善公共服务、对资本而非劳动力征税、采取引进最低工资等措施，以确保全球财富分配更加公平。W.拜厄尼马指

乐施会会标

出:"我们希望帮助贫穷国家的人民发声,将消息传达给达沃斯年会的商业以及政治领域的首脑。如今贫富差距日益增加,这一现象极其危险。这对于经济增长以及政府管理极其不利,财富拥有者会占有权利,并无视普通人的利益。"

美国经济学家预测30年内共享社会将终结资本主义

1月24日《环球时报》报道,《第三次工业革命》的作者、美国经济学家J.里夫金(Jeremy Rifkin)最近在《零边际成本社会》一书中提出一个令人震惊的观点,即互联网带来的近乎零边际成本的社会,未来30年可能终结资本主义经济形态,一个倡导共享主义理念的社会新范式将出现,而中国将在这一变革中担任领袖地位。

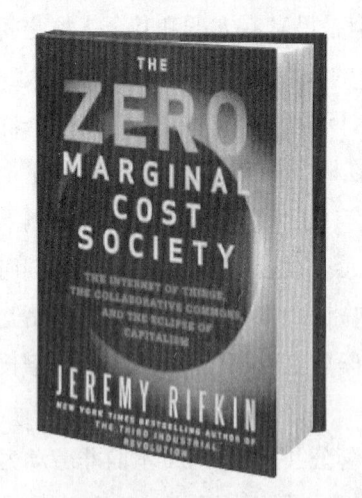

J.里夫金现担任美国华盛顿特区经济趋势基金会主席,为欧盟和世界多国提供政策咨询和建议,已出版20部畅销著作。在《零边际成本社会》一书中,他认为第三次工业革命的到来将开启一种建立在互联网和新能源相结合基础上的新经济模式。他预言,在接下来的半个世纪里,第一次和第二次工业革命传统的集中经营活动将被第三次工业革命的分散经营方式取代,其标志着以合作、社会网络、行业专家和技术劳动力为特征的新时代开始。第三次工业革命与每个人息息相关,它不仅为我们带来发展机遇,更将深刻的改变我们的思考和生活方式。书中指出,过去10年,亿万消费者转变为互联网产消者(消费自己生产的商品),开始在网上以接近免费的方式制作和分享音乐、视频、新闻和知识,共享社会的主要特征——零边际成本现象已经破坏了出版业、传媒业和娱乐产业的旧格局,更重要的是,零边际成本革命的触角正延伸到可再生能源、3D打印和在线高等教育等重要领域。现在已经有上百万产消者在全球范围内以接近零边际成本的方式制造绿色电力。

对于这个合作共赢的新经济时代,J.里夫金这样描述:在未来二三十年,各大洲的人们将分享自己的汽车、房子、衣服、工具、技能和信息,从而互惠互利;人们通过网络众筹平台进行投资并获取回报;甚至在大量健康共享网络社区的作用下,"人人都能成为医生",从而终结当前这种信息不对称、成本高昂的医疗卫生服务体系。总之,资本主义社会毫无节制的消费经济将被共享经济所取代,追求个人利益将被追求集体利益所取代,而彻底颠覆人类经济社会的推动器是物联网。如今,120亿个传感器已经安装在自然资源、道路系统、仓库、车辆、工厂生产线、电网、零售商店、办公室和家庭中,不断将大数据输送到通信网络、能源互联网和物流互联网,把所有人连接到一个全球性的社区中。

J.里夫金对中国给予了高度赞扬和期待,认为它是"最早打造物联网基础设施和相应协同共享机制的超级大国"。书中称,在可预见的未来,数百万的中国人将可以在家中、办公室和工厂里生产可再生能源,并通过"能源互联网"实现绿色电力共享,如同现在创造并实现信息的在线共享一样,而中国向零边际成本社会的迈进,将确保其在第三次工业革命时代的领袖地位。

《俄罗斯解密档案选编:中苏关系(1945—1991)》在我国出版

2015年2月9日,由华东师范大学终身教授、冷战史研究中心主任沈志华教授主编的12卷本《俄罗斯解密档案选编:中苏关系(1945—1991)》由东方出版中心出版。在出版座谈会上,他介绍了这套档案集的由来和内容。

1991年苏联解体后，大量苏共执政时期的档案文件解密开放，成为人们了解苏联历史、冷战内幕、中苏关系乃至中共党史的重要资料。自20世纪90年代中期起，学者沈志华、牛军、杨奎松、李丹慧、崔海智等人着手搜集、翻译、整理、使用这批俄文档案，使中国学者得以打破语言、经费的限制，使用一手资料进行冷战史研究，受到广泛关注。尤其沈志华曾以"学术个体户"的身份斥资百万元赴俄、美购回大量解密档案，并利用这些解密档案推动了一系列学术研究。

沈志华　　　　　　《俄罗斯解密档案选编：中苏关系》

该套书收入俄罗斯解密档案2 600余件，共有730余万字，包括中苏高层领导会谈的俄方记录，苏方高层领导就中国问题的内部批示，苏方各级各部门提交的情报、汇报及对策建议、双方的通信、电报及未公开的互换文件等珍贵档案。据沈志华介绍，选编出版的内容主要是1945年以后的，约占冷战史研究中心所收集的中苏关系档案的一半。这些文件以高层档案为主，基层也选了一些有代表性的，还有大量手写批注，了解其内容可以知道文件处理的结果，从而进一步了解苏联领导人或相关机构的倾向性意见。而如此重要的手写批注，处理起来也往往是最棘手的，于是编委会聘请俄国学者做学术顾问，专门处理手稿辨认、翻译中的疑难问题。

沈志华这样介绍《俄罗斯解密档案选编》的独特之处："这是苏联和中国直接交往形成的史料，如苏方领导人找中国领导人讨论问题，甚至后来关系不好时写信骂战，中国高层怎么和苏联谈判等，都更直接。它展示了中方在中华人民共和国成立初期重大事件上的决策过程,所以这套档案涉及的中国问题,是内在的探究。"

西班牙媒体疑苏军摆拍攻克柏林照片

3月23日西班牙《阿贝赛报》网站报道,1945年4月底,苏联红军攻入柏林后,一名苏联红军战士将"镰刀锤子"红旗插上德国国会大厦楼顶。这一象征着纳粹德国被打败的瞬间,被一位幸运而勇敢的摄影师拍成照片,然而这张"二战"中最著名的照片却涉嫌造假。

《胜利旗帜插到帝国国会大厦》引质疑

这张经由苏联官方公布的题为《胜利旗帜插到帝国国会大厦》的照片其实并非一张抓拍作品,甚至不是在红军攻入柏林当天拍摄的,而是在柏林战事已经停歇几天之后,拍摄于一次场景再现。

1945年4月16日,苏联红军攻打柏林的战役打响。到了4月30日,柏林已经变成了残酷的地狱,苏联人的首要目标就是占领象征着纳粹德国权力核心的国会大厦。在一片混乱当中,斯大林政府宣布,4月30日一名红军士兵设法到达了帝国国会大厦的楼顶,并摘掉了纳粹旗帜,挥舞苏联红旗,这象征着柏林被占领。苏联政府指出,一名摄影师将这一如此具有震撼力的时刻用相机永久地定格下来,成为"二战"中最著名的照片之一。然而,这却并非历史的真相。因为这张照片真正的拍摄时间是5月2日,也就是在红军占领国会大厦3天后摆拍出来的。

苏联解体后揭秘的历史档案证实了这一说法。当年塔斯社的战地记者叶夫根尼·哈尔杰伊在5月2日布置了拍摄场景,当时国会大厦已经被攻克。为了拍摄胜利的场面,哈尔杰伊要求几名苏联红军士兵摆出照片中的姿势,将红旗插在大厦的制高点。从拍摄的无数张照片中,哈尔杰伊最终挑选了那张闻名于世的照片。显然,苏联人希望通过这张照片追求与美国国旗在日本硫黄岛上升起时的震撼效果。

实际上摆拍并非苏联人制造的唯一假象。他们巧妙地去掉了照片中一位士兵手腕上的手表。这看似荒唐的行为背后有着非常简单的理由:手表是士兵从德军尸体上抢来的。此外,照片背景中还多加了黑色烟雾,以便让战争场景更为逼真。

是谁导演了这一切?西班牙历史学家、记者H.埃尔南德斯经过调查认为,是"斯大林同志",尽管历史的真相或许永远得不到证实。埃尔南德斯在其《有关二战的100个趣闻轶事》一书中指出,"有推测认为,斯大林本人看到那张美国人将旗帜插在日本硫黄岛的照片引发了极大震动,非常羡慕,于是鼓动苏联的宣传部门也拍摄一张历史性的照片,并决定也制造一个类似的场景"。

埃尔南德斯指出,"实际上这一荣誉应该归属于那个在1945年4月30日22时40分第一个将红旗插在楼顶的士兵——米亚伊尔·彼得罗维奇·米宁"。但是,也是在苏联政府宣传需要的影响下,直到1995年米宁才最终得到这一荣誉。

印度人民党或成世界第一大党

3月30日,据《印度时报》报道,通过在过去5个月的扩员,印度人民党的党员总数已达到8 800万,超过中国共产党,成为世界第一大政党。不过,有印度媒体质疑人民党党员招募方式过于简单,造成人数"虚高"。

报道称,印度人民党新党员数量的快速增加,得益于简化后的党员招募方式。在改革招募方式前,人民党的地方党务工作者会首先与发展对象面谈了解情况,在一系列考核程序后,最后敲定党员资格。按照新办法,有意向加入人民党的印度公民只需拨打相关部门的电话,就可以申请入党,而且即便电话未被及时接听,号码也会记录在案,接线人员会迅速回电。人民党总书记马达夫公开对媒体说:"从今年3月中旬到下旬短短1周多的时间,人民党新党员人数就增加了1 000万。"印媒称,截至29日,该党党员总数已经超过中国共产党(2014年数据约8 670万),跃居世界第一。马达夫还表示,人民党的近期目标是在今年4月前将党员规模扩大到1亿。

"人数的虚高并不能反映党派的实际影响力",包括《印度时报》在内的多家印度媒体对人民党党员的忠诚度表示怀疑。还有分析人士认为,由于电话招募的正式性有所欠缺,在经过进一步的核查后,相当一部分"非正式党员"恐怕会被除名。

印度总理N.莫迪

印度人民党主席A.沙阿(左一)和印度总理N.莫迪

对于"印度人民党党员人数超过中国共产党"的说法，有关人士认为，印度人民党吸收党员的方式非常松散，进出门槛都很低，交党费、宣誓等程序都没有严格规定，不能与中国共产党相提并论。此外，印度各党议员之间互相跳槽现象很常见，印度国会为此还制定有《反跳槽法》。

或许是与人民党分庭抗礼，印度另一主要政党国大党也于30日推出一款名为"党员在线招募"的手机应用程序（App）。印度亚洲新闻社称，该App由印度前总理M.辛格发起，简单易用，既能够在网页上直接使用，也可以下载安装到安卓系统手机上。

乌克兰法案禁止共产主义标志与思想引俄方抗议

4月9日，乌克兰议会通过法案，禁止纳粹和共产党的标志及其思想，这就意味着苏联的国旗、赞歌、纪念碑和领导人形象将在乌克兰这个原加盟共和国中被封杀。违反者将被处以5—10年有期徒刑。出席议会的307名议员中，254人投下赞成票。法案在总统波罗申科签署后将正式生效。

乌总统波罗申科与波总统（左）共同纪念苏联时代被压迫的受害者

乌克兰国会禁止已经被"公众所否定"的共产党和纳粹"罪犯形象",同时禁止在公开场合使用它们的标志,除非用于是教育或科学目的,或者是在公墓中出现。这可能导致乌克兰重大的变化,至今很多街道和广场仍然以苏联英雄的名字命名,或装饰着纪念碑,象征着直到1991年才结束的苏联政权统治。在乌克兰首都基辅,甚至祖国巨人雕像的盾牌也装饰着锤子和镰刀图案。国会还同时禁止公开表示集权政权不是犯罪的言论和广告,乌克兰公司的商标中将不能提及共产党领导人的名字和活动,包括1917年的布尔什维克革命。新的立法还允许乌克兰对那些集权体制内的官员所犯下的罪行进行调查和揭露,此外国会还通过一项新的立法,公开共产极权镇压的档案。

乌克兰居民走过公寓大楼外苏联时代的锤子和镰刀雕塑

法案起草者之一利亚申科表示:"我认为这是国会的历史性决定,早在乌克兰独立时就应该做这样的决定。"另一位法案起草者卢森科则称:"那些以列宁、斯大林、蔡特金命名的街道都要重新更名,不允许对集权统治头目进行宣传。"历史学家认为,共产极权曾令几百万乌克兰人失去生命,但最主要的破坏在于对人思想的变异。清除共产标记,是解体共产主义的第一步。"那些在共产体制内接受培训和身居高位的官员,5—10年之内都不能在政府领导岗位工作。"国会议员苏斯洛娃表示。

乌克兰的做法引发了俄罗斯的不满和抗议,一些俄罗斯议员声称,将共产主义和纳粹等同,这一举动是"玩世不恭"的。

列宁遗体保存90年历久弥新

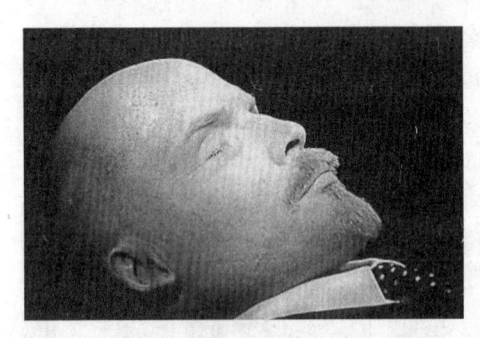

列宁遗体头部

4月24日,美国《科学美国人》月刊网站报道,数千年来,人类一直使用防腐处理方法来保存遗体。但与俄罗斯90年来保存共产主义革命家、苏联缔造者列宁遗体的实验相比,那都是小巫见大巫。几代俄罗斯科学家使用经过上百年改进的保存技术,保持了列宁遗体的外观、手感和弹性,以使这位苏联领导人诞辰145周年时再次公开展出。

列宁遗体的保存任务交给了一个在苏联时期名为生物医学技术教学科研中心的机构。一个由五六名解剖学家、生化学家和外科医生组成的核心团队被称为"列宁墓小组",他们的主要工作就是维护列宁的遗体。他们采用的方法重在维持遗体的物理形态,比如外观、形状、重量、颜色、肢体弹性和韧性,而不一定保留原有的生物物质。在这个过程中,他们开创了一种不同于其他防腐处理方法的"准生物"学。美国社会人类学教授A.尤尔恰克说:"他们不得不用塑料或其他材料替代局部皮肤和肉体,所以遗体原有的生物物质已经越来越少了。这与以前的所有方法都迥然不同,比如注重保存原有物质而不是尸体形态的木乃伊制作方法。"

列宁1924年1月去世时,大部分苏联领导人都反对在短时间公开展出后继续保留遗体。其中很多人都设想将列宁遗体安葬在莫斯科红场的一个封闭墓地内。但尽管公开展出了近两个月并受到大批民众排队瞻仰,当年的寒冬使得列宁的遗体保存相当完好。这也给了领导人时间来重新考虑长期保存列宁遗体的想法。为了避免列宁遗体与宗教残余扯上关系,他们公开宣布将由苏联科学家和研究人员负责保存和维护遗体。

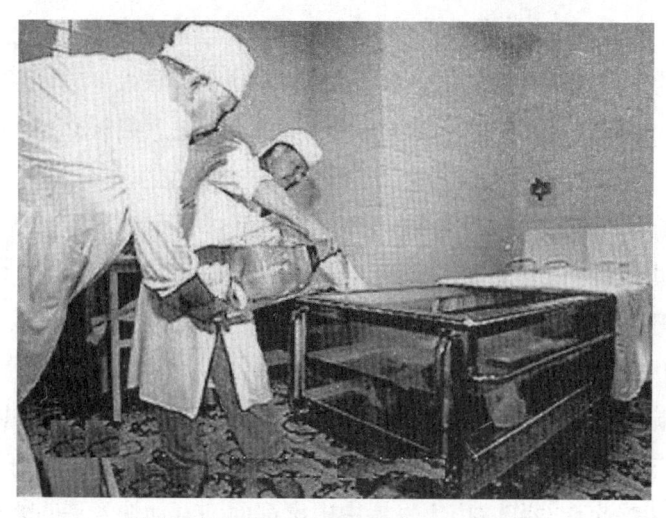

列宁遗体每隔1年重新进行1次防腐处理

苏联领导人最终同意尝试由解剖学家F.沃罗别夫和生化学家B.兹巴尔斯基研发的实验性防腐处理技术。第一次防腐处理实验从1924年3月底持续至7月底。由于对列宁进行尸检的物理学家已经切除了主动脉及其他血管，这项实验也就变得越发复杂，因为完整的血液循环系统本来有助于将防腐液输导至全身。

A.尤尔恰克说，列宁实验室的研究人员最终发明了显微注射技术，使用特殊针头将防腐液注入特定的身体部位，特别是那些因为之前的处理而留下切口或疤痕的部位。他们还发明了一种双层橡胶服，使得列宁遗体在公开展出期间仍然被一层薄薄的防腐液所包裹。列宁的遗体每隔1年重新进行1次防腐处理，这个过程包括将遗体分别浸泡在甘油、甲醛、乙酸钾、酒精等不同溶液中。每个处理周期需要大约1个半月时间。

万隆重温"历史性散步"

4月24日上午9时，在仪仗队的军乐声中，来自亚洲、非洲和其他地区的国家领导人，从萨沃尔-霍曼饭店沿着亚非大街步行前往万隆会议旧址——独立大厦，还原了60年前万隆会议时的历史性场景。当年，苏加诺、周恩来、尼赫鲁等亚非国家领导人走的就是这条路。

习近平夫妇同印度尼西亚总统佐科夫妇等走在队伍前列，一边走一边向道路两旁的人群挥手致意。抵达独立大厦后，与会领导人一起合影，重温万隆会议10项原则，观看《亚非会议之旅 1955—2015》纪念视频，欣赏了充满印度尼西亚民族风情的文艺表演。会上，习近平同印度尼西亚总统佐科和斯威士兰国王姆斯瓦蒂三世共同签署《2015万隆公报》。佐科致辞结束后，津巴布韦总统穆加贝、缅甸总统吴登盛等亚非国家领导人先后发言。穆加贝在演讲中对巴勒斯坦独立表示支持，呼吁亚非国家团结起来共同应对这一政治挑战。

中国国家主席习近平向亚非和世界发出三大倡议：(1) 讲深化亚非合作。面对新机遇新挑战，亚非国家要坚持安危与共、守望相助，把握机遇、共迎挑战，提高亚非合作水平，继续做休戚与共、同甘共苦的好朋友、好伙伴、好兄弟；(2) 谈拓展南南合作。广大发展中国家都面临着加快发展、改善民生的共同使命，应该抱团取暖、扶携前行，积极开展各领域合作，实现我们各自的发展蓝图；(3) 论推进南北合作。实现世界均衡发展，不可能建立在一批国家越来越富裕、另一批国家长期贫穷落后的基础之上。从建设人类命运共同体的战略高度看，南北关系不仅是一个经济发展问题，而且是一个事关世界和平稳定的全局性问题。当年万隆会议上，中国代表团以求同存异的理念，凝聚起亚非团结、友谊、合作的共同意志，掀开世界历史新的一页；今天，习近平主席的讲话，唱响和平、发展、合作、共赢的主旋律，为亚非新未来指明了方向。

会场响起热烈掌声，这掌声是在向不朽的亚非独立自由先驱们致敬，是为半个多世纪亚非新跨越喝彩；更表达出亚非人民对构建新型国际关系的鲜明主张。

德国达豪集中营遗址举行解放70周年纪念活动

5月3日，德国达豪集中营遗址举行解放70周年纪念活动，默克尔出席并发表公开讲话。这是德国总理第一次出席达豪集中营解放周年纪念活动。出席活动的还有近130名达豪集中营的幸存者及其家属，以及部分美军老兵。在当天的讲话中，默克尔呼吁民众勿忘历史，并警惕新式、现代的反犹主义。

默克尔称："70年后的今天，德国的犹太教堂、犹太人学校、商店以及其他犹太人的机构，仍然需要大量警察的严密保护，这些都是我们有目共睹的，而

默克尔出席达豪集中营解放70周年纪念活动

我们不能纵容这些行为的发生,不能纵容反犹暴行肆意横行。"

此前一天,默克尔在接受历史专家采访时表示,德国不会否认或忘记"二战"中纳粹德国所犯下的滔天罪行,并重申德国对纳粹的罪行负有特殊的责任。默克尔称:"对于历史,没有所谓的'一笔勾销'。德国无法同纳粹时代划分界限,这从希腊危机的讨论以及德国与其他欧洲国家交往就可以看到。对于纳粹的所作所为以及对其他国家造成的持久伤害,德国人负有特殊的责任,必须牢记在心、保持警醒、审慎对待。"

默克尔强调,通过举办类似"达豪集中营解放70周年"的纪念活动,公众有更多机会直面历史,年轻一代也能从中汲取教训,避免类似悲剧再次发生。默克尔称:"让类似悲剧不再发生有两层含义,一是牢记历史,牢记关于纳粹、集中营、迫害少数民族和持异见者、犹太人大屠杀的历史;二是维护现在的理念和价值观。"

达豪集中营是德国纳粹建立的第一座大型集中营。从1933年至1945年的12年间,有超过20万人被关押在这里,其中4万多人被屠杀或者死于疾病。1945年4月29日,美军解放了达豪集中营,救出了3万多名奄奄一息的受害者。

尸骨累累的达豪集中营

英工党领袖刻竞选承诺碑　被讽留下史上最大遗书

　　5月7日,2015年英国大选将拉开帷幕,这是一次很难预测的大选。如果在苏格兰独立浪潮下崛起的中左翼政党苏格兰民族党(SNP)获胜,联合王国或将走向分裂;如果极右翼政党独立党获胜,可能最终导致英国脱离欧盟。同样地,如果承诺将在2017年就英国脱离欧盟举行公投的保守党连任,欧洲的命运也将改变;如果追求更公平社会、希望重塑英国资本主义的工党领袖E.米利班德获胜,他可能将成为自撒切尔夫人之后在经济议题上最激进的首相。英国人7日的抉择,不仅是为各自的信念而战,也是对国运的预设,更将影响欧洲的命运。

据报道,以E.米利班德为党首的工党与以英国现任首相D.卡梅伦为党首的保守党竞争激烈。有关民调数据显示,随着大选越来越近,两党支持率也越发胶着,均维持在33%—34%。而在4月以前,工党的支持率甚至一度超过保守党,处于优势。此外,E.米利班德在英国年轻人中受欢迎的程度也是D.卡梅伦所不可企及的。

英国工党领袖E.米利班德在伦敦的一场竞选活动上

5月3日,英国工党领袖E.米利班德(Ed Miliband)在伦敦的一场竞选活动上,为刻有其竞选承诺的2.5米的一块石碑揭幕。石碑上刻有控制移民、提高工薪家庭生活标准和加强经济基础等内容的六大承诺,旨在说服英国公众在即将举行的大选中投他一票,并表示假若他在5月7日当选,他将在唐宁街10号的花园中立起这块石碑,"这6项承诺被刻在石碑上,那就会永远存在,而不因大选的结束而消失。我希望英国民众能记住这些承诺,提醒我们记住并坚持这些承诺,毫无疑问相信我们会实现诺言"。

在很长一段时间里,E.米利班德从来都不是英国民众眼中那种符合期望的典型领导人。在他担任工党领袖的5年间,曾被保守党攻击缺乏个人魅力,没有领袖风采,还有人说他太"呆板"、太"脱节",就连他本人都曾承认自己是个"极客"(geek)。尽管如此,一度"风采不足"的E.米利班德在近日的电视辩论中的表现,却频频令人刮目相看,相比"没激情"的D.卡梅伦,他在选战中的表现更加活力四射。有评论指出,在2015年这场前所未有的激烈选战中,米利班德终于表现得越来越像一个"准首相"了。然而,有报道称,E.米利班德的反对者和社会媒体还是将石碑嘲讽为"艾德石"(Ed Stone)。英国《每日电讯报》的专栏作家T.斯坦利(Tim Stanley)将它比作是"历史上最大的遗书";而伦敦市市长、保守党人士B.约翰逊则认为,这种想法应该来源于《圣经》,"工党领袖在石碑上刻下承诺简直像是'摩西的戒

E.米利班德在刻有其竞选承诺的一块石碑前

命',真是疯了!"

然而,英国工党党魁E.米利班德在7日的议会大选中还是败下阵来,随后工党的"内斗"就开始了。据英国《每日邮报》12日报道,刚辞去工党领袖职务的E.米利班德11日惨遭亲哥哥的"落井下石"。目前在纽约生活的英国前外交大臣D.米利班德狠批弟弟强行试图将国家分割成贫富两个阶层,大选结果充分说明工党"给不了民众想要的东西"。他呼吁工党应该深刻反省,思考如何修补"这次灾难性败选"所造成的巨大损害。英国《卫报》称,英国工党2010年上演过米利班德家族的"同室操戈",弟弟埃德通过"背后暗算",击败哥哥夺取工党党首职位。但目前,工党内部却挑不出党魁人选。

人们关心的是,选前镌刻竞选承诺的大石碑的去向。据英国《每日电讯报》9日报道,E.米利班德8日宣布辞去工党领袖职务后,一些好事的英国媒体开始猜测"E.米利班德石碑"的下落。有消息称,该石碑在选举结束当晚被偷偷挪至伦敦,但未有目击者公开证实。多家媒体致电英国50家最大的造石公司,没有一家承认是该石碑的制造商。工党方面也对石碑的产地、造价和去向三缄其口。英国一名石器专家表示,E.米利班德石碑"从电视画面看不是真正的石头",或许是"用最便宜的材料——混凝土制成",很有可能是"工党的支持者替他制作的",因此"言之凿凿"的说法很虚伪。另一位专家甚至排除石碑由本地制造的可能性,"因为英国没有这么大的机器设备,很可能从土耳其或者葡萄牙进口的"。

欧美各国纪念"二战"胜利70周年

1945年5月8日,德国无条件投降书在柏林签署,这标志着世界反法西斯战争胜利,也意味着一场席卷欧洲大陆的战争梦魇终于结束。在此之后,欧洲和美国多以5月8日作为"二战"胜利日。70年后的5月8日,各国政府举行了一系列活动,通过各种形式以纪念"二战"胜利70周年。

据德国之声报道,当地时间5月6日,德国总统高克来到位于德国北威州东北部小城施洛斯霍尔特－施图肯布罗克的苏军战俘营纪念公墓,出席在那里举行的"二战"结束70周年纪念活动。位于当地的"森讷第326号战俘营",曾是"二战"期间德国最主要的苏军战俘营之一,1941—1945年共关押战俘超过31万人,包括约30万苏联红军官兵。苏军战俘营纪念公墓安葬了约6.5万名遇难的苏军战俘,其中1万多人的身份已经得到确认。在庄严的乐曲声中,

德国总统高克在苏军战俘营纪念公墓发表演讲

高克向苏军战俘遇难者纪念碑敬献花圈,并为刻有已确认身份战俘姓名及生卒年月的纪念墙揭幕。高克在演讲中,高调承认"二战"中苏军遭受德军迫害这一事实,并进行谢罪,还向在战争期间被关押在德国战俘营的所有苏联红军表达敬意,这尚属首次。

当地时间8日,高克还参观了勃兰登堡州与波兰边界城市卢布斯的战争纪念地,向当年阵亡的苏联红军士兵墓地献了花圈。"我非常敬仰那些与希特勒德国作战并解放了德国的那些人,为他们付出的代价及贡献感到敬佩。"他说道。当日,德国联邦议院和联邦参议院也联合举行了反法西斯战争胜利70周年纪念活动,德国总理默克尔参加了这一纪念活动。联邦议院议长拉默特在活动中表示,对欧洲大陆来说,5月8日是解放日,但却不是德国人自己解放了自己,他感谢周边国家对德国在"二战"中犯下过错的谅解和宽恕,并向当年西方盟军及苏联红军阵亡士兵表示悼念:"他们结束了纳粹的恐怖统治,也承受难以想象的损失。"

1945年5月8日下午3时,时任英国首相W.丘吉尔通过广播向全国人民宣布对德战争结束,欧洲胜利日到来。70年后的此时此刻,纪念欧战胜利的盛大活动徐徐拉开序幕。在伦敦白厅的和平纪念碑,英国皇室、政界、军界人士,

卡梅伦(右)、E.米利班德(左)和N.克莱格敬献花圈

以及坐着轮椅的多位"二战"退役老兵参加了在此举行的纪念活动。在纪念仪式现场,W.丘吉尔的曾孙 L.丘吉尔还朗读了其曾祖父丘吉尔在 70 年前同一天的讲话。

英国大选后,多个党派的领导人搁置大选分歧,共同参与纪念活动。首相 D.卡梅伦和工党领袖 E.米利班德、自民党领袖 N.克莱格等敬献花圈。英国各地也将举行音乐会、灯光秀等多个大型纪念活动。8 日晚间 21 时 30 分,温莎公园亮起巨大的"W.丘吉尔 V 形手势"灯光秀,与此同时,全英有 200 多处也在举行灯光秀活动。9 日,英国各地的教堂将以敲钟形式纪念 1945 年的那场胜利,伦敦也将于当晚举行一场特殊的音乐会。

除了德国、英国外,欧洲其他国家及美国也举行了各类纪念"二战"胜利 70 周年的活动。波兰北部港口城市格但斯克是"二战"打响之地。当地时间 5 月 7 日晚,格但斯克鸣放 18 响礼炮,拉开了纪念活动的序幕。联合国秘书长潘基文、乌克兰总统波罗申科、波兰总统 B.布罗尼斯瓦夫、欧洲理事会主席 D.图斯克等各国政要出席了庆祝活动。8 日,法国总统 F.奥朗德向法国"二战"英雄 C.戴高乐将军的铜像献花,随后他在法国共和国卫队骏马的围绕下,

多架"二战"飞机飞过华盛顿上空,向"二战"老兵致敬

乘车前往凯旋门星形广场，在马赛曲的音乐中检阅了法国军队和军校学生，并向凯旋门下的无名战士墓献蓝白红色花环、点燃无名战士墓火苗。在演说中，他敦促国人不应自满于现状，"战争并未离我们很远，在乌克兰以及更远的中东都有战争"。此外，美国国务卿 J.克里也参与了法国纪念"二战"胜利的活动。

8日，美国总统 B.奥巴马在纪念"二战"胜利70周年纪念日时发表讲话，赞扬反法西斯战争胜利的意义。他说："在纪念'二战'盟军在欧洲胜利70周年这一天，我们要向当年为自由事业参军和牺牲的男女将士致以崇高的敬意。那一代人结束了战争，拯救了世界，奠定了和平的基础。"当日，华盛顿的国立"二战"纪念馆也举行纪念了仪式，多架"二战"飞机飞过华盛顿上空，向"二战"老兵致敬。

俄罗斯纪念卫国战争胜利70周年阅兵式在莫斯科红场举行

5月9日，俄罗斯纪念卫国战争胜利70周年阅兵式在莫斯科红场举行。70年前，纳粹德国在柏林投降，俄罗斯将此日定为卫国战争胜利日。今年的阅兵式是俄罗斯近代史上规模最大、展示新型武器装备最多的一次，整个阅兵以"历史"和"现代"作为两大主题，参加人数超过1.6万人，近200件军事装备和约140架直升机及其他飞机参与阅兵式。受阅部队分为徒步方队、装备方队和空中方队三大板块，其中包括10个分别来自乌兹别克斯坦、亚美尼亚、白俄罗斯、哈萨克斯坦、吉尔吉斯斯坦、塔吉克斯坦、印度、蒙古国、塞尔维亚和中国的方队，共有700多名来自各国的军人，而中国方队人数最多，有112人，伴着俄罗斯乐曲《喀秋莎》，高举中国国旗通过红场。

在俄罗斯国防部部长谢尔盖·绍伊古大将巡检各个部队方阵之后，俄罗斯联邦总统、武装力量最高统帅普京发表演讲。普京在讲话中称，希特勒当年的"赌博"对国际社会来说是一个可怕的教训，70年后的今天，历史重新引起人们的警惕，我们不能忘记种族排他思想带来的血腥战争。他表示，苏联红军为世界带来了和平，并同时赞扬了包括中国在内的反法西斯军队在"二战"中的贡献，并强调信任和团结是反法西斯战争胜利留给世人的遗产，是维护世界稳定的关键。但最近几十年，国际合作的基本原则比以往任何时候都更频繁

阅兵式在莫斯科红场举行

普京发表演讲

地被漠视,而这些原则是全人类在世界陷入战争磨难的时候作出巨大牺牲才换回来的。普京还指出,当今世界有一股建立单极世界的企图和军事结盟思想,这将破坏世界的稳定和安宁。在乌克兰危机引发对俄制裁的大背景下,西方国家政要集体缺席,但仍有包括中国国家主席习近平和联合国秘书长潘基文在内的20个国家和国际组织的领导人参加庆典。

日本首次公开裕仁天皇停战诏书原版录音

8月1日东京电,日本宫内厅当日首次公开裕仁天皇宣读停战诏书的原版录音;战时充当皇宫防空洞的"御文库附属室"的照片和影像资料也同时公开。

1945年8月14日,日本政府照会美、英、苏、中4国政府,宣布接受《波茨坦公告》。次日,日本裕仁天皇向全国宣读《终战诏书》,宣布日本无条件投降,即"玉音放送"。裕仁宣读的原版录音唱片共有5张,一直由宫内厅保管。5张唱片共载有两套相同的录音,分别是3张一套及2张一套。3张一套的版本中有1张唱片碎裂了。由于年经失修,音质劣化,宫内厅去年12月找来专家修复,以数码版重现。"玉音放送"长约4分30秒,比过往当地媒体播放的复制版短10秒,因语速较快、声音较高及清晰,更接近裕仁的嗓音。但裕仁当年讲话的原文属艰涩日语,以显示天皇权威和说服力,故现时很多日本人都听不明白。宫内厅同时公开了用作皇宫防空洞的"御文库附属室"的内外照片和影像资料,该处正是裕仁作出投降决定及录下"玉音放送"的地方。

宫内厅表示,公开原版录音是要借战后70周年的时机,让国民了解结束战争的象征性资料,以免战争记忆被淡忘。日本大学历史学家古川隆久指出,"玉音放送"表达的最重要信息,是天皇亲自告诉国民必须投降及结束战争,这段演说就是日本结束一场错误战争的里程碑。对于明仁天皇为何这

裕仁天皇在宣读停战诏书　　　　玉音放送被收录在原版唱片内

裕仁当年在地堡秘密录下声明，宣布日本投降

么做，日本前资深外交官天木直人说，他是在向日本民众尤其是年轻人和安倍政府传递一个消息，那就是日本应该记住和反省日本发动的战争给本国和其他国家所带来的灾难。

日媒披露珍贵影像资料：H.杜鲁门称对日本使用原子弹"有必要"

8月5日，日本《每日新闻》发表《美国前总统强调投下原子弹具有正当性》一文。报道称，1964年5月，曾下令向日本投掷原子弹的美国前总统H.杜鲁门在密苏里州独立城的杜鲁门总统图书馆与原子弹爆炸受害者会面。《每日新闻》获得了这次会面的影像资料。

H.杜鲁门强调了"为了终结战争"而投下原子弹的正当性，同时表示希望核武器不再被使用。H.杜鲁门与原子弹爆炸受害者直接会面仅此一次。当地电视台拍摄的这一宝贵影像资料，当时曾在部分地区播放，但并没有广泛流传。

前往独立城访问的是广岛—长崎世界和平研究使节团,由8名原子弹爆炸受害者和翻译组成。1964年5月5日,团长松本卓夫(时年76岁,原广岛女子学院院长)在主席台上与H.杜鲁门总统面对面,其他成员见证了这一场面。保存在图书馆的这段影像资料时长约两分半钟。虽然图像和声音断断续续,但图书馆保留了会谈的全文记录。会谈一开始,松本对3天后将满80岁的H.杜鲁门送上了祝福,气氛很平稳。不过,两人一次都没有使用"投掷原子弹"的字眼,显然彼此对此都很敏感。H.杜鲁门说:"大家所关心的事情(投掷原子弹),是为了终结已造成双方50万人死亡的战争,是为

H.杜鲁门决定向日本投掷原子弹

1945年8月6日美军轰炸机在广岛投下原子弹

广岛原子弹爆炸后的场景

了不再有更多人死伤。"他强调了自己判断的正当性,表示"这是有必要的"。另一方面,H.杜鲁门也表示对日本国民不抱任何恶感,称在战后援助重建就是证明。此外,他对表态"希望不再发生第二次(战争)"的松本说:"我跟你一样,不希望再次发生战争。"

H.杜鲁门1958年在美国一家电视台播放的访谈节目中说:"(如果战争打响)不使用能够获胜的武器是愚蠢的。"在投掷原子弹的正当性上,他终其一生都没有作出让步,但在与原子弹爆炸受害者的会谈中,他使用了和缓的措辞,似乎在强调为防止战争,不希望核武器再度被使用。

今年是日本广岛核爆70周年。1945年8月6日,美军轰炸机在广岛投下原子弹,当地约14万人死亡,推动了"二战"的结束,也开启了核时代。

纪念中国人民抗日战争暨世界反法西斯战争胜利70周年大阅兵

9月3日,纪念中国人民抗日战争暨世界反法西斯战争胜利70周年大会在北京天安门广场隆重举行,以盛大阅兵仪式,同世界人民一道纪念这个伟大的日子。中共中央总书记、国家主席、中央军委主席习近平发表重要讲话并检阅受阅部队。70响礼炮响彻云霄,200名国旗护卫队官兵护卫着五星红旗,迈着有力的步伐,从人民英雄纪念碑行进至广场北侧国旗杆前。中国人民解放军联合军乐团、合唱团奏唱《义勇军进行曲》,全场齐声高唱,五星红旗冉冉升起。

随后,习近平发表了重要讲话,他指出,今天,是一个值得世界人民永远纪念的日子。70年前的今天,中国人民经过长达14年艰苦卓绝的斗争,取得了中国人民抗日战争的伟大胜利,宣告了世界反法西斯战争的完全胜利,和平的阳光再次普照大地。我们纪念中国人民抗日战争暨世界反法西斯战争胜利70周年,就是要铭记历史、缅怀先烈、珍爱和平、开创未来。他强调,中国人民抗日战争和世界反法西斯战争,是正义和邪恶、光明和黑暗、进步和反动的大决战。在那场惨烈的战争中,中国人民抗日战争开始时间最早、持续时间最长。面对侵略者,中华儿女不屈不挠、浴血奋战,彻底打败了日本军国主义侵略者,捍卫了中华民族5 000多年发展的文明成果,捍卫了人类和平事业,铸就了战

陆海空三军仪仗队高擎八一军旗通过天安门广场

争史上的奇观、中华民族的壮举。

在军乐团奏响的中国人民解放军军歌声中,习近平乘车依次检阅11个徒步方队、27个装备方队。受阅部队军容严整、意气风发,铁甲战车整齐列阵、威风凛凛。10时41分,空中护旗方队率先亮相,揭开阅兵分列式的序幕——两架直升机分别悬挂中华人民共和国国旗和中国人民解放军军旗飞过天安门广场,直升机群在空中组成"70"字样,教练机拉出7道彩烟。

战旗猎猎,步履铿锵,陆海空三军仪仗队高擎八一军旗通过天安门广场。女仪仗队员英姿飒爽,首次亮相大阅兵。八路军、新四军、东北抗联、华南游击队等抗战英模部队,组成10个气势恢宏的方队,在20名将军率领下接受检阅。"狼牙山五壮士"英模部队、"平型关大战突击连"英模部队、百团大战"白刃格斗英雄连"英模部队、夜袭阳明堡"战斗模范连"英模部队、"雁门关伏击战英雄连"英模部队、"刘老庄连"英模部队、"攻坚英雄连"英模部队、"东北抗联"英模部队、"华南游击队"英模部队、武警部队抗战英模部队,一个个闪光的名字,一面面光荣的旗帜……

中国人民抗日战争的胜利,是世界和平事业的胜利,是世界人民永远值得纪念的胜利。来自阿富汗、白俄罗斯、柬埔寨、古巴、埃及、斐济、哈萨克斯坦、吉尔吉斯斯坦、老挝、墨西哥、蒙古国、巴基斯坦、塞尔维亚、塔吉克斯坦、瓦努阿图、委内瑞拉、俄罗斯五大洲17个国家的军队方队或代表队,高举本国国旗、军旗,依次通过天安门广场,精神抖擞地接受检阅,传递着中国人民与世界人民一道维护和平的共同心愿。

由坦克、战车、火炮、导弹、无人机等组成的地面装备方队隆隆驶来。受阅的500余台各型装备,编成地面突击、防空反导、海上攻击、战略打击、信息支援、后装保障6个模块,体现了信息化战争的联合性特点和人民解放军保卫祖国安全、人民安宁生活的能力,充分展示了我国国防和军队现代化建设的辉煌成就。11时25分,由陆海空三军航空兵编成的9个空中梯队呼啸而来。预警机、轰炸机、加油机、歼击机、舰载机等183架战机,以新颖的编队低空飞过天安门广场。当70架直升机组成的编队最后通过时,全场响起经久不息的掌声。这时,7万羽和平鸽展翅高飞,7万只气球腾空而起,《歌唱祖国》的激昂乐曲响彻整个广场。习近平等向各界群众挥手致意,广场内外成为一片欢腾的海洋。

地面装备方队隆隆驶来

"马克思粉丝"J.科尔宾当选英国工党新党魁

9月12日,英国最大反对党工党选出新党魁,老资格"社会主义者"J.科尔宾(Jeremy Corbyn)在不受本党议员待见的情况下,凭借"草根"阶层支持,以59.5%的得票率获胜,成为英国选举史上最大的"黑马"。

工党新党魁J.科尔宾

J.科尔宾25岁时开始从政，1983年当选英国国会下院工党议员，此前从未在党内担任过任何重要职务。虽身为工党议员，J.科尔宾却未能做到从思想和观念上始终与工党保持一致。他强烈反对英国拥有核武器，反对部署核潜艇；反对英国占领北爱尔兰，支持爱尔兰统一；反对财政紧缩政策，认为英国央行应该加大纸币发行量，实行量化宽松的货币政策；主张向中产阶级和富人大幅征税，以补贴中低产阶级；主张推行全国大学免费教育；主张削减国防，退出北约，以对话而不是军事手段解决地区和国际冲突等。他充满激情的演说吸引了成千上万的听众，他反战、反资本主义、反财政紧缩的主张，使他成为民调的领先者，这位年过花甲的政坛老将一夜之间成为英国左翼政坛的"摇滚明星"。稍后在议会大厦附近一家酒吧答谢支持者时，J.科尔宾与众人一起唱起英国社会主义传统歌曲《红旗》。这首歌从1925年起就成为工党支持者的"红歌"。此外，从当选下议院议员时

J.科尔宾出席伦敦民众呼吁政府接纳更多难民举行的游行

J.科尔宾与"粉丝"欢庆胜利

起,他就一直坚持为共产党机关报《晨星报》撰写每周的专栏文章。

在J.科尔宾当选英国最大反对党新领袖后,《星期日电讯报》大标题解读:"红色"的J.科尔宾"埋葬"了"布莱尔主义"。其他媒体同样认为,J.科尔宾当选意味着工党告别"新工党"的政治遗产。按照《卫报》专栏作家L.贝尔的说法,这次选举揭示了工党内部在支持者结构和文化上的分裂,由老牌左翼斗士和自发、朴实、充满理想主义的年轻人组成的"新兴"力量,把"布莱尔主义"埋入废墟。

J.科尔宾是马克思的"粉丝",在今年7月的一次电视采访中,他说马克思"从本质上说是个有魅力的人物,他博览广读,有很多值得我们学习的东西"。路透社称,过去三四十年,表达对马克思的赞美可谓工党政治人物的禁忌,而J.科尔宾毫不顾忌,"社会主义"一词更是经常脱口而出。他还十分欣赏已故委内瑞拉前总统W.查韦斯。

前总统J.卡特:美国已成基于庞大资金支持的"寡头政治"体系

9月23日,据英国《每日邮报》报道,91岁高龄的美国前总统J.卡特受邀出席"脱口秀女王"奥普拉主持的访谈节目时,语出惊人地对美国政治现状发表了个人见解,称"美国民主已死",毫不避讳地表达了对美国"寡头政治""金钱政治"的失望,并历数美国政坛现存的种种弊端,如"党派分歧严重""府院之争激烈"等。

J.卡特表示,现在即便得到参选机会,他也没有能力参加总统选举,因为美国政治已经扭曲成为一种基于庞大资金支持的"寡头政治"体系,该体系"将有能力但却缺乏经济后盾的参选者拒之门外"。J.卡特说:"我可选不了总统了。如今要是弄不来两三亿美元,无论是民主党还是共和党,都不可能给你提名。"他说,这种需要巨额资金支持的"金钱政治"对美国政治体系构成了"不可逆转的损害":"这不是民主政治,而是属于少数人的寡头政治。我认为,它对美国政治相关的基本道德伦理准绳的损害尤其深。"

美国前总统J.卡特

J.卡特会见美国政界人士

J.卡特对比了当今美国政治格局和自己执政时期的不同。他表示:"如今在华盛顿,民主党人和共和党人关系疏远,总统和国会互存芥蒂……我选总统的时候,所获共和党和民主党的支持率一样多。"

被J.卡特诟病的"金钱政治"局面似乎得以印证。据美国有线电视新闻网报道,共和党已经有两位总统参选人退出,其中包括威斯康星州"明星州长"S.沃克,两人退选的主要原因之一就是"差钱"。S.沃克宣布参选后就一直处于"捉襟见肘"状态,几乎无力支付竞选团队人员的工资和差旅费。知情人士透露,他的资金早在上月初,即共和党初选首轮辩论后就用光了。

首届"世界马克思主义大会"在北京大学举行

10月10日,首届"世界马克思主义大会"在北京大学盛大开幕,来自20多个国家和地区的400多名马克思主义研究学者和中国问题研究专家,以"马克思主义与人类发展"为主题,进行为期2天的学术研讨。

大会会场

这次由北京大学主办的"世界马克思主义大会",是中国目前举办的规模最大、参会学者层次最高的马克思学术研究的国际学术会议。世界知名学者埃及经济思想家S.阿明、哈佛大学教授R.麦克法夸尔、耶鲁大学教授J.罗默以及纽约大学教授B.奥尔曼等莅会做学术报告与交流。大会下设8个分论坛和3个专场,旨在直面当今人类社会所面临的复杂问题,研究和分享中国经验,促进马克思主义在世界范围内的交流、传播与发展,推动世界文明的进步和人类命运共同体的建设。

在开幕式上,北京大学党委书记朱善璐致辞指出,北京大学是中国马克思主义研究、传播的策源地和重要阵地,有学习、研究、传播和践行马克思主义的光荣传统。在建设有中国特色的世界一流大学的进程中,北大将全力推动马克思主义的理论创新和马克思主义学科建设,为民族伟大复兴与人类进步提供思想与人才支持。他强调,马克思主义是民族的,也是超越国界的,希望此次大会成为世界各地与会专家学者交流的良好开端。教育部副部长杜玉波在致辞中说,中国正处在加快推进社会主义现代化、实现中华民族伟大复兴的关键时期,在理论和实践上需要马克思主义作出创造性回应。举办世界马克思主义大会,有利于世界了解中国对马克思主义的研究状况,有利于中国学者拓宽马克思主义研究视野,推进中国马克思主义学科建设和发展。他希望与会各方能共同思考中国问题与世界问题,从而推动马克思主义

中外学者参加学术交流

研究取得更多的进展。

开幕式后,7位专家学者作了精彩纷呈的主旨演讲。北京大学中国道路与中国化马克思主义协同创新中心主任顾海良发表了题为"让世界分享中国马克思主义的理论成果"的演讲。他认为,让世界分享中国马克思主义的理论成果是中国马克思主义研究者的重要使命和责任,倡议要打造国际马克思主义理论学术交流、学术互鉴、学术分享的平台,在中国铸就国际马克思主义理论研究高地,推动国际马克思主义学术界更加了解中国化马克思主义。埃及经济思想家S.阿明在演讲中对中国化马克思主义对人类文明的贡献表示认同:"对于马克思主义的探讨和思索无法绕开中国化的马克思主义,因为它是马克思主义强大生命力和广泛影响力的现实体现。"

国防大学政委刘亚洲强调了马克思主义是世界文明的灿烂成果、是中华民族伟大复兴的历史选择,以及应该在创新发展中捍卫马克思主义的观点。哈佛大学教授R.麦克尔夸尔认为,习近平主席提出的中国梦思想理念,是中国马克思主义者对马克思主义的创造性发展,将对人类发展产生重要贡献和积极影响。

8个分论坛的主题涵盖:马克思主义的起源和发展、马克思主义文本研究及其编译、中国道路与中国话语体系、习近平治国理政思想与中国马克思主义的发展、马克思主义与世界文明的未来走向、马克思主义与科学文化、马克思主义与经济全球化、马克思主义与人类命运共同体等。128位专家学者在分论坛上发言,并和与会学者进行了深入的讨论和交流。同期举行的3个专场讨论主题集中于中国道路与市场社会主义、落后国家发展道路与马克思主义和中国近现代史与马克思主义等内容,分别由中外著名学者作专题演讲、对话,并和与会学者现场互动交流。

最后,顾海良宣读了《世界马克思主义大会学者共识》,其指出,马克思主义直面人类现实生活中的问题,具有鲜明的实践品格和时代精神,马克思主义的精神历久弥新;当今国际社会依然为各种复杂问题所困扰,马克思主义是引领人类走出困境、走向光明未来的指路明灯。他倡议高扬马克思主义固有的批判精神与变革意识,在对现实问题作出创造性回应中实现重大的理论突破,并在实践基础上推进理论创新,将马克思主义推向新境界,这是21世纪马克思主义研究者和践行者的神圣责任。

英国将拍卖毛泽东致工党领袖C.艾德礼信件

据11月29日塔斯社报道，20世纪30年代中国共产党领导人毛泽东写给英国工党领袖C.艾德礼的一封信将在英国苏富比拍卖行拍卖，估价10万—15万英镑（约合人民币96.48万—144.72万元）。

这封信的落款日期是1937年11月1日，是用打字机打出的。这封信的价值在于，这是当时作为中国共产党领导人之一、后来成为中国领袖的毛泽东与西方进行的最早的书信联络之一。在这封致后来成为英国首相的C.艾德礼的信中，毛泽东呼吁工党为中国抗击日本帝国主义提供"实际援助"。

苏富比拍卖行的书籍和手稿专家J.希顿评论说："这次寻求获得英国抗日援助的尝试属于毛泽东开始参与国际外交的阶段，而且信上有毛泽东极其罕见的签名。这是近几十年来国际市场上出现的第二份有毛泽东签名的文件。"

毛泽东于1937年11月1日从延安寄出此信。延安是日本全面侵华后中国共产党的根据地。毛泽东首先"以中国共产党的名义并代表正在与侵略者进行殊死较量的全体中国人民"问候C.艾德礼，并表达了对英国人民和英国工党的良好祝愿。随后，毛泽东请求C.艾德礼领导的党派"支持任何在英国

在信件末尾有毛泽东和朱德的中英文签名

组织的对中国的实际援助"。信中说:"我们相信,当英国人民了解到日本侵华的真相后将响应中国人民,为中国人民提供实际援助,并将敦促英国政府采取积极抵抗的政策来应对这一最终将给英国人民带来同等威胁的危险。"信中写道:"抗击法西斯主义和帝国主义战争的民主国家和平阵线万岁!"

C.艾德礼

J.希顿表示,毛泽东写信寻求英国对中国抗日的支持是其早期参与国际外交的卓越事迹之一。

拉美政坛发生剧烈"变天"正告别左翼民粹主义

12月7日,位于拉美的委内瑞拉成为西方媒体的焦点,该国反对派联盟"民主团结平台"16年来第一次在议会选举中以压倒性的票数赢得了全部167

反对派支持者在加拉加斯街头庆祝选举胜利

个席位中的99个席位,执政党获得46席。在还有22席尚未确认的情况下,反对派已经稳操胜券。在全国选举委员会发布第一次简报后不久,N.马杜罗在总统府发表电视讲话,正式接受执政党选举失利的结果。这对委内瑞拉执政党来说是一次史无前例的失败。许多西方媒体都在说"委内瑞拉的社会主义""W.查韦斯模式"走到尽头,但接受媒体采访的委内瑞拉选民的回答很简单,他们不满的是买手纸等日用品都得排长队、3位数的通货膨胀……一句话,他们渴望改善生活。可以看出,经济危机、治安恶化以及对反对派领导人的追捕,都成为委内瑞拉社会选择改变政治版图的充分理由,委内瑞拉在W.查韦斯获胜17周年后决定不再理睬查韦斯主义,这是对玻利瓦尔革命和"21世纪社会主义"的政治打击。

随着W.查韦斯在委内瑞拉的崛起,左翼领袖在1999年掀起了上一波浪潮。随后,阿根廷出现了基什内尔家族(先时内斯托尔,然后是他的遗孀克里斯蒂娜),玻利维亚出现了A.莫拉莱斯,厄瓜多尔出现了L.科雷亚,尼加拉瓜出现了D.奥尔特加。虽然巴西的劳工党政府没有出现其他政府中常见的那种集权主义,但是它在经济和外交政策方面同样是拉美民粹主义的堡垒。随着"21世纪社会主义"的提出,进一步刺激了拉美左转的倾向,到2006年为止,从墨西哥到巴西,从哥伦比亚到尼加拉瓜,整个拉丁美洲有3/4的国家政权落入

反对派领导人L.洛佩斯的妻子(左2)与联盟成员一起庆祝胜利

了左翼政党的手中,玻利维亚、厄瓜多尔等国的左翼政党掌握政权后更是纷纷推动生产资料特别是石油天然气等资源的国有化进程。拉美的左转是对20世纪末新自由主义经济政策的反思结果,也是在"失去的10年"之后,拉美人民对于本国经济增长以及社会公正诉求的结果。然而,近年来由于全球经济危机的影响,加之拉美国家本身的经济结构性矛盾,拉美左翼领导下的辉煌不再,经济下行、社会治安混乱、政府管理不力等一系列现状,使得人们对执政党的满意度急剧下降,阿根廷与委内瑞拉大选中左翼政党的失利,或许已预示着拉美决定对民粹主义左派说"再见"。

右翼学者将矛头指向W.查韦斯—N.马杜罗政权的民粹主义、独裁与腐败,认为以W.查韦斯为代表的拉美左翼通过全面的允诺和对下层阶级的妥协来博取民众的支持从而赢得政权,然而从民粹主义出发的政策只能用短期利益取悦民众,而忽视法制建设、各种权力制衡,完全否定市场;从长期来看,民粹主义下的政策主要靠个人魅力式的领导人推动,往往导致腐败和独裁,对社会有极大危害。面对严重物资匮乏、物价飞涨、贫富差距进一步扩大、犯罪率明显提高、腐败现象横行的困境,左翼政党已经难以维系其执政的正当性。执政党过度干预经济,并将大量资源投入社会项目以博得大量底层民众好感的民粹主义模式在委内瑞拉已经彻底宣告失败,右翼认为这正是委内瑞拉经济崩溃、政权更迭的根本原因。

有趣的是,拉美人对左翼民粹主义政策不抱幻想,转而支持新的民粹主义形式的做法不足为奇。在近年来新兴中产阶级的多次抗议活动中,可以听到的呼声都是主张进一步激进化,而不是排斥民粹主义。这种思路在针对D.罗塞夫的一些集会中尤其常见。然而,这次不一样,近期的选举与民调描绘出另一幅画面:那就是明确向自由市场和透明政府转移,而不是民粹主义激进化。

走进"俄罗斯现代史文献保管和研究中心"

俄罗斯联邦档案署是俄罗斯联邦的最高档案行政管理机构。俄罗斯档案馆的分类较为细致,档案馆体系建设比较发达。"俄罗斯现代史文献保管和研究中心"即原苏共中央档案馆,1991年苏联"8·19"事件后改为现名,隶属于俄罗斯联邦档案署,是保存共产国际和苏共历史文献的宝库。

俄罗斯现代史文献保管和研究中心

目前，藏有1760—1993年政治和思想史方面的551个全宗，还有大量照片、电影、录音档案。内容涉及17—20世纪西欧的社会和政治史，19世纪以来的俄罗斯政治史，1860—1950年的国际工人运动、政治运动和共产主义运动史等。该中心保存的档案资料是从西欧的部分档案馆及其他地区的档案馆、图书馆收集而来的。如有关西欧各国社会主义和共产主义运动文件的全宗，其中包括第一、第二和第三共产国际的文件，国际共产主义工人运动代表人物的档案等。1993年，该中心从马克思和恩格斯纪念馆收集了许多史料，包括一些著名作家、活动家与马克思、恩格斯的通信文件等。

该中心从1991年12月起正式对外开放，阅览厅大部分目录都对外开放，并提供指南手册、以计算机数据库为基础的检索系统以及部分全宗的简介。除了保管相关档案史料，该中心还对所存档案史料进行研究，编辑出版苏共党史研究方面的各种档案文件汇编。另外，该中心还保存大量有关毛泽东、中国共产党的文字和照片档案史料，有待进一步开发利用。

《R.卢森堡全集》中文版编译工程已正式启动

R.卢森堡的思想遗产十分丰厚，最近30年来国内外对她生平和思想的研究呈持续升温之势，其在马克思主义发展历史上的地位越来越清晰。《R.卢森

《R.卢森堡全集》第1卷封面　　　　　　　　　写作中的R.卢森堡

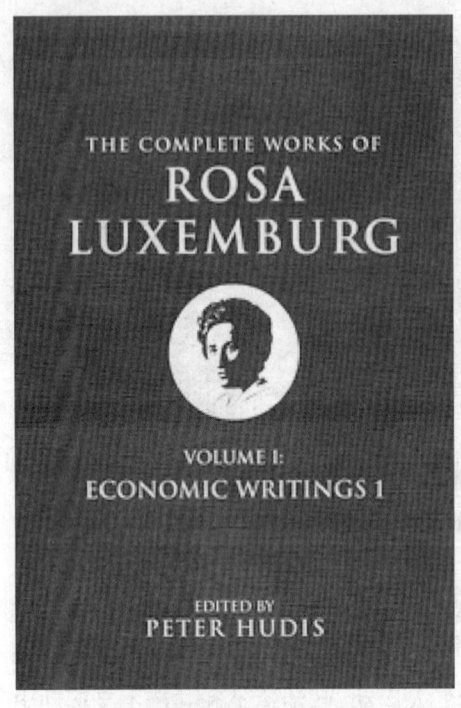

堡全集》最早由德国柏林迪茨出版社以德文整理出版,分为5卷本的著作全集和5卷本的书信全集。2014年,德国学界在已有的5卷本《R.卢森堡全集》基础上,新出版了收录R.卢森堡部分未发表作品的第6卷,目前正在编辑第7卷。新近发现的R.卢森堡波兰文著作《民族问题与自治》和《1905—1906年的工人革命》也已于2014年译为德文出版。R.卢森堡的波兰文著作约有3 000页,其主要议题是波兰问题和工人的社会民主运动发展等问题,由于它们大多数都是为当时欧洲的工人地下刊物而写,而且不少是匿名的,所以并不为人熟知。学者们甄别这些文献主要是靠R.卢森堡留下的书信,特别是以与L.约基希斯的通信为线索。妥善保存这些珍贵的波兰文献并将其翻译成德语和英语流传后世,十分重要。

R.卢森堡著作最早的中文版可追溯到1927年3月中国新文社在上海出版的由陈寿僧译、胡汉民校订的《新经济学》。1958年、1959年和1962年,三联书店分别出版了徐坚译《社会改良还是社会革命》,彭尘舜、吴纪先译《资本积累论》和彭尘舜译《国民经济学入门》。改革开放后,人民出版社于1984年和

1990年分别出版了《R.卢森堡文选》上、下卷,并于2012年出版了新的《R.卢森堡文选》,形成了具有权威性和完整性的R.卢森堡著作中文版本。

10卷本的《R.卢森堡全集》德文版

目前,备受关注的《R.卢森堡全集》中文版编译工程已正式启动。据国内主持这一工程的武汉大学哲学学院何萍教授介绍,编辑和出版《R.卢森堡全集》中文版是为了满足当下中国研究R.卢森堡思想乃至20世纪马克思主义思想史的需要。根据中国学者的需要和研究的现状,中文版的编辑和出版工作分为两个部分:一是充分利用新发现的文献,系统地研究R.卢森堡的思想,整理R.卢森堡的文献,编写《R.卢森堡年谱》;二是编辑、翻译和出版12卷本的中文版《R.卢森堡全集》,展示出一个真实完整的R.卢森堡。这其中要重点处理好4个方面的难点:一是发掘R.卢森堡生平和革命活动的波兰背景及相关的波兰文献;二是R.卢森堡狱中文献的发掘和研究;三是R.卢森堡文献解密后出现的新文献的研究和整理;四是R.卢森堡与第二国际思想家之间的复杂关系以及如何注释的问题。

国际资讯（2016）

L.科拉柯夫斯基的《马克思主义的主要流派》中文版发行

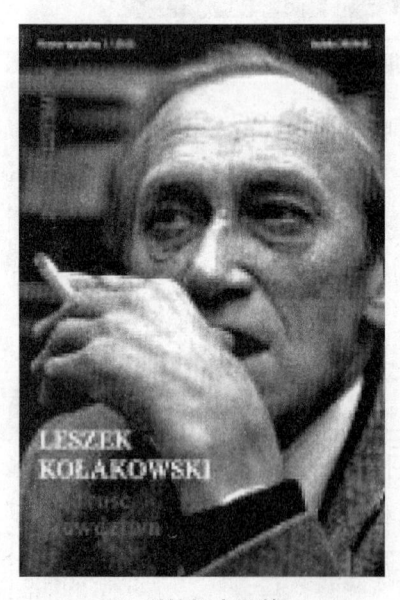

今年初，在我国书市上出现了三卷本的《马克思主义的主要流派》(*Main Currents of Marxism: Its Rise, Growth and Dissolution, 1976—1978*)中文版(黑龙江大学出版社2015年版)，它是当代波兰著名哲学家、东欧新马克思主义代表人物L.科拉柯夫斯基(Leszek Kolakowski, 1927—2009)于1976—1978年间首次以波兰文在巴黎相继发表、后又用多种文字出版的一部关于马克思主义发展和传播史研究的力作，也是迄今为止全球范围内影响最大、最有争议的学术史专著，因而成了各国学者高度关注，并与之进行对话和交锋的理论阵地。

L.科拉柯夫斯基曾在华沙大学任教，出任过波兰《哲学研究》杂志的主编，一度被视为20世纪50年代波兰哲学界的"红人""斯大林主义的主要代表人物之一""波兰引人注目的马克思主义理论新秀"等。苏共"二十大"后，曾发表文章批判所谓"马克思主义思维的蜕化"，试图"革新"马克思主义。1966年在"波兹南事件"10周年时，发表《十月的总结》一文，认为社会主义只有从官僚主义、异化世界中摆脱出来才能重新恢复声誉，并主张以"伦理社

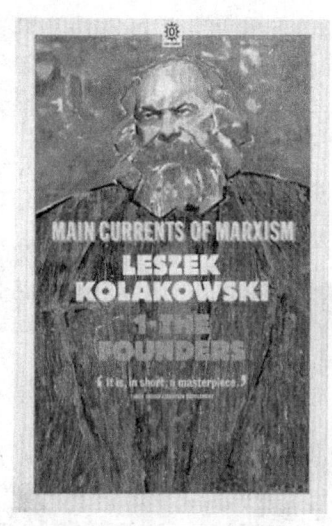

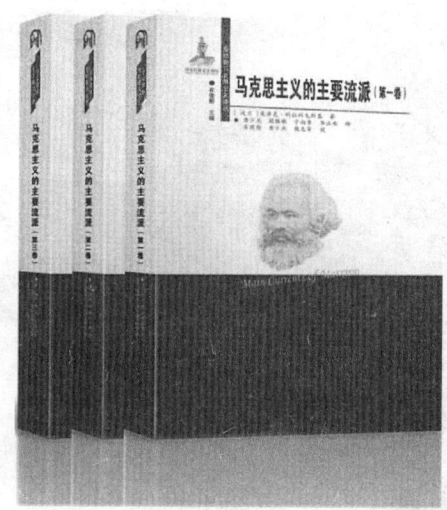

《马克思主义的主要流派》英文版封面　　《马克思主义的主要流派》中文版封面

会主义"来取代科学社会主义。

该书研究了130余年马克思主义发展中的诸多代表人物、流派和学说的思想理论史，不仅表现出渊博的学识和深厚的功底，还表现出他对马克思主义史的论题分类、年代划分、学派概述等方面的精辟独到或深远广博的见解。全书共有47章，论及约60位与马克思主义思想史相关的代表人物，近20个流派、团体。全书从马克思和恩格斯的思想、青年黑格尔派、马克思主义的形成和发展，经过第二国际和列宁主义以及后来的苏联马克思主义，到20世纪中叶西方形形色色的马克思主义流派和"马克思学"代表人物，直到东欧新马克思主义流派和毛泽东的理论都有涉及，文献翔实，分析独到，因而被译成德文、荷兰文、意大利文、塞尔维亚文、西班牙文、波兰文、法文、日文等多种文字出版。

俄罗斯与北约就"新冷战"斗嘴

2月12日，有着"安全领域达沃斯"之称的第52届慕尼黑安全会议在德国慕尼黑开幕。会议期间，因乌克兰和叙利亚危机关系紧张的俄罗斯和西方国家展开唇枪舌剑。

第52届慕尼黑安全会议在德国慕尼黑开幕

"俄罗斯与北约关系好像回到了冷战时期",俄国际文传电讯社13日称,俄总理梅德韦杰夫当天在慕尼黑安全会议上发表演讲说,"北约对俄的政治路线仍然是不友好和封闭的,我们已滑向了新的冷战时期。我们几乎每天都'被宣称'对北约,对欧洲、美国和其他国家是最可怕的威胁。甚至有人拍摄恐怖电影宣称,俄罗斯将发动核战争"。梅德韦杰夫说,西欧与俄罗斯存在沟通问题,西方国家遏制俄罗斯十分危险,再过20年也无法解决实际问题。俄罗斯与西方有机会联合起来应对当前挑战,有必要启动恢复信任的进程。此外,梅德韦杰夫还在会晤斯洛文尼亚总统时警告称,不应讨论在叙利亚开展地面行动的可能性,无须"用任何事相互吓唬"。

慕尼黑安全会议开幕式邀请了约旦国王、阿富汗总统、伊拉克总理发言,讲的都是如何感谢北约、西方,以及表态为解决欧美关切的反恐、难民问题作贡献之类西方人爱听的话。梅德韦杰夫在慕尼黑的讲话并未气势汹汹,而是语重心长,回顾历史,但俄罗斯与西方之间形同鸡同鸭讲。北约在会议中一上来便直接批俄恐吓邻国,破坏地区稳定。

"北约和俄罗斯就'新冷战'争吵",德意志广播电台称,北约秘书长斯托尔滕贝格13日在慕尼黑安全会议发表讲话说，为回应俄罗斯的行动，北约实施了自冷战后在东翼最强军事部署。北约东扩具有清晰和透明的基础。斯托尔滕贝格说，北约并不想与俄罗斯发生新的冷战，但在一些情况下，我们的回应将是强硬的。美国国务卿克里则在会上表示，在去年就乌克兰危机达成的明斯克协议都得到履行前，不会取消对俄罗斯的制裁，"俄罗斯只有一个选择，落实协议，或继续遭受经济制裁"。

梅德韦杰夫说，西欧与俄罗斯存在沟通问题

新右翼在全球范围内崛起

墨西哥《每日报》2月20日刊发L.西韦奇的评论文章《新右翼的社会基础》，分析了在全球当前经济形势下，以R.埃尔多安、D.特朗普、S.贝卢斯科尼等为代表的新右翼政治人物，在大西洋两岸各国政坛崛起，并得到民众广泛支持的现象。

文章称，新的右翼正在全球范围内崛起，在拉美地区也不例外。拉美新右翼拥有属于自己的特点和新的社会基础。为了抗击它就必须避免武断，认识它并了解它与老右翼之间的差别。阿根廷总统M.马克里与前总统C.梅内姆有很大的不同，C.梅内姆将新自由主义引入国内，但他仍是旧政治阶层的后代，因此会遵循一些法律和体制规则。而M.马克里是新自由主义模式的后代，依照压榨模式行事。他的主要观点都从剩余价值中产生，他在从民主的价值观上掠过时丝毫不会受到冲击。类似的情况还发生在委内瑞拉，其新右翼为达目的无所不用其极。巴西新右翼的运作方式甚至与前总统F.卡多佐领导的私有化政府还有所区别。如今D.特朗普、S.贝卢斯科尼和R.埃尔多安是新右翼的突出代表，他们既不尊重人民，也不尊重合法的反对派势力，只维护自己的利益。这些新右翼潮流能够追本溯源到华盛顿，但他们并不认为听命于由一个帝国中心发出的指令，以机械化的模式行事有多大用处。地区右翼，尤

R.埃尔多安　　　D.特朗普　　　S.贝卢斯科尼

其是一些大国的右翼，在维护自身利益上拥有相当大的自主权，尤其是那些在发达的地方企业支持下的右翼。

不过真正的新气象是他们获得了广泛的群众支持。以阿根廷为例，此前右翼从未通过民选渠道入主过总统府，这一新情况值得细细探究。将右翼的所有进展都归因于媒体显然也是不合适的。有什么理由认为右派获得的选票都是操纵的结果，而左派的支持者都是自愿而清醒的呢？在进入更广泛的分析前，有两个问题必须厘清：一是右翼几乎肆无忌惮的独裁方式；二是民众支持其的原因。这些民众中不仅包括中产阶级，还有大众阶层中的一部分。对他们来说，所谓民主不过是每隔4—5年计算一下投票箱中的票数。至于广泛的民众支持，人类学家A.鲁杰里认为，新右翼建立起的有动员能力的社会基础的中坚力量是中产阶级中最反动的势力，这股势力长期存在，并在20世纪70年代支持过独裁。从地区所有选举进程来看，新自由主义的拥趸构成了35%—40%的支持力量。目前的中产阶级与20世纪60年代非常不同。他们已经不是那批在国立大学中接受过教育的各种专业的人士，只会渴望在国家机关谋得中等收入的职位；新的中产阶级是最富裕的人群，渴望生活在私人社区，对自由思想持怀疑态度。如今他们唯一关心的是财富和安全，并认为所谓自由在于购入美元和在五星级酒店度假。

欧洲国家政党民主走向没落

德国《明镜》周刊网站2月22日发表文章称,德国社民党和基民盟自1990年以来失去了近一半党员。政党遭受侵蚀不只是德国现象,整个欧洲都是如此。我们的民主因此正发生根本的变化。

整个欧洲政党民主都失去了吸引力

意大利"红色托斯卡纳地区"以前的左翼时代曾经是那么美好:在每个城市、每个村庄,同志们在地方党部讨论政治,他们也在很多地方执政——非常早的时候是作为共产党,后来作为左翼民主党,再后来是作为以"民主党"为名的社会民主党。但现在越来越多的地方党部都消失了。这种趋势不仅出现在托斯卡纳,而且也在整个意大利。在西西里岛的墨西拿,民主党的61个地方党部有57个已经关闭。2014年,该党在罗马还有110个地方党部,现在只剩下15个。如果同志们成群消失,昂贵的地方党部还保留着干吗? 2009年民主党有83万名党员,在2014年的统计中只剩下36.6万名。自那以来人数可能变得更少了,而且党员流失不仅仅发生在意大利,几乎欧洲各地的大多数政党都面临党员流失的问题。政治学家I.范比曾在一篇论文中说,21世纪开始后欧洲政党"失去了笼络民众的能力"。根据她的研究,早在2009年欧洲国家平均就只有4.7%的选民还属于某个政党。

意大利"红色托斯卡纳地区"许多地方党部都消失了

自那以来,政治侵蚀其实已经加速了。政党民主几乎在各地都失去吸引力。在斯堪的纳维亚半岛,长期占主导地位的社会民主党多年来日益深陷危机。法国、意大利和英国的政党在过去3年里总共流失了多达150万党员。目前,英国选民入党比例甚至不足1%,波兰和拉脱维亚也是如此,政党党员变成了边缘群体。在德国,两大执政党社民党和基民盟自1990年以来已经失去了近一半党员,而且下降趋势仍在继续。只有德国选择党和绿党是例外,但它们的党员加起来总共只有8万人,因此很难改变趋势。

文章称,纲领已经过时,世界观已成过去。今天主要是合适的领导人对于政党的成功至关重要。为了让领导人保持灵活,也就是有行动能力,务实主义必须取代世界观。务实主义也让与教会(保守派)或工会(左派)的传统联系过时,它们提供不了太多帮助,因为它们自己也遭受会员减少的冲击。这样一来，对传统民主的理解就彻底出现了问题。在多数欧洲国家，议会和政府完全或主要被政党占据，政党是民众和国家机构之间的媒介，但如果欧洲的大部分民众不再信任政党，这还是民主吗？在丹麦、芬兰和荷兰毕竟还有1/3的民众相信政党，在德国和奥地利有1/4，但在法国、意大利和许多东欧国家只还有1/10或更少的人相信政党。

文件显示波兰前总统L.瓦文萨曾是秘密警察线人

据欧洲新闻电视台2月22日报道，波兰前总统、诺贝尔和平奖获得者L.瓦文萨（Lech Walesa）被称为波兰"民主之父"，是波兰二十世纪七八十年代民主运动的主要领导人。但波兰民族纪念研究所（The Institute for National Remembrance）近日公开了700多页文件，显示L.瓦文萨曾在1970—1976年为共产党时期的秘密警察充当收费线人。

L.瓦文萨总统竞选时做出"胜利"的手势

此前几十年时间里，这些文件一直封存于波兰人民共和国最后一任内政部长C.基什恰克（Czeslaw Kiszczak）的家中。1996年，C.基什恰克还特意交代说，这些文件直到L.瓦文萨去世5年后才能公之于众。去年年底C.基什恰克一去世，他的遗孀就向民族纪念研究所出售了这些文件，据说开价约2.7万美元。后来她告诉记者，自己没注意到丈夫在1996年有相关交代，还说自己"犯了一个错误"。

波兰内政部长C.基什恰克

作为波兰成功推翻共产主义的传奇人物，L.瓦文萨曾承认签署过充当线人的文件，但坚称他从未落实到行动上。2000年，一个特别法庭恢复了他的清白，称没有证据证明他曾与共产党合作。波兰民族纪念研究所负责人L.卡明斯基说，本周从C.基什恰克家中获得的文件包括一份签有L.瓦文萨名字和代号的提供情报的承诺书，还有几页报告和L.瓦文萨签名的现金收据。在这些文件中，L.瓦文萨的秘密工作代号为"Bolek"，一份落款时间为1970年12月21日的文件上写着："我承诺为秘密警察提供情报，并与波兰人民共和国的敌人做斗争。"L.卡明斯基在一个新闻发布会上说，这份279页的文件似乎是真实可信的，将在适当的时候公之于众，历史学家需要时间分析这份文件的内容。

文件中L.瓦文萨的秘密工作代号为"Bolek" 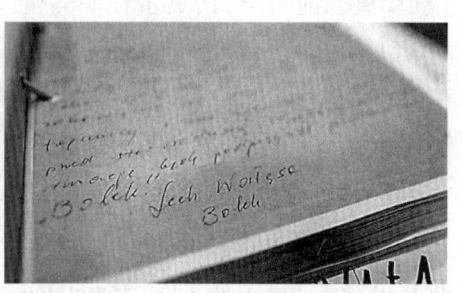　　1970年12月21日的文件

如今72岁的L.瓦文萨承认自己签署过一些文件，但否认与秘密警察有"地下"合作关系。据欧洲新闻电视台描述，目前在美洲旅行的L.瓦文萨对新文件回复谨慎："我确实有一些如今让我难以解释却不得不解释的文件签署。

波兰民族纪念研究所内的文件

但我当时的签署出于善意。所以让历史去做判断吧。"《纽约时报》则称，L.瓦文萨直言这些文件是伪造的。

在民族纪念研究所于周一公布文件后，L.瓦文萨写道："我输了，只是因为几乎每个人都相信，46年前我与秘密警察有所勾结……这不是真的。谢谢你，是你背叛了我，不是我背叛了你。"

《中国特色社会主义理论体系探源》英文版在新加坡公开出版

3月，中共上海市委党校袁秉达教授的《中国特色社会主义理论体系探源》(简称《探源》)一书，由圣智学习出版公司与中国人民大学出版社联合翻译成英文，在新加坡公开出版，受到国外学者的欢迎和好评。

改革开放30多年来，中国共产党成功地开辟了中国特色社会主义道路。我国现代化建设取得的辉煌成就，证明中国特色社会主义道路、理论体系和制度是成功的。中国共产党人和中国人民完全有信心为人类探索更美好的社会制度提供中国方案。为了让国际社会听到中国声音、看到中国方案，我国拓展了对外传播的平台和载体，着力打造融通中外的新概念、新思想、新表述，讲好中国故事，向世界展现一个真实、立体、全面的中国。2013年9月，该书已由俄罗斯涅斯托尔历史出版社与中国社会科学院社会科学文献出版社联合翻译成俄文，在莫斯科公开出版，俄罗斯科学院远东研究所还专门举行了"中国特色社会主义系列丛书俄文版"发布会。

俄罗斯科学院远东研究所所长季塔连科院士表示，中国学术专著的翻译出版，是中俄两国人文合作不可分割的一部分，作为该领域重要研究成果《探源》俄文版的发行，必将为俄罗斯学者提供理论参考。出版社社长谢尔盖·艾尔利赫表示，中国特色社会主义系列丛书将有助于更多的俄罗斯人了解今日中国的成绩和中国特色社会主义发展道路的理论渊源。

《探源》一书以独特的视角，对中国特色社会主义理论体系的思想理论之

《探源》一书俄文版封面 　　《探源》一书英文版封面

源进行了系统的探究，阐明马克思列宁主义、毛泽东思想是该体系的理论渊源；邓小平理论是该体系的理论本源；我国新时期创立的邓小平理论、"三个代表"重要思想和科学发展观，每个理论成果都续源于前一个理论成果，并为后续的创新开源。实践永无止境，创新永无止境，坚持和发展中国特色社会主义永无止境，为世界贡献中国智慧和中国方案也永无止境。

俄罗斯科学院举行"中国特色社会主义系列丛书"发布会

俄自由民主党提案给戈尔巴乔夫、叶利钦定罪

3月15日，俄罗斯《生意人报》称，以日里诺夫斯基为首的俄自由民主党向国家杜马递交的议案提出，基于历史公正性原则，要求在国家层面认定苏联最后一位领导人戈尔巴乔夫和俄罗斯首位总统叶利钦在位期间的政策是犯罪。议案说，戈尔巴乔夫和叶利钦作为国家领导人期间作出的决定、采取的行动让苏联解体，导致民族冲突，令民众疾病发生率和死亡率升高，并让国家经历历史上最严重的危机：工业生产总值下降一半，农业生产总值减少1/3，几乎半数居民生活在贫困线以下，此外，民众科学、文化、教育水平下降，国防体系被摧毁，大量国家财产通过私有化转到寡头手中，大笔资金外逃。自由民主党党团议员尼洛夫表示，戈尔巴乔夫的背叛行为和妥协立场引发了可怕的苏联解体，而叶利钦执政期间摧毁本国企业，大量进口美国产品。

俄自由民主党党标

对于自由民主党的提案，戈尔巴乔夫当天回应说，该党的目的是制造社会紧张气氛，他不打算就此事走法律程序，并要求解散自由民主党。"叶利钦总统中心"第一副主任杰列尼则回应说，自由民主党一贯行事激进，此前该党还曾建议俄罗斯禁用美元。

自由民主党的提案在俄罗斯政党中引起热议。公正俄罗斯党党团副主席叶梅利亚科夫表示，应当由俄罗斯社会对前国家领导人做政治评价。目前要对戈尔巴乔夫和叶利钦做客观评价为时尚早。不过俄共对自由民主党的提案表示支持，俄共议员博尔特科表示，戈尔巴乔夫的政策造成国家解体，失去了1/3的国土和近半数居民，他支持自由民主党的倡议。执政的统一俄罗斯党党团副主席伊萨耶夫则表示，该党暂未决定是否支持该议案。他呼吁谨慎对待历史，过去的国家政策既有缺点也有优点，一起谴责前国家领导人不是有建设性的做法。

通过自由民主党的议案须获得450名国家杜马议员中226人的支持。自

俄罗斯民间要求给戈尔巴乔夫和叶利钦定罪

由民主党占56个议席，俄共有92个议席，若没有其他党派支持，议案无法通过。报道称，俄罗斯民间此前就有要求给戈尔巴乔夫的政策定罪的声音。近几年，俄罗斯民众对戈尔巴乔夫的差评骤升，全俄社会舆论观点中心公布的民调显示，仅12%的俄罗斯人认为，戈尔巴乔夫是勇于担当的领导人；50%的人认为他没给国家带来任何好处；24%的俄罗斯民众认为他是造成伟大国家解体的罪人。

戈尔巴乔夫称对苏联解体负有无可推卸的责任

戈尔巴乔夫说曾想拯救苏联但未实现目标

据俄罗斯《消息报》4月26日报道，苏联最后一位领导人戈尔巴乔夫承认自己对苏联解体负有无可推卸的责任。

前一天，戈尔巴乔夫参加莫斯科国立大学举行的《生活中的戈尔巴乔夫》新书介绍会时，一名学生问他："是否认为自己导致苏联解体？"

戈尔巴乔夫回答说:"不管怎样,我都无法推卸自己对导致苏联解体的责任。"戈尔巴乔夫说,他曾努力想拯救和保留苏联,但未能实现目标,"我应该对此负责,我当年未能成功控制局面"。戈尔巴乔夫还呼吁俄罗斯公民留在俄罗斯国内工作生活。他表示,"人们有出国的自由,但俄罗斯人应当和自己的国家在一起,一起发展我们国家,我们的俄罗斯"。

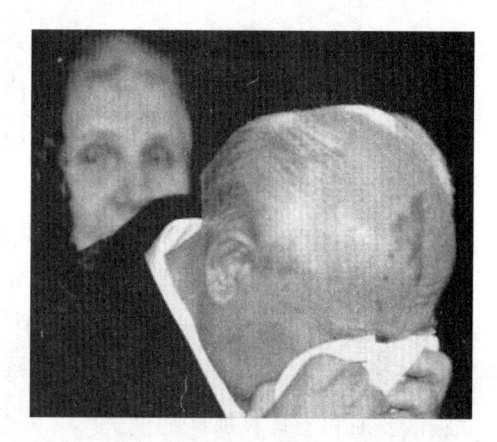

戈尔巴乔夫承担苏联解体的责任

俄新网25日称,俄罗斯列瓦达中心公布的最新民调显示,56%的俄罗斯人对苏联解体感到遗憾,而俄民众对戈尔巴乔夫的谴责也在增加。

匈牙利O.维克托设计的"非自由民主"模式在中欧国家扩展

法国《世界报》5月8日刊发题为《O.维克托,欧洲非自由民主国家的设计师》的文章称,2014年7月26日,O.维克托这位匈牙利总理详述了他的民主概念,或者说他在其国内实行民主的方法。他当时表示,"迄今为止,我们经历了三种形式的国家结构:民族国家、自由国家和福利国家。现在的问题是,接下来将会出现什么形式呢?匈牙利的回答是,建立在劳动价值基础上的国家将接替它们……我们在匈牙利建设的新国家不是一个自由国家,它是个非自由国家"。

匈牙利总理O.维克托

文章称,到目前为止,欧盟国家还从未有一位领导人提出这样一种概念。然而,按照布达佩斯的说法,这种可选择的民主制度或许会催生与欧盟创始人的价值观截然不同的价值观。它可能取决于秩序、对媒体的控制、家庭、宗教、将受清洗的往事神话化、实行社会福利补贴,甚至想要将死刑重新纳入"议事日程"。作为曾经的持不同政见者，O.维克托认为，基于人权、尊重少数派、法治国家和自由贸易的西方价值观已经持续不了多久了。在4月17日接受德国《经济周刊》专访时，他还批评了社会民主党和基督教民主党，认为它们已被自由主义引入歧路。

他将自己的模式与西方第二次世界大战获胜者所继承的生活方式对立起来，并且想要使作为欧盟外围国的匈牙利成为一个有预见的世界和一种有预见的想法的新中心。他背朝巴黎、柏林、华盛顿和布鲁塞尔，旨在清理25年来"后共产主义"留下的自由遗产，此举的目的就是让小小的匈牙利采纳新加坡、俄罗斯和土耳其那样的模式。

文章称，非自由民主的概念是美国记者F.扎卡里亚1997年起在《外交》双月刊上作为理论来探讨的，当时针对的是"民选的政权，往往通过全民公决而再次当选或权力得到加强，它们无视自己权力构成的局限性并让公民丧失了基本权利和自由"。他把"成功地从共产主义过渡到自由民主政体"的中欧国家作为反例。确切地说，正是这种过渡在匈牙利和波兰引发了质疑。O.维克托代表了中欧的这种转变。保加利亚政治学家I.克勒斯特夫是为数不多认真关注了这一"非自由民主"潮流的人士之一，他解释说："这是一个曾经的自由主义者。他的力量来自他能够说出的事实：我从那里来，而且这是行不通的。"1998年成为总理的O.维克托是一名反共产主义英雄。他在2002年出人意料地被击败，在后来成为反对派的8年间他找到了一种方法，从而得以保住权力，并让波兰极端保守派政府在2015年11月的大选获胜后试图效仿。2010年O.维克托获得了议会近2/3的席位后，便深入修改宪法；对媒体加强控制，国家广播、电视以及匈牙利通讯社都由权力机关负责，其领导人则由总理任命；政府通过征收具有追溯效力的税额，来谋求解决零售市场已被外国公司掌控的问题等。正因为如此，他的非自由民主会变得具有吸引力。

波兰法律与公正党主席J.卡钦斯基

O.维克托不再单枪匹马。波兰、克罗地亚、斯洛伐克这3个新加入欧盟的国家也都由具有民族主义和专制倾向的政党领导。匈牙利总理如今有了在波兰执政的法律与公正党作为盟友。O.维克托和该党领导人J.卡钦斯基1月在波兰喀尔巴阡山进行了长时间会晤，这次波匈首脑会晤确认了欧洲非自由民主的扩展。

罗马教皇批评西方输出民主

据路透社5月18日报道，罗马教皇方济各日前在接受法国天主教媒体《十字架报》采访时，谴责西方国家强行向中东、北非地区推行民主制度。他还语出惊人地表示：无论是基督教还是伊斯兰教，本质上都带有一定的"侵略性"，但这不是畏惧难民的理由。

在教皇方济各看来，西方一些强权国家的做法，是在将自己的民主制度强行嫁接到伊拉克和利比亚等国家，却丝毫没有考虑到当地的政治文化问题，而西方的干涉已经让一些处于弱势国家的国民感到困扰。他举例说，一位利比亚人曾抱怨，"过去这里只有一个卡扎菲，现在多出来50个"。方济各认为，如果不将地方政

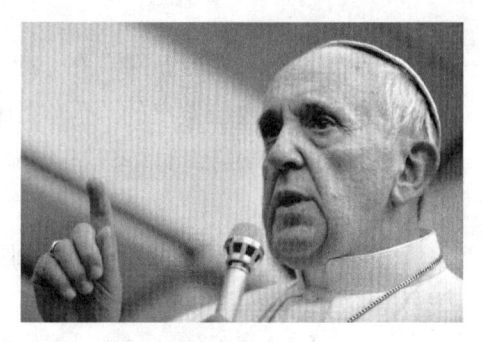

罗马教皇方济各

治特色等因素考虑在内，西方世界将无法实现与外界的融合。路透社称，方济各此前曾多次批判西方国家的"文化殖民主义"——即以财政援助为饵，将自身的意识形态强行灌输给欠发达的国家或地区。

法国《十字架报》对方济各的采访主要围绕着难民问题。当记者问及，受恐怖主义影响，欧洲人对中东和北非难民心存恐惧、不愿接纳，这种情绪是否合理时，方济各发表了一段"信息量很大"的个人见解。他表示，伊斯兰教义当中确实存在侵略扩张因子。但他同时表示，基督教其实也带有类似的性质，比如耶稣向世界各地广派门徒，某种意义上也可被视作一种"侵略"。方济各认为，这些不是欧洲各国"畏惧"难民的理由。西方国家应该反省自身，而不

教皇坦言基督教和伊斯兰教都带有一定的"侵略性"

是把需要帮助的难民统统"圈"在一起,继续拒绝让他们融入主流社会。

一些民众对教皇做出的"不当类比"表示质疑,认为他不该把基督教的"劝导行为"同极端组织的"圣战"相提并论。

中俄签"重量级"联合声明　携手维护全球战略稳定

《环球时报》6月27日报道,就在英国脱欧风暴搅得全球晕头转向之时,25日,中国国家主席习近平与旋风式到访北京的俄罗斯总统普京一连签署了3份颇具分量的联合声明,其中《关于加强全球战略稳定的联合声明》尤为引人关注,因为中俄在过去从未专门针对"全球战略稳定"发表过声明。声明指出,影响全球战略稳定的消极因素正在世界各地增加,我们对此感到担忧。在政治领域,反对干涉他国政治生活;在军事领域,所有国家应将军事能力维持在保证国家安全需要的最低水平。3份声明还以不点名方式多次批评美国及其盟友在南海、朝鲜半岛、乌克兰等问题上对地区事务的干涉。这是当前一种振聋发聩的声音,不仅重申了对对方领土以及核心利益的相互支持,而且重申在国际领域反对霸权主义、反对单边主义的立场。

在《关于加强全球战略稳定的联合声明》中,两国元首表示:"值得注意的是,域外力量往往以臆想的理由为借口,在欧洲部署'岸基宙斯盾系统',在亚太地区部署或计划在东北亚部署'萨德'系统……中俄两国对此强烈反对"。还有:"某些国家研制的'全球即时打击系统'等远程精确打击武器,可能会严重破坏战略平衡与稳定,引发新一轮军备竞赛。"在《关于协作推进信息网络空间发展的联合声明》中写道:"反对通过信息网络空间干涉他国内政,破坏公共秩序,煽动民族间、种族间、教派间敌对情绪,破坏国家治理的行为。"在《中华人民共和国和俄罗斯联邦联合声明》中明确写到南海问题:"中俄主张根据1982年《联合国海洋法公约》等规定,在国际法原则基础上维护海洋法律制度。所有相关争议应由当事方基于友好谈判协商和平解决,反对国际化和进行外部干涉。"对朝鲜问题则有这样的表述:"中俄反对域外势力在东北亚地区加强军事存在,反对以应对朝鲜核导计划为借口,在东北亚地区部署作为美国全球反导系统太平洋地区组成部分的新的反导据点。"

韩国"朝鲜"电视台26日评论说,中俄领导人强调,实施超出联合国安理会商定框架的单边制裁不符合国际法准则,这实为"对美国的批判"。报道称,中俄联合声明矛头指向的,正是近来就南海、乌克兰问题对中俄展开尖锐攻击的美国,包括有关美国"萨德"反导系统在朝鲜半岛的部署,中俄通过此次会晤再一次明确了其持强烈反对的立场。德国全球新闻网称,尽管经济合作是普京和习近平举行会谈的焦点,但种种迹象显示,两国领导人"还要成为全球秩序的稳定力量"。中俄通过这次声明达成了广泛、高度的一致,在重大国家战略问题上,两国战略协作又上了一个新台阶。

荷兰报纸率先报道中共诞生

上海《新民晚报》6月28日报道,共产国际给张太雷、俞秀松两人的委任状,中国代表在远东人民代表大会上的发言,马林1921年9月4日为荷兰《论坛报》撰写的关于中国共产党成立初期的报道……中共一大会址纪念馆经过在全球范围内的查找和征集,发现了一批中共早期珍贵档案,目前部分档案资料已经汇编成《中共首次亮相国际政治舞台》一书,由上海人民出版社出版。

《中共首次亮相国际政治舞台》一书收录的档案资料时间为1920—1923年,内容主要涉及苏俄、共产国际与中共创建的关系,包括报告、信函、电报、证件、照片等，共计40万字，配以各类档案、人物、书籍的图片160余幅。书中公布了大量中共早期历史人物的照片、函电、手迹。其中张太雷、俞秀松两人的委任状以及他们向共产国际第三次代表大会提交的抗议书、工作报告和在大会上的发言都十分珍贵。这些档案资料充分显示，正是他们的努力，才使得共产国际排除了江亢虎代表的中国社会党、姚作宾代表的中华全国学生联合会等其他政治组织，一举奠定了中国共产党在共产国际的正统地位。

《中共首次亮相国际政治舞台》档案资料集出版

书中还收录了一份珍贵的档案，是马林1921年9月4日为荷兰《论坛报》撰写的报道，题为《马林远东来信——中共成立初期的情况》，这是迄今为止发现的最早向国际舆论介绍中国共产党成立，从而让中共走向世界的文字。文章发表时间距离中共一大结束只有一个多月，并且简要记述了大会召开情况："他（陈独秀）那个杂志的读者群在8个地方结成了小组，他们已经决定在中国建立共产党，该党从今年起出版《共产党》月刊。"

中共一大会址纪念馆馆长张黎明展示中共早期珍贵档案

莫斯科中共六大旧址修葺一新

7月4日，在莫斯科红场西南方40多千米的"五一"村，历经2年筹备和9个多月施工建设的中共六大纪念馆完成竣工验收，并举行开馆仪式。中共中央政治局委员、国务院副总理刘延东和俄罗斯副总理戈洛杰茨共同为中共第六次全国代表大会会址常设展览馆揭幕。

88年前的1928年6月18日—7月11日，中共六大在这座镌刻着中国人深深历史记忆的小楼里召开。当时的中国正饱受磨难，中国革命到了最艰难的关头，来自中国各地的140多名中共代表，为了国家和民族的前途命运，在苏联人民和国际组织的帮助下，冒着生命危险，冲破重重险阻，远涉万里，会聚莫斯科。这是中共历史上唯一在境外召开的全国代表大会，具有重大的历史意义。

80多年沧桑巨变，会址楼房历经历史的洗礼和岁月侵蚀，特别是在几次火灾中遭受损毁，一度变得面目全非，只剩下残垣断壁。钉在建筑外墙上的

修缮一新的中共六大旧址

门牌写着"公园街18号",曾是这座建筑唯一保留完整的身份信息。但是,中国人民没有忘记莫斯科郊外的这座小楼。2013年3月,中国国家主席习近平访问俄罗斯,在莫斯科出席了中共六大纪念馆建馆启动仪式。他强调,中共六大会址是中国革命历程的重要旧址,也是中俄两国人民深厚友谊的重要象征。

莫斯科中共六大旧址

修葺一新的中共六大纪念馆,外墙黄白相间,是一座漂亮的3层楼房。虽然它饱受岁月磨难,但进入其中仍然可以感受到历史脉搏有力的律动。在沙皇时代,这里原是一位贵族的庄园,曾被称为"银色别墅"。楼内包括会议厅、办公室、居住室、活动室、厨房等共有七八十个房间。中共六大期间,中共代表们就是在这里起居活动、开会讨论。修缮后的旧址,有精细考究的楼房穹顶、房间内色彩各异的墙面、天花板上精雕细琢的石膏雕饰以及俄式吊灯、带有俄语按键的旧打字机……这些具有浓郁俄罗斯特色的装饰元素让展览馆充满了历史韵味。

在1楼展厅里,陈列着年轻的周恩来英姿勃发的照片,它把人们的记忆带回那段峥嵘岁月。瞿秋白、蔡和森也参加了中共六大,并在随后的中国革命事业中献出了宝贵的生命。一幅幅珍贵的历史照片,一件件仿照当年的家具摆设,仿佛让人们又看到了那20多个日日夜夜里,一群优秀的中国共产党人在这里纵论国家命运、思考革命前途。从此,莫斯科郊外的这座小楼,与中国革命、中俄友谊结下不解之缘。中共六大的珍贵资料,包括通过的政治决议以及关于军事、组织、苏维埃政权、农民等问题的决议,首次在会议原址被集中展示。这些文件资料如今基本都在莫斯科中央档案馆保存,中共六大纪念馆展出的一部分资料复制品得到了莫斯科中央档案馆的大力支持。历时4个多月完成装饰的2楼主厅,还原了当年会议的场景,在雄壮的《国际歌》声中,中共六大在这里庄严开幕。此外,还展示了中共前五次代表大会的会址资料。在3楼的阁楼层,又恢复了中共六大代表的2间卧室。

随着中共六大纪念馆的竣工开馆,中俄携手发展"红色旅游",将成为对

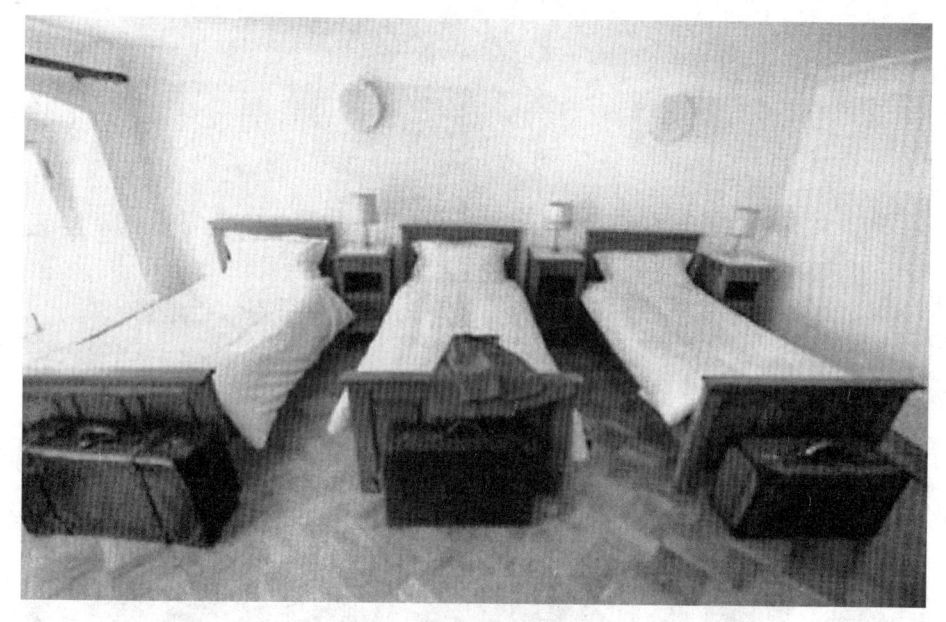

中共六大代表的卧室

激情燃烧的革命岁月和两国友谊的美好传承。

传奇"阿芙乐尔"号巡洋舰重返涅瓦河畔

据俄新社7月16日报道称,喀琅施塔得造船厂15日举行"阿芙乐尔"号巡洋舰结束维修出厂仪式。当晚21时,巡洋舰离开喀琅施塔得,由4艘拖船牵引,驶向圣彼得堡。涅瓦河上的3座开合桥开桥放行。"阿芙乐尔"号在涅瓦河上行进时灯火通明,数千名圣彼得堡民众在涅瓦河畔目睹了这艘富有传奇色彩的巡洋舰归来之程。

"阿芙乐尔"号巡洋舰回到锚地后将开始系缆和固定业务,这一过程需要几个小时。此后军舰将连通当地的水、电和通信系统。按照计划,7月31日俄罗斯海军节当天,巡洋舰上举行了隆重的博物馆重新开展仪式。8月3日,巡洋舰正式向游客开放。

2014年9月返厂维修的"阿芙乐尔"号巡洋舰舰体在喀琅施塔得造船厂的船坞得到修复,吃水线上方的裂缝得到灌补,舰上安装了全新的防火系统、信号系统和摄像系统。舰体重新喷漆,舰上装饰也恢复了历史原貌。维修总

数千名民众在涅瓦河畔目睹"阿芙乐尔"号巡洋舰归来

"阿芙乐尔"号巡洋舰通过涅瓦河上的开合桥

额大约为8.4亿卢布（1美元约合63卢布）。

"阿芙乐尔"号巡洋舰建成于1903年，总航程超过10万海里，参加过俄日战争、第一次世界大战和卫国战争。1917年11月7日该舰向冬宫开炮，成为十月革命的发令信号。1948年起，巡洋舰停靠在目前的永久锚地。1956年前，它是纳希莫夫海军学院的教学基地，1956年被改建为博物馆，成了十月革命的象征、苏联及以后俄罗斯联邦的文化遗产。

S.亨廷顿的"文明冲突"预言是否得到证实

德国《世界报》网站7月17日发表文章称，20年前当S.亨廷顿的畅销书《文明的冲突与世界秩序的重建》一书出版时，很多当时遭到激烈批评的预言眼下得到了证实。

文章称，对S.亨廷顿的批评甚至涉及对他个人的中伤，谴责他是恐惧的制造者和不安的挑起者，是不能容忍冷战结束的人，但这并未对他造成干扰。他灰暗的分析是基于哈佛大学对新旧冲突策源地、它们的相互作用以及这一切对于美国"大战略"和西方未来的意义所进行的一项全球范围的研究。S.亨廷顿指出，在冷战结束之后，文化和宗教、历史和地理是新冲突的推动力量，它

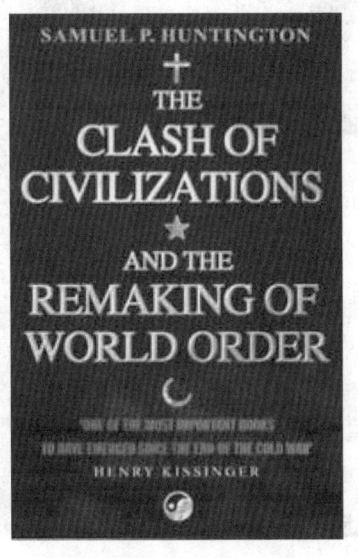

S.亨廷顿　　　　　　《文明的冲突》一书封面

们只是在冷战的两极分化中被冻结了,但绝没有被清除出这个世界,永远地安息了。然而,他的警告一直没有人听。如今翻一下这本长达500页的书就会发现,在当前诸多的火情中,很多正是发生在S.亨廷顿当时所写的"血腥的伊斯兰边界"。

文章指出,当1989年日裔美国学者F.福山提出引发轰动的"历史终结论"时,S.亨廷顿从中没有看出任何有价值的地方。这个"永远和平的梦想"赢得了全世界民众的认可,并赋予其作者以世界预言家的地位,同时也推动了一厢情愿的想法,令西方公众、选民和当选者转而信奉政治素食主义:美丽的新世界。然而,S.亨廷顿和他的同道者明白,最古老的也可能成为最新的,政治伊斯兰主义可能会毁灭阿拉伯世界,俄罗斯不可能甘心失去乌克兰、格鲁吉亚和波罗的海国家,巴尔干将成为血的沼泽,而在太平洋,如果中国对它的遗产提出要求,危机和冲突就会增多,而且新的平衡不会很快对它们形成约束。

S.亨廷顿的分析围绕5个论点进行:(1)经济和社会现代化既不会产生一种普世的文明,也不会导致非西方社会的西方化;(2)文明圈的力量对比在发生变化;(3)一种以相互竞争的价值观为基础的世界秩序正在产生;(4)西方

S.亨廷顿笔下的"血腥的伊斯兰边界"

的普世要求导致边界冲突;(5)全球文明冲突只有当西方团结在一起、美国在领导的同时自行后撤时才能避免。文章称,S.亨廷顿的书最初主要是对B.克林顿政府的警告,20年后面对失去的胜利和正在抬头的文明冲突,人们经历、看到了这位美国教授的警告,同时也担忧文明冲突的潜能还远没有释放完毕。

英国脱欧标志全球化时代的终结

英国《卫报》网站7月28日刊登摩根士丹利新兴市场和全球宏观经济部主任L.夏尔马题为《我们熟悉的全球化已经结束——英国脱欧就是最大标志》一文。文章称,伴随着英国脱欧公投所产生的震动,脱欧传染的风险增加了。人们会问,下一个离开欧盟的会是哪个国家? 而这种

英国开始脱欧

脱离是否会毁掉"二战"后的欧洲秩序? 其实,英国脱欧显然不是灾难的起因而是现象,是2008年全球金融危机后释放出的全球力量的体现,包括经济增长放缓、不平等加剧,以及对开放边境和现任领导人的对抗性反应增加。即使英国脱欧并不意味着欧洲或全球经济的解体,它也是一个重要的标志,表明人们所熟悉的全球化时代已经结束,"去全球化"将成为新的热门词汇。

文章称,世界进入了"后危机"时代,它的标志是比危机之前有更多的大动荡,很多国家的政策和领导人希望缓解痛苦,但结果只是让情况变得更糟糕。从全球来看,危机之后反对当权派的起义如火如荼。在30个主要民主国家,自2008年以来现任政府大选获胜的比例仅为1/3,而之前的比例为2/3。在位列前20的新兴国家和发达国家,现任国家领导人的支持率中位数从2008年之前的高达54%跌至37%。人们普遍认为,对现任政府的愤怒有利于右翼民粹主义者,例如D.特朗普、M.勒庞以及英国脱欧运动的一些领导人。不过这是针对当权派的起义,并非一种左翼或右翼的意识形态。

在欧洲和美国,右翼新兴政客利用了工人阶级的挫折感,将他们的苦难归

英国民众掀起脱欧高潮

咎于移民抢走了就业。在亚洲或拉美,并没有这种右翼民粹主义者普遍崛起的情况。然而,当地的选民推翻了左翼政府,选择了主流改革家,例如阿根廷的M.马克里和秘鲁的P.库琴斯基。投票箱革命并非孤立的本地事件,它们源于经济增长缓慢,自2008年以来,全球经济增速从3.5%的战后平均水平跌至刚刚超过2%。直到最近,欧洲依然是受到打击最严重的地区,因此它成了民粹主义怒火多发的地区。这种情况在一个又一个国家复制。瑞士信贷银行最近对46个主要经济体的研究发现,2007年之前财富不平等在其中12个国家加剧,但是之后这个数字达到了35个。在这个短暂的时期,全球亿万富翁人数几乎翻了一番,达到1800多位。其中超过70人生活在伦敦——这是世界上富人最集中的地方——因此英国首都成为阶级仇恨的目标。

英国脱欧引发多米诺骨牌效应

文章称，危机前让那个时代激动的对全球化的吹嘘已经让步于对去全球化的担忧，政府采取避免另一场危机的措施只是加剧了其自我毁灭的进程。由于海外业务受到新的限制，全球跨国银行纷纷撤回国内。全球资本流动从2007年占全球经济总量16%的峰值跌至仅为1.6%，这种收缩会给经济增长扯后腿。英国脱欧只是2008年后反全球化的后果之一，更严重的后果是推行只会使全球经济衰退进一步恶化的政策。

欧洲中左翼面临艰难时刻

英国《金融时报》8月19日发表《欧洲中左翼面临艰难抉择》的主题文章。文章称，千禧年伊始，欧洲社会民主主义似乎处于强健和精神抖擞的状态。英国、法国、德国和意大利都曾有过中左翼政府。每个政府都对披上阶级斗士的战袍不那么感兴趣，而更感兴趣的是获得尊重，成为资本主义秩序的高效管理者、社会分歧的愈合者。

但是，16年后，社会民主主义显然陷于了自欧洲内战时期右翼独裁政体暴力压制以来最严峻的危机中。传统的两党政体在整个大陆正在走向瓦解，但是受打击最严重且最有理由对未来感到焦虑的却不是中右翼而是中左翼。

导致社会民主主义运气大跌的原因不是短期的。劳动力大军的工会化程度降低了，僵化的阶级认同连同立足于此的党派体系数十年来一直呈衰落之势。然而，社会民主主义最近遭遇的艰辛源自2008年后的金融危机与衰退，源自全球化的持续影响和欧盟对这些挑战的应对。

在这些"旋风的岁月"里，社会民主主义的高效版，被英国的T.布莱尔和德国的G.施罗德兜售为"第三条道路"和"新中间道路"，结果却几乎没有得到什么回应，对数百万经济上不堪一击的中左翼选民的吸引力甚至更少。这些政策适合的是阳光灿烂的日子，而不是像今天这种狂风暴雨般的岁月。高失业率、停滞不前或生活水平下降，公共开支缩减，以及在某些情况下，

"第三条道路"已风光不再

中左翼遭遇的艰辛源自金融危机

政府用巨额纳税人的钱组织对不负责银行的拯救,所有这一切都加剧了公众对现在在位或一度执政的中左翼党派的不满情绪。

普京称苏联本可靠改革免于解体

据俄罗斯《消息报》9月24日报道,俄罗斯总统普京在克里姆林宫会见新一届国家杜马各党派领导人时说:"苏联是完全可以避免解体的,但苏联共产党推动了毁灭性的想法,解体了这个国家。"西方媒体认为,"普京试图恢复苏联"。俄专家认为,普京希望俄罗斯重新成为一个世界强国。

普京表示:"大家知道我对苏联解体的态度。当时这样做完全大可不必。不用那样(解体),也可以进行包括民主改革在内的各项变革。"他表示,"当时领导国家的是苏联共产党,不是其他什么推行民族主义或令国家灭亡的破坏性主张的政党"。今年早些时候,普京将苏联的民族主义政策比作列宁及其盟友"在一座被称为俄罗斯的大厦下"放置的一颗"核弹",最终核弹爆炸。普京认为,"苏联的经验有好有坏,解体是否正确的问题应当由历史学家解决"。

普京

俄罗斯国家杜马会议

俄罗斯"今日经济网"分析称,普京这一讲话等于再次重复其经典语句:"苏联解体是20世纪最严重的地缘政治灾难。"俄地区问题研究所所长德米特里·茹拉夫列夫认为,普京多次就苏联的地位问题表明观点,认为"苏联在国家历史上发挥过重要作用"。茹拉夫列夫称,"普京在苏联红旗下长大并为之工作很多年,对苏联有深刻印象,认为这是一个真正的超级大国。对普京来说,这是一种理想,当然不是意识形态领域的。普京认为,在当前世界地缘政治背景下,苏联应当成为俄罗斯的一种模式,应让俄罗斯重新成为一个世界强国"。但由于对苏联的恐惧,西方国家一直担心俄罗斯成为"新苏联"。美国CNN之前分析称,普京正在建立"新苏联","正从战略防御转为战略进攻,不仅在乌克兰东部、叙利亚动作频频,还威胁波罗的海国家"。但俄专家认为,目前的俄罗斯是一个与苏联完全不同的政治体制,西方国家却完全忽视这一点。

长征是令世界信服的"中国传奇"

据美通社(PR Newswire)9月30日报道,一群来自中美两国的学生9月初完成重走80年前红军在贵州的一段长征旅程。汉普顿大学学生拉里说,他通过重走长征路,了解到红军战士的大无畏和百折不挠的精神,并对这种精神充满敬意:"长征精神永远都不会消失。"一般来说,了解中国近代史的美国人,对红军及长征都会有所了解。喜欢中华文化、可以讲流利汉语的印度裔美国人鲁三美告诉记者,他知道一些长征的故事,学习中国历史和了解中国共产党的人都不会忽视这段历史。

纪念中国工农红军长征胜利80周年

10月8日晚,在美国圣盖博市大剧院隆重举行了"南加州华人华侨纪念中国工农红军长征胜利80周年大型歌舞专题晚会"。美国教育部前助理副部长、劳工部前美西总长张曼君携夫婿、奥斯卡奖获得者R.安德森表示,观看演出就是希望了解中国的这段重要历史,他认为演出场面壮观、宏伟,音乐也好。《帕萨迪纳星报》等当地媒体对演出作了报道,并评论"长征代表着毛泽东成为中共领导人和共产主义在中国的崛起",演出让"美国年轻人有机会增进对中国文化和历史的了解"。纪念晚会与去年当地华人庆祝抗战暨世界反法西斯战争胜利70周年等活动一脉相承,很多移民的父辈、祖辈都经历过这些,老一辈人的精神让他们感怀至今,纪念传承老一辈的精神已成为一种情结。他认为,红军长征的精神,正是中华民族在艰苦卓绝的环境下不屈不挠精神的集中体现,红军精神已经是中华民族的宝贵遗产。美国《时代周刊》曾评选出影响人类社会文明发展进程的100件大事,其中就包括长征。美国著名作家索尔兹伯里在《长征——前所未闻的故事》一书说,"长征的故事使人们再次认

中美大学生重走长征路相会在肇兴侗寨

美国南加州侨胞举办纪念长征80周年晚会

识到，人类的精神一旦唤起，其威力是无穷无尽的"。

80年前，中国共产党领导中国工农红军战胜千难万险，胜利完成举世闻名的二万五千里长征。对于长征历史意义的认知和精神传承的感怀，早已超越中国那段特殊的历史，延伸到国际社会。曾任美国总统国家安全事务助理的布热津斯基在大渡河感受到当年战斗的"触目惊心"；在E.斯诺、H.索尔兹伯里等美国记者和作家笔下，长征是"前所未闻的故事"，是"惊心动魄的史诗"；英国《卫报》将长征的重要意义与敦刻尔克大撤退相类比，"是从失败到成功的转折点"；有越南将军将名字改为"长征"，河内有条长征路；电视剧《长征》曾在韩国3次重播；一些西方青年人还有"长征情结"，热衷于重走长征路……外国人士对长征的关注和评价，离不开"长征精神"的特殊意义，也离不开中国实力的增长。

马克思致《资本论》法文出版者M.拉沙特尔的书信被发现

10月20日，中央编译局马恩列斯著作编译部举办今年第9期马列著作编译论坛。法国《马恩大典》编委会秘书长、著名左翼学术刊物《当代马克思》编委会负责人、法国鲁昂大学历史系讲师J-N.迪康热（Jean-Numa Ducange）作了题为"新发现的马克思致《资本论》法文出版者M.拉沙特尔的书信"的学

《资本论》第1卷法文版扉页　　　　M.拉沙特尔

术报告。中央编译局原副局长李其庆出席论坛。

早在德文版《资本论》第1卷写完不久,马克思就想把它翻译成法文出版。在1867年5月1日给L.毕希纳的信中,马克思说:"想等书在德国出版后,再用法文在巴黎出版。"他不能亲自到法国去物色译者,希望L.毕希纳能提供合适的人选。他认为,这对"使法国人摆脱P.蒲鲁东用对小资产阶级的理想化把他们引入的谬误观点,是非常重要的"。

在法国,P.蒲鲁东的思想对"'优秀的青年'、大学生,其次是工人,尤其是从事奢侈品生产的巴黎工人"有很大影响。1872年初,马克思终于与出版商M.拉沙特尔谈妥,由J.鲁瓦担任《资本论》法文版的翻译,由M.拉沙特尔出版社出版。马克思亲自校订了全部法译文,为此付出了大量劳动。

在报告中,J-N.迪康热先生回顾了国外学界对《资本论》法文版翻译和出版的研究现状,介绍了近年来在M.拉沙特尔的私人文献中发现的一批马克思和恩格斯致M.拉沙特尔的书信。这些书信大部分没有公开发表,小部分则属于此前未发现的书信原件。J-N.迪康热先生重点分析了这批书信中涉及的有关马克思政治经济学的方法论、马克思对法国小说家O.仁苏的补充性批评和他致力于向法国工人普及《资本论》的理论观点等方面的材料,并呼吁马克思主义研究者更多关注、发掘、整理和研究反映马克思著作在不同国家、不同

法国学者J-N.迪康热作学术报告

时期的新文献和新材料。会见中，J-N.迪康热还向中方赠送了1906年法语版《共产党宣言》。

德国智库研究未来"中国六种发展场景"

据"德国之声"10月20日报道，德国贝塔斯曼基金会和弗劳恩霍夫系统与革新研究所近日发布名为《中国2030：德国可能面临的发展场景及相应对策》的研究报告，展示了中国未来可能出现的发展场景，以及各种场景对德国产生的影响。

这份报告长达70页，来自德国政界、商界、科学和媒体等领域的百余位专家参与撰写。报告前言阐述了中国发展对德国的重要性：中国和德国是重要的合作伙伴，5 000多家德国企业活跃在中国，1 000多家中国企业扎根德国。"到目前为止，德国主要是从中国的发展中受益。但是在如今这个时局变化日益加速的时代，德国并不能保证始终扮演受

德国智库表现出对中国未来的关切

益者的角色。21世纪的挑战,我们只能一起解决。"

该研究对中国未来6种不同的发展场景进行了探讨。一是在"维持现状"的场景下:中国的现有政治和经济体系保持稳定,经济增长的动力主要来自中西部迟来的现代化进程。"在这种场景中,中国对德国仍然是一个重要的市场,机会与风险并存,也较为容易预判。二是在"中国梦"的场景下:中国完成种种艰难改革,一方面以市场经济为导向的自由化进程实现了中国经济的健康发展;另一方面成功保持政治现状,中国将成为德国更加强大的经济竞争对手,德国会失去国际重要性。三是在"长城"的场景下:中国走上普京的俄罗斯之路,民族主义与外交政策的侵略性导致国际孤立,经济严重受损,甚至还可能引发岛屿冲突,出现新的冷战。"对于德国来说,孤立的中国对德国的风险远远大于机会"。四是在"新加坡模式"的场景下:中国经历市场化改革以及一定程度的政治变革,在国际上成为一个领导力量。五是在"民主"的场景下:中国成为西方式民主国家。六是在"混乱"的场景下:中国社会混乱,经济崩溃。"这将不可避免地导致全球经济危机,对于出口导向型的德国经济损害严重。"

德国贝塔斯曼基金会提出报告

"德国之声"指出,从所有场景来看,有一点是共通的,即德国可以从中国的很多发展中获益,前提是德国企业和政界要选择正确的道路,重视技术革新和国际秩序结构。

斯大林之孙告俄历史教材亵渎其祖父遭驳回

"斯大林的孙子再次在法庭上捍卫自己爷爷的声誉"。俄罗斯《消息报》

斯大林的孙子朱加什维利

10月24日报道称,苏联领导人斯大林的孙子朱加什维利向法院起诉今年出版的十年级历史教科书的编者,指控他们为纳粹主义招魂和亵渎他的爷爷斯大林,要求追究他们的刑事责任。但莫斯科市法院驳回了这一诉讼。市法院认为,奥斯坦丁诺区法院此前驳回朱加什维利诉讼的决定是正确的,因此维持原判。

不久前,莫斯科一出版社发行了《俄罗斯历史:20世纪初至21世纪初》十年级历史教科书。书中指出,1940年在卡廷森林射杀战俘是苏共中央政治局直接下达的命令。这引起朱加什维利的强烈不满,因此向法院提起诉讼。对于法院这一判决,朱加什维利表示,他准备让国家高层领导人解决这一问题。俄新网24日报道称,为了捍卫斯大林的声誉,现年80岁的朱加什维利曾多次状告媒体和记者。去年1月份,他曾因俄罗斯《新报》发表的一篇文章向欧洲人权法庭提起诉讼。文章在回顾斯大林在卡廷惨案的作用时称,斯大林是一位"嗜血食人者。"他认为,这篇文章亵渎了他的祖父,要求报纸赔偿名誉损失费。但诉讼被驳回。斯大林在当前俄罗斯社会一直是个争议较大的历史人物。虽然俄罗斯人对他的独裁统治和"大清洗"运动不满,但今年3月份公布的民调显示,有71%的俄罗斯人认为,不管斯大林有什么错误或罪恶,最重要的是他领导苏联人民取得了"二战"的胜利。

古巴传奇领袖F.卡斯特罗溘然谢幕震动世界

据古巴媒体11月26日报道,古巴领导人L.卡斯特罗当天发表电视讲话,宣布前传奇革命领袖F.卡斯特罗于当地时间25日晚溘然去世,享年90岁。全球多位领导人发去唁电表达哀悼,并强调了F.卡斯特罗的历史重要性和国际影响力。

从1949年加入古巴人民党至今,F.卡斯特罗在革命道路上战斗了60多个年头。在人们心目中,他是一个坚强而不知疲倦的战士,一身戎装、爱抽雪茄的"大胡子"已经成为古巴革命的象征,被古巴人习惯地称为"我的司令"。他是古巴革命和建设事业的缔造者,领导着不到1 200万人口的古巴,与拥有3亿人口的"超级邻居"美国长期抗衡。在国际舞台上,F.卡斯特罗在维护民族独立、不畏强暴方面表现出的大智大勇,令人们称赞他是"吓不怕、压不垮、打不倒的大胡子"。半个世纪以来,美国为除掉F.卡斯特罗煞费苦心,但他总能逢凶化吉。根据美国中情局2006年解密的一份1973年的文件显示,中情局曾出资15万美元,雇用美国黑帮成员暗杀F.卡斯特罗,但因杀手退出而宣告失败。

古巴领导人F.卡斯特罗

F.卡斯特罗的保镖F.恩斯凯兰特估计,美国中情局曾对F.卡斯特罗进行过638次暗杀,而且手段五花八门。所以,F.卡斯特罗曾幽默地说:"如果奥运会有躲过暗杀这一项目,我将摘得冠军金牌。"

F.卡斯特罗的战斗岁月

他与中国更是有着独特的深厚情谊。人们在谈及中国同古巴的关系时，常常会用3个"好"来形容，那就是"好朋友、好同志、好兄弟"。朋友者，情深义重；同志者，志同道合；兄弟者，不离不弃。从20世纪60年代开始，半个世纪国际风云变幻，但中古两国的美好情谊却在两国人民的努力耕耘中日渐枝繁叶茂。2008年3月，《F.卡斯特罗访谈传记：我的一生》中文版出版，在序言"致中国人民"中，他写道："革命使两国人民结成兄弟，肩并肩为社会主义而斗争。"

我终将离去，但理想不朽！

2006年，他在一次讲话中这样说："在我的有生之年我要战斗下去，做有益和有用的事情，让我的'零件'工作到最后一秒。""我终将离去，但理想不朽！"就在几个月前的古共七大上，F.卡斯特罗的一番演讲颇有告别的意味："我很快就要年满90岁。很快，我就会像其他所有人一样。我们所有人都会面临那一刻"；"但是，古巴共产主义者们的理想信念会保持不变，继续在这个星球上证明，如果人们努力且有尊严地工作，就能够生产出人类需要的物质和文化产品"；"我们需要为此继续不停奋斗。"

25年后看解体苏联的《别洛韦日协议》

据俄罗斯《生意人报》12月8日报道，当天是俄罗斯、乌克兰和白俄罗斯3个加盟共和国的前领导人叶利钦、克拉夫丘克和舒什科维奇，签署有关苏联解体和建立独立国家联合体《别洛韦日协议》25周年，俄罗斯舆论中出现大量反思与回顾，世界媒体上也出现了很多评论。卫星通讯社进行的民调显示，11个苏联加盟共和国中有9个国家的大多数35岁以上居民认为，苏联解体前的生活好于解体之后。经历过苏联时期的64%俄罗斯受访者认为苏联时期生活质量更高，乌克兰有60%的受访者同意这一观点，亚美尼亚和阿塞拜疆的相应比例最高，分别为71%和69%。那些对苏联生活没有印象年轻居民则大多认

叶利钦、克拉夫丘克和舒什科维奇签署《别洛韦日协议》

为,苏联解体后生活变好了。

俄自由民主党在莫斯科马涅日广场举行集会,抗议《别洛韦日协议》签署25周年。25年前他们也曾在这一广场举行过抗议苏联解体的集会。俄共方面称,将在国家杜马小厅举行听证会,讨论《别洛韦日协议》和叶利钦的整体政策。久加诺夫建议,禁止"叶利钦中心"在俄活动,因为正是由于叶利钦才造成苏联解体。戈尔巴乔夫在接受俄国际文传电讯社采访时表示,苏联解体是《别洛韦日协议》参与者个人野心和权力欲造成的,当时苏联有可能保留下来,但他未能遏制住那些渴望分裂国家的人。"我对苏联解体感到痛心。我到处呼吁保留苏联,但人民保持了沉默。有人想成为总统,这是正常的,时任俄罗斯领导人带头分裂苏联。"对于西方在苏联解体问题上扮演的角色,戈尔巴乔夫称,不应将所有过错都推到西方国家身上,西方看到苏联发生的一切,他们在那里高兴得搓手,不仅观看,而且也参与其中。哈萨克斯坦总统纳扎尔巴耶夫在接受采访时表示,苏联解体是历史的必然,强大的苏联赢得了战争,但最终却因国内经济体系失衡而在国际经济竞争中惨遭失败。"过去的事情终归已成往事,没有人能够改变历史。"他还表示,俄罗斯是一个"能够战胜一切艰难险阻的国家","依然拥有成为一个伟大国家的能力"。他认为西方对俄罗斯的经济制裁正在"迫使俄罗斯实现自我的突破"。在一些俄罗斯人看来,为了向西方展示和解意愿,俄甚至自己解除了自己的武装,以让苏联自杀的方

苏联解体是一场地缘政治灾难

式结束了与西方的对抗,但西方却并没有作出相应回应。西方不愿意看到俄罗斯的强大,与西方对抗是俄罗斯的宿命,除非西方放弃它对俄罗斯的傲慢和敌视。《华盛顿邮报》一篇文章感慨道:"仅仅25年后,西方的胜利就结束了。"

俄民众惋惜苏联解体但不想重回过去

列瓦达中心的调查也显示,虽然多数人为苏联解体惋惜,但只有12%的受访者支持恢复苏联。"不会有苏联2.0",德国《曼海姆晨报》称,俄罗斯仍是世界面积最大的国家,俄罗斯人有强烈的民族自豪感,留恋过去的成就。但一个"苏联2.0"在今天不会发生。随着苏联的解体,共产主义意识形态在那里已土崩瓦解。苏联式的国家已经不再适合俄罗斯。俄罗斯现在需要强大,生活更加美好,但不是回到苏联。

国际资讯（2017）

法国国民议会145年后为巴黎公社英烈们平反昭雪

2016年11月29日，法国国民议会正值巴黎公社145周年纪念，决定为19世纪最后一场人民革命运动公开平反。在议会厅里，经过了整整2个小时的激烈争辩。H.费隆议员即席朗诵了O.鲍狄埃1885年发表的诗歌《公社没有覆亡》："凡尔赛分子镇压公社，用霰弹炮和沙斯波枪，又把红旗卷在她身上，往深坑里埋葬，那伙肥猪般的屠伯，自恃豪强……他们至少把10万群众残杀在屠场。可你瞧！屠戮了10万人，也没能得逞……公社并没有覆亡！"朗诵者话音一落，国民议会大厅里响起一片掌声，1871年春天的"冲天"英烈们终于在今朝得到了平反。

国民议会依据《宪法》第34—1条款通过第907决议，由议长C.巴赫托洛纳签署"为所有遭镇压的1871年巴黎公社社员平反"。支持此项提案的社会

法国国民议会决定为巴黎公社英烈们平反昭雪

党与环保改革派领袖 B. 勒鲁及巴黎议员声称,"这一庄严行动"是在"尽历史责任",特别希冀:"此举旨在给那些为自由不惜被立即处死和受到不公正判决的妇女和男子以荣誉和尊严。"国民议会这项决议用的是"平反"一词,明确它不是一次新的"赦免",亦非出于对"牺牲者"的怜悯,而是直面事实,还历史以真相。

早在 2011 年,巴黎公社协会就要求政府当局为巴黎公社正式公开平反。到 2013 年,一些社会党和共产党议员几度联合推出为巴黎公社平反的备忘录提案。眼下,法国国民议会通过的决议,虽由一批左翼议员出面,实际上乃是巴黎公社协会累年努力推动的结果。

法国国民议会的决议一经传出,各大媒体纷纷报道。《人道报》发表 O. 莫兰的著名文章,援引左翼阵线议员 J.J-冈德里耶在议会辩论的发言,肯定巴黎公社的业绩,说:"巴黎劳动者奋力结束了剥削与压迫,在全新的基础上重组社会。"尤为突出的是,J.J-冈德里耶称巴黎公社为"法国工人运动史上最伟大的事件","法国历史上悲壮的一页",提议将巴黎公社史列入学校课程,并确定一个全国性的"巴黎公社纪念日"。《世界报》撰文,确认巴黎公社是"为自

法国《世界报》的报道

法国《费加罗报》的报道

由而战"的革命。文章援引了现政府国务秘书J.M.勒甘的论断,强调为巴黎公社平反能够"促进对爱国者、起义者的记忆传承,发扬他们给共和国以启迪的价值观"。《费加罗报》则在评论文章前刊载了拉雪兹神甫公墓里巴黎公社战士墙的大幅照片,上边铭刻:"献给巴黎公社(1871年5月21日—28日)的烈士。"正是在这座夏洛纳砖墙前,巴黎公社最后147名战士高呼"公社万岁!"口号,英勇就义。

俄罗斯共产党提"否定十月革命者应受到惩罚"的议案

据2017年1月20日俄罗斯卫星网报道,俄罗斯共产党副主席谢尔盖·马林科维奇透露,该党针对俄罗斯某些知名人士发表否定十月革命的言论,提议通过《关于为否定1917年十月革命历史事实、扭曲事件性质负担行政责任》的法律草案,并已将提案呈送给国家杜马主席维亚切斯拉夫·沃洛金。

报道称,不久前俄联邦委员会国防与安全委员会主席维克多·奥泽罗夫曾指出,今年是十月革命100周年,俄"体制外反对派"谋求利用这一历史事

列宁纪念像

件，在总统选举前的这一年分裂社会，制造混乱。在提交给俄罗斯国家杜马主席维亚切斯拉夫·沃洛金的草案中，俄共领导人马克西姆·苏拉金（Maksim Suraikin）写道，一些俄罗斯的政治家大多数是自由主义和右翼势力的代表，甚至还是"西方价值观"的倡导者，他们否定十月革命历史事实和扭曲事件性质，这与事实相矛盾，会将异议和混乱带入社会，使年轻的一代失去方向。他提议国家杜马通过一项法案，"在公开演讲以及媒体上，否认或是扭曲与十月革命相关的历史事实"是一种民事犯罪，将最低处罚5 000卢布（约合人民币580元）的罚款，最高处罚强制性社区服务。此外，他还建议对犯罪者追究刑事责任。他表示，"批准这项法案将能够让俄罗斯在庄严的气氛中庆祝十月革命100周年，同时能够扼杀那些企图破坏俄罗斯社会稳定的分子"。他还提到，俄共准备派律师去议会，协助这项法案的通过。

否定十月革命将使年轻一代失去方向

在去年岁末，俄罗斯总统普京曾在国情咨文中表示，2017年的二月革命和十月革命100周年是思考俄罗斯革命原因及性质的良好契机。十月革命是20世纪震惊世界的重大历史事件，英国《卫报》日前在发布"2017年全球必去城市榜单"时称，俄罗斯北方名城圣彼得堡之所以入选该榜单，恰恰是因为它承载着对十月革命的百年纪念。

俄罗斯学界、新闻界开展对十月革命研究的最新动向

按照俄官方计划，纪念活动从2017年3月1日开始，一直持续到年底，主要包括图片展、艺术展、档案开放展、集会、学术会议、演说、国际学术会议、研究课题、电视片、电影、马戏、圆桌会议等。活动举办地点包括莫斯科、圣彼得

堡、奔萨、乌里扬诺夫斯克、顿河畔罗斯托夫等,还有在瑞士、法国、德国、中国等国举办的会议和展览。

列宁领导的俄国十月革命

为了准备十月革命100周年的纪念,在《祖国》杂志和《俄罗斯报》上登载了几十篇与十月革命历史相关的文章。主要内容包括:(1)二月革命发生的情况,对过程细节的深挖,还有其他一些沙皇时代军官的历史;(2)利用档案资料,重新梳理了1917年二月到十月的整个过程,其中对列宁的研究包括他从国外回国的过程、在十月武装起义中所发挥的作用等。此外,还有与托洛茨基、卢那察尔斯基等人活动有关的内容披露;(3)十月武装起义后的情况,包括革命后出现的农民暴动,以及在苏俄出现的白卫军叛乱、捷克斯洛伐克军团起义、社会革命党人叛乱等,还有文章对二月革命、十月革命在沙皇俄国一些省与地方引发的反响进行了详细描述;(4)从"一战"中沙俄经济社会的情况,来分析十月革命发生的原因等。总体看,上述研究围绕三件大事:二月革命、十月革命、"一战";几个人物:列宁、末代沙皇、高尔察克、克伦斯基等。当然,也有文章研究十月革命前后的托洛茨基、卢那察尔斯基甚至斯大林，还有文章涉及一些沙皇军官、临时政府军队以及苏维埃政权里的其他人物。

　　从俄罗斯政府采取的一些措施来看，这是一次组织有序的纪念活动，其主要特点是：在形式上以学术团体出面为主，但以官方意图为主导。俄罗斯

俄罗斯民众在红场缅怀伟大的列宁

官方从媒体、学者、思想内容、舆论导向等方面都把握主动权。以《祖国》《俄罗斯报》、"俄罗斯电视一频道"等为主角,当然也有俄共报刊网站以及《独立报》《论据与事实》等其他一些媒体参加讨论,但舆论宣传的主题仍处于官方把握之中。在时段上,以1917年为中心,前面从1914年起,后面涉及1918年,甚至1924、1929年,涵盖第一次世界大战、二月革命、十月革命、国内战争等重大事件。在内容上,选题比较广泛,既有严肃史学,也有电视台制作的节目、纪录片和电影。在学术导向方面,坚持历史事实的客观性、论据的可信性,文章引用的资料都出自国家档案馆、社会政治历史档案馆、军事档案馆、军事历史档案馆或者可信的权威著作、回忆录等。在舆论导向上以维护国家统一,回击历史虚无和编造,尤其是在涉及民族主义问题上,有明确的界限,以澄清史实,尊重历史事实,引导正确的舆论导向,以国家统一、民族和谐为基本原则,凝聚共识。

全球正在拍有关马克思题材影视剧不下10部

《年轻的K.马克思》海报

《环球时报》3月9日报道,明年是马克思诞辰200周年。由法国、德国、比利时三国合拍的影片《年轻的K.马克思》上周末开始在德国270家电影院公映,登上德国电影排行榜前10。

《年轻的K.马克思》(*Young Karl Marx*)讲述26岁的马克思1844年在巴黎与恩格斯相识,后前往英国改组建立共产主义者同盟,并创造出《共产党宣言》这段历史,主演过奥斯卡最佳外语片《伪钞制造者》的A。迪赫(August Diehl)饰演马克思。该片上个月得到柏林电影节主席科斯里克的重点推荐,"这部影

《年轻的K.马克思》剧照

片的放映正当其时"。在德国公映后,各大电影院网站给出4.8分的高分(满分为5分)。《南德意志报》称,马克思的思想现在仍有号召力。

"伟人马克思受到影视剧的热爱",德国"电影明星"网站指出,自20世纪60年代后期以来,马克思的形象出现在几十部影视剧中。这些作品除了"德国制造",还来自诸多其他国家:1966年苏联拍摄的《生活》,2014年阿根廷拍摄的《马克思回来了》,2016年英国BBC播出的《现代世界的天才:K.马克

《马克思和阶级斗争》剧照　　《K.马克思的青年时代》剧照

《现代世界的天才:K.马克思》剧照　　《马克思回来了》剧照

思》等。2010年,德国电视2台在黄金时段播出一部名为《马克思和阶级斗争》的10集电视历史纪录片,每集有数百万人收看。纪录片中称,"没有一个德国人对世界的影响能超过马克思",他是许多欧洲国家的共产主义"先驱思想家",他的想法改变了世界,他的"社会平等"等观点对现代社会仍产生影响。

德国新闻电视台透露,正在各国制作的各类马克思影视剧不下10部,明年有望迎来马克思影视剧的播出潮。据悉,中国也将拍摄一部传记片《K.马克思:最后的旅程》,计划在2018年完成,由曾主演过《铁皮鼓》的德国演员M.阿多夫饰演马克思。

南联盟总统米洛舍维奇被曝死于毒杀

米洛舍维奇

俄罗斯《共青团真理报》3月13日报道,贝尔格莱德近日举行《司法谋杀的解剖学》新书推介会。该书作者、米洛舍维奇的私人医生A.武卡欣确信,塞尔维亚共和国领导人系在海牙监狱中被蓄意毒死。医生写道:"米洛舍维奇并非在2006年3月11日死于心梗,而是于前1天22点30分至23点之间在自己的囚室中被人杀害的。"医生的证言与已故俄罗斯前总理切尔诺梅尔金的"猜测"(或许也是某种真相)几乎不谋而合。

1999年,切氏担任俄总统叶利钦的调解南斯拉夫危机特使。切尔诺梅尔金2006年在就米洛舍维奇是否为自然死亡接受本报采访时说:"医学鉴定会给出答案。一个人被囚5年,如今不在了……枪杀或下毒有何区别?都是被杀害了,不过是用不同的方式而已。俄方曾建议将米洛舍维奇送到莫斯科治疗,并郑重保证他会在治疗后返回海牙。在这件事上我们已经尽了全力,甚至做得更多,但遭到西方拒绝。"

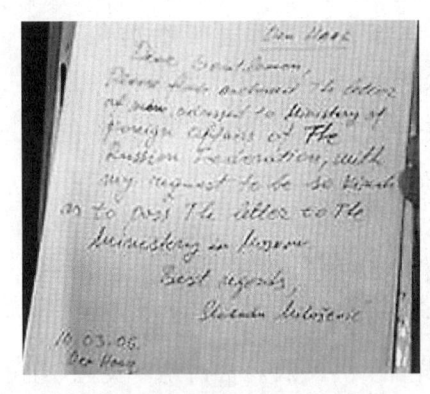

米洛舍维奇在临死前1天留下遗言："他们用治疗麻风病的药物给我下毒"

米洛舍维奇在这间牢房里写下最后一封信

特里尔决定接受中国赠送马克思雕像

据"德国之声"3月14日报道,昨晚,马克思的出生地德国城市特里尔市议会以42票赞成、7票反对的表决结果,决定接受中国赠送一座马克思雕像。不过,最终竖像地点、确切尺寸以及费用将在后续程序中确定。报道称,未来这里必将成为中国游客的游览胜地。

特里尔的马克思故居

据报道，中国所赠雕像由美术家吴为山设计，高4.9米，加上底座6.3米，计划竖在尼格拉门（Porta Nigra）附近的西蒙教堂广场（Simeonstiftplatz）。数月来，围绕是否该接受这一赠品，特里尔市民中发生激烈争议。市政府已竖立起一个"样品"供民众观赏讨论。美国《纽约时报》称，经过几个月的争论和13日晚1个多小时的辩论，特里尔市决定接受中国资助的雕像。特里尔市长莱布在市议会投票前表示，马克思是这座城市最重要的公民之一，是19世纪的历史性人物，"我们不应该藏着他"。

设计中的马克思雕像

马克思1818年5月5日出生于特里尔，后来曾在柏林、伦敦和巴黎居住。《纽约时报》称，马克思的雕像在冷战时期遍布东欧，目前包括柏林在内的前民主德国地区仍然存有几座。但是位于前联邦德国的马克思出生地特里尔，仍然在为铭记这位名人的最好方式进行争论。文章称，作为特里尔重新审视马克思工作及其生活的动荡时代所做出的尝试，这座雕像将供人参观和讨论。绿党的莱克菲尔德说："这场争论与人权、美学或它摆放的位置关系不大，它讨论的是让这座城市摆脱困境，因为那些人本该却没有赋予马克思荣誉。"

"德国之声"称，每年约15万中国游客前来瞻仰马克思的故居，而特里尔及其市民们则同这个城市最著名的人物较为生分。不过近年来，在如何看待马克思的问题上，特里尔市已出现一种崭新的平常心态，各机构正全力以赴，为明年的"马克思年"做准备。

美共在D.特朗普当选后复兴

古巴《格拉玛报》网站4月6日报道，自从D.特朗普当选总统，美国共产

美共党员和支持者参加了洛杉矶的妇女游行

党收到了大量的入党申请。信仰马克思主义的美国人在十月革命后最先组织起来。成立于1919年的美国共产党很快就要迎来建党100周年。其间,美共经历了两次世界大战之间的繁荣期以及迫使他们转入几乎是地下状态的冷战压制期。如今,美共拥有约5 000名党员,散布在美国50个州。"虽然麦卡锡主义幽灵仍在美国游荡,但是对共产主义思想感兴趣的人越来越多。"美共国际关系部门负责人E.舍佩尔斯说。

身为人类学家的E.舍佩尔斯(Emile Schepers)出生在南非,父母因为不堪忍受种族隔离而移民美国。他在1987年加入共产党,但在很早之前就开始接触马克思主义。他深知美国离革命形势还很远,至少从共产主义角度来说是如此,"但资本主义在全球范围已显示出终结迹象"。他表示,就美国来说,金融危机影响了很多人,年轻人普遍感觉他们的生活质量不如父辈。最近几届政府,无论是共和党还是民主党,都

E.舍佩尔斯

没能解决国家大多数问题。历史告诉我们，民众不满并不总是需要一个循序渐进的过程。

在刚刚过去的大选中，意识形态操纵导致右翼思想泛滥。E.舍佩尔斯认为，如果是B.桑德斯与D.特朗普竞争，那他应该会赢。左翼政党的作用应该是打击意识形态操纵和虚假的阶级概念。美国共产党现在的目标是通过一切手段让更多的人了解和接受他们的思想。在不断更新的美国共产党的门户网站上，人们可以了解党的纲领和它的斗争历史，填写入党表格或交党费。E.舍佩尔斯说，最大的挑战是在不干涉内务的情况下组织工会，捍卫弱势工人的权利。美共也支持巴勒斯坦事业，反对美国黩武主义，支持古巴和委内瑞拉。他还指出："我们现在不知道D.特朗普会怎样做，是听从右翼分子还是人民的呼声。总体来说，我们美国共产党人对此问题的解决感到乐观。"

中俄将合拍电视剧《列宁和他的中国卫士》

列宁像

据俄罗斯卫星网4月12日报道，中俄两国影视公司在莫斯科宣布，双方将根据真实史料，合作推出30集电视连续剧《列宁和他的中国卫士》。该片导演胡明钢介绍说，1917年十月革命爆发后，数万在俄华人投身列宁领导的无产阶级革命，加入红军队伍。其中，"中国军团"在张福荣率领下与白军浴血奋战，为世界上第一个社会主义国家的诞生作出了贡献。

该剧取材于真实历史，它根据俄罗斯最新解密档案资料，以十月革命为背景，讲述一段尘封百年的历史：由于"中国军团"骁勇善战，意志坚定，布尔什维克从中选拔一批官兵进入列宁卫队，7位中国卫士为保卫列宁、保卫苏维埃政权与敌人进行了生死较量。影片的主人公"李"原名李富清，曾任"中国军团"三营营长。他进入卫队后深得列宁信任，担任过圣彼得堡斯莫尔尼宫和莫斯科克里姆林宫卫士组组长。为表彰中国官兵的

红军第225团部分官兵合影

功绩,苏联政府后来在莫斯科红场列宁墓旁专门修建革命战士兄弟墓,以示对中国烈士的纪念。由于历史久远,加之战争环境恶劣,许多中国烈士的名字已

准备开赴前线的红军中国营

无从考证，墓碑上仅刻有"张""李"两个中国大姓。

《列宁和他的中国卫士》将由中国新疆中视紫禁城影业传媒有限公司和俄罗斯雅罗斯拉夫电影制片厂联合摄制，计划于十月革命爆发100周年前夕在俄罗斯开机。

任辅臣（骑白马者）率领红鹰团血洒俄罗斯

波兰通过"去共产主义化"修正案并将拆除500座纪念碑

俄新社4月23日报道称，去年4月份，波兰的"去共产主义化"法律已生效，法律禁止将建筑、街道、桥梁或广场等使用象征共产主义的姓氏、组织名称、事件或日期进行命名。近日，波兰参议院高票通过关于"去共产主义化"的法律修正案，规定拆除境内近500座苏联时期颂扬共产主义的纪念碑。不过该项法律不适用于专门的苏军烈士墓以及私人场所的纪念碑。此举引起俄罗斯的强烈不满。俄外交部警告称，这一行为将给两国关系造成无法挽回的后果。俄民众则要求对波兰实施全面的制裁。

据悉，"二战"期间，为将波兰从纳粹德国铁蹄下解放出来，共有60多万苏联军人牺牲在这片土地上。统计数据显示，目前波兰境内共有约490座此类纪念设施，绝大多数是为纪念牺牲的苏联军人。

报道称，针对波兰的这一修正案，俄外交部第三欧洲司司长涅恰耶夫表示，这会对华沙与莫斯科的关系造成无法挽回的后果，他说："根据20世纪90

将要拆除的纪念碑

年代两国政府间达成的协议,波兰有义务保护该国境内所有的战争纪念设施。而现在,大量苏军烈士墓和纪念碑遭到人为破坏和亵渎,猖獗程度惊人。俄外交部一直要求严惩这一行为。"

俄罗斯《观点报》报道称,"二战"结束后,苏联在东欧各国建立红军纪念碑等设施,而近年来这些纪念碑常遭到破坏,仅去年在波兰就有51起。波兰认为,俄波两国签署的协议中,受保护的纪念碑仅限于与烈士墓相关的部分,而不包括那些在城市街道等公共场所建立的大量纪念碑。

波兰的这一决定在俄网民中引起强烈反响。有网民称,西方国家一直在俄罗斯与波兰间煽动仇恨。波兰一直作为反俄的急先锋,对解放他们的苏军并没有感恩之情,而是充满着仇恨。名为"彼得罗夫"的网民称,俄政府应当对波兰的这一行为采取全面制裁,坚决阻止这种亵渎苏联红军的行为。

"马克思1818—1883:生平、著作和时代"大型展览在特里尔开幕

5月5日—10月21日,为纪念马克思诞辰200周年,特里尔莱茵流域州立博物馆和市立西麦翁博物馆举办了"马克思1818—1883:生平、著作和时代"大型主题展览。

2018年对德国最古老的城市特里尔来讲,具有非常特殊的意义:在200年前,即1818年5月5日迄今最著名的特里尔人——马克思就诞生在这里。莱茵流域州立博物馆用近1 000平方米的面积来展示马克思的一生以及其生活

纪念马克思诞辰200周年主题展在特里尔开幕

的时代,尤其重现马克思的学术和政治生涯。19世纪的经济和社会充满了变革,工业化和城市化是那个动荡多变时代的特征,这个时代对马克思这位哲学家和经济家产生了重要的影响。此外,该展览还回顾和介绍了马克思的重要著作以及他的精辟论点及其对后世的巨大影响。

市立西麦翁博物馆则用600平米,将马克思"人生的轨迹"娓娓道来。详尽的个人资料和生活写照,让人们了解到马克思及其家人和朋友在德国境内

"马克思1818—1883:生平、著作和时代"大型主题展览展示的图片

和境外不同时期的生活历程。如果想知道特里尔、巴黎和伦敦在马克思的一生中占有着什么样的地位，或者哪座城市影响了这位思想家的青年时代，马克思是如何对待他的追随者和批判者的，在这里都可以找到答案。另一个展出的精品是马克思的随身笔记本，又被称为"摘抄本"。马克思在这些笔记本上，记下了他在阅读时的大量感想、观点和想法，并以此为基础创作成大量文字作品，从中还可以看到他画的一张蒸汽机的草图。这些笔记本通常情况下都被锁在阿姆斯特丹的保险柜里，很少向公众展示，可见它们的珍贵。

此外，作为纪念活动重要的合作伙伴，马克思故居也将于明年5月4日推出全新策划布置的马克思主题展，探讨马克思思想从诞生到至今对历史的影响。

俄国防部首次公布苏联从纳粹手中解放波兰文件

据俄罗斯塔斯社7月18日报道，时值"二战"华沙起义73周年，波兰总统A.杜达近日签署法案，要求拆除在波兰境内包括苏联红军纪念碑在内的苏联时期纪念碑。在波兰看来，华沙起义时，苏军故意按兵不动，导致孤军奋战的起义者惨遭纳粹屠杀。对此，俄国防部首次公布"解放波兰，胜利的代价"保密的历史文献。"历史文件于2017年6月解密。此前，这些文献未曾公开，只

奥斯威辛集中营

有少数专家可以获取。"俄联邦国防部称。这些资料透露了苏联红军1944—1945年解放波兰时的一些鲜为人知的事实。

解密文件包括战斗情报、汇报文件、人员履历和电报等。其中一些情报和报告占有特殊地位,记录了纳粹对波兰民众大规模的屠杀、掠夺和虐待,以及对波兰居民点和文化遗迹的毁坏。这些档案材料可通过俄国防部的官方网站上查看。

俄罗斯国防部指出:"苏联红军为了解放兄弟国家浴血奋战,这些文件是最好的见证,反映了侵略者对当地民众的残暴和获得解放的波兰人对苏联红军的真实态度。"文件中有大量事实表明,波兰民众和僧侣们对苏联红军非常友善,许多波兰人自发参与埋葬战死的苏军,并希望通过建立纪念碑来使后代铭记他们的功勋。

波兰民众欢迎苏联红军　　幸存者抵达奥斯威辛集中营旧址时情绪难以控制

对此,俄罗斯国防部还补充说:"获得解密的文件见证了苏联红军为解放每一寸波兰土地所做出的残酷斗争。比如在当时军方人员配置机构的官方证明中,有充分的数据记录乌克兰的一个方面军在1个月内的伤亡和损失。"

全球仍有4 000万"现代奴隶"和1.5亿童工

德国《明镜》周刊9月20日报道,联合国国际劳工组织(ILO)、国际移民组织(IOM)和人权组织"自由行走基金会"昨日在联合国大会期间发布了一份令人震惊的报告,披露全球仍有4 000多万"现代奴隶",以及1.52亿童工。

全球至少仍有 4 030 万人正被奴役

报道称，3个组织共收集48个国家2016年的相关数据，采访7.1万人，保守估计目前全球至少仍有 4 030 万人正被奴役，真实情况可能更加严重。其中，2 490 万人被困于工厂、农场、建筑工地、渔船等地方工作；1 540 万人是人口贩卖、被迫结婚的受害者。全世界现代奴隶人口中，女性成为最大的受害者，占3/4。尤其是在被迫从事商业性行为的受害者中有99%是妇女；在强迫婚姻的受害者中，女性也占了84%。

"现代奴隶"情况最严重的地区是非洲，其次为亚太地区。不过，报告还强调，虽然西方工业化国家的"现代奴隶"现象不突出，但是很多其他地区的"现代奴隶"工作是以西方国家为市场的。也有不少女性被贩卖到西方国家

现代奴隶人口中女性成为最大的受害者

成为性奴隶。此外，与之前的调查不同，此次报告也把被迫结婚的人口也计算在内，其中的许多人被从家中带走、强奸，或被视为财产来买卖。

这份报告也关注全球童工现象。报告指出，目前全球有1.52亿名童工，其中6 400万人为女孩、8 800万人为男孩。相当于全球每10名儿童中，就有一名是童工。其中有一半童工从事高危工作。这些孩子中的1/3因工作不得不辍学。

报告还表示，虽然童工人数自2000年以来已经减少9 400万人，但自2012—2016年减少速度逐渐趋缓。总部位于日内瓦的国际劳工组织专家霍马永普表示，最近8年，全球在消除童工现象上还未步入正轨，照此速度发展，到2025年仍将有1.21亿童工。他表示："我们必须加快脚步。"

目前全球有1.52亿名童工

"新研究可以帮助制定和发展干预措施，以防止强迫劳动和童工劳动。"国际劳工组织总干事莱德表示，如果国际社会不立即采取行动打击"现代奴隶"制度和童工现象，联合国的相关目标就无法实现。对此，3个组织呼吁各国政府制定更严厉的政策和措施，消除"现代奴隶"和童工现象。

俄国十月革命百年展现真实列宁

9月29日埃菲社莫斯科报道，在十月革命100周年前夕，列宁的很多私人物品在莫斯科举行的一次展览上首次与公众见面，其中包括他的婚戒、差点杀死他的那颗子弹、他的成绩单、他的情书，还有他著名的前进帽……

俄罗斯国家档案馆馆长安德烈·索罗金表示："遗憾的是，俄罗斯新一代对国家历史知之甚少，特别是对列宁和十月革命之后的历史事件。"

此次展览为观众呈现的是一个有血有肉的列宁——他创下过丰功伟绩，但也不是毫无缺点。展览从梳理列宁的家谱入手，告诉参观者他来自一个旧式家庭，最后也展示了他人生最后几年因中风而不得不在轮椅上度过的日子。

戴前进帽的列宁

弗拉基米尔·乌里扬诺夫出生于1870年，列宁是他参加革命后的化名。他曾经是一名刻苦的学生，记忆力超群，但是学习成绩并不是很好。在众多历史档案中包括1887年4月19日沙皇下令将参与弑君的列宁兄长处死的资料。这一事件彻底改变了列宁的一生。

1898年列宁与娜杰日达·克鲁普斯卡娅结婚，婚礼的照片也在展览上展出。

列宁第一次被捕时在1894年，当时他在圣彼得堡一家警察局的问询记录依然保留至今。索罗金表示："我不认为历史应当被埋葬。这些资料是历史的记忆，见证了列宁的功与过。我们需要做的只是在解读俄罗斯（苏联）历史的时候不要走极端。"

报道称，在列宁的个人物品当中还包括他著名的前进帽。前进帽在很多历史时刻都陪伴着列宁，包括他从芬兰秘密回国领导十月革命的那个重要时刻。列宁的个人物品当中还包括一块怀表、一件军大衣、几枚勋章、一个保温壶、一部照相机和几双登山靴（列宁是一个登山爱好者），虽然他并不吸烟，但是在这些物品中还有一个烟盒。此次展览将开放到11月19日，而11月7日就是十月革命100周年纪念日。在这些珍贵的展品当中，1918年8月芬妮·卡普兰用来刺杀列宁的那颗子弹格外引人注意。当年就是这颗子弹差点要了列宁的命。

珍贵的列宁个人展品

参观者在展览上还可以对从未向公众开放的列宁办公室略知一二。他曾在克里姆林宫使用过的椅子、镇纸、台灯和电话等物品都出现在展览上。最有趣的一件展品是一个坐在书堆上做沉思状的猴子雕像，底座上刻着"达尔文"的字样。这是美国"红色资本家"A.哈默送给列宁的礼物。

参观者通过展览还可以了解到，虽然列宁的妻子明确表示他本人希望入土为安，但当时的苏联当局还是执意为他建造了一座陵墓，以供世人瞻仰。

俄共出版介绍列宁生平及其理论遗产的《十月风》

俄罗斯自由媒体网站10月1日报道，由列宁建立的布尔什维克党的接班人俄罗斯共产党打算隆重庆祝俄国十月革命100周年。他们在庆祝活动框架内出版了一本介绍列宁生平及其马克思主义理论遗产的书，名为《十月风》。

人们对这场1917年俄历10月震惊欧洲交战国的事件众说纷纭。近来，在自由主义者的带动下，"政变"成为对十月革命的流行看法。但近百年来，政变发生了很多次，个别国家甚至两只手都数不过来。但没有哪次政变影响了全世界的命运，只有伟大的十月革命成为世界大事和人类历史上最重要的里

《十月风》中的图文史料

程碑之一。

《十月风》是一本图文并茂的史料汇编,是列宁一生(1870年4月—1924年1月)的写照。全书分13章,详细叙述了列宁及其布尔什维克党工作生活的各个重要阶段。"前言"简单介绍了革命之前的历史事件——俄国资本主义的诞生。与资本主义斗争是列宁及其战友一生的事业。书中包含500多段列宁的作品和同代人回忆的摘录、450幅来自国内外档案馆和博物馆的插图,保留了对全世界第一个社会主义国家创立者的记忆。

无论每个人观点如何,我们必须知道、理解和珍惜前辈的经验。共产党人和出版单位收集整理诸多史料,直观客观地呈现俄国历史(19世纪末到20世纪初)的工作很辛苦。俄共中央委员会主席久加诺夫领导的编委会也为此书的出版担负了繁重工作。

《列宁全集》中文第2版增订版60卷全部出版

新华社北京10月5日电,由中共中央编译局编译的《列宁全集》中文第2版增订版60卷近日由人民出版社出版。增订版是马克思主义理论研究和建设工程的重点项目,由国家出版基金资助出版,旨在为深入学习和研究马克思

《列宁全集》中文第2版增订版60卷

列宁主义理论、推进中国特色社会主义事业提供更加完整、丰富、精准、翔实的基础文本。

据中央编译局介绍，增订版从2010年正式启动，历时近8年完成。为保持经典著作版本的延续性，方便读者学习使用，增订版沿用《列宁全集》第2版的编辑体例和技术规格，全部60卷分为三大部分：第1—43卷为著作卷，第44—53卷为书信卷，第54—60卷为笔记卷。各卷正文前面刊有编辑凡例和编者前言，正文后面附有注释、人名索引、文献索引和列宁生平大事年表。增订版各卷的插图也同样采用了《列宁全集》第2版的编排方式。

1984年起，由中共中央编译局编译的《列宁全集》第2版陆续出版，1990年出齐，共60卷。这部全集收载列宁文献9 000多件，是我国自行编辑的、在全世界各种列宁著作版本中收载文献最丰富的版本。全集出版后，中共中央编译局又将新发现的列宁文献编为《列宁全集补遗》两卷。这次增订时，编译者从《列宁全集补遗》辑录的文献中精选了44篇，按时间顺序分别编入《列宁全集》第2版的相应卷次，总计约20万字。经过增订，整部文集总字数达3 300多万字。此外，增订版全面校订了《列宁全集》第2版正文和注释中出现的马克思、恩格斯著作引文，修订和勘正了各卷译文中存在的有关问题和各卷所附资料。

英国BBC披露列宁在伦敦的足迹

英国广播公司（BBC）网站10月16日刊登汉密尔顿学院历史系教授M.罗

森堡姆（Martin Rosenbaum）一文，披露列宁在伦敦筹谋建立政权的往事及其足迹。

伦敦"三个约翰"酒吧，俄罗斯革命党1903年大会地点

文章称，1903年8月，有一群热心政治的俄罗斯异见人士在伦敦开了一次会，他们个个都是热血沸腾的革命者，会场里群情激动、唇枪舌剑，好不热闹。他们大概有50人左右，其中有列宁、托洛茨基和其他革命积极分子，一门心思要把俄罗斯沙皇赶下台。当时俄罗斯革命运动分成两大派：布尔什维克和孟什维克。就在伦敦伊斯灵顿（Islington）"三个约翰"酒吧（Three Johns）里，举行了一次重要的投票，由列宁领导的"强硬派"布尔什维克人，希望组建一个高度集权、组织纪律严明的政党；而"温和派"孟什维克更喜欢与其他同情革命的力量，组建一个松散的、基础广泛的联盟。投票结果让列宁将自己这一派称为"布尔什维克"，即俄语中的"多数派"，而他的对手称为"孟什维克"，即"少数派"。会议中双方分歧异常尖锐，随后的几年里，这两派之间的裂痕越来越深，直到14年后的俄国"十月革命"。作家N.福克纳说："1903年的伦敦大会在布尔什维主义的发展过程中决定了方向，意义极为重大。"

为了避免被监视，这些俄国革命党人将开会的地点从一个酒吧转到另一个酒吧。他们在英国工会活跃人士中不乏支持者，知道哪些酒吧里有适合聚会的会议室。他们第一次的开会地点是伦敦市中心夏洛特街（Charlotte Street）上的一个夜总会，但其他的开会地点现在已经没有记录了。实际上

1903年的革命党大会原本是在布鲁塞尔开场的,但是因为受到比利时警方的骚扰才转移到伦敦,英国当局对流亡者们显示出更大的容忍和接纳。

伦敦东部白教堂区富尔邦路,1907年在此召开党代会

1907年,革命党大会因为被丹麦、瑞典和挪威当局明令禁止,将会址搬到了伦敦。这次会议发生在1905年大规模抗议沙皇的骚动之后,因此规模大了不少,代表超过300人。与会者首先登记的地点是伦敦东部白教堂区(Whitechapel)富尔邦路(Fulbourne Street)上的一幢楼,当时是犹太社会主义活动人士俱乐部所在地,大会地点是伦敦东区哈克尼(Hackney)兄弟会教堂。前来参加会议的包括未来布尔什维克革命的几乎所有领袖人物:列宁、托洛斯基、斯大林、季诺维也夫、加米涅夫、季维诺夫和著名的俄罗斯作家高尔基。这是革命前最后一次全会。

列宁曾多次访问伦敦,主要时间和精力都在大英博物馆里研究和写作,编辑《火星报》。其间,他基本都住在布鲁姆斯伯里(Bloomsbury)区附近,这样方便他去博物馆。一个支持革命的左翼出版公司给列宁提供了办公室和印刷设备,如今这里是位于科乐肯威尔(Clerkenwell)的马克思纪念图书馆,馆内还

1908年列宁在此居住（伦敦）

伦敦马克思纪念图书馆内的"列宁室"

保留了一间"列宁室"，里面摆放了他的小雕像、《火星报》和《列宁选集》，室外的墙上还挂了一幅地图，显示当年偷运《火星报》的路线。

中共第19次全国代表大会在京开幕

新华社北京10月18日电,中国共产党第19次全国代表大会今天在北京人民大会堂开幕。大会的主题是:不忘初心,牢记使命,高举中国特色社会主义伟大旗帜,决胜全面建成小康社会,夺取新时代中国特色社会主义伟大胜利,为实现中华民族伟大复兴的中国梦不懈奋斗。

习近平代表第18届中央委员会向大会作了题为《决胜全面建成小康社会 夺取新时代中国特色社会主义伟大胜利》的报告。报告指出,十八大以来的5年,我们坚持稳中求进工作总基调,迎难而上,开拓进取,取得了改革开放和社会主义现代化建设的历史性成就,党和国家事业全面开创新局面:经济建设取得重大成就;全面深化改革取得重大突破;民主法治建设迈出重大步伐;思想文化建设取得重大进展;人民生活不断改善;生态文明建设成效显著;强军兴军开创新局面;港澳台工作取得新进展;全方位外交布局深入展开;全面从严治党成效卓著。同时,必须清醒看到,我们的工作还存在许多不足,也面临不少困难和挑战。习近平说,5年来的成就是全方位的、开创性的,5年来的变革是深层次的、根本性的。

习近平指出,经过长期努力,中国特色社会主义进入了新时代,这是我国发展新的历史方位。这标志着我国社会主要矛盾已经转化为人民日益增长的美好生活需要和不平衡不充分的发展之间的矛盾。我国社会主要矛盾的变化,没有改变我们对我国社会主义所处历史阶段的判断,我国仍处于并将长期处于社会主义初级阶段的基本国情没有变,我国是世界最大发展中国家的国际地位没有变。

关于新时代中国共产党的历史使命,习近平指出,实现中华民族伟大复兴是近代以来中华民族最伟大的梦想。中国共产党一经成立,就把实现共产主义作为党的最高理想和最终目标,义无反顾肩负起实现中华民族伟大复兴的历史使命。今天,我们比历史上任何时期都更接近、更有信心和能力实现中华民族伟大复兴的目标。习近平用"八个明确"对新时代中国特色社会主义思想进行了阐述。他说,新时代中国特色社会主义思想明确坚持和发展中国特色社会主义,总任务是实现社会主义现代化和中华民族伟大复兴,在全面建成小康社会的基础上分两步走,在本世纪中叶建成富强民主文明和谐美丽的社会主义现代化强国。

习近平指出,新时代中国特色社会主义思想,是对马克思列宁主义、毛泽东思想、邓小平理论、"三个代表"重要思想、科学发展观的继承和发展,是马克思主义中国化最新成果,是党和人民实践经验和集体智慧的结晶,是中国特色社会主义理论体系的重要组成部分,是全党全国人民为实现中华民族伟大复兴而奋斗的行动指南,必须长期坚持并不断发展。习近平还阐述了构成新时代坚持和发展中国特色社会主义基本方略的"14条坚持":坚持党对一切工作的领导;坚持以人民为中心;坚持全面深化改革;坚持新发展理念;坚持人民当家作主;坚持全面依法治国;坚持社会主义核心价值体系;坚持在发展中保障和改善民生;坚持人与自然和谐共生;坚持总体国家安全观;坚持党对人民军队的绝对领导;坚持"一国两制"和推进祖国统一;坚持推动构建人类命运共同体;坚持全面从严治党。

西班牙爆料帮助美国杀害切·格瓦拉系纳粹刽子手

西班牙《阿贝赛报》10月18日发文爆料,1967年10月9日,玻利维亚军政府枪杀了革命领导人切·格瓦拉,然而在这背后还有很多人充当着刽子手的角色,包括帮助美国杀害切·格瓦拉的纳粹分子——C.巴比。此人绰号"里昂屠夫",是一名臭名昭著的纳粹战犯。"二战"后他逃过盟国的制裁,成了美国人的间谍。

C.巴比作为盖世太保在法国里昂地区的负责人,在法国滥杀无辜,并因血腥残暴的审讯方式而被冠以"里昂屠夫"的称号,他尤其擅长破坏敌方组织。"二战"后,C.巴比被法国法庭缺席判处死刑。美国注意到他对付犹太人的经验有助于美国人在冷战中抓捕隐藏在德国的共产党,于是雇他为间谍对付苏联。1951年迫于制裁纳粹凶手的国际压力,美国为C.巴比制造了假身份,将他护送到热那亚,从那里逃亡南美洲,继续为美国从事反共活动。C.巴比改名为阿尔特曼,并且他所有的身份证明都得到玻利维亚政府的审核,从此在这里过上逍遥自在的生活。

1967年,就在C.巴比在玻利维亚享受"退休"生活的时候,切·格瓦拉来到玻利维亚从事革命活动,希望能够把它变成阻挠美国资本主义的一个阵地。

切·格瓦拉在刚果的革命没有成功，但是他相信利用玻利维亚的游击队根据地，一定能够打倒美国霸权。

这一年，美国中情局追踪到J.格瓦拉的下落，于是让C.巴比帮其抓捕切·格瓦拉。英国导演K.麦克唐纳2007年拍摄了一部展现C.巴比罪行的纪录片《我敌人的敌人》，他曾表示，在切·格瓦拉被俘牺牲的过程中，"里昂屠夫"C.巴比可谓"功不可没"。流亡玻利维亚后，C.巴比向美国中情局贡献了诸多反游击战方面的"第一手资料"。据C.巴比的生前密友A.D.卡斯特罗在纪录片中回忆："他（C.巴比）拜见了来自美国的情报小分队指挥官谢尔顿少校。C.巴比无疑给了他如何对付游击战的建议。这些经验都是C.巴比在'二战'中积累下来的。"

美国人对C.巴比的建议非常感兴趣，他们认为C.巴比是玻利维亚唯一懂得对付游击队的人。C.巴比也很愿意为美国人效劳，因为帮美国人不仅是对他在玻利维亚军政府中地位的再次肯定，而且还可以和美国继续合作利润丰厚的军火生意。

C.巴比对切·格瓦拉非常蔑视，他说"这个可怜的男人在'二战'期间闹革命，他根本不可能活命。他就是个可怜的冒险家，人们把他视为神灵，把他比作伟人，但是他真正做到了什么？什么也没有"。与此同时，他还经常吹嘘是自己设计了追捕切·格瓦拉的方案，没有他，美国人根本杀不了切·格瓦拉。不过，可以肯定的是，C.巴比仅仅是为追捕切·格瓦拉出谋划策，并没有直接上场。因为法国坚持引渡C.巴比，美国迫于压力放弃了让他作为玻利维亚特工的想法。1951年之后C.巴比和美国情报机构之间没有直接合

身穿纳粹军服的C.巴比

老年的C.巴比

作,但是有证据显示他通过玻利维亚政府与美国中情局保持着间接联络。

1972年,法国传奇的"纳粹猎人"B.克拉斯菲尔德追查到了C.巴比的行踪,C.巴比的真面目被揭穿。从此,围绕着引渡C.巴比一事,玻利维亚和法国展开了一场旷日持久的外交拉锯战。直到1983年,玻利维亚政府才同意将其引渡至法国。C.巴比以反人类罪被判处终身监禁。1991年9月,这名罪恶滔天的纳粹战犯死在里昂的监狱中,终年78岁。

中情局解密备忘录宣称A.希特勒战后逃到哥伦比亚

美国《国家利益》双月刊10月27日报道,中央情报局网站上的一份文件爆炸性地宣称:A.希特勒在"二战"中活了下来。

1955年10月3日,驻扎在委内瑞拉首都加拉加斯的一位代理情报总监向他的上级领导报告说:"一位可靠的朋友于1955年9月29日联系了CIMELODY-3(一个代号)。这名朋友曾在他的指挥下在欧洲服役。目前,这名朋友生活在马拉开波。"

A.希特勒

该文件继续说:"CIMELODY-3的朋友说,1955年9月下旬,前德国纳粹党卫军F.西特罗昂私下告诉他,A.希特勒依然活着。F.西特罗昂评论说,由于'二战'结束以来已经过去10年,同盟国再也不能把A.希特勒当作战犯来起诉他了。"

此外,还有一张声称是A.希特勒的照片。该文件说:"1955年9月28日,CIMELODY-3的朋友秘密获得了一张照片。1955年9月29日,这位朋友给CIMELODY-3看了这张照片,目的是看看他对这个离奇传闻的可能真实性的反应。"

这张照片就附在这份被解密的备忘录中。照片是1954年在哥伦比亚的通加拍摄的,照片中有一位"A.施里特尔马约尔",他坐在一位同伴的身边。

中央情报局被解密的备忘录　　　备忘录中附有A.希特勒（右）的照片

该文件说："左边的人据称就是F.西特罗昂，右边的人无疑就是F.西特罗昂所称的'A.希特勒'。照片的背面包含以下信息："A.施里特尔马约尔，哥伦比亚通加，1954年。"照片中的人显然很像A.希特勒。1945年4月30日，A.希特勒在柏林他的地堡内自杀，以避免被红军抓获。多年来有着许多阴谋论，他们说，包括A.希特勒在内的纳粹高级官员逃到了南美。

这些阴谋论通常都说A.希特勒逃到了阿根廷，而不是哥伦比亚。很多阴谋论说，他进行了精心伪装，看起来也不像他在"二战"时期闻名于世的那副长相。1944年，美国情报机构发布了有关他可能如何伪装自己的图片。

托洛茨基撰写的《斯大林传》完整版在西班牙问世

据西班牙《国家报》10月28日报道，托洛茨基的《斯大林传》在他1940年8月于墨西哥城被暗杀后一直沉睡了70年。几经波折之后，这部《斯大林传》完整版终于在十月革命100周年之际问世。这部将近1 000页的传记包含很多此前从未公开过的内容。

实际上，托洛茨基逃往墨西哥之后，并没有把全部心思都放在创作《斯大林传》上。托洛茨基的孙子E.沃尔科夫在墨西哥城的家中接受电话采访时表示:"这不是复仇。《斯大林传》从来都不在祖父计划之内。他把主要精力都放在为列宁著书立传上。但是当时他手头很紧,而纽约的哈珀兄弟公司又出手阔绰。"

年近92岁高龄的E.沃尔科夫多年来一直守护着祖父的著作。托洛茨基1940年被斯大林的疯狂拥护者暗杀。在十月革命100周年之际,《斯大林传》的西班牙文版也将出版。其英文版在1年前问世,随后又被翻译成意大利文和葡萄牙文,但是并没有引起主流媒体的注意。

哈珀兄弟公司曾在1946年出版了尚未完结的《斯大林传》的英文版。由于"二战"时期苏联曾与美国联手对抗德国,因此在这个时间点之前美国不会允许这部书出版。托洛茨基的遗孀N.谢多娃曾向法院提起上诉要求将这部传记下架,理由是出版商和译者对原作进行了太多改动,导致作品与托洛茨基的政治理念相去甚远。托洛茨基本人就对译者缺乏信任,曾在得知译者将原稿给第三者过目之后大为恼火。

然而,《斯大林传》的一部分从未出版。当获知自己被判处死刑之后,托洛茨基在1940年将大量文件送到哈佛大学保管。在哈佛大学托洛茨基档案馆里保存着将近2万份文件,其中包括大量照片和手稿,手稿上布满修改痕迹,足以看出托洛茨基对工作的严谨。因此,《斯大林传》的很多章节都被尘封多年,直到2003年英国历史学家A.伍兹在堆积如山的档案中发现了《斯大林传》的完整版。在持续10多年的整理工作之后,这部比20世纪40年代《斯大林传》内容丰富了将近1/3,未经译者篡改,更重要的是得到托洛茨基家人认可的《斯大林传》完整版终于问世了。

流亡中的托洛茨基

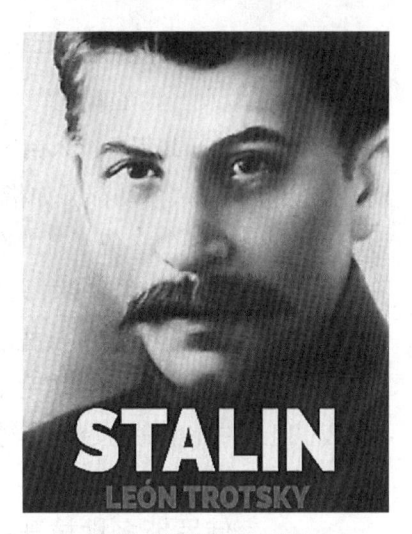

《斯大林传》西文版封面

A.伍兹也赞同E.沃尔科夫的观点,认为托洛茨基起初并不想撰写《斯大林传》。但当他开始着手创作后,便以严谨的态度用大量资料和细节充实这部传记,甚至包括斯大林幼年很多不为人知的故事。对任何一个读者而言,《斯大林传》都是一部引人入胜的心理学著作。

托洛茨基会5国语言,著书无数。作为斯大林最大的政治敌人,托洛茨基将他描述为一个目光短浅的人。托洛茨基在《斯大林传》当中还展现了斯大林的其他特质:诡计多端、挟势弄权。但A.伍兹认为,斯大林之所以能够夺权并不是因为性格使然。他认为,在任何一场革命中都需要英雄和伟人。但在革命跌入低谷时,就到了平庸之辈上台的时机。无论有没有斯大林,苏共都会进入倒退阶段,因为当时苏联已经陷入孤立。斯大林对托洛茨基的一举一动都了如指掌。E.沃尔科夫回忆说,祖父在1940年5月曾遭第一次暗杀,但幸免于难。在这场暗杀当中扮演重要角色的保镖背叛了托洛茨基,而在此前他几乎每天都会询问《斯大林传》的撰写进度。A.伍兹说,所有罪犯都想销毁证据。托洛茨基在《斯大林传》中采用了大量史料、照片、证人证词。虽然当初是因为哈珀兄弟公司给出的丰厚报酬而开始撰写这部传记,但或许在生命的最后一刻,托洛茨基也曾庆幸这部传记已近完成。

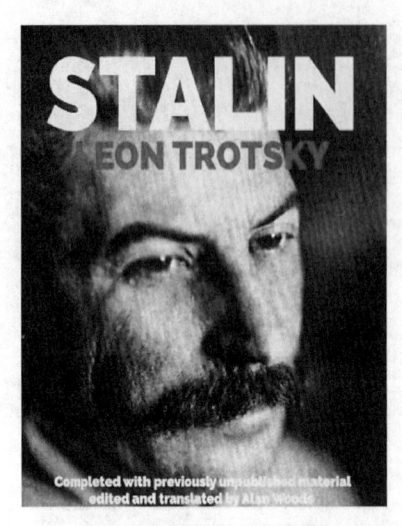

《斯大林传》英文版封面

俄罗斯多地拉开纪念十月革命100周年序幕

据塔斯社11月7日报道,今日是十月革命100周年纪念日,这场革命拉开了在俄罗斯帝国境内建立苏维埃国家的序幕。俄罗斯官方今年并没有专门的百年纪念活动,普京总统多次表示,"十月革命100周年将被俄罗斯社会视为克服分裂的象征"。凝聚共识、克服社会分裂,这是今日俄罗斯建设的关键。而研究俄罗斯政治的学者认为,与回顾历史相比,正在找回自信的俄罗斯更看重未来,特别是朝着形成"俄罗斯世界"的共识发展。

俄罗斯多地举行十月革命100周年纪念活动

正午,彼得保罗要塞将鸣放火炮,以纪念一个世纪前发生的彻底改变俄罗斯历史进程的事件。圣彼得堡国家历史博物馆指出:"这将提醒我们,100年前

圣彼得堡冬宫广场举办回顾十月革命历史的灯光秀

的十月武装起义期间，正是在纳雷什金棱堡炮声的暗示下，'阿芙乐尔'号巡洋舰放出空炮，成为攻打冬宫的信号。"当日，在马林斯基剧院新剧场将举办盛大的纪念音乐会。根据导演的意图，演出将着力从儿童视角展现100年前的事件。在阿斯特拉罕州沃洛达尔斯克区的胜利公园，一座象征革命的"阿芙乐尔"号巡洋舰雕塑将揭幕，罗斯托夫的共产党人则计划举行节日游行并

民众举着列宁、斯大林像参加纪念

修复油画《攻打冬宫》。在列宁的故乡乌里扬诺夫斯克,列宁纪念馆将迎来开放日,还将举行主题为"革命百年:理想、个人、成果"的讨论会,喀山列宁故居的参观者将能聆听介绍展品的音频讲解。

斯塔夫罗波尔国立博物馆将开办名为"革命世纪"的新展,展出与参加十月革命的当地人有关的文件、照片、报纸和物品,车臣国家博物馆则开设了反映十月革命对车臣文学发展影响的展览。在被称为"第一苏维埃之城"的伊万诺沃市,人们将在伊万诺沃广场集会。俄共地区分部宣布:"活动期间,所有有意者均可申请加入列宁共青团。"伊尔库茨克准备推出装饰有节日标志的1号和3号"红色电车",仿古的交通工具将能免费乘坐。此外,奥廖尔、沃罗涅日、雅罗斯拉夫尔等地也将举行游行、集会、音乐会、摄影和绘画展,以及向列宁及内战英雄纪念碑献花的仪式。

来自上百个国家的政党和国际组织的代表受邀来到圣彼得堡参加纪念活动,并参观"阿芙乐尔"号巡洋舰。冬宫广场还上演回顾历史变迁的灯光秀。普京在总统官方网站发布欢迎信时强调,十月革命对俄罗斯和全世界的发展产生巨大影响。普京称:"我欢迎俄国革命100周年国际纪念活动的参加者。1917年轰轰烈烈、充满冲突性的事件是我们历史不可分割的、复杂的一部分。革命对俄罗斯和全世界的发展产生巨大影响,在很大程度上决定了20世纪的

第19次共产党和工人党国际会议在圣彼得堡开幕

政治、经济和社会前景。社会学家、科学家、媒体代表对这个时代进行了深刻和全面的思索……我相信，我们应以事实和文献为基础，以客观和尊重的态度对待过去。"

俄共主办的第19次共产党和工人党国际会议2日在圣彼得堡开幕。会议期间一些国家和政党的代表表示，尽管苏联解体，但十月革命的成果至今仍然重要，在失业率上升和社会不平等的情况下，社会主义思想目前具有现实意义。俄共在莫斯科和圣彼得堡举行一系列纪念活动，4日组织有关人士参观圣彼得堡的斯莫尔尼宫，5日在莫斯科向无名烈士墓和列宁墓敬献花圈，6日在莫斯科复兴大酒店安德列夫斯基会议大厅举行纪念十月革命100周年的国际左翼论坛，7日当天在普希金广场集会纪念。

人们有理由相信，今天的俄罗斯在十月革命100周年纪念之际，会更多地凝聚社会的"俄罗斯世界"共识，努力建设国家。

列宁主义重新开始在欧洲"徘徊"

列宁主义重新开始在欧洲"徘徊"

11月10日，俄罗斯《观点报》刊登题为《西方青年让列宁重返大政治——26%的千禧一代美国人视列宁为英雄》的文章称，无产阶级十月革命迎来百年纪念日。放眼现今世界，对革命领袖的评价相当不错。迷恋政治的年轻人赞成社会主义，美国的千禧一代奉列宁为英雄，欧洲主要政党领导人也对他不吝褒扬："这个光头男子是个天才。"

就在10—15年前，人们还认为作为世界无产阶级革命导师，列宁已星辰陨落。然而，十月革命的百年纪念日却在另一种氛围下来临。某些国家未能战胜2008年席卷全球的金融经济危机，另有一些国家也只是部分摆脱了困局。各国年轻人纷纷陷入失业和看不到人生前景的迷茫当中。由于没有社会主义制度与之竞争,大资本的神经松懈下来,开始蚕食劳动者权益,并发动了数场毫无意义但却鲜血淋淋的战争。在此背景下,人们对列宁主义已走向"历史的终结"的说法产生了某种程度的动摇,"共产主义的幽灵"重新开始在欧洲徘徊。

近来,老牌共产主义政党不断扩张自身影响力,包括在老资本主义国家中。新的左派政党从中孵化出来,迅速俘获民心,例如西班牙新成立的"我们可以"党。它的领导人并不讳言,自己一直从《列宁全集》中寻找灵感与动力。

文章认为,列宁主义的复兴,在很大程度上要归功于中国所取得的难以置信的成就。中国已成为事实上的全球第一大经济体,从而理所当然地为全球众多趋势定调,思想领域亦不例外,因为中国领导层一直试图向全球推介传统的、"老学派"的马克思列宁主义。令人意外的是,老式的提法和部分沿袭自苏联的经济模式,竟然完全没有妨碍中国的繁荣。相反,国家参与反而有效降低了企业无序混乱发展的风险。

另一个令人惊讶之处在于,列宁的思想遗产在那些共产主义思想已被铁血浇灭的国家日益受到欢迎。今年早些时候,英国工党领袖人物J.科尔宾在议会选举中提出了具有革命性的纲领性计划。他建议对巨富征收重税,取消

民众在莫斯科参加纪念十月革命100周年游行活动

高等教育学费,将撒切尔夫人执政时私有化的大多数行业重新国有化。右翼批评家称J.科尔宾常戴的帽子为"典型的列宁帽",但列宁这个名字已不再令人谈虎色变。这也并未妨碍工党于2017年在18—24岁年龄段选民中拥有高达60%的支持率。美国的来自佛蒙特州的参议员、自称"民主社会主义者"的B.桑德斯也取得了始料未及的成功。

文章称,社会分化的加剧、对未来的信心不足,令西方青年开始对列宁心生好感。美国共产主义受害者纪念基金会不久前的民调结果相当出人意料。在千禧一代中,半数受访者希望生活在社会主义或是共产主义,而非资本主义国家,认为斯大林是英雄的人超过23%,视列宁为英雄者更多,达到26%。

今天的列宁主义并不是年迈的共产党员在游行中所挥舞的陈旧不堪的红色旗帜,它已成为时髦的学术研究方向。列宁已成为互联网上、文化衫图案、海报经常使用的形象,风靡度直追J.格瓦拉。

文章称,西班牙"我们可以"党的党魁P.伊格莱西亚斯非常准确地向西班牙年轻人解释了列宁革命实践的本质:"俄罗斯有个光头男子,他是位天才……他在战争期间——于1917年——当俄罗斯沙皇统治被推翻后,告诉了俄罗斯人——无论他们是士兵、工人还是农民——一个非常简单的道理,为'和平与面包',这是20世纪最重要的一堂课。"

"中国共产党与世界政党高层对话会"在京开幕

11月30日—12月3日,由中共中央对外联络部主办的"中国共产党与世界政党高层对话会"在北京开幕。围绕"构建人类命运共同体、共同建设美好世界:政党的责任"这一主题,会议除了全面介绍中共十九大精神,深入阐释习近平新时代中国特色社会主义思想,系统宣介中共关于推动构建人类命运共同体、共同建设美好世界之外,还希望与世界各国政党共商共议、平等交流,为应对人类社会所面临的发展难题和共同挑战,携手构建人类命运共

中国共产党与世界政党高层对话会会标

中国共产党与世界政党高层对话会会场

同体凝聚更多的动力和智慧;希望与各国政党相互借鉴治党理政经验,共同提高执政或参政能力;为各国各类政党相互沟通,深入交流提供契机,推动在涉及人类前途命运等重大战略问题上形成更多的共识。

　　在开幕式上,中共中央总书记、国家主席习近平发表题为"携手建设更加美好的世界"的主旨讲话,强调政党要顺应时代发展潮流、把握人类进步大势、顺应人民共同期待,志存高远、敢于担当,自觉担负起时代使命。中国共产党将一如既往为世界和平安宁、共同发展、文明交流互鉴作贡献。同时他强调,我们不"输入"外国模式,也不"输出"中国模式,不会要求别国"复制"中国的做法。习近平的讲话成为与会者

参会者领取《习近平谈治国理政》

热议的焦点,来自世界各国主要政党的领导人纷纷表达对构建人类命运共同体的支持,对中国的责任感表示赞赏,希望与中国共产党一道,为人类福祉和世界更好发展而努力。对话会还举行了以"新时代的中国共产党与世界"为主题的中共十九大精神专题研讨会,以及"加强政党建设:政党的挑战和未来""建设美好国家:政党的实践和经验""共建'一带一路':政党的参与和贡献""引领构建人类命运共同体:政党的角色和责任"四场分专题会议。来自120多个国家的近300个政党和政治组织领导人等中外代表600多人参加了交流研讨活动。会议达成广泛共识,并发表《北京倡议》。

各国政党领导人表达对构建人类命运共同体的支持

图书在版编目（CIP）数据

放眼全球：世界社会主义研究报告：2011—2017 / 徐觉哉著. —上海：上海社会科学院出版社，2018
（上海社会科学院院庆60周年暨信息研究所所庆40周年系列丛书）
ISBN 978-7-5520-2333-6

Ⅰ.①放… Ⅱ.①徐… Ⅲ.①社会主义－研究报告－世界－2011-2017 Ⅳ.①D507

中国版本图书馆CIP数据核字（2018）第095808号

放眼全球：世界社会主义研究报告（2011—2017）

著　　者：	徐觉哉
责任编辑：	熊　艳
封面设计：	周清华
出版发行：	上海社会科学院出版社
	上海顺昌路622号　邮编200025
	电话总机 021-63315900　销售热线 021-53063735
	http://www.sassp.org.cn　E-mail: sassp@sass.org.cn
排　　版：	南京展望文化发展有限公司
印　　刷：	上海颛辉印刷厂
开　　本：	710×1010毫米　1/16开
印　　张：	31.5
字　　数：	494千字
版　　次：	2018年6月第1版　2018年6月第1次印刷

ISBN 978-7-5520-2333-6 / D · 488　　　　　　　定价：158.00元

版权所有　翻印必究